U0021341

剪接室裡的故事大師

▶保羅·赫希／著 ▶李斯毅／譯

縱橫好萊塢50年、
操刀《星際大戰》、
《不可能的任務》，
奧斯卡金獎剪接師的傳奇人生、
永不過時的奪金法則及
大導演的幕後祕辛

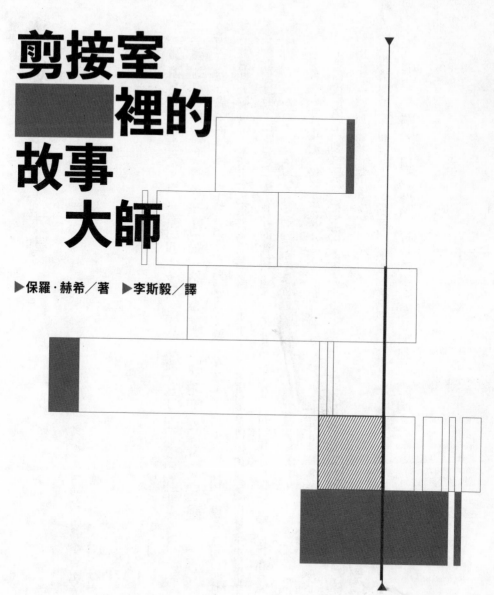

推薦序1

讓人愛不釋手的一本書

文／李幼鸚鵡鵪鶉小白文鳥（影評人）

我剛拿到這本書就一口氣看到四十多頁。因為引人入勝，所以愛不釋手。

看到本書作者把「剪接」分別跟「黏土雕刻」、「建築」、「編舞」、「音樂」、「寫作」（文學）比較兩造的「異」與「同」，我真想把它寫成大字報貼在牆上，給大家方便。原先我以為我在書的開頭就挖到寶，要寫下來貼大字報，接著一路拜讀下去，每頁都有值得用我的粉紅筆畫重點的字句與理念，我被打敗了。這是一本有趣的教科書，卻是非常有趣的教科書，給你常識、送你智識，卻像伴你遊戲。

還有「一部電影可以拍三次：一次在劇本裡，一次在拍攝中，一次在剪接時」，我很喜歡這種理念，跟法國電影大師雷奈（Alain Resnais）說：「重要的不是我『拍攝』了『什麼』，而是我『怎樣』『剪接』。」意思是相通的。

如果把書比喻成電影，那麼，這本書既似「紀錄片」，更像「劇情片」。一路看下來，彷彿《一千零一夜》一個又一個的故事，每個故事各有各的趣味。

推薦序2—

他的人生，是對「剪接師」這個行業最好的注解！

文／陳曉東（崑山科技大學視訊傳播設計系副教授）

本書作者是一個坐在剪接室五十年的電影人。曾有過導演夢，但最後明白自己並不適合；他認為剪接師是「說故事的人，同時也必須是一名表演者，儘可能放入我的風格與魅力」、「剪接不會改變演員表演的藝術，但他們必須靠剪接師完成他們的表演」。對曾在中影剪接室待過二十四年的我，讀到保羅·赫希這些智慧之語，真是備感親切。許許多多的工作經歷和回憶其實是和他相通的。例如當他在剪《鋼木蘭》女主角莎莉·菲爾德的戲時，會一邊剪毛片一邊掉眼淚，這種入戲的經驗我也有過。他認為練習是無價的，無論大製作的電影或低成本的廣告，剪接過程都一樣。並且，剪接師必須忠於導演。

與他不同的是，我沒有使用過腳踩的Moviola剪接機，更沒剪過破億的商業電影。閱讀他五十年電影剪接生涯回顧，會讓我想起廖慶松、陳博文、陳勝昌等幾位資深前輩，他們都是台灣重要的剪接師。

赫希成就驚人，他二十三歲就自立門戶，二十六歲剪的電影《姐妹情仇》登上好萊塢最棒的電影殿堂中國戲院放映，三十歲剪布萊恩·狄帕瑪的恐怖經典《魔女嘉莉》，三十三歲剪接《星際大戰》、《帝國大反擊》，三十九歲剪歌舞賣座片《渾身是勁》，四十一歲剪出具有時代精神的《翹課天才》，四十二歲剪瘋狂喜劇《一路順瘋》，五十一歲年屆半百還擔綱動作大片《不可能的任務》。他後來的助理剪接師和學徒也先後得到奧斯卡最佳剪接獎。在這本書裡，他細數過去五十年在剪接室跟二十五位導演既平凡又非凡的合作點滴，誠摯傳達工作的快樂和悲傷、理想與現實間的掙扎，甚至電影圈棘手的「政治問題」，讀來引人入勝。他感謝那些給他失敗的自由、相信他並賦予他自由的導演。在這些大導演、大人物中，和合作十一部之多的布萊恩·狄帕瑪、和配樂大師伯納·赫曼的珍貴合作情誼，真是又好看又動人。他的人生，可說是對剪接師這個行業做了一個非常好的注解！

推薦序3——

是自傳，也是教科書，更是一部電影史

文／高鳴晟（電影剪輯師）

在當前的時代，電影剪輯師其實是很尷尬的職業。

剪輯師在電腦前擁有無窮的自由，可以對電影任意進行組接，情節的順序、對白的留存、表演的細節、情感的演繹，都必須經由剪輯師之手來選擇、編輯、調配，才會呈現在電影之上。所以剪輯絕對不只是電影後製的其中一環而已，剪輯師也絕對不只是負責操作機器、負責剪跟接而已，剪輯師必須要了解編劇、了解攝影、了解表演，才能夠判斷手上素材之優劣，才能夠決定這些素材之留存，進而去蕪存菁，編輯出電影最好的一面呈現給觀眾。

可在當前的時代裡，電影剪輯師在行業的地位卻還是不高的。地位不高的人，卻要為拍攝時期努力的結晶決定去留，執行這樣的重大決策往往就會有很大的阻礙與困難。我曾寫過兩本著作，詳細講述了剪輯師的工作內容，第一本著作《編劇與剪輯：電影的兩次創作》主要講述「剪輯與編劇的重要性相同」，編劇為電影的前製期定調，剪輯為電影的後製期定調。第二本著作《剪故事》則細細講解了剪輯師在鏡頭的選擇、表演的演繹、情節的調動、類型的掌握，所需要的各種學問。

但我的兩本書還是沒有解決前面提到的問題，執行如此重要工作的人，為什麼地位不高？地位不高，又將該如何執行這麼大的權力？這個大問題，我在本書《剪接室裡的故事大師》找到了解答，深感欣慰。

剪輯師保羅．赫希在此書裡，透過了他一生的工作歷程，用每一個電影剪輯的案例，為觀眾解釋了電影剪輯之於電影敘事的重要影響，不只分享了使用的手法，還解釋了其中的原理，更重要的是，他還用數十年的工作歷程，以每一部片的工作紀錄，為每一位讀者講述了剪輯師如何與導演溝通？如何選擇工作？如何安排職業生涯？工作的專業態度為何？又該如何應對時代的變化，時時刻刻調整自己？

《剪接室裡的故事大師》是一位剪輯師的自傳故事，也是一本剪輯教科書，更是一本記載電影歷史變化的重要史書，閱讀這本書不只讓我自己找到了重大疑問的解答，還順帶了解歷史、文化、智慧、哲學，是一本閱讀CP值非常高的好書！

目次

獻給珍

自序一

坐在剪接室裡的五十年

一九七五年，我負責剪接布萊恩．狄帕瑪①執導的《迷情記》。那是一部獨立電影，由於劇情過於前衛，拍完後好萊塢沒有一家電影公司願意發行。經過幾番思量，我提議修改片中某個畫面，將原本廣角拍攝豪宅的建立鏡頭，改成主角的特寫。更換這個鏡頭之後，哥倫比亞影業才同意發行。這就是剪接發揮功用之處。

我在電影產業工作了五十年，參與過的作品有些極為成功，有些非常失敗。我剪過史上最賣座的電影，也剪過票房慘澹的作品，但是我不得不承認：不管怎麼說，我的人生實在很精采。這本書的宗旨，是與大家分享我在電影產業工作的經驗，以及一些個人意見，還有我從相識者及共事過的卓越人士身上所學到的點點滴滴。

想想看，全世界最大牌的電影明星、最具權力的製片人、最有才華的劇作家、導演和攝影師，齊聚在好萊塢最富歷史的電影公司，一同打造出一部電影。他們投入數億美元，將電影行銷到世界各地。有時候，光是一部電影的工作人員就超過一千人。製作團隊耗費數星期甚至數月的時間精心籌備、建造場景、設計服裝及進行場勘。接下來，再花更多時間拍攝，通常是在天寒地凍或炙熱難耐的天候下進行拍攝，也可能在陰雨綿綿、白雪紛飛，或者在深夜時分。工作人員往往不眠不休，只能窩在帳篷裡用餐，而且通常一天得工作十二小時甚至更長的時間。演員在拍攝前幾個小時就得到場，以便按照電影裡要求的模樣梳化。將這些投入的時間、金錢、創意和體力結合在一起，就能製造出剪接

建立鏡頭（establishing shot）：電影中更換場景後，每場戲開頭用以交代場景地點的畫面。

師可以運用的素材。我是一個剪接師，剪接師是電影團隊中最棒的工作。

「剪接」這份工作

「剪接」這種職稱其實並不正確，如同人們把可以隨身攜帶的「口袋型電腦」稱為「電話」一樣，撥打電話只是其中一項功能，剪接也不過是剪接師的職責之一。擔任剪接師的我們會花很多時間進行「初剪」。初剪就像拿到一個裝滿各種小零件的大箱子，我們必須把這些小零件組裝起來。然而大箱子裡除了等待組裝的零件之外，還有很多沒用的廢物。我們必須篩選每天拍攝的所有畫面，尋找並擷取各種可用的角度或鏡位，然後將這些片段剪接成愈來愈長的段落。有時候，這些有用的片段就像句子，有時候又像片語或個別的單字，甚至音節，組合在一起時所產生的意義可能遠大於各個片段獨自存在時。鏡頭的意義來自其前後脈絡，脈絡就是一切。雖然你可以把一部悲劇電影最讓人感動的片段剪接進一部浮誇的喜劇中，但是看起來會非常荒謬。我們必須謹慎選擇，才能架構出最好的片段。瀏覽毛片就像尋寶一樣，一旦我們挖到寶了，就必須使其發揮最大功效。畫面的銜接非常重要，剪接藝術的一環，就是讓每個鏡頭在一連串影像中充分發揮潛力。

初剪不僅僅要把「不好的東西」剪掉，更重要的是，要把一段段動作和聲音拼貼起來。每位剪接師選擇的片段及排列的方式都不相同，因此大家的作品都是獨一無二的。等到所有場次都拍攝完畢、每個畫面都放進初剪版之後，後製階段的剪接才能真正開始。著手剪接給觀眾看的最終版，是電影剪接過程中最有趣也最關鍵的階段。這個過程必須與導演共事，所以會因為合作對象不同而產生不一樣的結果。

把初剪版交給導演時總是令人緊張，尤其在雙方第一次合作時。與新導演合作有點類似跟沒見過

初剪（first cut）：剪接師取得影像素材後，先按腳本順序組成的初次剪接手續。
鏡位（setup）：攝影機面對拍攝物構圖取景的畫面大小，可分為全景、中景、特寫等，形成攝影師或導演對拍攝物的觀點。

面的陌生人初次約會，你可以先與導演見面會談，並且從其他剪接師的經驗預作功課，但等到你們正式開始合作，準備把初剪版變成電影成品時，就是關鍵時刻了。對導演而言，篩選初剪也是一件困難的事，因為會擔心自己的想法與大家的努力，究竟能不能變成一部好作品？我從我的第一部電影學到：無論每個段落剪接得多出色，都不代表整部電影一定會成功。儘管如此，篩選初剪仍是極其重要的時刻，正如導演赫伯特．羅斯②曾說過的：「你只有一次機會第一次看一部電影。」

剪接師和導演會互相影響。剪接師是導演的第一個觀眾，拍攝過程中的任何錯誤，我們都能夠從銀幕上看見。對於身為剪接師的我們而言，導演是我們唯一的真正觀眾，只有導演明白我們所做的各種選擇，而且不會被其他人的鑑賞能力所左右。因此，導演和剪接師之間的創意聯繫可以說非常緊密。在理想的狀況下，雙方在情感上能夠相互支持。

每一部電影都是由手工打造，不是機械量產，因此剪接師的創作風格對電影有強大的影響力。然而在電影製作文化中，剪接師的作品在導演觀賞且加以修改之前，沒有任何人看得見，所以有時候剪接師會被當成導演的助理。不過，由於科技進步，在某種程度上已經不再有這種保密傳統。要製作一部充滿複雜特效的電影，大批工作人員必須很早就看到電影的全貌，而且各種嶄新的技術也使得分享電影內容變得更容易。

常有人問我，我在工作時有多少權限。實際情況是，人們聘請我為同一場戲做出各式各樣的選擇。就像演員一樣，演員在同一個場景中可能必須重演十次，而且每次要有不同的演法，但最後只有一種演法能獲得導演的認可，被使用在電影中，另外九種都不會被選上。我每天必須做出幾十種甚至幾百種選擇——最後當然必須交給導演審核，然而這並不表示我的選擇都會被導演否決。每當我看見電影播映的畫面就是我的初剪版時，心裡會非常開心，因為這表示導演認為初剪版的畫面已經是最好的選擇，不可能修改得更好。就像一九七〇年代的電視劇《歡樂時光》③，裡面有個角色叫馮茲，他

毛片（dailies）：每天拍攝的原始畫面，未經剪接或任何處理。

總是拿著梳子檢視鏡中的自己，最終決定把梳子收起來，因為他看起來已經十足完美。

電影幻象如何誕生？

剪接是電影製作中唯一沒有扎根於早期藝術形式的工作職位。劇本創作和演員的表演都源自劇場藝術，製作設計（production design）的前身也源自於劇場，服裝和妝髮亦同。攝影則是從繪畫轉變而來，但透過連續的影像和聲音說故事，是電影製作這門藝術的本質。雖然圖畫書與電影剪接多少有點關聯，但如果拿一本靜態的書與電影剪接的動態性相比，差異就如同牛車遇上太空梭。

我們稱之為「電影」的幻象，全憑靠人類的感知與一組生理和心理現象。這組現象之一是「飛現象」（phi phenomenon），一種視覺上的假象，最早於一九一二年由格式塔心理學④創始人之一的馬克斯．韋特墨提出。當一個物體出現在某個位置，接著又出現在第二個位置時，觀看者會認為該物體從第一個位置移動到第二個位置。電影是由一幅幅靜止的畫面組成，每秒鐘顯現二十四格畫面，因此圖像中的物體位移，會產生運動感。第二種現象是「視覺暫留」（persistence of vision）。當我們眼前的圖像突然發生變化時，原本的圖像會短暫停留在我們的視網膜上。閉上眼睛的那一瞬間，你會看見剛才一直注視著的物體殘影。前述兩種生理及心理現象結合之後，就能打造出營收高達數十億美元的電影產業。

除了連續播放靜止圖像而產生物體移動的假象之外，電影剪接還立足於另一種錯覺之上：透過剪接所接合的各種動作，其發生順序與時間會被認為與視覺上所看見的相同。假設我們有一段這樣的畫面——先是一個特寫鏡頭：一位帥氣的猛男深情款款地凝視著；再接一個特寫鏡頭：一位美麗的女子回望男人的目光；最後是一個雙人鏡頭：猛男與美女接吻。看了這段影像，觀眾無法知悉，其實接吻

特寫鏡頭（close-up）：以極近距離拍攝人或物，呈現被攝物的局部與細節。

鏡頭可能是先拍好的，接著才拍攝猛男的特寫，然後劇組休息吃午飯，最後再回來拍美女的特寫。這個過程可能要花費好幾個小時，取決於導演在每個角度要拍攝幾次，以及每個鏡頭重新打光的複雜度。但是我們會暫時拋開懷疑，深信事情發展的順序就如同我們在電影銀幕上看見的那樣。這種時間軸的重建，讓電影充滿魔法，也讓我的工作令人著迷。

我偶爾會去拍片現場，看見一群群劇組人員。他們雖然在現場觀看，可是能看到的其實不多，除非是準備炸毀一棟建築物或者準備執行大型特技的工作人員。人們在拍攝現場觀看，是因為他們想要與電影魔法再靠近一點。然而真正的魔法並不在拍片現場，唯有在剪接師將兩段影片結合為一、讓它們看起來像是一個畫面牽引著另外一個畫面時，或者用蒙太奇手法剪接連續影像、因而產生出如詩詞般令人感動的效果時，魔法才會出現。

為了解釋剪接的意義，人們經常將它描述為「宛如」其他形式的藝術。就某種意義而言，剪接像黏土雕刻，因為可以添加或減少其內容。剪接也像建築，因為必須建立在一定的基石之上，才能打造出視覺方面的結構，而且必須注意美觀、比例與平衡。剪接也像編舞，只不過剪接不是在特定時間於三度空間裡編排律動，而是在二度空間的平面上作業，並且不是依靠音樂來形塑律動，而是靠對話。剪接亦好比寫作，重新排列鏡頭的順序可使之產生全新的意義。有人說：剪接是劇本的最終改寫；還有人說：一部電影可以拍三次：一次在劇本裡，一次在拍攝中，一次在剪接時。

剪接就像上述的各種藝術，可是它也獨一無二。繪畫呈現在觀眾眼前時是一個完整樣貌。當我們在美術館或畫廊中，朝著一幅畫慢慢走近時，我們會先看見整幅畫作，但隨著我們距離那幅畫愈來愈近，我們才能漸漸看到細節。我們在欣賞這些細節的同時，藝術家只能施展局部的控制力：我們可以從畫作的頂部開始看，也可以從底部開始看，或者從任何吸引我們目光的構圖著眼。在欣賞一座雕塑品時，我們可以繞著作品而走，從不同角度觀看，以便了解它的全貌。建築設計會以更為循序漸進的

雙人鏡頭（two shot）：畫面中有兩人的鏡頭。
蒙太奇（montage）：原文為法語，除在法語中意為「電影剪接」，一般指「將幾個觀點不同的鏡頭加以組合，創造有別於個別鏡頭的全新內容」的剪接手法。

方式展現。我們會先看見建築物的外觀，然後從不同路徑欣賞建築物的內部結構，等到我們在腦中重建這些觀察體驗時，才能夠「看見」整棟建築。關於我們體驗建築物細節的順序，建築師只能施展有限的控制。

文學以不同的方式向讀者展現內容——讀者必須遵循作者所建立的路徑。有別於前述的視覺藝術，文學的細節展現完全依照作者選擇的順序，作者以經過深思熟慮的方式透露訊息，唯有在完成作者預先決定的旅程之後，我們才能掌握作品的全部內容。

音樂也與文學相似，可是有一個很大的不同點：我們在聆聽音樂的過程中，連速度也是被決定好的。一本書可以一口氣讀完，也可以花幾個星期或幾個月的時間閱讀。音樂以一種受到控制的速度呈現給聽眾，這點與電影最為相似。電影製作團隊不僅要考慮以什麼樣的順序提供資訊，還必須考慮在什麼時間點、用什麼速度提供資訊。

視覺藝術的核心

電影已經成為現代最卓越的視覺藝術，因為它同時結合許多種類型的藝術。它展現出畫家最關注的美麗生動圖像；它說出揭露角色內在和洞察人類處境的故事；它控制了將圖像傳達給觀眾的速度，依照電影的需求而減緩或加快。它運用所有的電影技術，不僅要觸及觀眾的眼睛和耳朵，還要打動他們的心。

從最早期的電影開始，電影語言就持續演變。無聲電影的創作者以精巧或詩意的視覺來克服他們所受的限制；有聲電影的出現，反而使以視覺敘事的手法倒退，然而這些年來導演們已經找到新鮮刺激的拍攝方式。現在觀眾可以接受時間碎片化（例如以倒敘法和順敘法說故事）、不同現實的交替出現（例如夢境與回憶）、時間的壓縮或拉長（例如慢動作或時間流逝，甚至在單一鏡頭中變換季節）。剪接的步調也可以變得瘋狂，讓觀眾努力跟上情節。

剪接是電影創造魔法的核心。在幽暗的剪接室裡，我們把劇組在攝影棚內精心拍攝的影像轉化為愛情故事、太空冒險、懸疑驚悚、搞笑喜劇、銀河之旅、史前時代或遙遠未來。剪接非常有趣，或者說，剪接可以非常有趣，取決於你為誰工作。

第一個剪接出來的完整版本，也被稱為「剪接師版」，但我比較喜歡將它稱為「初剪版」。對我而言，「剪接師版」意味著這個版本代表著剪接師認為這部電影應該如何呈現。但實際上，初剪版裡完整包含所有場次，而且通常是依照編劇最初安排的順序。很多時候，這其實並不是最理想的順序。更常發生的是，有些場次或者某一場戲的其中一部分，在最後完成的電影中應該予以刪除。有人問我如何判別一部電影是否剪接得宜，這並不容易。有時候我在電影中的最大貢獻就是剪掉整整一場，唯有如此，整部電影才會更為流暢，或者營造出更加神祕緊張的氛圍。正如文藝復興時代義大利藝術家米開朗基羅（Michelangelo）所說的：「除去多餘就是美。」

電影剪接得如何，會真實反映在作品完成後的整體感。找出多餘的部分，並選擇如何組合處理剩下的部分，會讓一部電影產生「好」和「極佳」的差異。因為要負責將畫面剪接在一起，我們必須比別人擁有更敏銳的感覺。真正的剪接師版會反映出我們認為這部電影應該是什麼樣子，而且剪接師版可能會與初剪版有很大的差異。儘管如此，一開始先保留全部素材還是最明智的做法。只要手邊有全部的素材，導演和剪接師就能夠加以修剪和重組，直到完成最終的版本。

在實務上，初剪版很難令人滿意，無論剪接師如何努力將它剪得精采。偶爾會有劇本寫得完美、拍攝過程也十分順利的情況，這時就可以在拍攝工作結束後不久便「鎖定」整部電影的內容——不再做出改變。要完成一部電影，或者任何形式的藝術作品，其中一項關鍵就是知道什麼時候該停手。

找到節奏的剪接心法

我都如何做選擇？我的剪接手法向來與音樂緊密結合。我有一部分的反應像舞蹈家，去感受音樂的節奏並做出回應。但沒有音樂的時候，我又是如何剪接的呢？身為剪接師，我們必須注意節奏，無論有沒有音樂。節奏可能來自演員說話的速度——緩慢或急躁，演員對白中所強調的音節，就像節拍，未強調的音節則是節拍間的空檔。我們創造出一種步調，形成固定的節奏。我選擇的剪接點是透過感受畫面步調，將影像的變化放進適合這種節奏模式的時間點。就像舞蹈家數著「五、六、七、八」來調整舞蹈節奏，我也必須敏感地在節拍之間找出最理想的剪接點。

能創造出節奏的不僅僅是對白，每個動作都有開始、過程和結束，開始與結束可能有很長的時間差，因此產生出必須留意的節奏，以便我們評估正確的剪接時間點。我有一個助理，每次他剪接時總會說：「每一格畫面都是潛在的剪接點。」這句話既正確也錯誤。我的工作就是以藝術技巧謹慎地選擇剪接點。

走路或跑步是動作節奏的另一個例子。我發現，在剪接馬匹奔跑的畫面時，最理想的剪接點是四個馬蹄都離開地面時。這有點類似樂譜上的小節線（bar line），最佳剪接點往往不在節拍上，而是在節拍出現之前的那一刻。我有時認為剪接像從這條藤蔓盪到那條藤蔓，你必須在關鍵時刻放掉這條藤蔓並且抓住下一條藤蔓。

除了選擇剪接點之外，我還必須決定鏡頭的置入。不同角度的鏡頭有不同的用途，一段影片中的每個鏡頭就像是一個又一個容器，裡面裝著聲音與畫面。廣角鏡頭裡包含大量資訊，可是訊息強度較弱，閱聽人需要花費比較多時間從銀幕上接收訊息。特寫鏡頭裡的資訊比較少，強度卻很高，閱聽人接收訊息的速度比較快。它們與音符的強（forte）、弱（piano）符號類似，我也透過相同的方法來使

廣角鏡頭（wide shot）：畫面最寬闊，大過遠景，使用的攝影鏡頭焦距比標準鏡頭短，視野角度較大。常用於拍攝景色、建築物以利交代場景。

用它們。劇本上通常會標明「跳躍剪接轉場」，我就會開玩笑說要拿出「超跳躍」底片接合機，因為我認為劇作家的意思是希望剪接師在這裡突然剪入一個特寫鏡頭，最好還伴隨宏亮的音樂或聲響。

判斷一個鏡頭應該在銀幕上停留多久，除了那個鏡頭的內容之外，還得考慮該場景的前後畫面。「暫停」是一個特別值得關注的考量因素，因為電影不會依照劇情發展的順序拍攝，演員可能會在無意間展現過多動作暫停。我必須謹慎地分配這些暫停畫面，如此一來整部電影的步調才不會受到影響。暫停就像鹽巴，必須適度使用。暫停問題在喜劇電影中尤其明顯，因為許多幽默橋段得讓人出奇不意，對白必須快速進行，不能讓觀眾預料到接下來會發生什麼事。暫停也像是一種標點符號，讓聽眾知道我們已經來到某個句子、段落或章節的結尾，因此出現時機十分重要。

這是演員和剪接師之間奇特的合作方式。我日復一日檢視演員的表演，倒帶重複觀看，又快轉前進、停止、迴帶，播放演員說台詞時從背後拍攝的鏡頭，嘗試拼湊話語和音節，盡量讓一切看起來臻於完美。就某個層面而言，這種合作方式非常親密：我能看見演員表演時的每一刻，包括出錯與表現欠佳的時候，演員的一切舉動都呈現在我眼前。然而這只是單向的親密關係，大明星對我的認識，就像對一個住在俄亥俄州桑達斯基城（Sandusky）的影迷一樣模糊。

剪接初剪版的時候，我會像是被人催眠，陷入阿爾法狀態，因而忽略時間的流逝，完全沉浸於手中的工作。我不必開口說話，假如看到哪個地方沒接好，就動手修繕——如果鏡頭太短，我就拉長；鏡頭太長，我就剪短；順序不對，我就移動；倘若長鏡頭收音不好，我可能會從特寫鏡頭裡偷一段對話，放進演員的嘴裡。我不透過語言思考，直接動手做。倘若演員不小心絆了一下、背錯了台詞或者出現不該有的遲疑，我就動手剪接。我必須敞開心胸去體會演員表達的情感，思考當我把這個角度的鏡頭接到另一個角度的鏡頭時，演員的情緒是否一氣呵成？我必須感受他們的感受。有時候，選擇會非常困難：到底這個鏡頭比較能撼動觀眾，還是另外那個鏡頭？這些鏡頭中哪一個比較令人心碎？就

跳躍剪接（smash cut）：沒有連續性、不同場景、影像與聲音可能具備強烈對比的兩個鏡頭加以組合，創造突如其來的反差感。

某種意義來說，剪接師就像宿主，為了完成電影，我們讓所有畫面進入腦中，在我們腦子裡寄生幾個月，直到電影完成。關於我們吸收的內容，我們必須小心謹慎，因為有毒的畫面可能會導致我們晚上無法入眠、令人不適。

在拍攝過程中，場記會仔細記錄拍攝的每一個鏡頭，有時候導演會特別表明他喜歡某個特定鏡頭，場記也會予以注記。我不介意這種情況發生，畢竟我的工作是協助導演實現他的願景，所以我不會因此認為身為創意工作者的自主權遭受威脅。不過，如果導演讓我全權自主，我會覺得自己的權限較大，也比較不受拘束。

膠卷時代以後

在使用膠卷拍攝電影的年代，我和導演在放映室篩選毛片時，旁邊會有一位助理記下我們對鏡頭的意見。那個時候，篩選毛片是評估素材的重要程序，因為要檢視影片內容不如現在這麼容易，尋找台詞和比較畫面的過程冗長又乏味。導演約翰．休斯⑤以前經常拍到底片用罄，工作人員必須更換新的底片才能繼續拍。因為每個鏡頭都可能重來好幾次，要在各捲底片中找尋同一段台詞的不同表演方式相當困難，一定得在毛片加上注記。

如今幾乎沒有人會一起篩選毛片了。現在的作法是相關人員可以各自連上一個加密網站，用自己的螢幕觀看毛片，這種轉變實在很可惜，因為每天拍攝工作結束後的毛片篩選，是參與電影製作的成員們彼此交流的機會。現在我經常搞不清楚某些畫面的拍攝目的，尤其是頻繁使用藍幕技術之後的年代。但無可否認的是，毛片非常無聊。導演喬伊．舒馬克⑥每天拍攝的片長，比我合作過的任何一位導演都短，我問他為什麼拍這麼少畫面，有時候一場戲甚至只拍一次就收工。

藍幕技術（blue screen）：一種去背合成技術，讓演員先於藍幕或綠幕前方表演並拍攝，影像再進行去背，以替換成其他背景。

「我拍得少，是因為是看毛片太無聊了！」

「如果拍好的底片不小心斷了或被刮傷，沒有備份畫面可用，那該怎麼辦？」我問。幸運的是，進入了數位時代的現在已經不會有這方面的問題。

我的好友羅恩．羅斯（Ron Roose）身兼剪接師、教育家和作家，他總喜歡說：「沒有人願意花十美元到電影院看毛片。」

在使用底片拍攝電影的年代，我剪接一場戲時，會先檢視所有的毛片。檢視時，我心裡會大致想像某個場次的畫面應該如何接在一起。然後，我會利用檢視毛片時的注記，挑選出每個鏡位的最佳片段，把它們放在一個三吋鐵架上，再將我選擇的這些畫面組裝成一場完整的戲。我這樣做了二十五年。

後來，我第一次使用Lightworks電影剪接系統時，學到了可以透過電腦來組織影片素材，那是之前底片剪接無法辦到的。我先請助理將演員對話中的特定對白剪接在一起，然後我就可以連續播放所有選項，讓我節省許多時間。我到今天還是使用這種方式剪接，與電腦一起剪接的力量是無與倫比的，再結合我能執行的視覺特效，令人感到彷彿可以進入每一格畫面，而不僅僅是修剪影片的開頭或結尾。

讓觀眾「看得懂」

在剪接過程中，我有超凡的自主性。我每天使用劇組前一天拍攝的素材進行一場演出，我不光是剪接師通常自稱的「說故事的人」，同時也必須是一名「表演者」，盡可能在電影中放入我的風格與魅力。我以前曾聽別人說，莫札特的音樂能帶給聽眾一種結合驚喜與必然性的感受。聽眾的第一反應

Lightworks：剪接2K/4K電影和PAL/NTSC、標準畫質及高畫質電視的專業非線性剪接系統，為電腦剪接系統的先鋒，自一九八九年問世之後，迄今仍不斷推陳出新。

總會先是訝異的「哦！」接著心想：「當然會是如此！」我希望我的作品也能如此。

我非常重視「清楚」這件事，我希望每個觀眾都「看得懂」，因為如果他們看不懂，就會失去興趣，接著就會覺得無聊。我的剪接師同儕唐．坎伯恩⑦在指導學生時說：剪接只有兩項規則——不要讓觀眾感到困惑、不要讓觀眾覺得厭煩。

剪接除了必須注重手法流暢與引人入勝之外，還必須為整部電影建立完整的架構。我負責《星際大戰》的剪接工作時，總是志得意滿地認為：視覺特效人員只負責這部電影的一部分、演員也只負責這部電影的一部分，但我必須負責整部電影。

剪接師可以有很多貢獻，有時是為一場戲找出適合的配樂，有時是將前一場巧妙地轉換到下一場。我們偶爾會對我們需要的台詞或鏡頭提出建議：我可以在哪個時間點於攝影機前播映這句台詞？我應該在什麼時候把焦點放在聆聽這句對白的演員身上？如果這個鏡頭中演員表達台詞的口吻不甚理想，但是畫面拍攝得最棒，我就用其他鏡頭的台詞來取代。當我做出這一類選擇時，會覺得自己是世界之王。

如此剪接之後，在尚未交給導演檢視之前，我會想知道某些片段播映出來的感覺。這時我就會找助理陪我一起觀看這一場的畫面，請助理當我的焦點小組⑧。找其他人一起檢視，情況會不一樣。有些時候，他們還沒有開口，我就已經明白自己應該修改哪些地方，就像是本就有一些想法埋藏在潛意識中，和別人一起看片時，那些想法就會突然冒出來，有助於立刻修改。

等主要拍攝工作結束後，我就開始與導演合作，透過剪接與修改，讓這部片子更詳實反映導演的想法。我們會逐段檢討：這場戲有必要留著嗎？如果我們把它拿掉，會變成什麼樣子？我會堅持刪除某幾場，看看刪除後的成效如何。如果那幾個場次真的有必要存在，結果就會一目了然。只要是足夠出色的片段，最後一定可以找到方法重新回到電影中，例如《蹺課天才》⑨校車的那一場戲，我們原本刪掉了，但後來又讓它在片尾的演職員名單中出現。

製作電影有四個關鍵階段，第一個階段是最重要的：寫劇本。如果劇本寫得不好，不太可能拍得出令人滿意的成果。（我參與過許多部結局需要重寫並重新拍攝的電影。有人曾開玩笑地說，那些核准電影開拍的高層主管肯定沒有讀完劇本。）

第二個關鍵階段是選角。如果讓演技不好的演員飾演主角，無論劇本多棒，或者事後以多麼高明的方法修補，都難以挽救整部電影。

第三個階段是拍攝。

第四個關鍵階段是剪接與後製，包括音效設計、配樂和混音。

奇怪的是，最不重要的是第三個階段。倘若劇本和演員都很棒，而拍攝過程不夠用心，最後的成品還是有可能成功。

身為剪接師的我們可能對電影具有強大的影響，雖然我們的剪接成果可能遭到否決，但我們能夠以非常個人化的方式影響電影最後的成果。英國劇作家兼導演強納森．林恩⑩曾對我說，某任英國首相曾經特別前往白金漢宮，請女王批准他考量的內閣名單。

「我不明白。」我說：「我以為女王對於政府沒有實權。」

「沒錯。」他回答：「她沒有實權，但她有影響力。」

「我懂你的意思了。剪接師就像英國女王一樣！」

相較於導演、製片人和電影公司的高層主管，剪接師沒有實權，但是確實具有影響力。在二〇一一年上映的《不可能的任務：鬼影行動》製作會議中，我和J．J．亞伯拉罕、湯姆．克魯斯及導演布萊德．柏德同坐在一個房間裡開會，感覺真的超棒。雖然我無法強迫他們採納我的觀點，但我可以自由表達想法，而且他們往往也認同我的建議，不具有實權反而賦予我更多的權力。

我人生當中的二十五位導演

在我的剪接生涯中，我曾與二十五位導演合作。與演員或混音師相比，這個數字也許不是很多，但剪接師與導演屬於長期合作關係，因此不太可能與非常多導演合作。有些幸運的剪接師能與頂尖導演合作無間，例如麥可．康恩[11]與史蒂芬．史匹柏，或是賽爾瑪．修恩梅克[12]與馬丁．史柯西斯[13]，他們的合作都有如「幸福美滿的婚姻關係」。但我發現「四處發展」也很刺激。如果接獲導演的再次邀約，我會非常驕傲，因為這表示我的工作成果得到肯定。我與布萊恩．狄帕瑪合作過十一部電影，與赫伯特．羅斯合作四部電影，與約翰．休斯、羅恩．安德伍德[14]、泰勒．哈克佛[15]和鄧肯．瓊斯[16]分別合作兩部。喬治．盧卡斯聘用我兩次，但他在一九八〇年上映的《星際大戰五部曲：帝國大反擊》那部電影當中是擔任執行製作，而非導演。認識新導演的過程總是很有趣，每一位導演的風格都不相同，他們有不同的關注重點、不同的拍攝手法，以及不同的觀眾群。對於某些導演而言，最重要的是票房；對其他導演而言，最重要的是影評家的反應；還有一些導演渴望的是影展的邀約，他們都有特別在意的事。狄帕瑪不喜歡對白重疊，他喜歡畫面上出現的是正在說話的演員。曾經有一位導演對我的剪接方式表達意見，他說：「你打穿了！」（You punched in!）

我以前從來沒聽過這種說法。「我只是從廣角切入特寫。」

「我知道。你不可以這樣剪。」

「大衛．沃克．格里菲斯[17]在十九世紀進入二十世紀時就曾這樣剪，這是基本的剪接手法。」

「不。你應該先切到相反的角度，然後才能切回特寫鏡頭。」

好喔。

喬治．盧卡斯則是非常討厭在進入一場戲時，對話搶先出現在拍攝建築物外觀的建立鏡頭中。

對白重疊（dialogue overlap）：指剪接時將A鏡頭畫面中的對話分疊到B鏡頭畫面上。

「難道建築物會說話嗎？」

導演與剪接師溝通時都有其獨特的模式。由於剪接成果一定有導演不滿意的地方，每當這種情況發生時，導演們會有各自不同的表達方式。喬治．盧卡斯會說：看起來「很呆」；安德伍德總說：「我不懂這種剪法。」有的導演會說：「我被這種剪法打敗了。」狄帕瑪只會甩甩頭，彷彿有人拿著青花魚甩他耳光。

基本上，剪接師不會被人看見，這其中有一部分的原因，是因為許多導演不喜歡承認自己需要別人的幫助才能完成電影，許多演員也不喜歡承認這一點，然而親切的露琵塔．尼詠歐[18]例外。偉大的演員在詮釋角色時都知道自己的表演會經過剪接，剪接不會改變他們表演的藝術價值，但他們必須靠剪接師完成他們的表演。最終剪接版完成時，有時候甚至連演員自己也看不出畫面中的每一句台詞，甚至台詞中的每一個字、每個音節，都是經過精心剪接而成的。

我會告訴對電影產業有興趣的年輕人，選擇當一名剪接師的唯一理由，是**你必須喜歡這份工作**。你無法靠剪接發大財，但生活可以過得還不錯；你無法因此廣為人知，除了在剪接師的小圈子裡。然而我認為自己非常幸運，能接觸到電影這種奇妙的東西。導演巴茲．魯曼[19]曾說：在我們這個行業中，最期盼的就是能參與一部足以表現當代文化的電影。我很幸運，因為我參與過好幾部具備這種地位的電影，那些都是美妙又可帶來報酬的經歷。

✦

延長剪接師職涯的祕訣，就是超越「老化」，達到「令人尊敬」的地位。如果你能晉升到這種層級，就有資格成為一位「電影醫生」，去拯救別人沒拍好的電影。我很幸運能夠爬到這種位階。如今我距離退休已經愈來愈近，因此可以回首來時路，檢視自己的剪接師生涯。我無法完整列出與我共事的天才藝術家們所有的成就。如果你不清楚他們是誰，可是想要更進一步了解他們，我鼓勵你去看看他們的作品。

我也和一些才華相對平凡的人合作過，但我寫這本書的目的不是為了替誰打分數，只是想要回憶我過去五十年的經歷，分享我的經驗。我參與的第一部電影長片於一九七〇年上映，那年是首部有聲電影問世後的第四十三年。我的職涯已經橫跨大半部的有聲電影年代，有聲電影年代有許多令人難忘的佳片，有助於形塑我們的文化。我很榮幸能成為其中幾部片的一份子。

接下來就是我的電影剪接生涯回顧。

注釋

① 布萊恩．狄帕瑪（Brian De Palma, 1940-），美國電影導演和劇作家，以拍攝犯罪及驚悚電影聞名。《迷情記》（*Obsession*）為狄帕瑪一九七六年執導作品。

② 赫伯特．羅斯（Herbert Ross, 1927-2001），美國導演、演員、製片人及編舞家。

③《歡樂時光》（*Happy Days*），美國情景喜劇，一九七四年至一九八四年間在美國廣播公司（ABC）的電視台播出。

④ 格式塔心理學（Gestalt psychology），心理學重要流派之一，興起於二十世紀初的德國。由馬克斯．韋特墨（Max Wertheimer）等人創立。

⑤ 約翰．休斯（John Hughes, Jr., 1950-2009），美國導演、劇作家與製片人。

⑥ 喬伊．舒馬克（Joel T. Schumacher, 1939-），美國導演、劇作家和製片人。

⑦ 唐．坎伯恩（Don Cambern, 1929-），美國電影剪接師。

⑧ 焦點小組（Focus group），質性研究的一種方法，針對某項產品、服務、概念、廣告或設計，透過詢問與面談的方式採訪一個群體，以獲取其想法和評價。

⑨《蹺課天才》（Ferris Bueller's Day Off），一九八六年的美國校園喜劇電影，由約翰．休斯執導。

⑩ 強納森・林恩（Jonathan Lynn, 1943-），英國導演、演員、劇作家及製片人。

⑪ 麥可・康恩（Michael Kahn, 1930-），美國電影剪接師。

⑫ 賽爾瑪・修恩梅克（Thelma Schoonmaker, 1940-），美國電影剪接師，與導演馬丁・史柯西斯合作超過五十年。

⑬ 馬丁・史柯西斯（Martin Scorsese, 1942-），電影導演、製片人、劇作家。

⑭ 羅恩・安德伍德（Ron Underwood）（1953-），美國導演、製片人和電視導演。

⑮ 泰勒・哈克佛（Taylor Hackford, 1944-），美國導演、劇作家和製片人。

⑯ 鄧肯・瓊斯（Duncan Jones, 1971-），英國導演、製片人和劇作家。他是歌手大衛・鮑伊（David Bowie）的長子。

⑰ 大衛・沃克・格里菲斯（David Llewelyn Wark Griffith, 1875-1948），美國電影導演，代表作包括《一個國家的誕生》、《忍無可忍》。

⑱ 露琵塔・尼詠歐（Lupita Nyong'o, 1983-），女演員，曾以《自由之心》獲美國演員工會獎（Screen Actors Guild Awards）最佳女配角獎、奧斯卡金像獎最佳女配角獎，成為第一位獲得奧斯卡金像獎的肯亞人。

⑲ 巴茲・魯曼（Baz Luhrmann, 1962-），澳洲導演、編劇家及製片人。以《紅磨坊》、《大亨小傳》聞名。

1 第一部賣座強片——《魔女嘉莉》

一九七五年，當時我二十多歲，布萊恩．狄帕瑪找我談論他的下一部作品，同時也是我們合作的第五部，片名是《魔女嘉莉》。這部電影改編自當時尚未成名的史蒂芬．金①第一部同名小說。在故事中，女主角嘉莉是一個生性害羞的女孩，在學校裡被大多數同學嘲笑及排斥，可是沒有人知道，她具有隔空移物的超能力。嘉莉在畢業舞會被羞辱：同學故意操弄投票結果，讓嘉莉當選舞會女王，等她上台領獎時，用豬血淋她一身。我讀完了這本小說，很喜歡這個故事，但我認為布萊恩拍這部電影是走回頭路。他已經拍過恐怖片《姐妹情仇》②和恐怖音樂喜劇片《天堂幻象》③，然後拍了由我負責剪接的浪漫驚悚片《迷情記》，實在沒有必要回去拍B級電影。我當時認為：《大法師》④已經轟動影壇，如果再拍攝一部少女具備超能力的電影，只是流於模仿。我沒想到《魔女嘉莉》會大受歡迎，還變成當代文化的一環。

我把這樣的想法告訴布萊恩，可是他沒有因此打退堂鼓，因為他正確地預見《魔女嘉莉》這部電影的潛力，並前往好萊塢展開前期製作。當時喬治．盧卡斯正在為他下一部科幻史詩電影《星際大戰》徵選演員，布萊恩與喬治相識於一九七一年，那時他們都在加州伯班克執導華納兄弟娛樂公司的電影。由於兩人新作品的角色年齡相近，他們決定一起舉行選角試鏡會。他們還決定試鏡會開場由喬治致詞，結束時由布萊恩致詞，但如果參加試鏡的演員看起來都不適合，布萊恩就會在喬治的開場白還沒說完前打岔。

B級電影（B movie）：低成本製作的商業電影。

與《星際大戰》合辦試鏡

有一天，布萊恩打電話給我。「喬治想和你說話。」當時我腦中浮現一個畫面：布萊恩用手臂勾住喬治的脖子，把他拖到電話前。

「嗨，保羅。我只是想告訴你，我很欣賞你的作品，希望我們有一天可以合作。」

哇！我在心裡大喊。這實在太令人興奮了。一年前我曾在《天堂幻象》的試映會上遇見喬治和他的妻子瑪西亞，瑪西亞也是電影剪接師。

「我手上這部電影已經找到剪接師了。」——這句話讓我的心一沉——「但是這部片結束後，我會馬上再拍另外一部，也許到時候可以找你幫忙。」

「喬治，這太好了。」我說。

然而我心中暗忖：**為什麼不能在這部片就合作呢？**我到目前為止已經剪接四部電影，這四部片全是布萊恩的作品，我很感謝他的支持。雖然我以這些作品為榮，但我不想只當一位導演的剪接師，非常渴望與其他人合作、得到其他人的賞識。喬治之前的作品《美國風情畫》[5]正是我希望能參與的電影類型。

但是無論如何，布萊恩已經找我剪接《魔女嘉莉》，我很高興有人願意聘用我。

布萊恩與喬治．盧卡斯共同舉辦的選角試鏡會，後來不僅成為電影圈的傳奇，也為布萊恩帶來極大的影響。布萊恩決定讓西西．史派克[6]飾演嘉莉，西西．史派克當時參與了泰倫斯．馬利克[7]的《窮山惡水》[8]，與馬丁．辛[9]演出對手戲。我也希望她得到嘉莉這個角色，因為我覺得她非常有表演才華。我對她的好感，來自我們在拍攝《天堂幻象》時的相遇[10]，她是我認識的人當中最親切也最真實的一位。

獲選的演員還有南西．艾倫[11]，她後來嫁給布萊恩。南西飾演一個壞女孩，在銀幕上表現出色，但私底下的她迷人、溫柔、善良，而且具有優雅的幽默感，總是笑臉迎人，與她的角色完全相反。艾美．歐文[12]飾演好女孩，艾美有一種超凡獨特的美，史蒂芬．史匹柏來探班之後就娶了她。至於嘉莉的母親這個重要角色，布萊恩相中派珀．勞利[13]。派珀．勞瑞十四年前演完《江湖浪子》[14]之後就沒有再現身大銀幕，她是一位非常棒的專業演員，工作專注且準備充分。風趣又有天賦的伊迪．麥克盧格[15]以及後來成為百老匯傳奇巨星的貝蒂．巴克利[16]，也都參與了這部電影的演出。

布萊恩曾與貝蒂短暫約會，並找她替《迷情記》中的一個小角色配音。貝蒂一直央求布萊恩找她拍電影，最後他終於答應了。她演得非常棒，布萊恩以一種極戲劇化的方式殺死她飾演的角色，他喜歡死亡之舞的感覺，這種安排只是投其所好。每次他在設計女性角色陷入危險情境時，整個人就變得雀躍。回想起來，我不認為這表示他對女性懷有敵意，只能說他有點幼稚。我覺得他想表達的觀點是男性在日常生活中比女性更可能侵略或掠奪他人。有人說布萊恩厭惡女性，但如果你仔細想一想，在《魔女嘉莉》中欺負別人的角色全都是女性，男性在這部電影裡只是配角，例如聽從女友命令的男友，或者無知的老師與校長，主要的衝突都發生在女性之間。

布萊恩將壞男友這個角色交給一個名叫約翰．屈伏塔的年輕電視演員。布萊恩經常提拔優秀的年輕演員，許多演員就算不是被布萊恩挖掘出道，第一次拿到戲分吃重的角色也都是布萊恩給予的機會，例如勞勃．狄尼洛、查理士．鄧寧[17]、約翰．李斯高[18]、約翰．屈伏塔、丹尼斯．弗朗茲[19]、蜜雪兒．菲佛[20]、瑪麗．伊莉莎白．馬斯特拉托尼奧[21]和凱文．科斯納[22]。布萊恩找凱文．科斯納主演《鐵面無私》[23]時跌破大家的眼鏡，但是那部電影讓凱文．科斯納搖身變成大明星。

雖然布萊恩對於有才華的演員深具慧眼，可是他的攝影運鏡以及將畫面組合成雋永場景的放肆創意，卻因為他對電影的人性面向（即：演員的表演內容）愈來愈不感興趣而逐漸減少。布萊恩不在乎演員的性格與表現，他戲稱那些專注於人性面向的電影根本就像「議而不決的會議」。他覺得拍攝演員的特寫鏡頭是無聊的事，他只對突破媒介視覺界限的電影感興趣。不過，雖然他常表示自己不在乎對話場，西西．史派克和派珀．勞瑞卻仍憑著《魔女嘉莉》雙雙獲得奧斯卡金像獎提名。

✦

主要攝影工作接近尾聲時，布萊恩說他想看一下初剪結果，以便了解各場戲的視覺呈現，以及是否需要補拍鏡頭。我們一起看了初剪版，布萊恩表示他很滿意。在這之後，我去參觀了拍片現場，當時劇組正準備拍攝在學校體育館裡舉行舞會的那場戲。畢業舞會是這部片的重要環節，耗費好幾個星期拍攝。製片人保羅．莫納胥[24]走到我身邊，問：「你覺得如何？」

「我認為一切都很好。」我這麼回答，因為我知道如果提出任何意見，可能會引起軒然大波，而且事實上我真心覺得沒問題。

「但是我很擔心。」莫納胥說。

他擔心的問題，是我覺得很瑣碎的小事，小到我現在根本不記得是什麼事。讓我驚訝的是，他對事情的進展缺乏信心，這種擔憂很快就發展成為導演與製片人之間的嚴重分歧。當然，我站在布萊恩那一邊。

我恪守的基本理念之一，就是剪接師必須忠於導演。製片人或電影公司高層主管有時候會要求我在未經導演許可的情況下讓他們觀看電影內容，這種事情絕對無法通融，而且基本上來說，「上面的人」都很清楚這一點，並且尊重這樣的原則。後來我才學到處理這類偶發狀況的方法，而且還是二十世紀福斯電影公司董事長喬．羅斯[25]提供的點子。當時他問了一個我不方便回答的問題，我遲疑了片刻，於是他說：「我知道，礙於你們剪接師的法規，你無法回答。」從那個時候開始，如果有人問了我不好回答的問題，我就會開玩笑地說：「我不能告訴你（或者讓你看），因為會違反《剪接師法規》，我可能因此挨告。」

有些人還真的相信有這種法規存在。總之，保羅．莫納胥後來考驗了我對導演的忠誠度。

經典舞會橋段

布萊恩把舞會場分成三個主要段落：第一段以正常、即時的攝影方式拍攝，裡面包含對話。這個段落先拍參加舞會的人群，以及嘉莉很高興能夠成為這場舞會的一份子。這個段落的最後一個畫面，是一個長長的跟蹤鏡頭，詳細披露舞會國王和舞會女王的選票如何作假，以及壞孩子們（由南西．艾倫和約翰．屈伏塔飾演）躲在舞台樓梯下方，將一桶豬血以繩索懸掛於舞台上方，緊接著是宣布（選票作假後的）獲勝者：嘉莉和她的男伴湯米．羅斯（Tommy Ross）。這些畫面都以壯觀的升降鏡頭拍攝。

第二個段落開始以慢動作的方式拍攝，全段沒有對白，只有音樂。畫面包括嘉莉和湯米走上舞台；艾美．歐文飾演的蘇．史奈爾發現壞孩子們打算羞辱嘉莉的計畫；蘇試圖揭發這個陰謀；對嘉莉深具同情心的體育老師（由貝蒂．巴克利飾演）誤會蘇的行為是出於嫉妒；體育老師把蘇趕出體育館時，壞孩子拉動了懸吊豬血桶的繩索；水桶傾斜後，嘉莉從頭到腳都被淋滿豬血（實際上是染成紅色的糖漿）。音樂停止，只剩下繩索吱吱作響的聲音。然後，水桶掉在湯米頭上，將他擊暈。

接著是一段簡短的蒙太奇：嘉莉腦子裡聽見旁人嘲笑她的聲音，伴隨萬花筒特效，她變得愈來愈憤怒，開始對欺負她的人進行報復。這時銀幕上的畫面分割為二，嘉莉環顧四周，以超能力讓各種東

跟蹤鏡頭（tracking shot）：攝影機跟隨著被拍攝人物的運動，同步移動拍攝的運鏡方式。
升降鏡頭（crane shot）：攝影機固定於機器手臂上以利垂直升降，讓運鏡角度更靈活，以利呈現畫面更多細節。

西到處亂飛。

分割畫面這段則是布萊恩為這場戲設計的第三部分，從許多面向可以看出他執意這麼做，但不是全部（這點很重要）。他在拍攝時只留意一半的畫面，也就是說，由於他只關心半個畫面，倘若一個燈架或其他設備甚至一位工作人員不小心出現在畫面中的另一半穿幫，他也不在乎，因為他只打算使用一半的畫面。

這是一種相當大膽的選擇，這種做法使我們無法使用傳統的全銀幕式剪接。他還決定這場戲必須在紅色燈光下進行拍攝，因此關掉全部的燈，只留下「緊急出口」的紅色照明。然而拍了一個星期之後，他又覺得不能整場戲都以這種燈光拍攝，於是又安排一名臨時演員被嘉莉的超能力丟向消防設備，導致水管朝著電燈噴水，引起電線短路，讓體育館裡又恢復原本的照明！

舞會是這部電影的重頭戲，場景設計風格強烈，極富原創性，光是慢動作的部分就有一百多個鏡位，或者稱為攝影角度。分割畫面的部分鏡位更多，我們把拍攝好的分割畫面送到視覺處理中心，再將那些畫面組合在一起，以便後續的投影。

我們找布萊恩的朋友及電影公司高層主管進行試片。當你拿粗剪的版本請別人發表評論時，他們都會為了幫忙而盡力批評。如果他們批評的切入點各不相同，你就可以放心假設那些都只是他們的個人意見；但如果他們都指出相同的問題，你的麻煩就大了。

試片結束後，我們得到的壓倒性回饋是：大家都不喜歡分割畫面。他們認為分割畫面會讓他們分神，但那場戲應該是讓觀眾全神貫注的地方。分割銀幕可能很有趣，可惜這種呈現方式不吸引觀眾。

針對這個問題，布萊恩受夠了大家的意見。「我不想管了！你要怎麼剪接都隨便你！」他對我說。

我回去檢視所有的畫面，挑選出我能用在全銀幕的鏡頭，然後剪接到電影裡，剩餘的部分就只能

分割畫面（split-screen）：將畫面分為數格，分別呈現不同影像。

繼續以分割畫面呈現，所以保留不動。最後我讓全銀幕畫面與分割畫面交替出現，結果令人十分滿意，這場戲不會因為其中一種風格而卡住。或許是因為我只能盡力挽救，所以反而能夠放手一搏。

✦

布萊恩大部分的畫面是以主觀鏡頭拍攝，讓攝影機表現某個角色以其角度所看到的事物。在《魔女嘉莉》中，這種拍攝手法是必然不可缺少的，因為嘉莉能夠透過她的超能力移動身旁的物體或人們，要在電影中表達這種超能力，就必須大量依賴主觀視角鏡頭才能忠實呈現。

嘉莉的特寫鏡頭：她專注看著銀幕左方的某個東西，然後眼神往右輕拂。

鏡頭切換：一把刀突然從畫面左方飛出。

鏡頭切換：那把刀在空中從右方飛向左方。

鏡頭切換：那把刀刺中壞心眼的瑪格麗特．懷特。

前述語法就直觀上是可以理解的。**因為發生了這件事，所以發生那件事**。首先是這件事，然後出現那件事；因此，這件事**導致**那件事。這其實是邏輯上的謬誤：如同公雞在日出前啼叫，因此人們認為是公雞讓太陽升起；或者某個醉漢在全市停電的那一刻踢了燈柱一下，大家就認為是他造成停電的發生。這些顯然不是真實的原因，可是在電影裡行得通，觀眾會認為是嘉莉讓刀子飛起來，並且指揮它的飛行。

拍攝這一幕時，各式各樣的廚房刀具以觀眾看不見的鋼絲牽動並飛出畫面，緊接著是另一個鏡頭，拍攝每種刀具飛過空中，同樣以鋼絲牽動。在第二個鏡頭中，劇組第一次先拍攝每種刀具直飛的畫面，第二次再拍攝那些刀具翻來滾去的畫面，我只使用了翻滾的畫面用來吸引觀眾注意。在每一場

主觀鏡頭（point of view shot, POV）：攝影機模擬人眼，拍攝人物看到的事物，讓觀眾以第一人稱方式觀看畫面。

試映會中，觀眾看見這一幕時都會大聲叫好。

然而舞會的分割畫面讓我們陷入大麻煩。你可能已經注意到，在前面提及的畫面描述中，嘉莉的視線是從左移到右，但刀具移動的方向卻相反，這是因為鏡頭是以反向角度拍攝。有一種情況是，一台攝影機的鏡頭朝著某個方向拍攝，另外一台攝影機的鏡頭則從相反的方向拍攝，例如拍攝某人拿著望遠鏡看一群馬匹奔跑，觀眾會看那些馬匹在銀幕上從左邊跑到右邊，但是當畫面切換到那個在看台上拿著望遠鏡的人時，他的目光會（跟隨著馬群）從右邊移向左邊。

在舞會那場戲中，分割銀幕是從豬血倒在嘉莉身上之後才開始的，因為布萊恩拍攝嘉莉從右邊看向左邊，因此我們把嘉莉放在分割畫面的右側，左側畫面用來顯示她做了什麼。嘉莉以銳利的目光朝左邊看了三次，將體育館的門全部關上，我們也以鏡頭交切的方式插入三扇門被甩上的畫面。當她往左看的時候不會有問題，然而當她往右看的時候，她的視線就看出銀幕外了，這會讓觀眾產生疑惑。我們的解決方法，是將嘉莉的特寫鏡頭放在銀幕右側，然後讓畫面滑到銀幕左側，這樣，當她看右邊時，目光就會導向正確位置，落在爆炸的頭頂燈上。

✦

在《魔女嘉莉》剪接期間，布萊恩受邀至那不勒斯電影節放映他之前的作品《迷情記》。在他出發前往義大利之前，他特別交代我，在他回來之前不准任何人觀看《魔女嘉莉》。我以為電影公司也同意他的要求，然而在他搭乘的班機起飛後幾小時，我的助理就接到了電影公司打來的電話，要求我們把剪接後的成果送到聯藝電影公司㉖的辦公室，好讓某位高階主管看看這部電影。「我應該怎麼回答？」我的助理問我。

「告訴他不行。」我回答。

他將我的答覆告訴對方，然後過了一會兒電話又響了。「保羅？」

「我是。請問你是？」

「我是保羅・莫納胥。」

「嗨，保羅。」

「我是這部電影的製片人，我命令你馬上把片子送過來，聽懂了嗎？」

「我知道你是製片人，保羅，但是我不能這樣做，因為布萊恩特別交代我，他不在的時候不能給任何人看這部片。」

「如果你不馬上送來，我就解僱你和你的助理，你聽懂了嗎？」

「是的，我懂。」然後我沒有再多說什麼。

「你會把片子送來嗎？」

「不會。」我回答。

「好吧，你被解僱了。」掛斷電話之後，我轉頭看看我的助理。

「我們被解僱了。」我說。雖然我有點不安，但我相信布萊恩會解決這件事。我開始試著聯繫人在那不勒斯的布萊恩，他的班機應該已經降落了。那個年代還沒有手機，因此聯絡有點困難，但我最後終於聯繫上他。我告訴他發生了什麼事。

「我們應該怎麼辦呢？」我問。

「呃，既然你被解僱了，那就回家去吧。」

這句話的意思是，這真的沒什麼好擔心的，所以我們就回家了。基本上，那天剩餘的時間，就算是我們的假期。第二天，我接到布萊恩的電話。

「回去工作吧。」他說：「你被重新聘僱了。」

我不知道發生了什麼事，但在那之後就沒有人再來煩我們了。不過，那次事件並不是布萊恩與製片人莫納胥關係緊張的句點。

✦

在《魔女嘉莉》的剪接過程中，我和我太太珍到劇作家傑伊．考克斯㉗及女星薇娜．布魯姆㉘的家吃晚餐。傑伊原本是《時代》雜誌的影評人，我們透過布萊恩介紹而認識，傑伊曾在布萊恩的電影《姐妹情仇》中擔任臨時演員，認識很多電影圈裡的人，包括史柯西斯、史匹柏和盧卡斯。他還曾經從中協調，讓布萊恩在《時代》雜誌的辦公室拍片。這時他已經不再寫影評，改當劇作家。

傑伊和薇娜剛從英國回來，他們在那裡參觀了《星際大戰》的拍攝現場，還帶回一本電影幕後劇照書。我懷著敬畏的心，將那本書從頭翻到尾。我盯著那些驚人的照片——現在我已經知道那些人物的名稱：**武技族**（The Wookiee）、**機器人**（The droids）、**爪哇族**（The Jawas）、**沙漠爬行者**（The sandcrawler）、**帝國風暴兵**（The stormtroopers）、**沙漠景觀**（The desert landscape）——雖然那些劇照是黑白的，我依然能感受到這部電影有多麼特別。那天晚上我們回家時，我對珍說：「妳知道，我很高興喬治將來打算找我合作，但我真心希望與他合作這部電影。」

凸顯脆弱的配樂

與此同時，史蒂芬．史匹柏正在籌備拍攝《第三類接觸》。他拍攝《大白鯊》時的剪接師薇娜．

菲爾德[29]轉任環球影業的高階主管，因此他正在尋找一個可以接替她位置的人。他打電話給我，不幸的是，他預計在春天開工，而我那時候還在忙著剪接《魔女嘉莉》，時間上無法配合，於是他找了麥可．康恩，史蒂芬後來的電影幾乎都是由麥可剪接，除了由卡蘿．利特爾頓[30]剪接的《E.T.外星人》[31]。麥可後來贏得了三座奧斯卡金像獎，得獎作品分別是《法櫃奇兵》、《辛德勒的名單》及《搶救雷恩大兵》。人生就像電影，時機決定了一切。

為《姐妹情仇》及《迷情記》譜寫電影配樂的伯納德．赫爾曼[32]去世後，布萊恩找不到人替《魔女嘉莉》作曲。許多人想搶這份工作，因為布萊恩已經建立起一種特殊的風格：在他的電影中經常出現完全無對白的段落，提供了作曲家可恣意展現才華的空間。

最後是傑伊．考克斯替《魔女嘉莉》找到了配樂作曲家，那位作曲家的名字是皮諾．多納吉歐[33]，他的作品包括心理驚悚片《小妖女》[34]，該片由尼古拉斯．羅格[35]執導，於威尼斯拍攝。皮諾是威尼斯人，他是義大利知名的歌手及詞曲創作家，最為人所知的作品〈You Don't Have to Say You Love Me〉由達斯蒂．史普林菲爾德[36]唱紅，貓王艾維斯．普里斯萊也曾翻唱過。皮諾毫不猶豫就答應接下這份工作，他是個很有魅力的人，可是幾乎不會說英語。由於我在大學時期曾學過一點點義大利語，布萊恩決定聘請皮諾之後，就強迫我擔任翻譯，雖然布萊恩也找到一種不必說義大利語就能與皮諾溝通的方法。在看片過程中，當布萊恩想在某個段落製造懸疑感時，他就會轉頭看看皮諾。

「皮諾！」布萊恩會一邊比手畫腳，一邊哼出：「督—嘟，督—嘟！」接著他又轉頭看我，說：「解釋給他聽。」

於是我就翻譯：「皮諾！督—嘟，督—嘟！」

皮諾聽得懂布萊恩的意思，找他來替這部電影配樂真的是很棒的選擇。他的音樂讓感性的場面充滿溫情，凸顯出嘉莉的脆弱。他還替舞會那場戲譜寫了一首曲子。更重要的是，他能夠補強布萊恩想要表現的震撼感。

幾年前我和布萊恩一起去看了《激流四勇士》[37]，我們走出電影院時，布萊恩問：「你覺得最後那一幕如何？一隻手臂從水裡伸出來，手裡拿著步槍。這個點子非常棒，可是表現技巧不佳，我可以做得更好。」《魔女嘉莉》最後一幕的駭人畫面，靈感就是從這裡來的。嘉莉的手突然從墳墓裡伸出來，一把抓住蘇．史奈爾的手臂。

為了提供皮諾譜曲的方向，我在安排參考音樂時，在鏡頭以慢動作移向墳墓的那段戲選用了阿爾比諾尼[38]的〈G小調慢板〉。這場戲會讓觀眾飽受驚嚇：蘇跪在十字架前並獻上一束鮮花時，嘉莉的手臂突然從地底下伸出來。我再將參考音樂切換成《姐妹情仇》的主題曲，那首主題曲的開頭是一聲砧鐵的撞擊聲。透過與前段緩慢旋律不搭的唐突銜接，同時將音量調高，就能夠造成巨大的驚嚇效果。

布萊恩希望皮諾能夠原汁原味地重現這樣的效果，包括鐵砧的打擊聲，皮諾也順利達成任務。米高梅電影公司紐約總部的放映廳座椅有彈簧椅背，而且可以深深傾斜，每次我們在那裡舉行試映會時，當觀眾因為受到驚嚇而猛力往後縮，整個放映廳的全部座椅就會同時向後倒，坐在最後排的布萊恩和我也會因此感到非常開心。

我經常在剪接室裡陷入迷失，希望自己能以不同的方式剪接，然而《魔女嘉莉》這部作品例外。就算我有能力改變一切，我也不會變動它的任何一格畫面，最後的剪接結果就是我覺得這部電影的最佳版本。相較於現在的電影動輒超過兩小時，《魔女嘉莉》的簡潔俐落反而令人印象深刻。

參考音樂（temp track）：在剪接階段剪接師會選用現成音樂搭配畫面，以利劇組更具體地為影像定調氣氛與節奏。

我們確定《魔女嘉莉》的最終版本時，喬治·盧卡斯已經拍完《星際大戰》。他和瑪西亞準備從英國返回加州，途中先在紐約停留幾天。喬治的情緒有點低落，因為拍攝過程非常辛苦，他甚至一度因為胸痛而住院。他原以為自己是心臟病發作，後來證實只是因為過度焦慮，這件事對他的心情造成影響。除此之外，他也不滿意他的英國剪接師。對方是一位嚴肅且經驗豐富的專業好手，可是並不了解這部電影的精神，甚至四處表示自己瞧不起這部電影。喬治對初剪版本非常不滿，決定在拍攝工作進入尾聲時換掉那位剪接師。

布萊恩讓喬治和瑪西亞觀賞《魔女嘉莉》，他們很喜歡這部電影，而且沒有提出任何修改建議。然後他們就飛回西岸，開始進行《星際大戰》的後期製作。大約兩個星期後，我接到瑪西亞打來的電話。

「保羅，我知道你快完成《魔女嘉莉》的剪接了，等你忙完之後，願不願意來幫我們剪《星際大戰》？」她問。

我當然願意！可是時機不對，因為我太太珍剛懷了我們第一個孩子。「我必須先和我太太討論看看，如果她同意的話就沒問題。」

我很高興，可是也有點擔心珍對這個消息會有什麼反應？我把我和瑪西亞的對話告訴布萊恩。

「什麼？你沒有馬上答應？你瘋了嗎？」

他立刻打電話給瑪西亞。「瑪西亞嗎？我是布萊恩。他願意接這個工作。」他還告訴瑪西亞我剪接《魔女嘉莉》的酬勞是多少。「這個價錢妳可以接受嗎？」他問：「好，那就這麼說定了。」

他掛上電話，轉頭對我說：「你不必告訴她你有哪些私人問題要處理，她不需要知道那些。你應該做的是解決你的私人問題。」

我趕緊回家告訴珍這件事。「親愛的，我得到一個很棒的工作機會，但這表示我不能在家陪妳。妳還記得我們在傑伊和薇娜家看到的那本劇照書嗎？喬治．盧卡斯希望由我剪接那部電影。」

珍看著我，毫不猶豫地說：「答應他！」

第二天我打了電話，同意一結束《魔女嘉莉》的工作就立刻飛去幫忙，時間大約是在一九七六年九月底。

我們繼續著手完成我們的電影。我們在紐約完成混音，然後去洛杉磯監看校正拷貝（answer print）的調色，校正拷貝是剪接好的底片首次製成的無接縫拷貝。接著我住進馬蒙特城堡飯店㊴，這間飯店是好萊塢的地標建築，《週六夜現場》㊵的班底約翰．貝盧希㊶幾年後在這間飯店裡因使用藥物過量而逝世。

我住在馬蒙特城堡飯店期間，喬治．盧卡斯將《星際大戰》的劇本寄給我。劇本的標題是《從威爾斯日誌中摘錄之路克．星際殺手的冒險》㊷，副標題為《（傳說一）星際大戰》（*Saga I) Star Wars*），編劇為喬治．盧卡斯。這個版本已經是修訂第四版。我讀完了劇本，但是，坦白說，我並不太懂。這些紙上寫滿**武技族**、**爪哇族**、**絕地武士**（Jedi knights）、鈦戰機（TIE fighters）、**X翼戰機**和**Y翼戰機**（X- and Y-wings）等奇怪的名詞，我無法想像這些到底是什麼東西。然而我已經看過幕後劇照，因此非常期待參與這部電影的剪接工作。

喬治的工作人員打電話來，約我到光影魔幻工業公司㊸與他見面，這間公司是他特別為了處理《星際大戰》的特效鏡頭而成立的。光影魔幻工業公司位於洛杉磯凡奈斯區的一間工業倉庫裡，當我抵達時，喬治特別出來迎接我，並且帶我參觀這間公司。他讓我看了運動控制攝影機，以及供它行進的軌道，我以前從來沒見過這種器材。喬治向我解釋：電腦會記住攝影機的移動位置，因此可以一次

無接縫拷貝（seamless print）：指未有接合痕跡、已臻一定剪接完成度的完整版膠卷。
運動控制攝影機（motion control camera）：可精準控制運鏡並準確重複同樣運動軌跡的攝影機。

又一次精準地重複相同的位移。拍攝不同的人物模型並且將其結合至單一鏡頭時，控制攝影機的動作是非常必要的。

電腦的數據會儲存在打孔紙帶上，那是當時最先進的藝術。喬治讓我參觀了模型工廠，那裡有一組工作人員正忙著為這部電影打造各式各樣的太空船，還有一大箱的模型飛機和戰艦。他們拆取可用的零件，製作出所有的銀河巡邏艦艇和X翼及Y翼戰機，還有**千年鷹號**（Millennium Falcon）。他還向我展示在拍攝各種太空場景時用來當成背景的星際背板。接著我們穿過一扇玻璃門，走進一間小小的壓力艙。我們站在金屬格柵上，一台大型吸塵器開始在我們腳下發出運作的聲響，將鞋底所有的沙塵都吸光。幾秒鐘之後，吸塵器停了，我們通過第二扇門，進入光學部門。

在底片的年代，光學效果必須藉由重新拍攝原始的負片來達成，也許是利用接景，或者使用濾鏡和透鏡，或是運用可以將影像放大、縮小、傾斜、反轉、重疊的空中頭。然而重新拍攝會造成畫質減損，導致底片的清晰度大幅降低。為了補正這個問題，喬治決定使用更大的底片來拍攝所有的特效，這種底片叫做VistaVision，於一九五〇年代研發而成。當時的電影公司必須與電視台搶觀眾，發明這種底片格式的目的是讓電影院能夠投射出比以前更大、更寬、更清晰的影像，與電視的小螢幕形成明顯對比。在VistaVision中，每一格有八個齒孔（perforations）寬，而且格子是水平並排的。在標準的三十五釐米底片中，格子是垂直排列，並且只有四個齒孔高。VistaVision底片的每一格都更為清晰，所以影像因光學過程而減低清晰度時，理論上而言，最後的畫質會非常接近標準的四個齒孔。

幾年前，因為以這種方式拍攝電影的成本過高，電影公司已經放棄這樣的格式。VistaVision需要拍攝兩倍的素材，除此之外，毛片必須減少到四個齒孔，好讓剪接師可以使用他們常用的Moviola和膠卷接合機加以剪接。Moviola是電影圈相當重要的剪接設備，比有聲電影還早問世，原本要當成家庭用的電影放映機，因此以早期的唱片播放機Victrola來命名。然而這台機器對家庭用戶而言太昂

接景（mattes）：繪製場景或部分景物，以結合實拍畫面的一種技術。
空中頭（aerial head）：活動幅度更靈活之空拍用鏡頭。

貴，反而在電影剪接師的圈子裡大受歡迎。喬治想要重新使用VistaVision，卻發現沒有相容的光學印刷設備可用。喬治的特效團隊領導人約翰．戴克斯特拉㊹必須打造新的光學印刷設備，以便他們使用八個齒孔的格式拍攝各種模型，同時保有喬治期望的品質。

我對這些尖端高科技充滿崇敬。幾年之前，我還在剪接十六釐米的影片！對我來說，這是全新的嘗試。喬治提議我們到凡奈斯大道上的哈姆雷特漢堡店吃點東西，他點了一個起司漢堡和一杯牛奶，然後我們就開始聊天，以便進一步了解彼此。我們達成的共識是，等我一完成《魔女嘉莉》，就立刻到加州馬林郡（Marin County）的聖安塞爾莫市（San Anselmo）找他報到。

過了一會兒，我忍不住說出一直壓在我心頭上的話。「喬治，你知道嗎？」我說：「我必須坦白一件事。」

「什麼事？」他問。

「呃，我覺得我應該告訴你，我從來沒有接過這麼大型的案子。」我說。

「喔，別擔心這方面的事。」他說：「因為大家都沒有。」

我笑了出來，也鬆了一口氣。

「電影就是電影。」他接著說：「你一定可以勝任的。」

我很感謝他信任我。

「對了，順便問一聲。」他又說：「你會使用Moviola剪接機嗎？這會對你造成困擾嗎？」

「沒有問題。」我回答：「我會使用Moviola剪接機。」

我操作過Moviola，我剪接狄帕瑪的《嗨，母親！》就是用這種剪接機，可是自從《姐妹情仇》開始，除了到外地剪接時之外，我都是使用Steenbeck剪接機。使用這種機器要將膠卷平放，就像盤式錄音機（reel-to-reel tape recorder）那樣。Steenbeck有幾項優於Moviola的特色：可以快速前進與快

Moviola剪接機：一九二四年由荷蘭電機工程師伊萬．塞律爾（Iwan Serrurier）發明的電影剪接設備，為全世界第一台用於電影剪接的機器。

速倒帶，而且比較不會刮傷經常反覆播放的毛片。使用Moviola剪接比較可能刮壞或撕裂毛片，修復毛片通常相當耗時，有時甚至無法修復，這時就必須重新沖印底片，但是這方面的費用必須盡量節省。不過，雖然我個人偏愛Steenbeck，這種剪接機在電影長片的剪接上並未被廣泛使用。

Steenbeck剪接機的操作介面是一根操縱桿，比較容易憑直覺操控：往右推就是快轉前進，向左推就是倒退，而且Steenbeck的大型螢幕便於導演和剪接師同時觀看。使用螢幕只有五英寸大的Moviola時，導演和剪接師必須在螢幕前方緊貼著彼此的臉頰。

另一家德國公司推出的Kem剪接系統也採用平板設計，可是操作介面是按鈕。Steenbeck在東岸比較常見，Kem剪接機則已經在西岸扎根，但東西兩岸都有許多剪接師使用Moviola，直到一九九〇年代中期數位化的剪接設備出現為止。當喬治問我能不能使用Moviola剪接時，我其實想說自己寧可使用Steenbeck，但我並不想因此丟了這份差事。

放映室裡的爭吵

與此同時，《魔女嘉莉》的風波又開始了。保羅的妻子梅麗特．馬羅伊．莫納胥（Merrit Malloy Monash）為皮諾替舞會場創作的曲子填寫了歌詞，一位錄音室歌手錄好了試唱帶，放進電影版的原聲帶中。保羅．莫納胥認為這首歌應該放在片頭，打算聘請知名歌手演唱，然而布萊恩反對這個意見。片頭的背景畫面是學校的女更衣室，鏡頭以慢動作拍攝年輕女孩們換衣服，其中包括正面全裸的鏡頭。事實上，當我的名字出現在銀幕上時，南西．艾倫正好面帶笑容、一絲不掛地慢慢轉向鏡頭。很多人問我為什麼片頭的演職員名單中沒有我的名字，讓我從此下定決心：如果我能主導一切，絕對不會再讓任何正面全裸的畫面搶走我的鋒頭。

Steenbeck剪接機：由威爾翰．史汀貝克（Wilhelm Steenbeck）於一九三〇年代發明之平板式剪接機，可用於剪接十六釐米與三十五釐米膠卷。

攝影機慢慢推向嘉莉在排球比賽後洗澡的淋浴間，她驚覺自己月經來潮。布萊恩認為這段畫面不合適搭配人聲演唱的歌曲，雖然一九五〇年代和一九六〇年代初期的電影經常在片頭播放演唱版主題曲，可是布萊恩希望這段畫面以配樂呈現。

莫納胥邀歌手米妮．里珀頓㊺來看試片。米妮能唱出驚人的五個八度音，以一首〈Lovin' You〉在歌壇走紅。那場試片會特別安排在我們工作地點的豪華放映室，當莫納胥和米妮．里珀頓一同抵達時，布萊恩和我已經等待多時。

布萊恩對莫納胥說：「保羅，我必須嚴正地告訴你，我絕對不會把這首歌當成電影主題曲。」一場激烈的爭執就此爆發。

「我是這部電影的製片，如果你不把這首歌放在片頭，我就不批准這部電影發行。」

他們開始對著彼此大吼大叫，可憐的米妮因此驚恐地跑走，這大概正是布萊恩希冀的結果。

莫納胥的意思，是指他不會允許這部電影以現在的版本發行。如果我們沒有簽約取得歌詞版權，就無法恣意使用，舞會那場戲也勢必重新混音。布萊恩要我去安排那首歌的樂器演奏版，不要使用演唱版。我打電話給紐約的音樂統籌，對方馬上找了一位薩克斯風演奏家和一位長笛演奏家到錄音室，提供我們兩種非人聲演唱的版本。布萊恩也請傑伊．考克斯參加這場會議，以確保他能接受我們改用演奏版的方式呈現。

因為之前在放映室裡吵架的事傳回電影公司，布萊恩、莫納胥和我都被叫到麥克．梅達沃伊㊻的辦公室，麥克．梅達沃伊當時是聯藝電影公司的製作總監。我們在現為索尼影視娛樂的米高梅電影公司托爾柏格大樓（Thalberg Building）辦公室中，先聽莫納胥闡述他想在片頭放這首歌的主張，然後再聽布萊恩發表他認為不該在片頭使用這首歌的意見。麥克聽完兩人的說法之後，轉頭問我：「你覺得呢？」

這下子可好了。我心中暗忖，我是這間辦公室裡位階最低的人，他竟然指望我出面解決這場糾紛？「我認為歌詞版不適合片頭這場戲。」我說。

「為什麼？」麥克問。

「因為同時有太多訊息：除了背景的畫面，還有片頭的標題，如果再添加另一種訊息，觀眾根本無法吸收。」

麥克注視著我。「你怎麼知道他們無法吸收？不過，算了，」他打斷自己的話。「你只是想挺導演，對不對？」

「我是真的這麼認為，麥克。」我回答。

我說的是真心話，但他說得也沒錯，我不可能不挺布萊恩。當初莫納胥解僱我的時候，是布萊恩又把我找回來，我理應效忠他。麥克．梅達沃伊最後終於讓莫納胥讓步，同意布萊恩在舞會那場戲中使用演唱版。

那天是星期五，因此我們晚上就順勢慶祝一番。布萊恩當時的經紀人邀請他參加一場晚餐派對，他找我一同前往。那位經紀人名叫蘇．孟格斯[47]，是令人敬畏且深受業界歡迎的人物。當晚的賓客還有馬丁．史柯西斯和史蒂芬．史匹柏，如今我和這兩位大師都算合作過了。當晚大家都很開心，並祝福我剪接《星際大戰》順利。

✦

星期六早上，布萊恩和我到米高梅電影公司碰面，聆聽那兩首沒有填上歌詞的舞會配樂，一首是薩克斯風演奏版，另一首是長笛演奏版。但無論哪一首，聽起來都像罐頭音樂，因此我們決定留用原來的版本，《魔女嘉莉》也大功告成。

「呃，布萊恩，我中午要搭機去舊金山。」我說：「謝謝你為我做的一切，包括替我談妥下一份工作。」

「我想，我還是跟你一起去吧。」布萊恩突然說：「我可以順便和喬治聚聚。來吧，我知道一條通往機場的捷徑，你跟著我走就對了。」

我們坐上各自的車子，然後出發。果不其然，我們迷路了。等布萊恩把車停好、我也歸還租來的車子，兩人立刻狂奔至登機口，幸好趕在登機門關閉前抵達。我們衝上飛機，跌坐到座位上。

我的大冒險——深深改變我人生歷程的大冒險，即將展開。

注釋

① 史蒂芬·金（Stephen King, 1947-），美國暢銷書作家，曾擔任電影導演、製片人及演員。

② 《姐妹情仇》（*Sisters*），一九七二年由布萊恩·狄帕瑪執導的驚悚片。

③ 《天堂幻象》（*The Phantom of the Paradise*），一九七四年由布萊恩·狄帕瑪執導的黑色音樂劇。

④ 《大法師》（*The Exorcist*），一九七三年的美國恐怖電影。

⑤ 《美國風情畫》（*American Graffiti*），一九七三年的美國喜劇片，為導演喬治·盧卡斯早期的作品，講述美國加州一群高中畢業生，在暑假的最後幾天聚會，接著各奔前程。演員包括後來擔任《達文西密碼》導演的朗·霍華，以及當時還很年輕時的哈里遜·福特。本片被選為ＡＦＩ百年百大電影的第六十二名。

⑥ 西西·史派克（Sissy Spacek, 1949-），美國女演員，曾經先後獲得奧斯卡最佳女主角獎六次提名，得獎一次。

⑦ 泰倫斯·馬利克（Terrence Malick, 1943-），美國導演、劇作家與製片人。

⑧ 《窮山惡水》（*Badlands*）為一九七三年電影，泰倫斯·馬利克的處女作。

⑨ 馬丁·辛（Martin Sheen, 1940-）為美國演員，代表作為一九七九年的《現代啟示錄》（*Apocalypse Now*）。

⑩ 西西·史派克曾擔任《天堂幻象》的佈景工作人員。

⑪南西・艾倫（Nancy Anne Allen, 1950-），美國女演員，曾獲金球獎提名。

⑫艾美・歐文（Amy Irving, 1953-），美國女演員，曾獲兩項金球獎提名及一項奧斯卡金像獎提名。

⑬派珀・勞利（Piper Laurie, 1932-），美國女演員，代表作為《江湖浪子》。

⑭《江湖浪子》（*The Hustler*），一九六一年上映的美國劇情片，改編自沃爾特・特維斯（Walter Tevis）的同名小說。

⑮伊迪・麥克盧格（Edie McClurg, 1951-），美國喜劇女演員、歌手及配音員，曾出演近九十部電影、五十五部電視劇，經常扮演帶有中西部口音的角色。

⑯貝蒂・巴克利（Betty Buckley, 1947-），美國女演員和歌手，代表作為百老匯音樂劇《貓》。

⑰查理士・鄧寧（Charles Durning, 1923-2012），美國演員，曾獲得奧斯卡最佳男主角獎與最佳男配角獎。

⑱約翰・李斯高（John Lithgow, 1945-），美國演員、音樂人和作家。

⑲丹尼斯・弗朗茲（Dennis Franz, 1944-），現已退休的美國演員。

⑳蜜雪兒・菲佛（Michelle Pfeiffer, 1958-），知名美國女演員，曾獲得奧斯卡最佳女主角提名。

㉑瑪麗・伊麗莎白・馬斯特拉托尼奧（Mary Elizabeth Mastrantonio, 1958-），美國女演員及歌手。

㉒凱文・科斯納（Kevin Michael Costner, 1955-），美國演員、導演和製片人，曾獲得奧斯卡最佳導演獎。

㉓《鐵面無私》（*The Untouchables*），一九八七年的美國警匪黑幫電影，取材自真人真事，由凱文・科斯納與勞勃・狄尼洛分飾正、反派主角。

㉔保羅・莫納胥（Paul Monash, 1917-2003），美國電視製作人、電影製片人及劇作家。

㉕喬・羅斯（Joe Roth, 1948-），美國電影製片人和導演。曾擔任二十世紀福斯電影公司董事長。

㉖聯藝電影公司（United Artists），美國的製片公司，米高梅公司（MGM）的子公司。

㉗傑伊・考克斯（Jay Cocks, 1944-），美國電影評論家和劇作家。擔綱《紐約黑幫》、《沉默》編劇。

㉘薇娜・布魯姆（Verna Frances Bloom, 1938-2019），美國女演員。

㉙薇娜・菲爾德（Verna Fields, 1918-1982），美國電影剪接師、剪接教育培訓工作者，因《大白鯊》除剪接工作外對作品掌控表現出色，獲聘為環球影業主管。

㉚卡蘿・利特爾頓（Carol Littleton, 1942-）美國電影剪接師。

㉛《E.T.外星人》（*E.T. the Extra-Terrestrial*），一九八二年的美國科幻電影，由史蒂芬・史匹柏執導。

㉜伯納德・赫爾曼（Bernard Herrmann, 1911-1975），美國作曲家，以創作電影配樂聞名。

㉝皮諾・多納吉歐（Pino Donaggio, 1941-），義大利音樂家、歌手及電視電影配樂作曲家。

㉞《小妖女》（*Don't Look Now*），一九七三年由尼古拉斯・羅格執導的驚悚電影。

㉟尼古拉斯・羅格（Nicolas Roeg, 1928-2018），英國導演兼攝影師。

㊱達斯蒂．史普林菲爾德（Dusty Springfield, 1939-1999）為英國女歌手，曾三度獲選為「最佳英國女藝人」。

㊲《激流四勇士》（*Deliverance*），一九七二年由約翰．鮑曼（John Boorman）執導的美國驚悚電影。

㊳托馬索．喬瓦尼．阿爾比諾尼（Tomaso Giovanni Albinoni, 1671-1751），義大利的巴洛克音樂作曲家，擅長創作協奏曲，對巴哈產生重要的影響。

㊴馬蒙城堡飯店（Chateau Marmont），美國加州洛杉磯的一家高級飯店，位於日落大道，現在已改為會員制，非會員無法進入。

㊵《週六夜現場》（*Saturday Night Live*），美國於週六深夜時段直播的喜劇綜藝節目。

㊶約翰．貝魯西（John Belushi, 1949-1982）為美國演員和歌手，是《週六夜現場》創始時的七位演員之一。

㊷劇本標題為 *"The Adventures of Luke Starkiller as taken from the "Journal of the Whills"*"。盧卡斯開始撰寫《星際大戰》的劇本時，原本將主角命名為路克．星際殺手（Luke Starkiller），後來才改為路克．天行者。

㊸光影魔幻工業公司（Industrial Light & Magic），導演喬治．盧卡斯為拍攝《星際大戰》而於一九七五年創立的視覺特效公司。

㊹約翰．戴克斯特拉（John Dykstra, 1947-），美國特效藝術家，曾獲三座奧斯卡金像獎。

㊺米妮．里珀頓（Minnie Riperton, 1947-1979），美國女歌手兼作曲家，以單曲〈Lovin' You〉和其五個八度音的花腔美聲聞名。

㊻麥克．梅達沃伊（Mike Medavoy, 1941-），美國電影製片人和電影公司高層主管，三星影業（TriStar Pictures）的前董事長。

㊼蘇．孟格斯（Sue Mengers, 1932-2011），電影製片人兼經紀人

2 十年前

我一向喜歡看電影，但從來沒有想過進入這個行業工作，甚至從未想過去念電影學校。一九六六年，我獲得紐約哥倫比亞大學的學士學位，主修藝術史。大四那年，我申請了哥倫比亞大學的建築研究所，順利錄取，可是有一個問題：準備畢業時，我的學分數不夠，因此暑假期間必須繼續待在紐約修課，以補足學分。幸運的是，我聽說一些暑期課程可以到巴黎上課，便馬上跑去法文系申請。那天是申請日期的最後一天，我拿到了許可，非常高興。那年夏天我不必待在炎熱且臭氣熏天的紐約，可以到充滿我童年回憶的城市歡度六個星期。我三歲的時候，我們全家搬到巴黎住了四年，因此去巴黎就像回家一樣。

暑期課程的學生，宿舍在位於巴黎第六區榭夫勒斯街四號的萊德堂，靠近地鐵瓦文站。我的房間在樓上，有一整面朝向北邊的溫室式大型窗戶。我每天有兩堂一個半小時的課程，一堂是法語會話課，另一堂是法國文化與文學課，每天中午以後就自由了。我在課堂之餘發現法國人很喜歡美國電影，左岸的藝術電影院都在放映一九三〇年代到五〇年代的好萊塢電影。有一間電影院正在舉辦霍華．霍克斯①影展，我雖聽過這個名字，但不確定他是誰。他是導演嗎？導演是做什麼的？另一間電影院在舉辦拉烏爾．沃爾許②影展。這些人究竟是誰？我去看了《全面追捕令》③，電影開始前有一段聲明畫面，表示雖然銀幕上顯示的導演是布雷泰恩．溫杜斯特④，但實際上的導演是「偉大的勞烏爾．沃爾許」。這兩個人我都沒有聽說過，法國人對好萊塢導演的崇拜讓我感到相當意外。

夏洛宮（Trocadéro）旁邊的西納馬斯克電影院（Cinémathèque）在某個星期舉辦了奧森．威爾斯⑤影展，我利用星期一的晚上去觀賞了《大國民》，那部電影以英文原音放映，而且沒有字幕，可是電影院裡擠滿了人潮。這種場面讓我相當感動，因為我相信並非每個觀眾都通曉英語，他們來觀賞這部電影，是為了學習電影分鏡與剪接的藝術，並且聆聽配樂。當時的我不曾見過這種等級的影迷。在紐約的時候，我經常到上西區的藝術電影院和文化中心，例如「紐約客」（New Yorker）和「塔利亞」（Thalia），但那些地方比較常放映法國電影，而非早期的好萊塢電影。我聽說過《大國民》這部片，可是對內容一無所知，在電影尾聲，當「玫瑰花蕾」的祕密終於揭曉時，我整個人被深深撼動。這就是觀賞電影最完美的模式。

星期二，我去看了《安伯森家族》⑥。星期三，我看了《上海小姐》⑦。星期四是《歷劫佳人》⑧。星期五他們播映《奧賽羅》⑨，而且威爾斯本人也到場，以致戲院裡擠滿影迷。那幾部電影觸動了我，並且改變我的一生。

到了秋天，我依照原本的計畫返回紐約，開始在建築研究所上課。第一個學期開始後幾個月，我年滿二十一歲，並且決定輟學。我有一位同為哥倫比亞大學校友的友人，當時正在他位於紐約西區大道的公寓裡剪接一部紀錄片，我去拜訪他，對他使用的設備很感興趣，其中最令我好奇的是Moviola，那是我第一次看見這種剪接機。

那個時候，第一台家用式錄影機Betamax尚未問世，在一九六〇年代中期，一般人只有兩種方法可以欣賞會動的影像：不是去電影院，就是看電視，而且永遠只能以正常速度播放，無法倒轉，也無法快速前進。然而我面前的那台機器竟然可以讓畫面停止在某一格畫面上，甚至往前倒轉！實在太令我驚訝了。其餘設備也很酷，例如迴帶機、接合機、同步機和揚聲器、修剪箱、彩色膠卷、彩色標記、剃刀、標有格數的底片尺——這些都讓我想要用手觸碰看看。我一向喜歡需要動手做的工作，這也是剪接吸引我的部分原因，我當下就決定嘗試電影剪接工作，雖然我根本不清楚剪接到底是什麼。

Betamax：簡稱Beta，一種家用錄影帶格式，由Sony研發並於一九七五年在日本上市。
迴帶機（rewind）：專門將瀏覽完畢的膠卷迴轉至原始狀態的機器。
接合機（splicer）：將兩段膠卷連接之機器。

九歲的時候，我家有位鄰居在紐約的二十世紀福斯電影公司上班，他每逢週末都會借一些十六釐米的影片回家。我們家的另一位朋友送給我們一台十六釐米投影機，還可以播放聲音。我會架設螢幕、喇叭和投影機，也學會了如何小心翼翼地放上膠卷，確定底片盤能正確轉動，然後我們就在家裡看電影。沒有想到童年時期的休閒娛樂竟然變成我一生的職業，真的很有意思。剛開始工作時，我只負責搬運拷貝，並且將底片裝在齒孔上。

從開車送底片做起

我童年時期的好友湯姆．貝爾福特[10]，後來憑著電影《鐵達尼號》和電視劇《太平洋戰爭》[11]分別贏得奧斯卡金像獎和艾美獎。他叔叔開了一家名為「動能電影」（Dynamic Films）的小型企業工商片公司，給了我一份週薪六十五美元的工作，負責跑腿打雜和送貨。動能電影有六名員工，他們拍攝改裝車大賽，僱用十到十二位攝影師掌鏡，然後把拍好的素材交給位於公園大道辦公室的三名內勤剪接師，剪接師將素材剪成二十分鐘長的影片，再接上各類汽車商品在年底舉行的促銷活動內容——AC火星塞（AC spark plugs）、固特異輪胎（Goodyear tires）、STP石油添加劑（STP fuel additives）等等——然後把影片賣給各家公司，讓這些公司在舉行年度銷售活動時播放。

我的工作是駕駛一輛福斯金龜車前往西區。西區有很多實驗室，我負責把工作拷貝給負片剪接師西摩爾．史米洛維茨（Seymour Smilowitz），然後從他那裡取回剪接好的底片，拿去實驗室沖印，接著再把沖印完成的影片帶回辦公室，裝放到捲軸上。我不清楚那些過程的詳細內容，可是這一切都讓我覺得新鮮有趣，而且還有福斯金龜車可開。我開始工作後大約一個星期，西摩爾問我有沒有興趣跳槽。他想培訓新人，不要求相關工作經驗。

同步機（synchronizer）：一種控制幻燈機與錄音機同步播放的設備。
修剪箱（trim bin）：上方有架子可釘掛刪減暫擱置的底片、下方有鋪設柔軟布料的桶子盛裝捨棄底片的一種設備。

我向辦公室的一位剪接師請教。「呃，你本來只負責運送影片，換工作之後可以變成處理影片。」薪水一樣沒變。於是，我在動能電影工作兩個星期之後，便向我人生中第一位僱主提出辭呈，改到西摩爾那裡上班。

西摩爾的工作室位於西五十五街的督亞特大樓（DuArt Building），在第八大道旁。西摩爾喜歡別人叫他西仔，他是一個經常大吼大叫的人。每次有什麼問題發生，他就馬上大吼大叫。我很討厭在他底下工作，但因為可以學到東西，所以忍耐是值得的。我從他身上學到很多技術方面的知識：如何剪接底片（十六釐米底片）、如何準備待沖印的底片，以及如何使用以腳踏板操控的底片接合機。剪接底片是很困難的工作，雖然有點無趣，可是你必須全神貫注，不能犯下任何錯誤。這些技能一開始很有意思，然而等我學會之後，這份工作就開始變得無聊。

除了剪接底片之外，西摩爾的工作室也和一個三流製片人簽約，那個製作人有個節目叫《電視雙雙》（*TV Twin Double*），節目內容主要與賽馬有關，並且播送紐約北部的超級市場促銷資訊。現在已經沒有人記得這個節目，不過這個節目讓我學會在Moviola剪接機上裝置膠卷。西摩爾也讓我嘗試過音之類的基本工作，假如你從來沒有接觸過這方面的事，可能會覺得很有趣。我替西摩爾工作六個月之後，因為他太常對我吼叫，所以我就辭職了。

我母親在一家畫廊的開幕酒會中遇見一位年輕的剪接師，她把我的名字告訴對方。那個人專門剪接電影預告片，當時正在找助理。我去見他，告訴他我的工作經驗，他就僱用我了。他叫做查克．沃克曼[12]，在一家名為「FLP」的電影行銷公司上班。查克後來因為替奧斯卡頒獎典禮剪接蒙太奇畫面而聲名大噪，他執導（並且擔任剪接）的短片《珍貴影像》也榮獲奧斯卡金像獎，這部短片集結好萊塢所有經典電影的精采畫面。FLP的老闆佛洛伊德．彼德森[13]僱用查克剪接電影預告片，佛洛伊德原本是明尼蘇達州最大城明尼亞波利斯市的廣播電台主持人，雖然他個性浮誇，可是娶了一位聰明端莊的女子。他的妻子來自紐約皇后區，名叫愛琳。佛洛伊德還與同樣來自明尼蘇達州的朋友唐・拉方丹[14]一起成立一家專為米高梅和聯藝電影公司製作廣播廣告的公司。唐後來成為傳奇人物，數十年來他的聲音幾乎出現在每一部電影預告片中。他最令人熟悉的台詞，就是以其平穩流暢的男中音說：「在一個充滿××的世界中……」（"In a world where..."）。那個聲音就是唐。

唐和佛洛伊德決定將公司業務拓展到電視廣告及電影預告，於是聘請查克擔任預告片剪接師。負責監督西班牙文版廣告的人叫做賈斯托・拉康巴（Justo Lacomba），他戴著眼鏡，身材矮胖。賈斯托很喜歡鬧我，不過他真的是一個很有魅力的人。有天早上，他以濃濃的古巴口音對我說：「我的『前朋友』，你今天好嗎？」

「為什麼我是你的『前朋友』？」我問他。

他靠到我身上，說：「因為從現在起，你就是我的愛人了。」

查克當時正在為理查・萊斯特[15]的新片剪接預告，那部電影是由麥可・克勞福德[16]和約翰・藍儂主演的《我如何贏得戰爭》[17]。他想把焦點放在導演身上，因此將萊斯特其他幾部作品的畫面剪接在一起，包括《一夜狂歡》[18]、《訣竅》[19]、《救命》[20]和《春光滿古城》[21]等。我的第一項任務，就是去確認他從製片廠訂購的每部影片是否都送來了，以確保我們有素材可以使用，並且確認沖印事宜都已經準備好。雖然我沒有接觸過三十五釐米的膠卷，可是我注意那些影片的邊框線並不一致，有些影像甚至跑到邊框線外。於是我回去問查克，畫面是不是應該都在邊框線內。

「對！」他大吼。「滾回去搞定這件事！」

這時我才發現查克也是個喜歡吼叫的人。我擔任他的助理幾個月，經常成為他的出氣筒，而且他每次剪接完，就像狂風掃過整個剪接室，滿地都是沒有用上的底片。因為我喜歡整齊，只好努力幫他整理和打掃。

邊框線（frame line）：底片上分隔兩個相鄰影格的格線。

至於佛洛伊德，他是一個很有意思的人。他身材高瘦，任憑一頭金髮垂落在額頭前。他經常甩頭髮，以誇張的姿態避免頭髮扎到眼睛。他擁有播音員的優美嗓音，而且就像每一個電台主持人一樣，永遠辯才無礙。佛洛伊德的父親是軍人，可是他卻非常叛逆，不僅吸食古柯鹼、抽大麻菸，還在每一間剪接室裡放置一瓶蘇格蘭威士忌。他經常一走進剪接室就先發表他對某件事或某個人的看法，或者高談闊論他的計畫和夢想，然後走到放置蘇格蘭威士忌的櫃子前喝一大口酒，接著又走出去。

佛洛伊德在他三十三歲生日那天對我說：「我已經超過三十歲了。」他對我挑挑眉毛，然後轉身走出房間。佛洛伊德總是在自己身上強加一些規範，例如他離席一定會找個藉口。有時候，如果他突然想到什麼還不錯的理由，就算手邊的事情沒忙完，他也會說走就走。

不久後，查克手上的工作量超出他所能負荷的範圍，於是他派給我一項新任務：替他們為《龍鳳鬥智》[22]製作的紀錄片剪一個更簡短的版本。這部電影由史帝夫．麥昆[23]和費．唐納薇[24]主演，紀錄片的內容是這部電影的幕後花絮，原本長十分鐘，可是他們還需要一個只有三分鐘半的簡短版。這個案子的客戶，是聯藝電影公司的一位女士，她很滿意我的作品，因此又交給我另一個案子，讓我從頭開始剪接由迪克．范．戴克[25]主演的《飛天萬能車》[26]幕後花絮。我剪接完成後也同樣獲得好評，於是從那個時候開始，我就陸續負責一些剪接工作。

初識布萊恩．狄帕瑪

與此同時，我的哥哥（也叫查克）正在紐約的環球電影公司工作。他的工作內容是物色年輕的劇作家與導演人才。在前往環球影業尋求資金的眾多年輕電影工作者之中，有一位就是布萊恩．狄帕瑪。查克邀我和布萊恩一起到魯賓餐廳（Reuben's）吃午餐，魯賓餐廳是發明魯賓三明治[27]的知名餐廳，如今已關閉多時。當時布萊恩剛剛執導一部名為《摩登女郎謀殺案》[28]的電影，但那時已經是一九六七年，片名中的摩登用語[29]早就過時了。那部電影其實是布萊恩的第二部作品，他參與執導的第一部電影是《結婚派對》[30]，由還很年輕的吉兒．克萊伯格[31]以及同樣年輕的勞勃．狄尼洛主演。

在魯本餐廳的那頓午飯非常有意思，布萊恩表現出聰明又辛辣的幽默感。他發表詼諧的評論時，臉上會露出具有感染力的笑容。他穿了一件附腰帶的狩獵夾克，胸前有可扣蓋的口袋，這種夾克後來成為他的招牌裝扮。布萊恩比我年長五歲，同樣畢業自哥倫比亞大學，而且他也和我一樣蓄著大鬍子。他來自費城，這也是我們之間的另一個連結，因為我的父母親都是費城人。他有兩個哥哥，因此讓他從小就充滿鬥志，這點我很能感同身受。高中時期，他自己打造出幾台電腦，在一項名為「可解答各種方程式的類比電腦」計畫中贏得當地的科學博覽會獎。他的父親是整形外科醫生，布萊恩經常看他父親動手術，讓他對血腥畫面具有高度容忍力，這項特質反映在他的電影作品中。他說自己曾經親眼看見鮮血噴滿整間手術室。隨著他愈來愈擅長導演，他獨特的視覺想像力幫助他設計出有如瑞士錶一樣精緻複雜的影像片段，我將這種精采的長段落稱為鏡位安排（set pieces）。他的個性粗率，但是也很迷人。根據我後來的發現，女性都認為他那雙會說話的藍色眼睛極具吸引力。我們一起工作了幾十年，他是對我及我的工作最具影響力的人。他鼓勵我、支持我，並且賦予我很大的權力。在他的協助下，我才能得到《星際大戰》的剪接工作。

查克和布萊恩接著開始合寫一部關於年輕人的劇本，大致上是改編尚－盧．高達[32]的《男人，女人》。他們將劇本投遞到環球影業，可是環球不想拍，於是查克決定自己製作這部電影。他向家人和朋友籌到三萬六千美元，然後利用兩個星期的年假與布萊恩拍攝出《帥氣逃兵》（*Greetings*）。由於布萊恩的剪接師辭職，布萊恩只好親自剪接這部電影。

布萊恩剪完《帥氣逃兵》之後，查克請席格瑪三世[33]發行這部電影。他們需要一部預告片，為了幫忙查克，我接下了這個任務。我在佛洛伊德的公司利用下班後的時間偷偷剪接這部預告片，並將主題曲套用在預告片中。主題曲的歌詞是：「問候，問候，問候，可否離我遠一點？問候，問候，問候，過來看我別遲到。花一、兩天陪陪山姆大叔㉞。」我將這首歌曲的其中一小段放入無聲的簡短蒙太奇畫面中，然後突然停止音樂，插進一段滑稽的對白，再切回主題曲和更多蒙太奇畫面。查克和布萊恩都很欣賞我的創意。

某天晚上，當我在使用Moviola剪接機時，突然發現住在樓上的佛洛伊德站在我面前。「那是什麼？」

「我替我哥哥剪接的預告片。」我說。

「這是我們的案子嗎？」

我嚥了嚥口水。「不是。佛洛伊德，他們沒錢，所以我利用工作之餘幫忙他們。」

「讓我看看。」他說。於是我播放給他看。「你為什麼不替我們做這樣的工作呢？」他問。自從那天之後，我就變成了全職的預告片剪接師。

《帥氣逃兵》引起了一股小小轟動，並贏得柏林影展的銀熊獎。由於製作成本很低，因此還賺到一些錢。於是席格瑪三世提供資金，讓布萊恩和查克拍攝續集，名為《帥氣逃兵之子》（*Son of Greetings*）。查克不喜歡《帥氣逃兵》的剪接方式，同時也希望拉我一把，就叫布萊恩聘請我擔任剪接師。因為布萊恩和我相處得很好，所以馬上就答應了。我決定離開剪接預告片的圈子，向FLP道再見，辭掉這份穩定的工作。

二十三歲那年，我成了一名自由工作者。

注釋

① 霍華・霍克斯（Howard Hawks, 1896-1977），美國導演與製片人，被認為是美國電影史上最具影響力的導演之一。

② 拉烏爾・沃爾許（Raoul A・Walsh, 1887-1980），美國導演及演員。

③《全面追捕令》（*The Enforcer*），一九五一年的美國動作犯罪驚悚片。

④ 布雷泰恩・溫德斯特（Bretaigne Windust, 1906-1960），法國出生的美國導演。

⑤ 奧森・威爾斯（Orson Welles, 1915-1985），美國電影導演、劇作家和演員，《大國民》為其畢生代表作，主角在臨死前說了一句：「玫瑰花蕾」，記者循線試圖回溯主角人生解開這句話的謎底，推動整部電影情節發展。

⑥《安伯森家族》（*The Magnificent Ambersons*），一九四二年的時代劇電影，由奧森・威爾斯執導，改編自布斯・塔金頓（Booth Tarkington）同名小說。

⑦《上海小姐》（*The Lady from Shanghai*），一九四七年的美國偵探懸疑電影，由奧森・威爾斯自導自演。

⑧《歷劫佳人》（*Touch of Evil*），一九五八年的美國偵探懸疑電影，由奧森・威爾斯自導自演。

⑨《奧賽羅》（*Othello*），一九五一年由奧森・威爾斯執導的電影，改編自莎士比亞的同名劇作。

⑩ 湯姆・貝爾福特（Tom Bellfort），音效剪接師，曾以《鐵達尼號》獲得奧斯卡金像獎。

⑪《太平洋戰爭》（*The Pacific*）於二〇一〇年在美國首播。本片總投資金額為二・五億美元，打破之前由《諾曼第大空降》（*Band of Brothers*）創下的電視劇最高投資紀錄，成為史上最昂貴的迷你影集。

⑫ 查克・沃克曼（Chuck Workman），美國紀錄片製片人，一九八六年的作品《珍貴影像》（*Precious Images*）獲得奧斯卡最佳實景短片獎。

⑬ 佛洛伊德・彼德森（Floyd L・Peterson, 1935-2002），美國製片人和導演。

⑭ 唐・拉方丹（Donald LaFontaine, 1940-2008），美國配音員，曾錄製五千多部電影預告片和無數部電視廣告。

⑮ 理查・萊斯特（Richard Lester, 1932-），美國導演，已退休。

⑯ 麥可・克勞福德（Michael Crawford, 1942-），英國演員、歌手和配音員。

⑰《我如何贏得戰爭》（*How I Won the War*），一九六七年理查・萊斯特執導的英國黑色喜劇。

⑱《一夜狂歡》（*A Hard Day's Night*），一九六四年的英國音樂喜劇，理查・萊斯特執導，披頭四樂團主演。本片描述披頭四樂團的生活，被認為是史上最有影響力的音樂電影之一。

⑲《訣竅》（*The Knack ...and How to Get It*），一九六五年的諷刺喜劇，由理查・萊斯特執導。

⑳《救命！》（*Help!*），一九六五年的喜劇冒險電影，由理查・萊斯特執導，披頭四樂團主演。本片是披頭四繼《一夜狂歡》後主演的第二部電影。

㉑《春光滿古城》（*A Funny Thing Happened on the Way to the Forum*），一九六六年改編自同名音樂劇的喜劇電影。

㉒《龍鳳鬥智》（*The Thomas Crown Affair*），一九六八年的美國電影，由諾曼．傑維森（Norman Jewison）執導。

㉓史提夫．麥昆（Steve McQueen, 1930-1980），好萊塢動作片影星及賽車選手，曾活躍影壇二十年，五十歲時因肺癌過世。

㉔費．唐娜薇（Faye Dunaway, 1941-），美國女演員，一九七六年獲得奧斯卡最佳女主角獎。

㉕迪克．范．戴克（Dick Van Dyke, 1925年12月13日-），美國演員、作家、歌手和舞者。

㉖《飛天萬能車》（*Chitty Chitty Bang Bang*），改編自「〇〇七系列」作家伊恩．佛萊明（Ian Fleming）的小說，為老少咸宜的歌舞喜劇，由英國導演肯．休斯（Ken Hughes）執導。

㉗魯賓三明治（Reuben sandwich），一種煎烤過的三明治，以兩片黑麥麵包夾鹹牛肉、德國泡菜和瑞士起司。

㉘《摩登女郎謀殺案》（*Murder à la Mod*），布萊恩．狄帕瑪首部自編自導的作品，一九六八年在紐約首映。

㉙原片名《Murder à la Mod》中的「à la Mod」，意為「最時尚的、最流行的」。

㉚《結婚派對》（*The Wedding Party*），一九六九年上映的美國喜劇片，由莎拉勞倫斯學院戲劇系教授威爾福德．里奇（Wilford Leach）和他的兩名學生布萊恩．狄帕瑪和辛西亞．夢露（Cynthia Monroe）共同出資並執導。

㉛吉兒．克萊伯格（Jill Clayburgh, 1944-2010），美國劇場、電視、電影女演員。

㉜尚－盧．高達（Jean-Luc Godard, 1930-2022），法國新浪潮電影的奠基者之一。《男人，女人》（*Masculin Féminin*）為其一九六六年執導作品。

㉝席格瑪三世（Sigma III Corporation），一家電影發行商，在一九七〇年代中期停業。

㉞山姆大叔（Uncle Sam），意指美國。

3 我的第一部電影長片

《嗨，母親！》是我剪接的第一部長片。這部電影原本名為《帥氣逃兵之子》，是《帥氣逃兵》的續集，《帥氣逃兵》講述三個住在紐約的朋友，於越戰期間面對徵兵令的故事。在續集中，這三人的其中一位，這時已是從戰場上歸來的退伍軍人，因為受不了美國中產階級的虛偽態度而變得偏激。主角由勞勃．狄尼洛飾演，這是他首度在電影中領銜主演。開場畫面是以主觀視角鏡頭拍攝：公寓管理員帶巴比參觀一間待租的破爛公寓。（我們當時都喚勞勃為「巴比」。）公寓管理員一角，由首次參與電影演出的查理斯．杜寧①飾演。杜寧對著鏡頭說台詞，巴比的聲音從畫面外傳來。手持式攝影機突然轉換方向，拍攝那間破爛公寓的內部擺設，包括散落著貓屎的浴缸。「可不可以找人清一下那些貓屎？」

「呃，可以。你自己清。」杜寧咕噥地說。

觀眾一直沒有看見巴比的鏡頭，直到他走向窗邊，將窗簾拉開，露出對街一棟中產階級公寓大廈一排排窗戶的完美景緻，觀眾才終於見到巴比。

「好，這個房間我租了。」他說。故事也就此展開。

如我前面提到的，布萊恩以主觀視角鏡頭建立起他的導演風格。他拍攝電影時，（幾乎）總是在兩個特寫鏡頭中間夾帶一個主觀視角鏡頭。第一個畫面（特寫鏡頭）：演員看著某個東西。第二個畫面（主觀視角鏡頭）：觀眾看到他看見了什麼。第三個畫面（第二個特寫鏡頭）：演員對剛才看見的東西做出反應。這種簡單的公式讓觀眾進入演員的腦中，不需要有任何對白。這有助於觀眾對角色產生同理心，也正是布萊恩將之稱為「純粹電影」（pure cinema）的一環，是他想要在作品中展現的精神。他在許多電影中以這種方式建構影像，宛如透過觀眾的眼睛進行偷窺。布萊恩自己也沉迷於偷窺的感覺——巴比飾演的角色在《嗨，母親！》中挑選公寓時，選擇標準就是方不方便讓他從窗戶偷拍別人。

「你聽說過流行藝術嗎？」他問：「呃，這叫做『偷窺藝術』！」

剪接點與動作——剪接美學的第一課

電影通常都是根據劇本來拍攝，但《嗨，母親！》只靠著布萊恩隨身攜帶的兩、三頁手寫筆記。這部電影講述幾個彼此交織的故事：巴比和他所致力的「偷窺藝術」，以三十五釐米的彩色底片拍攝；一個具有革命性質的跨種族實驗劇團，其團長與當家明星由蓋瑞特．葛拉罕[2]飾演，他演出的方式極為滑稽，而且他的戲份出現在好幾段紀錄片式的畫面中，以十六釐米的黑白底片拍攝；一個無聊的家庭主婦，使用八釐米的彩色底片拍攝家庭電影。以上這些角色都居住在中產階級居民為多的格林威治村，每當他們拍攝各自的影片時，都會不經意地出現在彼此的鏡頭中。這部電影的結構相當複雜，要剪得流暢比我想像中困難。當時我完全沒有經驗，但幸運的是，我不知道自己經驗不足。

雖然我剪接過相當多預告片，可是沒有任何電影長片類作品。前一年夏天，一九六九年，我去應徵紀錄片《伍茲塔克》[3]的剪接工作，這部電影片長非常驚人，素材未經分類，而且每個畫面都必須精準地對上音樂。

當時紐約電影剪接圈才剛剛開始改用平面式剪接機，使用的機型主要是Steenbeck。《伍茲塔克》的製作人也買了兩、三台Kem剪接機，那是初次進口到紐約的第一批Kem剪接機。由於《伍茲塔克》

影片素材量大，製作人決定聘請三班剪接助理將畫面與聲音同步，以便剪接師進行剪接。我被聘為大夜班助理，工作時段為午夜至早上八點，可是我認為自己已經屬於剪接師等級，因此婉拒了這份工作。

不久之後，《嗨，母親！》開始拍攝，剪接室設在百老匯上西區，第八十街著名的H&H貝果烘焙坊（H&H bagel bakery）樓上。我的父親是畫家，有一間畫室。我哥哥查克因為一時衝動，租下我父親畫室所在大樓的最高樓層。由於空間太大，查克便將一部分空間租給《伍茲塔克》的製作公司使用。《伍茲塔克》原本的辦公室位於斜對角的大樓，他們因人力增加而導致辦公空間不敷使用。在《伍茲塔克》中擔任剪接師的馬丁．史柯西斯和賽爾瑪．修恩梅克等人，就搬進了我們承租的空間。當我忙著剪接《嗨，母親！》時，他們也專注於《伍茲塔克》的剪接工作，那個地方因此變得相當熱鬧。

我開始剪接《嗨，母親！》時，才意識到自己從來沒有處理過毛片，只接觸過幕後花絮類的紀錄片，而且經驗不多。剪接長片完全不同，雖然我有自信可以勝任，但我根本不知道自己在做什麼。布萊恩的朋友兼《嗨，母親！》的第一助理導演布魯斯．魯賓④有次來到剪接室，我就讓他看看我當時工作的進度。

「你的剪接點好像都落在每個動作進行到一半時，而不是等到動作結束。」他說。

當下我才恍然大悟。我彷彿突然之間學到非常有用的資訊，並且領悟到自己真的懂太少，讓我非常吃驚。

《嗨，母親！》最令人難忘的一幕，是模仿美國公共電視（PBS）紀錄片的橋段。在那段紀錄片中，一名中產階級的白人觀眾參與了一場跨種族革命團體的前衛戲劇演出，那齣戲的劇名是《寶貝，當個黑人吧！》（*Be Black, Baby!*）。那個白人演員接獲的指令，是對現場發生的事做出即興反應。攝影師也收到相同的指令。戲中的黑人演員和蓋瑞特．葛拉罕先歡迎來看戲的觀眾，然後告訴觀眾在美國身為黑人是什麼感覺。他們將觀眾的臉塗黑，並邀請觀眾觸摸黑人演員的頭髮，讓觀眾了解其觸感。他們請觀眾試吃美國南方黑人的傳統料理，但是故意煮得很難吃，觀眾拒吃時，在一旁的演員就開始大聲辱罵那些觀眾。那些觀眾想離開，可是找不到出口。一些扮演歧視白人的黑人演員圍住那些觀眾，用難聽的字眼痛罵他們，甚至動手打人，一名不幸的女子還因此遭到侵犯。那些觀眾嚇壞了，急忙報警，可是趕來現場的警察也是演員（由勞勃．狄尼洛飾演）假扮的，拒絕相信觀眾的證詞，因為觀眾現在是「黑人」。最後，那些觀眾被趕出劇院，來到街上。拍攝這段紀錄片的工作人員已經在劇院外等候，那些觀眾激動地表示《紐約時報》上的報導都是正確的。這場戲真的很奇妙。

這段畫面很折磨人，因為觀眾會搞不清楚事實和虛構的區隔。其貌似真實的原因，是因為這段影片是由手持攝影機拍攝的，而且一切都沒有經過彩排，拍攝到的畫面都是出自對事件的真實反應。我之前剪接電影幕後花絮紀錄片的經驗正好可以派上用場，不僅我自己對剪接結果非常滿意，布萊恩也很喜歡。

最後，我把整部電影拼湊出來了，接著就是進行試片，從頭到尾播放一次。這部電影的資金來自發行《帥氣逃兵》的電影公司，那家公司的老闆是馬帝．蘭索霍夫⑤，一位「相當了不起的好萊塢製片人」。我後來才得知他不是好惹的傢伙。因為我們經驗不足，傻傻地邀請蘭索霍夫一起來觀賞電影試片，抑或是他堅持要來，我已經無法確定。總之，試映這部影片時，我們發現非常多明顯且嚴重的問題。首先，片子太長，將近兩個半小時。我原本以為，如果我每一場戲都剪接得很棒，就表示整部電影都會剪接得很好。這句話聽起來很合乎邏輯，不是嗎？然而事實並非如此。這讓我學到了重要的一課，我永遠不會忘記，但是我真的寧可私下學到這件事，而非在馬帝．蘭索霍夫面前。

蘭索霍夫非常生氣，怒斥這部片子糟糕透頂。他只問我一個問題：「為什麼模仿公共電視的那場戲會拍成這樣?」當我試圖解釋我們的做法時,他打斷我的話,怒吼:「那看起來像一坨狗屎!」

後來我才得知,蘭索霍夫早就已經對我心存疑慮,因為我是查克的弟弟,他覺得查克都找自家親戚來騙錢。查克的妻子蒂娜,如今已經靠自己的本事成為一名傑出的剪接師,她曾短暫擔任我的助理,後來才轉去《伍茲塔克》劇組。總之,我們最後把電影長度縮短到九十分鐘,我也因此學到許多關於步調與結構方面的知識。我們不得不剪掉許多不該使用的畫面,另外還有一些畫面雖然不錯,但為了讓劇情更加緊湊,也只能忍痛割捨。經過刪減之後,整部片子的流暢度大幅提升。

《嗨,母親!》讓我學到電影的剪接美學,對我而言是非常重要的第一課。

票房慘澹的第一部長片

完成《嗨,母親!》之後,我還必須剪預告片。我搬進位於百老匯大道一六〇〇號的一個小房間。這個地方是紐約市的電影製片中心,頂尖剪接師黛德.艾倫[6]在這裡完成她的每一部剪接作品,包括《我倆沒有明天》[7]、《愛麗絲餐廳》[8]、《衝突》[9]、《第五號屠宰場》[10]、《熱天午後》[11]等多部經典名片。

我被安排在一個小房間裡剪接,房間裡的電話是裝設在牆上的付費電話,我打電話時必須準備一大把銅板。我覺得很孤單,也厭倦一再觀看那些素材,但是我又被迫以一種全新的角度去檢視那些畫面——如此才能剪接出預告片。我非常痛苦,因此當我完成那支預告片時,整個人已經精疲力竭。

《嗨,母親!》在造型有如洞穴的勒夫國家劇院[12]上映,結果是一場災難。勒夫國家劇院曾經是時代廣場的首輪大型戲院,舉辦過《賓漢》[13]的首映典禮,然而近期戲院內部被一分為二,包廂區的座位與位於樓下的主要座位區被分隔開來,包廂下方另外設置了一面銀幕,但是仍可容納一千名觀眾。因為這樣的改變，劇院內部變成有如傾斜險峻的露天競技場，讓人感到不舒服。在《嗨，母親！》的首映之夜，只有三十名勇士來觀賞，而且這些觀眾都是與這部電影有某些關聯的人。如果我們在小型的藝術電影院舉行首映，再憑靠口碑打進大型戲院，才是最好的選擇。總之，這部電影一上映就遭遇大失敗。

我是這部電影的剪接師，同時身兼剪接助理、音效剪接師和配樂剪接師，以及預告片剪接師。我做這麼多事，週薪只有兩百美元，因此感到非常失望。布萊恩與我哥哥查克的合作也從此畫下句點，查克認為他們不可能再繼續合作，布萊恩則決定前往好萊塢追求名聲與財富。

美夢破滅後，我先遠走墨西哥，然後再與幾個朋友前往俄勒岡州，體驗了一段時間的反文化[14]生活。然而不久之後，我發現公社式的生活不適合我，因為那些主張「我的就是你的，你的就是我的」的人，通常經濟並不寬裕，他們只會拿走你擁有的一切。某天早晨，當我拿著鐵鍬賣力地在俄勒岡州西部小城尤金的菜園裡翻土時，一位鄰居倚著籬笆開玩笑地說：「肯定會有更輕鬆的謀生方式吧！」

我心想：**老天！他說得對！**當下我才體悟到電影剪接其實並不是那麼可怕的工作。於是我擺脫了讓我陷入泥沼的群體思考，返回紐約。我決定再次尋找剪接電影長片的機會，無論得花費多少時間。

結果一找就是三年。

注釋

① 查理斯．鄧寧（Charles Durning, 1923-2012），美國老牌演員，曾兩度獲得奧斯卡金像獎提名。

② 蓋瑞特．葛拉罕（Gerrit Graham, 1949-），美國演員和劇作家。

③《伍茲塔克》（*Woodstock*），一九七〇年的紀錄片，內容是關於一九六九年在紐約伍茲塔克舉行之伍茲塔克音樂藝術節（Woodstock Music & Art Fair）。

④布魯斯・魯賓（Bruce Rubin, 1943-），劇作家、冥想老師和攝影師，曾以《第六感生死戀》獲得奧斯卡最佳原創劇本獎。

⑤馬帝・蘭索霍夫（Marty Ransohoff, 1927-2017），美國電影製片人。

⑥黛德・艾倫（Dede Allen, 1923-2010），美國電影剪接師，被譽為「剪接醫生」（film editing doctor）。

⑦《我倆沒有明天》（*Bonnie and Clyde*），一九六七年的美國電影，改編自美國著名鴛鴦大盜邦妮（Bonnie）和克萊德（Clyde）的真實故事。

⑧《愛麗絲餐廳》（*Alice's Restaurant*），一九六九年的美國喜劇電影。

⑨《衝突》（*Serpico*），一九七三年的美國電影，改編自真人真事。

⑩《第五號屠宰場》（*Slaughterhouse-Five*），一九七二年的美國科幻電影。

⑪《熱天午後》（*Dog Day Afternoon*），一九七五年的美國電影，改編自一九七二年發生的銀行搶案。

⑫勒夫國家劇院（Loew's State Theatre）位於紐約百老匯，由湯瑪斯・蘭姆（Thomas Lamb）設計，於一九二一年開幕，是百老匯第一間斥資百萬美元打造的劇院。

⑬《賓漢》（*BenHur*），一九五九年上映的美國電影，由威廉・惠勒（William Wyler）執導，榮獲ＡＦＩ百年百大電影第七十二名，以及十一座奧斯卡金像獎。

⑭反文化（Counterculture），一種價值觀與主流文化大相徑庭的非主流文化，此處應是指嬉皮的公社式流浪文化。

4 重返預告片

在那三年，我靠著剪接預告片過日子。我準備了五十份履歷，帶著各家後期製作公司的地址，在曼哈頓的中城區一家一家拜訪。然後又準備另外五十份履歷，全部寄送出去，最後有一家看起來不太可靠的公司僱用了我。那家難以定義的公司名為「廣場公司」，創立人是庸俗的企業家西格・肖爾①。西格曾與義大利某家電影發行商簽約，將義大利各類影片引進美國。由佛朗哥・尼羅②主演的《大偵探貝利》③，就在他引進的第一批影片名單中。那些電影被配上英語對白，由我負責剪接預告片。我被安排在一間辦公室裡工作，屋主是名叫查理・戴安納（Charlie Diana）的負片剪接師，他的公司是「CD影業」，但我都稱其為「西滴影業」（Seedy Films），位於第九大道六三〇號「電影中心」大樓（Film Center）的高樓層。該公司的電影實驗室就在同棟大樓的另一個樓層，大樓裡還有同家公司的關係企業。

紐約電影圈「底層生活」

我在CD影業剪接《大偵探貝利》的預告片時，真心覺得自己身處紐約電影圈的底層。CD影業的老闆查理是一個六十多歲的男人，他患有眼瞼肌肉無力的病症，因為負擔不起手術費，只好在厚得像可樂瓶的眼鏡底下，用OK繃將眼瞼往額頭方向拉，好讓眼睛保持在睜開的狀態。他的眼鏡鏡片會放大佩戴者的眼睛，這種放大效果加上他眼瞼上的OK繃，讓他看起來非常奇特。

他的兒子小查理也在那裡工作。小查理有很多怪招，經常賣東西給我，有時候是一組菜刀，有時候是義大利皮鞋，但那些皮鞋永遠只有一、兩種尺寸，相當可疑。早上我去工作時，不時會遇上他們正在進行色情片試映。那些色情片是他們夜裡在工作室沖印完成的。平常我都待在後面的小房間裡，操作一台快壞掉的Moviola剪接機工作。如果我想倒帶，必須自己伸手轉動捲軸，因為迴轉的功能已經壞了。那個房間到處是灰塵，架子上擺滿前人留下的罐子和紙箱，而且因為房間很窄，我只要伸出雙手就能同時觸摸到兩邊的牆壁。

《大偵探貝利》的底片是洛杉磯某間實驗室以義大利電影發行商提供的素材後製完成的，一九七一年年底時，我出差去那間實驗室，確認一切進行順暢。布萊恩．狄帕瑪當時也在好萊塢剪他的電影《了解你的兔子》④，那是布萊恩的第一部棚內電影，他無法聘僱我擔任剪接師，因為我當時不是洛杉磯電影工會的成員，甚至不是紐約電影工會的成員。

我打電話給布萊恩，告訴他我在洛杉磯，他馬上邀請我當天下午去參加他的初剪試映會，地點在華納兄弟娛樂公司。布萊恩、他的剪接師、他的製片人和我一起觀賞這部電影，當放映室的燈光亮起時，所有人的目光都轉向我，因為我是房間裡唯一沒有看過這部電影的人。製片人詢問我的想法，我試探性地針對其中一幕提出我的意見：湯米．史瑪瑟斯⑤在樹上的那場戲，我認為可以刪掉。我話一說完，房間裡馬上變得鴉雀無聲，我可以感覺到一種緊張的氣氛。布萊恩後來向我道謝，並約我當晚一起吃飯。晚餐時，他向我解釋，我提到的那一幕正好是布萊恩和製片人之間爭執的問題，布萊恩希望刪掉，但是製片人想保留，因此他們認為是布萊恩事前先告訴我應該發表什麼樣的意見。接著我又針對這部電影提供布萊恩更詳細的建議，因為那些看法不太適合在其他人面前提出。

棚內電影（studio picture）：在攝影棚內搭景拍攝的電影。

練習無價

我返回紐約，不久之後就離開了西格．肖爾的公司。

我很快就在卡利歐普電影公司（Calliope Films）找到新工作，那是查克．沃克曼成立的新公司。查克已經自己創業，專門接預告片和低成本廣告的剪接工作。我剪接過的最愚蠢的東西，是「偉大的義大利情歌」廣告系列。查克到佛羅里達州的一座義大利莊園拍攝這部影片，由路易斯．普里瑪⑥擔任旁白。路易斯吃了不少苦頭，因為那天風很大，在每個鏡頭開拍之前，他都得用手緊緊壓住自己的假髮，等到「Action」指令一下，他才把手放下來，流利地說出台詞。他以一種無人能夠模仿的獨特風格說出結語：「老兄，聽老朋友的推薦，包準沒錯！」

這個系列的廣告在深夜時段的電視上永無止境地播放，帶動了這類音樂精選輯的出版風潮。這種音樂當時正開始流行。

我感謝能得到這份工作，因為有東西讓我剪總比什麼都沒有好。即使是短短的影片，你還是得老老實實從毛片開始看起，才能做出選擇，再將那些畫面剪接在一起，同時留意整段影片的節奏與流暢度，最後加上音效、配樂及標題，完成混音，然後送去沖印。這些都是在電影長片中必要的步驟，因此我經常鼓勵我的助理們多接觸各種案子，磨練自己剪接的手感。練習是無價的，無論大製作的電影或低成本的廣告，剪接過程都一樣。

注釋

① 西格・肖爾（1919-2006），美國導演和製片人。

② 佛朗哥・尼羅（Franco Nero, 1941-），義大利演員，在影壇立足超過五十年。

③ 大偵探貝利（Detective Belli），一九六九年的義大利電影，由羅莫洛・葛瑞瑞（Romolo Guerrieri）執導，佛朗哥・尼羅主演。

④《了解你的兔子》（*Get to Know Your Rabbit*），一九七二年由布萊恩・狄帕瑪執導的美國喜劇電影。

⑤ 湯米・史瑪瑟斯（Tommy Smothers, 1937-），美國喜劇演員。

⑥ 路易斯・普里瑪（Louis Leo Prima, 1910-1978），美國歌手、演員、詞曲作家和小號手。

5 我的下一個大突破——班尼

布萊恩最後被《了解你的兔子》的製片人解僱。他陷入職場的政治鬥爭，因此被趕下台。布萊恩回到紐約，試圖重新開始，然而這次的經歷太具毀滅性，導致他一輩子無法再相信電影公司的高層主管。我在卡利歐普電影公司工作時，聽說布萊恩要為艾德．普雷斯曼①導演一部新電影。普雷斯曼是一位獨立製片人，他的家族擁有「普雷斯曼玩具公司」（Pressman Toy Company）。艾德年紀輕輕就禿頭了，戴著金絲框眼鏡，說起話來聲音有氣無力。在那個年代，他的穿著打扮比我們大多數人都還高檔，而且有種老氣的感覺。他會戴著軟呢帽，因此外型看起來比實際年齡大上許多。

這部新片名為《姐妹情仇》，講述一對原本為連體嬰的雙胞胎姐妹，捲入一樁謀殺案。這對姊妹都由瑪格．基德②飾演，她後來在《超人》③電影系列中與男主角克里斯多福．李維④演對手戲，飾演超人的女友露易絲．蓮恩。布萊恩告訴我，他打算自己剪這部電影。他剛剛剪接完他在《嗨，母親！》之後這段過渡期間所拍攝的電影，那是一部改編自希臘悲劇《酒神》的前衛電影，名為《69年的狄厄尼索斯》（*Dionysus in '69*），由「表演集團」⑤演出，片中有許多場裸露戲。布萊恩用十六釐米的黑白底片拍攝，整部電影從頭到尾都使用分割畫面。至於《姐妹情仇》，他打算一拍完就馬上動手剪接。然而這時我的幸運之神出現了：二十世紀福斯電影公司宣佈即將開拍一部名為《死亡遊戲》⑥的電影，該片也是以雙胞胎為題材。艾德擔心如果《姐妹情仇》太晚上映，會被《死亡遊戲》搶走鋒頭，因此布萊恩忙於拍攝的同時，必須另請他人先開始剪接，於是布萊恩打電話邀我加入劇組。繼《帥氣逃兵》預告片及《嗨，母親！》之後，《姐妹情仇》是我第三次的大突破。

狄帕瑪熱愛的分割畫面

就某方面而言，布萊恩想要自己剪接《姐妹情仇》其實不令人意外，因為他一開始都是自己剪自己執導的電影，而且我在剪接《嗨，母親！》時也顯然經驗不足。布萊恩非常聰明，很清楚自己要些什麼，因此雖然我們經常共事，我知道他會想要自己剪，不可能因為交情就來找我。

不管怎麼說，布萊恩後來一直很支持我，隨著我們發展出多年合作關係，我覺得自己已經成為他的夥伴——當然，我是擔任輔助他的角色，可是我可以自由發表意見，完全忠於自己的感覺。有很長一段時間，我們變得非常親密，經常一起參與社交活動，也經常共進午餐。

那段時間布萊恩非常開心，享受生活中充滿派對。他的個性十分隨和，與許多年輕導演成為好友，例如盧卡斯、史柯西斯和史匹柏。他非常包容，經常讚美我，但是也常開我玩笑，有時候還喜歡故意激怒我。

布萊恩是希區考克⑦拍片手法的信徒，盡可能透過視覺來講述故事。一開始，人們都說他模仿希區考克，但是隨著時間過去，他發展出自己的風格，無論由誰擔任他的攝影師、剪接師或是在他的電影中演出，沒有人能夠以比他更有趣的方式操控攝影機。他的電影作品中總有視覺複雜的鏡頭，讓人在剪接時充滿樂趣。我們總共合作了十一部電影。

✦

布萊恩非常迷戀分割畫面；他喜歡兩個畫面並列的效果，在《69年的狄厄尼索斯》中，他整部電影都採用這種方式呈現。由於他熱愛這種技巧，因此決定《姐妹情仇》的謀殺案橋段也這樣表現。

那一幕的內容是一個與雙胞胎女主角之一約會的男子，拿著生日蛋糕走向睡眠中的瑪格，想要給她驚喜。沒想到瑪格突然撲向他，並且用他從廚房拿來切蛋糕的刀子砍殺他。最嚇人的一幕及最凶殘的一刀，是她將刀子刺進男子張開的嘴巴裡。

那一幕的表現方式，是先拍攝牆上的影子，接著將鏡頭切換到刀子的特寫，拍它刺進演員嘴巴旁邊的血袋，最後再把鏡頭轉回牆壁，拍攝血液飛濺到牆上的畫面。最後那個鏡頭總共拍了三種：第一次看起來有如特效組拿畫家的小筆刷在牆壁潑上紅色油漆，在畫面中根本看不清楚血跡；第二次看起來像是使用粉刷家裡的三吋油漆刷，在牆面留下一大片紅色滴痕；第三次宛如工作人員拿整桶油漆潑灑在牆壁上，效果相當滑稽，沒有辦法拿來使用。

行凶之後，瑪格跑進另一個房間，被害人自己蹣跚走到窗前試圖求救，卻將自己的鮮血染滿窗格。這時就是分割畫面登場的時刻：兩台攝影機同時在相鄰的兩棟公寓進行拍攝，一台攝影機在發生凶殺案的公寓裡，透過窗戶往外拍，另一台攝影機從外面拍攝同一扇窗，然後轉向在當地報社擔任記者的鄰居葛蕾絲，葛蕾絲正好從旁邊的公寓目睹一切。

然後，鏡頭跟隨著葛蕾絲，拍攝她立刻打電話報警。與此同時，一個外型怪異、戴著眼鏡、身材高大的法國人突然出現在犯罪現場，將現場清理乾淨，藏匿所有證據。要拍攝並剪接這些接續發生的動作，傳統方式是交錯剪接兩條故事線，在法國人清理現場的同時，葛蕾絲等候警察到來，警察抵達時，犯罪現場也正好清理完畢。傳統的單一畫面電影，在對白式影片中只能藉由暗示的手法表現同時發生的事情，因為銀幕上一次只能呈現一條故事線，同時發生的事件只能透過交錯剪接，先講這條故事線，再講另一條故事線，當兩條故事線一來一往、慢慢往前發展時，就能讓觀眾覺得這兩件事情是同時發生的。

這種手法可以營造緊張的氛圍，或者壓縮時間，因為當一條故事線的進展變慢時，可以馬上切換到另一條故事線。布萊恩不想在《姐妹情仇》中使用這種表現方式，他選擇的是在分割畫面中同時呈現兩條故事線。

一邊的畫面是清理犯罪現場，另一邊的畫面是葛蕾絲試圖說服抱持懷疑態度的警察陪她前往凶宅一探究竟。這部電影也許是布萊恩使用分割畫面最成功的一次。分割畫面裡的動作，有些時候是兩台攝影機同時拍攝的，觀眾會因為同時看見兩種不同的動作而體驗到一種感官意識的擴展，彷彿自己無所不知。

開場戲就是其中一例。被害人以自己的鮮血在窗玻璃上寫出線索；另一個例子是神祕的法國人在離開犯罪現場時，差一點在電梯口遇上葛蕾絲和警察，為了避免被人看見，法國人就從畫面的這一側溜到另外一側，這段實在非常棒。

《姐妹情仇》對我而言是跨出一大步，因為我在這部作品之前只剪過一部電影，而且是以非主流風格拍攝的低成本電影。《姐妹情仇》中的許多戲都是以比較傳統的方式拍攝，包括一些特寫鏡頭和拉背鏡頭，我缺乏處理這類素材的經驗。這種方式稱為備用鏡頭，意即在還沒有明確的剪接想法之前，先從各種不同角度拍攝同一個動作，這麼做的優點是讓剪接師擁有很大的自由，缺點是欠缺想像力。優秀的導演只有在不確定應該如何拍攝某場戲時，才會選擇拍攝備用鏡頭。

毛片的單調讓我感到擔心，直到有天晚上，我碰巧在電視上看見《驚魂記》[8]這部老片。珍妮·李[9]開車時有一輛警車尾隨著她的那場戲，緊張的氣氛令人吃驚，於是我開始研究希區考克建構整場戲的鏡位。讓我驚訝的是，整場戲只有三個鏡位：一個是珍妮·李坐在方向盤前的特寫鏡頭，她緊張地瞥看後視鏡；一個是後視鏡的鏡頭，鏡子裡反映出後方的警車；還有一個是透過擋風玻璃來呈現她的主觀視角鏡頭。我關掉電視機的聲音之後更吃驚，因為緊張的氛圍馬上跟著配樂一起消失。我又將電視機的聲音打開，答案很明顯：我的感受來自配樂。我查了一下這部電影的工作人員名單，發現配

拉背鏡頭（over-the-shoulder shot）：也稱「過肩鏡頭」，從一個人物背後朝另一位人物臉孔拍攝，可呈現兩人對話互動。

樂作曲家是了不起的伯納德．赫爾曼。

艾德．普雷斯曼在籌得全額資金之前就已經開始拍攝《姐妹情仇》，因此他忙著尋找投資人。有天他打電話到剪接室來，要我準備謀殺案那場戲的畫面給潛在投資人觀賞。展示作品時必須呈現最好的狀態，因為第一印象非常重要。當時我很清楚，不能在沒有配樂的情況下展示這場屠殺戲。配樂經常被戲稱為是用來「告訴觀眾應該要有什麼感覺」的工具，但我認為它是電影工作者最有力也最正統的工具之一。我決定使用伯納德．赫爾曼在《驚魂記》裡的配樂來表現我們的謀殺案片段。我去了一趟位於百老匯的克隆尼唱片行，向店員詢問這張電影原聲帶。店裡沒有存貨，我必須請他們代為訂購。我還得告訴那個店員赫爾曼（Herrmann）這個姓氏的正確拼法，有兩個r、兩個n。他替我下了訂單。等到我拿到這張原聲帶之後，便把配樂放進我們的謀殺片段中，讓艾德．普雷斯曼放映給投資人觀賞。當瑪格．基德手持蛋糕刀向前撲去時，赫爾曼尖銳的小提琴樂聲隨之出現，模擬出刺殺的音效。後來，那群觀眾被深深吸引，艾德也因此拿到資金。

大約一年後，《村聲》一篇文章寫道：「要拍攝一部在各方面明顯受希區考克影響的電影，配樂當然必須使用希區考克長期合作夥伴伯納德．赫爾曼的作品。然而布萊恩．狄帕瑪表示，使用赫爾曼的配樂，想法來自他的剪接師保羅．赫希。」

保羅在這部電影拍攝期間一直忙著剪接，他表示想讓我看看謀殺案那場戲搭配一張舊唱片裡的音樂是什麼樣的氛圍。他架設好投影機，關掉電燈，打開機器。當我聽見《驚魂記》裡浴室那場謀殺戲的尖銳小提琴聲時，整個人大為震懾。突然之間，那場我原本已經觀看至少二十遍的戲，自此在我心中有了全新的面貌。伯納德．赫爾曼的配樂把一股新的力量吹進我的電影作品中。

（節錄）《村聲》，一九七三年十月十一日

艾德．普雷斯曼曾想找麥可．史默爾[10]負責《姐妹情仇》的配樂。史默爾在一九七一年為電影《柳巷芳草》[11]譜寫配樂，由小型爵士樂團擔任演奏，是當時蔚為流行的風格。以交響樂演奏的配樂在一九五〇年代末期至一九六〇年代初期失寵，亨利．曼奇尼[12]的爵士曲風帶來一股新浪潮。龐德系列電影以花俏又獨特的電吉他撥弦做為主題音樂，就是新式電影配樂的明顯例子。

然而到了一九七二年，這種「新」風格已經老化。我認為麥可．史默爾的音樂不適合《姐妹情仇》，因為這部電影以低預算拍攝，氣勢略顯不足，如果以交響樂做為配樂，可以使它變得大器一些。我建議由赫爾曼負責譜寫配樂，布萊恩也同意。希區考克在推出《衝破鐵幕》[13]時不願採用赫爾曼的配樂，赫爾曼因而離開好萊塢，搬去倫敦定居。據說，希區考克在聽完赫爾曼交出的作品時罵了一句：「千年不變的老套！」

赫爾曼因此大為受傷，絕望地轉往歐洲發展。他後來替哈默電影公司[14]的幾部恐怖片和一部名為《內雷特瓦之戰》（*The Battle of Neretva*）的南斯拉夫戰爭片譜寫配樂，可是當時的大型電影公司和知名導演都沒有聘用他。他答應到紐約來看看這部電影時，我欣喜若狂。我畢業於紐約音樂藝術高中（High School of Music & Art），主修音樂，一直對音樂非常感興趣。我很崇拜作曲家，因此一想到可以與赫爾曼見面，我就非常開心。

布萊恩見識到《驚魂記》配樂對這部電影產生的效果之後，便要求我在每個片段都加上音樂。我之前處理過《嗨，母親！》的配樂，然而那部電影的配樂為搖滾曲風，我沒有剪接管弦樂的經驗，只知道從音樂一開始就放入某場戲，假如要我動手剪接管弦樂，聽起來會不太和諧。

「別擔心！大概就可以了！」布萊恩大聲說，不理會我的擔憂，只是不斷鼓勵我。然後我又剪出另一個很糟的作品，反正我想赫爾曼應該會明白我套用的音樂只是臨時的，目的是讓他有粗略的想法，明瞭我們在特定場面中希望搭配什麼類型的音樂。「大概就可以了！」是我們經常掛在嘴邊的一句話。

「我就是要高規格！」

赫爾曼飛到紐約來看這部電影，我們在五十五街靠近第十一大道的一間電影實驗室進行試片，這間電影實驗室是當時整個紐約市唯一一間可以同步播放雙軌影片的放映室。負責播映的放映師是一個名叫查理的瘦小男子，他雖然只有一百六十二公分，卻擁有如墨索里尼⑮般凶猛的個性。他白髮蒼蒼、身材纖瘦，聲音就像與他同齡的義大利男性一般沙啞。他在紐約和紐澤西以鐵腕手法管理他的電影放映室，不喜歡客戶在他放映影片時要求額外加裝音軌。儘管如此，他還是好心地告訴我應該如何裝設器材及操控投影機，因為我必須在赫爾曼觀賞影片時在現場混入音效。我很緊張，可是只有我能擔負這項責任，因為我最了解這部電影。

「我們應該怎麼稱呼他？」布萊恩問：「赫爾曼先生？聽起來有點正式，你不覺得嗎？我想我還是叫他伯尼（Bernie）好了。」

最後，這位偉大的音樂家到了，我們彼此自我介紹。他的個子不高，但也不算嬌小，身高大約一百七十三公分，六十一歲，看起來像是一位健忘的老教授，與彼德．烏斯蒂諾夫⑯有幾分神似。他有點胖，褲子拉得很高。他穿著非常皺的藍色西裝，搭配一件看起來不太乾淨的白色襯衫，領帶壓在翻起的領角上，肩膀與西裝領上都沾著頭皮屑。他有一雙小豬般的眼睛，從骯髒的眼鏡鏡片後方看著我們。由於他有近視眼和老花眼，閱讀時會把近視眼鏡往下挪放在鼻子上。他鬈曲的頭髮已經灰白，說話時會心不在焉地以胖胖的手指捲弄他的髮尾。不過，等大家坐下來觀賞這部電影時，他的目光變得非常銳利，我們很快就感受到他是什麼樣個性的人。

當放映室裡響起第一個提示音符時，赫爾曼大吼：「關掉音樂！搞什麼鬼！我要安靜地看這部電影，可以嗎？」

我嚇壞了，立刻將音量調至最小，不過還是聽得見一點點聲音。

「全部關掉！」他又大吼。

「我關不掉，我已經把聲音調到最小了。」我瞥視布萊恩一眼，他也嚇出一身冷汗。

「伯尼，這一段之後就不會有聲音了。」他說。

我馬上打電話到主控室，請查理接下來只播放影像，不要播放聲音。我刻意壓低說話的聲音，以免干擾放映。

「你說什麼？說話大聲一點！我聽不見你說什麼！」查理大喊。

他的聲音大到不必透過對講機的話筒，整間放映室都聽得到。於是我趕緊跑到主控室，小聲地請他關掉聲音。

「喔，他媽的！」他咒罵一句。「我剛剛才把聲音的部分弄好。」查理實在是一個很有趣的人。

我回到放映室，將整部電影看完，後來沒有發生其他的問題。

赫爾曼開始與布萊恩討論配樂。「你對電影片頭的畫面有什麼想法？」他問。

「呃，伯尼，我們打算把片頭字幕放在第一場戲。」布萊恩回答。

「把片頭字幕放在有對白的第一場戲？不行！你必須有一段片頭畫面，讓觀眾對接下來所要看見的內容做好心理準備。」赫爾曼的這句話深深烙印在我心中。

「我覺得配樂可以晚一點開始，不必放在片頭。」

「絕對不行！」赫爾曼打斷布萊恩的話。「你的謀殺戲放在哪一段？」

「大約電影開始之後半個小時。」布萊恩回答：「希區考克也這麼做——」

「觀眾願意等希區考克半個小時，但是不會等你那麼久。」赫爾曼再次打斷布萊恩。「你需要一段片頭畫面。」

這時赫爾曼的態度突然軟化了一點。「這部電影讓我想起《驚魂記》。」赫爾曼說。聽見他拿我們的電影與經典傑作相比，讓我們非常興奮。「你知道嗎？希區考克原本對《驚魂記》很沒信心，他看完初剪版之後，本來想剪成一個小時的長度，直接放在電視頻道上播映。」這番話讓我大吃一驚。

「我對《姐妹情仇》的主題配樂有一個不錯的想法。」赫爾曼繼續說：「一段類似暹羅雙胞胎⑰的音樂。」我不太清楚那是什麼意思。

到了午餐時間，艾德．普雷斯曼帶我們去他的俱樂部吃飯。飯桌上只有我們四人，赫爾曼開始提出他的要求。「我需要至少八十位演奏家，以及六次錄音。」諸如此類。艾德估算之後，發現得花費很多錢，於是他客氣地向赫爾曼表達反對之意。「這樣要花很多錢，伯尼。」

赫爾曼又大吼。「我不習慣做小成本電影配樂！我就是要這種規格！」

艾德拉著布萊恩到隔壁房間去說話，留下我和赫爾曼單獨相處。讓我雀躍不已。

「如果你買了一輛勞斯萊斯，就不要管一加侖的汽油能跑多少英里。」赫爾曼對我說：「但是我可以告訴你，一加侖的汽油能讓勞斯萊斯跑九英里，我很清楚，因為我有一輛。」

總之，最後所有的問題都解決了，赫爾曼確定要為這部電影配樂。在他返回倫敦之前，我們還為他安排了一場歡送晚宴，艾德的母親琳恩也受邀參加。她一如往常，頭上戴著一頂寬邊的大帽子。

琳恩．普雷斯曼（Lynn Pressman）在艾德的父親去世之後坐上普雷斯曼玩具公司執行長的位子。玩具事業和電影事業十分相似，兩者都必須預測未來的趨勢，並且倚重原創的點子及過去的成功經驗，才有辦法經營得有聲有色。她是一位非常敏銳的企業家，我相信赫爾曼的薪水有一部分來自普雷斯曼玩具公司的贊助。

琳恩被赫爾曼迷住了，因為赫爾曼確實正值最佳狀態，他很健談，分享許多好萊塢黃金年代的故事，當時的電影圈名人都曾與他共事。他的第一部電影配樂作品是《大國民》，他告訴我們許多關於奧森．威爾斯和希區考克的故事，還有卡萊．葛倫[18]、瓊．芳登[19]、葛麗絲．凱莉[20]及其他明星的八卦，讓我們每個人聽得深深癡迷。晚餐時，布萊恩偷偷靠過來對我說：「順道一提，我發現他喜歡別人叫他班尼（Benny）。」天啊。

✦

剪接《姐妹情仇》的過程非常累人。布萊恩決定拍攝一段夢境畫面，內容分為三個部分，意圖向陶德．布朗寧[21]那部具開創性的電影《怪胎》[22]致敬。我們從佛羅里達州找來一個雜耍團，請他們停留一天。畫面的第一部分是以手持攝影機用十六釐米的黑白底片拍攝。第二部分不幸曝光不足，導致拍攝那些雜耍團的「怪胎」畫面有一半無法使用。

布萊恩重拍夢境的第二部分時，攝影師把三十五釐米的彩色底片當成黑白底片使用。夢境的最後一部分則以三十五釐米的黑白底片拍攝。夢境的每個部分都透過鏡頭放大，以葛蕾絲的瞳孔當成鏡頭外框。葛蕾絲的瞳孔是用十六釐米的彩色反轉片拍攝。我必須將這些不同格式的底片組合起來，因為預算經費不足，我們沒有辦法使用十六釐米的毛片來放大。

我使用附有兩個畫面頭的Steenbeck剪接機進行剪接，一個是十六釐米，另一個是三十五釐米。這聽起來很理想，可是我一次只能安裝一個畫面頭，所以我與我的助理約翰．福克斯（John Fox）必須一直拆換畫面頭，每次拆換都需要兩個人一起來。時間壓力很大，因為我還必須處理音效剪接。約

彩色反轉片（color reversal stock）：拍攝後顯影影像為負片，沖印後可直接獲得正像的一種底片。

翰和我經常每天工作十六個小時，連續十個星期只休息過一天。

班尼堅持要有的片頭也開始動工。我們找到一部瑞典紀錄片，那部紀錄片是全世界第一部拍攝胎兒在子宮內發育情況的影片。我借用它的畫面，構建出一段身體部位特寫的蒙太奇：一隻手、一個眼睛、一個耳朵等等。在最後一個鏡頭中，我們才透露出子宮內有兩個胎兒，一對雙胞胎。效果非常棒，為這部電影的背景故事奠定基礎。

我收到班尼在倫敦錄製完成的配樂時，整個人大為震撼。他寫的主旋律聽起來像是小孩子在遊樂場上唱歌嬉鬧的聲音：啦啦——啦啦——啦啊啦啊。這段瘋狂的旋律還包括金屬發出的聲響、小槌子敲打三角鐘的聲音，用來代表刀刃聲。另外還有以合成器做出來的狂亂伴奏，效果令人坐立難安，甚至不知所措。《綜藝》雜誌的影評表示：「赫爾曼的配樂讓這部對白不多的電影更引人矚目。」

這則評論很公允，雖然對參與這部電影的其他工作人員來說並不算讚美。

✦

在這部電影中，我們製作了一部假紀錄片，讓女主角在調查謀殺案嫌疑犯的過程中觀看。這部假紀錄片中有知名暹羅雙胞胎昌（Chang）與恩（Eng）的真實照片。他們娶了一對貴格會教派的姐妹，並且生下許多子女。另外還有現實生活中的其他連體雙胞胎。在這段真實題材的蒙太奇影片中，我們加入由瑪格一人分飾兩角的雙胞胎，畫面是她們進行分離手術前的模樣。

班尼為這部假紀錄片譜寫了一段暹羅雙胞胎的主題配樂，他第一次和我們一起觀看這部電影時就已經提出這個想法。他的觀點一如他將音樂和電影連結在一起的典型手法，既聰明又發自內心。那段配樂一開始是兩個相對的半音階，一個慢慢往上升，另一個慢慢往下降，以緩慢且交替的節奏彈奏出

畫面頭（picture head）：讀取膠卷資訊的磁頭。

來，最後在琴鍵的中央位置相遇，再帶出一段連結為一的主題。他的點子真的太棒了。

剪接室裡的爭執

我們開始混音那天，約翰．福克斯和我前一晚工作到凌晨四點，早上九點又拖著疲憊的身軀回到剪接室，展開連續工作的第三十六天。我們帶著底片搭乘計程車到錄音室，班尼要求我們聘請一位專業混音師，這種做法在好萊塢十分常見，但當時在紐約很少人會特別找混音師。我們找了鮑勃．范恩㉓，並且特別引進一種特殊的混音控制台。

班尼來了，最初幾天進行得很順利。我告訴班尼，他在倫敦錄製配樂時，我很後悔沒去探班。他聳聳肩，然而在漫長的變速（stretches）作業過程中（那個年代，混音時有很多變速），他又開始與我們分享以前的故事。

在他分享的故事中，有一則因為接下來發生的事情，如今回想起來似乎特別重要。那個故事來自俄國作家杜斯妥也夫斯基所寫的《卡拉馬助夫兄弟們》。「有一天，兩個朋友走在聖彼德堡的街上，其中一人對另一人說：『喔，不妙，尼古拉斯在那裡。我們走到街道的另一頭吧，因為我不想見到他。』

「『你為什麼不想見他？尼古拉斯是一個非常善良的人，他從來沒有傷害過任何人。』

「『我知道。』第一個人回答：『但是，可惜的是，我以前曾對他做過可怕的事，所以現在不想見他。』」

當時我們聽完這個故事都笑了出來，沒想到這個故事竟然成了預言。

《姐妹情仇》第一段真正的配樂，出現在片頭結束後過半小時，謀殺案發生的那場戲。班尼一直坐在控制台前的沙發上，一邊看著混音師工作，一邊在等待底片慢慢轉向這個關鍵時刻的過程中打瞌睡。布萊恩和我坐在控制台後方，與其他混音師坐在一起，這樣才能更清楚聽見他們聽到的聲音，也比較方便與他們溝通。

那場謀殺戲來了……可是沒有配樂。班尼背對著我們，沒有轉身，直接開口大喊：「配樂呢？保羅，這一段不是有配樂嗎？」

鮑勃．芬恩立刻回答他：「不，班尼，是我錯過了提示點。」班尼只聽見他說的第一個字，就立刻直接對**我**發飆。

「不？你剛說『不』？這句話是什麼意思？」他以身體所能承受的最快速度站起來，並且在轉身時對著我大吼。「我特別寫了配樂！我指揮了樂團演奏！我還錄了下來！你竟然敢說不？你這個不要臉的傢伙！」

我整個人愣住，一句話也沒說。

「你竟敢這樣對我說話？」他氣得滿臉通紅。「你的提示點寫錯了！」他激動得口水亂噴。「你無能！」他額頭上的青筋幾乎就要爆裂，我在心中默禱自己不會成為（無辜）害死他的凶手。「我要打電話向工會檢舉你！」可是我根本沒有參加工會。

沒有人說話。我看著布萊恩，他也回頭看我。我很無奈，因為沒有人知道這時候應該做什麼或說什麼，但是他們都知道我與這件事情無關。

最後，鮑勃．芬恩開口了。「你譜寫的曲子沒有問題，班尼，是我忘了打開播放的開關。」

班尼的情緒這時才稍微冷靜下來，我們就在這種緊繃的氣氛下繼續工作。就像杜斯妥也夫斯基的那段故事一樣，從那時開始，假如我提出任何建議，班尼就會立即怒斥我。

於是我只能小聲地把我的建議告訴布萊恩，然後再由布萊恩轉告班尼：「班尼，你會不會覺得門鈴太大聲了？」如果是布萊恩提出的建議，班尼就願意考慮；只要是從我嘴裡說出來的，他連聽都不想聽。

那天工作結束時，鮑勃．芬恩走到班尼身旁替我說話。「班尼，今天是我的錯，是我反應不夠快，保羅給的提示點沒有問題。」

然而班尼沒有接受。從那天開始，一直到這部電影完成後製，我都只能扮演說悄悄話的角色，這讓我非常崩潰。

✦

撇開我個人感受不談，這次混音的過程對我來說十分有趣，讓我學到很多東西。當鮑勃播放出謀殺案的配樂時，班尼馬上喊停。「聽起來太清楚了！可不可以加一點迴音進去？」

鮑勃．范恩有一個特殊的小工具，但就今天的標準而言，只能算是基本配備。那是一台小型錄音機，具有連續播放的功能，而且有兩顆可以彼此拉近或分開的播放磁頭。藉由這台錄音機，鮑勃就能操控迴音出現的時機。

「聽起來還是太清楚了。」班尼說：「你可不可以把聲音完全弄糊，讓人聽不清楚任何音符？」

這個指令讓我大感意外。你總以為作曲家會保護自己譜寫的音樂，確保每一個音符都能被聽得清清楚楚，但班尼是電影工作者，他追求的是電影呈現的效果，無論他的音樂會變成什麼模樣。

在播放下一捲時，他又突然大喊：「停下來！」

我們馬上停止播放。

「布萊恩，年輕人，如果你要保留這場戲，我們乾脆直接回家好了。」他說。布萊恩和我互看一眼。「這場戲會毀了整部電影。你現在不必解釋，反正到最後你就會明白。」

那天晚上我們匆匆返回剪接室，把片子重看一遍。經過仔細思考，我們覺得班尼說得沒錯，因此就把那場戲剪掉了。

✦

艾德．普雷斯曼找了一位電影剪接師來修改，那個人不是全職的負片剪接師，但似乎很清楚自己應該怎麼做。我們在實驗室裡檢視了校正拷貝。在校正拷貝之前的版本是工作拷貝，工作拷貝是由許多畫面片段以膠帶黏合拼接出來的，相較於工作拷貝，校正拷貝應該流暢而且無縫，但不知道什麼原因，這份校正拷貝大約有三分之一是接合起來的，而且影像會跳動，每當畫面來到接合點時，就彷彿有人站在銀幕後方用掃把戳動銀幕那樣晃動。我之前為了讓整部電影流暢平順所付出的努力，結果全都泡湯了。

一開始實驗室聲稱一切沒有問題，接著又表示他們從來沒有遇過這種情況。最後，在嘗試過各種修復方式之後，有人提出一個想法：應該測量一下我們剪接機／負片剪接器的拼接點。他們使用測微計測量每一段問題畫面的齒孔距離，發現接合處都彎曲了。那個剪接師使用了一台沒有對齊的接合機，現在，問題已經沒有辦法修補，我們只能接受現實。但正如我經常說的：「每個問題都有解決方法。如果沒有解決的方法，那就沒有任何問題。」

《姐妹情仇》上映

艾德．普雷斯曼還沒有開始推銷這部電影，只替一些潛在買家安排了試片會。其中一位潛在買家是來自洛杉磯的經紀人，名叫喬治．利托㉔。某天下午，我在位於第五大道的里佐利書店（Rizzoli）的地下室為利托放映這部電影。喬治當年四十多歲，以擔任《檀島警騎》㉕主要演員的經紀人而聞名。他穿著綠松石色的外套和白色休閒褲現身，看起來與紐約格格不入。在觀賞電影的過程中，他緊張地抽著香菸。經過喬治的穿針引線，這部片後來賣給美國國際影業公司㉖。美國國際影業公司是一家小型的電影公司，靠著發行低成本的恐怖電影與飛車黨電影賺錢。

我建議的宣傳標語是：「那些被上帝連結在一起的人，願無人能讓他們分開。」美國國際影業公司的版本則變成：「那些被惡魔連結在一起的人，願無人將他們切割開來。」這是B級電影的宣傳特色。至於有意成為電影製片人的喬治．利托，看中了布萊恩的潛力，打算讓布萊恩替他拓展事業版圖。

✦

《姐妹情仇》於一九七二年在洛杉磯國際電影博覽會㉗上首映，我飛到洛杉磯去參加首映典禮。當時我大嫂蒂娜住在洛杉磯，我們先去位於梅爾羅斯大道（Melrose Avenue）的費加洛餐廳（Figaro）吃飯。與我同桌用餐的還有一群二十多歲的年輕人，我坐在一名年輕導演旁邊。這位導演在電影圈裡早已是傳奇人物，他就是比我小幾歲的史蒂芬．史匹柏。史匹柏深受大家崇拜，因為他已經進入環球影業實習，在一間寬敞的辦公室裡努力往上爬。

史蒂芬曾經執導過一部名為《決鬥》㉘的電視電影，可是尚未執導過真正的電影長片。然而他在《決鬥》中展現過人的才華，每個人都認為他將會有一番成就。我們聊了很多，他告訴我他非常期待看到《姐妹情仇》。史蒂芬對於電影製作的每個面向都充滿興趣，並且熱切期盼聽見班尼譜寫的配樂。

這部電影於午夜在中國戲院㉙放映，人們說這是伯納德・赫爾曼的復出之作，因此那天晚上所有的好萊塢電影迷都來了，當班尼的名字出現在銀幕上時，現場歡聲雷動。我坐在觀眾席中，感到既驚訝又興奮。

我的電影在我所見過最大的電影銀幕上放映！我稱它為「我的電影」，因為這部電影每一個畫面都是我剪接的。我用我的 Steenbeck 剪了好幾個月，對每一格畫面都非常熟悉。此時此刻，它登上了好萊塢核心地區的大型電影院，這裡是全世界最棒的電影殿堂之一。

這是我一生中最興奮的試映會體驗。那年我二十六歲。

✦

《姐妹情仇》得到許多正面的評價。《紐約時報》的文森・坎比㉚寫道：「在你想要尋求老式娛樂而觀賞電影的夜晚，這部電影就是最佳選擇。」但是也有許多人批評布萊恩，認為他不該執導這部或多或少向希區考克公然致敬的電影。艾德・普雷斯曼受到正面影評的鼓勵，決定再製作一部由布萊恩執導的電影。

我唯一的遺憾是，雖然我那麼崇拜赫爾曼，並且爭取邀他來為這部電影配樂，可是在經過這一切之後，他每次只要再遇到我，只會想起我們之間的嫌隙。

我應該學著更厚臉皮一點。

注釋

① 艾德·普雷斯曼（Ed Pressman, 1943-），美國電影製片人。

② 瑪格·基德（Margot Kidder, 1948-2018），加拿大裔美國女演員。

③《超人》（*Superman*），一九七八年上映的超級英雄電影。

④ 克里斯多福·李維（Christopher Reeve, 1952-2004），美國演員，在一九九五年一場馬術比賽中不幸受傷，全身癱瘓，此後投身社會公益事業。

⑤ 表演集團（The Performance Group），一九六七年在紐約市創立的實驗劇團。

⑥《死亡遊戲》（*The Other*），一九七二年的驚悚電影，由羅伯特·穆里根（Robert Mulligan）執導，改編自湯瑪斯·特里翁（Thomas Tryon）的同名小說。

⑦ 希區考克（Alfred Hitchcock, 1899-1980），英國導演及製片人，被稱為「懸疑電影大師」。

⑧《驚魂記》（*Psycho*），一九六〇年的美國驚悚片，由希區考克執導。

⑨ 珍妮·李（Janet Leigh, 1927-2004），美國女演員和作家。

⑩ 麥可·史默爾（Michael Small, 1939-2003），美國電影配樂作曲家。

⑪《柳巷芳草》（*Klute*），一九七一年的驚悚電影，敘述一名應召女子幫助偵探解決一齣懸案。

⑫ 亨利·曼奇尼（Henry Nicola Mancini, 1924-1994），美國作曲家及指揮家。

⑬《衝破鐵幕》（*Torn Curtain*），希區考克於一九六六年執導的電影。

⑭ 哈默電影製作公司（Hammer Film Productions Ltd.），位於倫敦的英國電影製作公司，成立於一九三四年，以拍攝恐怖電影聞名。

⑮ 墨索里尼（Benito Amilcare Andrea Mussolini, 1883-1945），曾任義大利總理，亦是第二次世界大戰中的重要人物。

⑯ 彼德·烏斯蒂諾夫（Peter Ustinov, 1921-2004），英國演員、作家、電影製片人、歌劇導演、電台和電視節目主持人。

⑰ 一八一一年，一對男性連體嬰誕生於暹羅（今泰國），被英國商人發現後進入馬戲團表演，成為明星。「暹羅雙胞胎」（Siamese twins）如今是連體人的代名詞。

⑱ 卡萊·葛倫（Cary Grant, 1904-1986），英國演員，曾數度主演希區考克執導的電影。

⑲ 瓊·芳登（Joan Fontaine, 1917-2013），英裔美籍女演員，經常出現在希區考克電影中，曾獲奧斯卡最佳女主角獎。

⑳葛麗絲・凱莉（Grace Kelly, 1929-1982），美國女演員及前摩納哥王妃，曾獲奧斯卡最佳女主角獎。

㉑陶德・布朗寧（Todd Browning, 1880-1962），美國導演、演員及劇作家。

㉒《怪胎》（*Freaks*），一九三二年的邪典電影，在英國曾被禁映長達三十年。

㉓鮑勃・范恩（Bob Fine, 1922-1982），美國知名混音師。

㉔喬治・利托（George Litto, 1930-2019），美國電影製片人和藝人經紀人。

㉕《檀島警騎》（*Hawaii Five-0*），美國ＣＢＳ電視台的電視劇。

㉖美國國際影業公司（American International Pictures，AIP），一家獨立的電影製作和發行公司。

㉗洛杉磯國際電影博覽會（Filmex Festival），1970年代和一九八〇年代初期在美國洛杉磯舉行的電影節。

㉘《決鬥》（*Duel*），一九七一年的美國動作驚悚電影，為史蒂芬・史匹柏的導演處女作。

㉙中國戲院（Grauman's Chinese Theatre），位於加州洛杉磯好萊塢星光大道的電影院，一九四四至一九四六年間的奧斯卡金像獎頒獎典禮都在這裡舉行。

㉚文森・坎比（Vincent Canby, 1924-2000），美國電影和戲劇評論家，於一九六九年至一九九〇年代初在《紐約時報》擔任首席影評人。

6 魅影與可怕的事

又經過了一年，我才得到參與另一部電影長片的機會。那年我回到查克．沃克曼的卡利歐普電影公司，靠著剪接預告片、短片及預錄廣告片謀生。更重要的是，我在那段時間遇見我未來的妻子，珍．布朗（Jane Brown），並且向她求婚。在《姐妹情仇》拍攝結束後，我前往加勒比海上瓜地洛普島的Club Med度假村進行宣傳，在那裡遇見一位穿泳裝的年輕美女，她臉上帶著千金難買的笑容，正準備去上帆船駕駛課。愛情這種事必定是一見鍾情啊！不然還要等到什麼時候？可是我膽子太小，不敢接近她，因此在離開度假村的時候，我還不知道她的姓名和地址。然而宇宙沒有讓我們斷了緣分，因為在六個月之後，我們再度偶遇，地點在曼哈頓上西區的一家超級市場前。當時農民工會正在舉行抗議活動，我們就在警戒線旁相逢。這次我終於把握機會，拿到了她的電話號碼。

在我們第二次或第三次約會時，我播放班尼為《姐妹情仇》譜寫的配樂給珍聽，並且鉅細靡遺地描述那些音樂搭配什麼樣的恐怖畫面，包括患有精神分裂症的連體雙胞胎持刀殺人的那一幕。後來她才告訴我，那天晚上她對於要不要繼續和我約會產生了疑慮。不過，她選擇與我交往下去，我們至今已經結婚四十五年。

布萊恩完成了一部音樂電影的劇本，片名是《天堂幻象》。艾德．普雷斯曼順利籌得資金，我也被安排在卡利歐普電影公司進行這部電影的剪接工作。拍攝作業於洛杉磯展開，隨後再到德州的達拉斯繼續拍攝一個月。劇組在達拉斯找到一家華麗的老電影院，充當片中的劇院。那次是我第一次出外景。

這個故事改編自《歌劇魅影》：一個名叫溫斯洛的年輕作曲家，在一場可怕的事故中不幸毀容，可是他愛上了一位名叫菲妮克絲的年輕女歌手。溫斯洛由布萊恩的老朋友兼大學室友威廉．芬利①飾演，菲妮克絲則由潔西卡．哈珀②飾演。溫斯洛住在一間名為「天堂」的老劇院裡，在陰暗的角落為菲妮克絲創作歌曲。這部電影的另外一條故事線，是溫斯洛被一個叫做史旺（Swan）的音樂製作人利用，結果那個製作人是魔鬼，他們簽訂的是讓溫斯洛出賣靈魂的合約。

我很高興能剪接這部音樂電影，因為我非常熱愛音樂，這讓我有機會配合音樂剪接畫面，是我最喜歡的剪接類型。

「來好萊塢不是為了交朋友」

在洛杉磯進行拍攝的第一天，我到現場探班，因為還沒有任何毛片可剪。我們在一間錄音室裡進行拍攝，但是錄音室的冷氣出風口突然開始冒煙，我們立即疏散到室外。雖然問題很快就解決了，但我們後來經常開玩笑地說：這就是拍攝與魔鬼有關的電影會有的下場。

那天稍晚，布萊恩對我說：「今晚我要和喬治．利托一起吃飯，他準備開始製作《似曾相識》③了。這頓飯是為了慶祝是我們開拍《天堂幻象》，既然你負責剪接，應該一起來。」

我開心地一口答應。《似曾相識》是年輕劇作家保羅．許瑞德④所寫的劇本。自從《姐妹情仇》上映以來，布萊恩就被貼上模仿希區考克的標籤。布萊恩接下來要與許瑞德合作，兩人正在籌備一個類似《迷魂記》⑤的劇本，場景設定在佛羅倫斯和紐奧良。這將會是布萊恩的下一部作品，我已經讀完那個劇本，而且非常喜歡。

那天晚上，我前往位於比佛利山的「甜蜜生活」餐廳。當我抵達時，布萊恩、喬治．利托和喬治美麗的妻子潔姬都已經先到了。那頓晚餐十分愉快，我們舉杯預祝《天堂幻象》成功圓滿。晚餐結束後，喬治點了一杯人頭馬白蘭地，潔姬立刻表示自己累了，先行離席。或許她察覺到話題即將轉到生意上。

餐桌上只剩我們三人，喬治很快就喝完了他那杯酒，然後又點了一杯，並且開始聊《似曾相識》。「我一直設法賣出這部電影，布萊恩，可是大家都沒有興趣。如果我們要完成這部電影，就必須找其他人執導。」

我愣住了。這頓飯原本應該是慶祝《天堂幻象》開拍並討論下一個合作計畫，我不敢相信自己聽見了什麼。布萊恩顯然也很驚訝。「喬治，我要執導這部片，而且我一定要。」布萊恩表示：「這部電影是我想出來的，我要看著它完成。」

喬治．利托花了一個小時勸布萊恩改變心意。他奉承、哄騙、貶低布萊恩、還對布萊恩發脾氣、指責布萊恩鬧脾氣，甚至試圖賄賂布萊恩。「如果你不執導這部電影，我就給你五萬美元，你覺得如何？嗯？」

布萊恩拒絕了這項提議。

「你看，保羅，嗯？」喬治轉頭對我說。「你朋友不想要五萬美元！嗯？」

我真希望自己不在場。最後，我找了一個藉口告退。

隔天，我在拍片現場遇見布萊恩。「昨晚是怎麼回事？」我問他。

「對啊，真讓人意想不到，對不對？我不知道喬治是怎麼了，我從來沒有看過他這種樣子。」布萊恩說。

那天稍晚的時候，保羅．許瑞德來探班。我告訴他喬治．利托昨晚說的話。

「呃。」許瑞德不帶感情地回答：「大家到好萊塢來，不是為了交朋友。」

✦

不久之後，我就開始忙著剪接《天堂幻象》。我的剪接室位於電影實驗室大樓，地點在聖塔莫尼卡大道和高地大道的轉角處。我在紐約時習慣走路去吃午餐，因此到了中午，我就到街上散步，沿著聖塔莫尼卡大道走到拉布雷亞大道的麥當勞。這段距離並不太遠，可是我在路上從來沒有遇過任何行人。後來我才知道，洛杉磯人多半以車代步，很少以步行的方式四處走動。

一九七三年十二月，劇組移往德州繼續拍攝。我的工作地點在達拉斯城外的登頓，那裡有一間工作室。當其他劇組人員在城裡各處忙著拍攝時，藝術總監傑克．菲斯克⑥就在那間工作室裡打造一個小型舞台。大家各忙各的：攝影組忙著拍攝今天的素材、剪接組忙著處理昨天的影片，美術組則忙著製作明天的佈景道具。

傑克的妻子是當時還沒走紅的西西．史派克。西西那時沒有工作，就來替傑克畫佈景，經常全身沾滿油漆。我們在登頓工作時經常相處，因此感情變得很好。

布萊恩在那裡拍攝了模仿《驚魂記》淋浴戲⑦的鏡頭，與我們同為哥倫比亞大學校友且演出過《帥哥逃兵》及《嗨，母親！》的蓋瑞特．葛拉罕，在《天堂幻象》中飾演畢夫一角。在這場戲中，畢夫一邊淋浴、一邊哼唱魅影所寫的歌，突然遭人以馬桶疏通器攻擊。魅影用馬桶疏通器堵住畢夫的嘴巴，警告畢夫不准再唱他的歌。布萊恩以這場戲向希區考克致敬，同時展現自己的風格。

我的剪接室隔壁有一群德州電影工作人員正在剪接一部狗電影，我認為那些傢伙只是業餘人士，而我是帶著「好萊塢」電影來這裡工作的專業剪接師，因此覺得自己比他們時尚且優越。他們的剪接室非常凌亂，到處是隨意堆放的底片盒與鐵罐，還有外賣食物的空容器，毫無秩序可言。假如有顆炸彈在我的剪接室裡爆炸，看起來就會和他們的房間差不多亂。

不過他們有一台Kem剪接機，而我沒有。我還記得他們不眠不休地在數不清的畫面中尋找一個狗兒將頭轉向右側的特寫鏡頭。一個畫面可以成就一部電影，在我至今參與過的電影中，每一部我都曾為了尋找某個轉頭畫面而忙碌不休。

現在我已經深刻明白人不可自視甚高。那些人剪的片子是《狗偵探班吉》⑧，那部片是有史以來最受歡迎且最賺錢的獨立電影之一。

在低預算中摸索方法的剪接過程

我們的毛片在一間大型放映室裡播放，演員和劇組工作人員一同觀賞。有一天晚上，我們放映了前一天拍攝的畫面，內容是潔西卡·哈珀參加試鏡，在史旺面前唱歌。潔西卡大部分的時間都面對鏡頭，透過眼神對著鏡頭調情，除了特寫畫面之外還有超級特寫畫面。她演得很棒，唯一的問題是，她的鏡頭沒有與聲音同步。這是我最害怕的事。

毛片的畫面與聲音同步作業是在紐約進行，那邊的工作人員完成之後再寄來給我，如此一來可節省開銷，不必多請一名剪接助理。我仔細盯著每一個畫面，鼓掌的鏡頭是影音同步的，然而等到音樂出現，潔西卡開始對嘴時，音樂似乎晚了四格畫面。這真的很可怕，但是我找不出原因，可能是出於某種無法解釋的技術問題。在經過三、四段影音不同步的畫面之後，潔西卡在黑漆漆的放映室裡說話了。

「我必須和誰上床，才能讓這場戲影音同步？」她問。大家聞言後都笑了。我遲疑地舉起手，其他人又是一陣大笑。

布萊恩在某段歌唱畫面中再次進行他的分割畫面實驗。那首歌曲是飾演史旺的保羅·威廉斯⑨寫的，曲風刻意模仿「海灘男孩」的作品。布萊恩將這首曲子設定為魅影首次警告史旺並且在舞台上放置炸彈的橋段。

兩台攝影機同時拍攝，畫面的一邊是史旺的樂團正在演唱，這個樂團的團名原本是「多汁水果」（Juicy Fruits），這時改名為「海灘流浪漢」（Beach Bums），他們哼唱著：「化油器，老兄！這就是生活的一切！」（Carburetors, man! That's what life is all about!）畫面的另一邊則是向奧森．威爾斯《歷劫佳人》那段經典長鏡頭致敬：魅影在後台偷偷將炸彈放入一輛道具車的行李廂內。一直到炸彈爆炸之前，鏡頭都持續拍攝，中間沒有經過任何剪接。那場戲是敘事推軌鏡頭與分割畫面技術結合的傑作。

✦

在《天堂幻象》中，我嘗試了一次執導一段音樂畫面。有一段蒙太奇的內容是魅影忙著作曲，同時表現出時間的流逝，背景搭配保羅．威廉斯譜寫的一首慢歌。布萊恩讓我主導這段畫面，對我而言實在充滿挑戰性。作曲是非常靜態的動作，因此我必須透過某些方法讓它在銀幕上顯得活潑。我想到斯拉夫科．沃爾卡皮奇[10]的經典蒙太奇風格，將那些以黑底背景（black limbo background）方式拍攝的影像一層一層疊合。沃爾卡皮奇是一位藝術家和實驗電影製片人，在一九三〇年代和一九四〇年代受僱於好萊塢的電影公司，負責創作蒙太奇畫面。他有許多壓縮時間與空間的技巧，無論是利用攝影機或者光學印表機，他的名字也因此成為蒙太奇的代名詞。他既是藝術家也是理論家，後來成為南加州大學電影藝術學院的院長。我受到他作品的啟發，在魅影弓著背於琴鍵或書桌前譜曲的畫面上疊印轉動的時鐘指針，顯示時間的流逝。時鐘的鐘面是一張黃金唱片，我讓攝影機先往下對著那張唱片拍攝，接著再往上，同時慢慢靠近它，使它看起來有如在畫面中慢慢上升，先朝著觀眾漂浮而來，然後又慢慢滑開，直到完全消失不見。我拍攝了魅影譜寫音樂時的特寫鏡頭，以及蠟燭逐漸融化、樂譜一張張愈疊愈高的畫面。我還拍攝了菲妮克絲的特寫鏡頭，全身上下只圍著一條羽毛圍巾，她的臉就像是盛開在羽毛中的花蕊。在那個年代，想要嘗試這種效果，只能靠實際執行，但因為我們是一部低預算的電影，視覺效果處理費用很昂貴，所以我只有一次機會。由於這段蒙太奇是以溶接的畫面連接，我必須一次拍好。等到我終於看見成果時，雖然希望還能再做些改變，可是已經沒有辦法。無論如何，我對結果還算滿意。

✦

回到紐約之後，我繼續在卡利歐普電影公司剪接這部電影。我很樂在其中。片中一個插科打諢的橋段是，「多汁水果」從哼唱「嘟喔普」⑪曲風的油頭小混混，變成衝浪男孩團體「海灘流浪漢」，然後又變成一個宛如「KISS樂團」⑫的搖滾團體——臉上塗滿醒目的黑白色妝容。電影中最重要的歌舞場面，是那家名為「天堂」的老劇院重新開幕之夜。這個樂團現在已經改名為「不死亡靈」（Undeads），他們演唱三首組曲，並且在演唱時走進現場觀眾中，以一把吉他琴頸上閃閃發光的假劍，砍掉人群中某個假人的四肢和頭部，再將那些斷肢和人頭拿到放置在舞台的病床上。舞台被布置得像是科學怪人的實驗室。

他們一邊唱歌，一邊將那些斷肢縫合在一起，然後將病床慢慢推到舞台佈景的頂端。一道霓虹閃電發出光芒，一聲雷鳴從上方傳來，那張病床又被推回舞台上，裝扮成閃亮科學怪人的畢夫從病床爬下來，腳下踩著厚底麵包鞋，高唱〈終於活過來了！〉（Life at Last!）。

溶接（dissolve）：前一個鏡頭淡出、下一個鏡頭淡入的轉場技巧。

畢夫無視魅影稍早之前對他的威脅，在舞台上載歌載舞。魅影溜到舞台側翼，抓住霓虹閃電，丟到倒楣的畢夫身上，將畢夫當場電死。菲妮克絲趕緊上台安撫觀眾，一位巨星也就此誕生。

我看了從各個角度拍攝的每一個鏡頭，鏡頭相當多。整場演出有面向舞台的畫面，也有面向觀眾的鏡頭。我謹慎地記下每個角度所拍攝的畫面適合哪一首歌曲的哪些部分，以及哪幾個鏡頭是最棒的，然後剪接在一起，並且在我將每個畫面剪接到主軌道時確保影音同步。倘若有經驗豐富的剪接師和音效剪接師從旁協助我，事情會簡單得多，但我是在沒有人指導的情況下完成這個工作。

我沒有學過剪接電影長片，也不曾從任何人那裡學到這方面的技巧，我必須透過實作來學習，一切都靠自己。這種方法沒有效率，可是令人興奮，彷彿我在重新創造剪接的藝術。我在這種過程中學到新知識的感覺，宛如在剛下過初雪的完整雪地上踏出一條新的道路，儘管別人在我之前都已經知道這些知識。我想，我對剪接的熱愛，有一部分是來自於我學習剪接的方式：完全靠自己摸索。

在畢夫觸電的那一刻，蓋瑞特．葛拉罕以逗人發笑的精湛演技演出被數千伏特電力穿過身體的模樣。然而我想要讓這場戲更吸睛，於是我將一格格畫面兩兩分組，並且顛倒排序。也就是說，如果這段畫面總共有十格，編號分別為一號到十號，我就將它們重新排列，讓播放的順序變成二號、一號、四號、三號、六號、五號、八號、七號、十號、九號，諸如此類，畫面看起來就像向前走三步，然後退一步。我花了不少時間嘗試這種做法，一次只剪一格。最後證明一切都很值得，而且這場戲的速度既沒有變快也沒有變慢。我保留了這場戲真實的攝影過程，但是讓動作變得顛簸不順，畢夫也因此看起來像是在電流中振動。

珍和我在《天堂幻象》完工前結婚了，我們只匆匆度了兩天蜜月，我就不得不返回紐約進行最後混音。婚禮在我岳母位於紐澤西州的家舉行，布萊恩幫我們拍攝婚禮過程。如果仔細想想，這實在很有面子：一位專業的導演替我拍攝結婚影片！為了拍攝我的婚禮，布萊恩從查克．沃克曼那裡借了一台八釐米攝影機，並且準備了十二捲底片，毫不休息地忙了好幾個小時。那天天氣很熱，加上婚禮在室外舉行，可是布萊恩一次也沒喊累。他拍了我換衣服、簽署結婚證書、走路前往婚禮舉行的地點。他拍了珍、拍了我，也拍了我踩碎玻璃杯⑬的特寫，以及我和珍切結婚蛋糕的時刻。在拍攝十一捲底片之後，布萊恩突然發現攝影機上有一個小開關。

他當時心想（這是他後來告訴我的）：**真好奇這個開關有什麼功能。我決定在拍攝最後一捲底片時打開這個開關。**

果然，那些底片沖洗出來之後，其中十一捲只有黑畫面，看不到任何影像。另外還有一捲底片拍到婚禮最後只剩幾個人在舞池中疲憊地跳舞。那個小開關是減光鏡。由於那台攝影機的觀景窗是非反射式，所以布萊恩一直不知道減光鏡的開關沒開。他遺憾地向我保證，這部結婚影片原本應該非常棒。直到今天，我還是很感謝他的付出。

意外的糾紛

《天堂幻象》完成後，布萊恩和艾德到好萊塢推銷這部電影，片商的反應令人吃驚。二十世紀福斯電影公司願意以高於製作成本的價格買下這部電影，數字破了當年獨立電影的紀錄。

布萊恩打電話給我。「你快點過來，結果太令人興奮了，你絕對不希望錯過這一切。他們將在這個週末舉行一場試映會和一場雞尾酒會。」

我匆匆忙忙訂了機票，和珍一起飛往西岸。我們到福斯電影公司的小劇院參加試映會。試映會之後有一場派對，提供美味的餐前點心和飲料。一名活潑的年輕女子面帶微笑地向我走來。「你是剪接師嗎？你做得太棒了！」我立刻對她產生好感。「我是瑪西亞・盧卡斯。」她做了自我介紹，並說：「我丈夫喬治想認識你。」

瑪西亞和我一樣是剪接師——我們的生日只相差六個星期——她剪接過《美國風情畫》，並且與維娜・菲爾德一起剪接了馬丁・史柯西斯執導的《再見愛麗絲》。她熱情又大方，挽起我的手臂，帶我穿過人群去找喬治・盧卡斯。喬治是一個瘦小的男人，和我一樣蓄著大鬍子，與我不同的是，他還有一頭濃密的頭髮。他穿著運動鞋、白襯衫和藍色牛仔褲，襯衫下擺垂在褲頭外，看起來很謙虛。

「喬治，這位就是剪接師。」瑪西亞為我們介紹彼此。

「你剪得非常棒。」喬治說。

我感到十分榮幸。由喬治・盧卡斯執導並且共同擔任編劇的《美國風情畫》，已在一年前上映，那部電影對我影響很深，它講述的內容就是我這個世代的人，而且巧妙地使用伴我成長的音樂做為電影配樂，每一場戲都搭配一首完美的歌曲。那部電影的宣傳廣告標語「**一九六二年，你在哪裡？**」深深打動了我，因為一九六二年是我高中畢業的那年。我謝謝喬治對我的讚美，然後懷著對盧卡斯夫婦的好感以及對未來充滿希望的心情離開好萊塢。

等我回到紐約後，壞消息才上門。

共有三方人馬因為《天堂幻象》而控訴二十世紀福斯電影公司。首先，環球電影公司聽說了這部電影，控告我們未經授權就使用他們擁有版權的《歌劇魅影》做為本片素材。其次，「國王影像企業」公司[14]控告我們侵犯他們的超級英雄連環漫畫名「魅影」智慧財產權[15]。最奇怪的是第三件訴訟，英國重金屬搖滾樂團齊柏林飛船控訴我們將片中的唱片公司命名為「史旺音樂」（Swan Song Music）。

在電影中，史旺的唱片品牌名稱是「死神唱片」（Death Records），商標是一隻死麻雀躺在地上，爪子伸向空中。他的唱片發行商名為「史旺音樂」，以配合他的名字以及死亡的調性，沒想到正好是齊柏林飛船所屬唱片公司的名稱[16]。

更可怕的巧合是，齊柏林飛船的經紀人，在現實生活中的音樂家好友也因為設備故障而在舞台上觸電身亡，而且這位經理人在現場目睹一切，心理嚴重受創，因此電影中的畫面深深冒犯了他。他發誓即使散盡家產，也要阻止「史旺音樂」這個名稱出現在電影裡。

當一部電影涉及侵犯版權的訴訟時，問題通常會由製片人購買的「錯誤與遺漏保險」（errors and omissions）來負擔損失。這種保險可確保電影製片人在意外或不小心侵犯他人智慧財產權時免於承擔責任。

然而，艾德．普雷斯曼犯了大錯，因為他不小心忘了購買這種保險。二十世紀福斯電影公司的高階主管得知這件事之後，便表明除非艾德能擺平一切，否則他們不會購買這部電影。

我們採取了以下的解決方案：關於國王影像企業的訴訟，我們將這部電影原本的名稱《魅影》

（*The Phantom*）改為《天堂幻象》（*The Phantom of the Paradise*）；至於環球電影公司的訴訟，我們將與他們共享票房收入，以換取他們同意放棄提告；至於齊柏林飛船的訴訟最為棘手，我們不得不刪除片中所有出現「史旺音樂」的畫面。

我一向喜歡在轉場時使用「劃接」這種轉場技巧，在畫面上以線條或圖塊使結束的場景淡去，並將下一場帶進來。這種方式讓我想起我小時候的電影黃金年代。我在我的第一部電影長片《嗨，母親！》多次使用這種手法，不僅用在場景轉換時，也在我們負擔不起的爆炸場面中使用，因為這種方法比較省錢。在《天堂幻象》中，我創造了兩種自己設計的「劃接」：一種是將死麻雀的剪影朝銀幕拉近放大，另一種是讓「史旺音樂」商標上的非寫實天鵝圖像從銀幕右邊飛到左邊。這個天鵝商標是我們的藝術總監傑克·菲斯克設計的，在整部電影中不斷出現，佈景、道具和服裝上都看得到。

然而這也表示我們必須重新剪接畫面，才能讓天鵝商標消失。為了取悅律師，我們必須粗暴地修剪之前辛苦剪接至完美狀態的影片，實在令人心碎。原本美麗優雅的升降鏡頭不得不突然縮短，因為天鵝商標會出現在下一格畫面中，原本的廣角鏡頭也被角度比較狹窄的畫面取代。如果鏡頭沒有辦法完全避開那個天鵝商標，我們只好以失焦的手法讓它變模糊，或者以移動遮罩處理。一九七四年還沒有現代的追蹤技術，視覺處理中心只能盡力而為，因此結果不會太好，而且這些修改都必須迅速完成，實在非常可怕。每當人們稱讚我《天堂幻象》有多棒的時候，我總會回想起這部電影在重新剪接之前的完美模樣。好比你心愛的人遭遇可怕的意外，必須重建五官，無論手術多麼成功，結果都比不上愛人原本的模樣。

移動遮罩（traveling mattes）：製作畫框狀遮蔽以便僅露出想呈現的畫面，此遮蔽用畫框可隨畫面中人物移動。

這部電影上映之後，影評家沒有給予太多好評。《紐約每日新聞》只給了一顆星的評價，於是這部片馬上就從紐約的電影院下片了。奇怪的是，它在巴黎大受歡迎，還在左岸的電影院連續放映十年才下檔。這部電影在加拿大溫尼伯也大受歡迎。

幾年前，有個人與我聯絡。那個人透過管道取得《天堂幻象》的原始畫面，替這部電影設立了一個網站。令我驚訝的是，在這個網站上的電影片段，是重新剪接前的畫面。我原本以為那些畫面已經永遠消失了。這個網站創立人名叫阿里．卡漢（Ari Kahan），他同時擔任該網站的首席管理員。我永遠感激他對《天堂幻象》的熱情。

二〇一四年的夏天，我受邀至好萊塢的圓頂劇院參加《天堂幻象》上映四十週年的慶祝活動。我和幾位演員都出席了，包括保羅．威廉斯、潔西卡．哈珀和蓋瑞特．葛拉罕。飾演魅影的威廉．芬利是布萊恩的大學同窗，當時剛去世不久，由他的遺孀蘇珊代表參加。

觀眾對這部電影的反應十分驚人，那場活動的票券全數售罄，現場被人潮擠得水洩不通。片中每個角色登場時，全場觀眾都會大聲歡呼。他們為每一首歌曲鼓掌，並且在正確的橋段發笑。這是我們在四十年前的首映會上夢想看見的景象，那天晚上我彷彿還在做著夢。

這大概就是所謂的「遲來的滿足」。

追蹤技術（tracking technology）：數位時代後製軟體可追蹤畫面中人物，製作隨之運動的移動式遮罩。

注釋

① 威廉・芬利（William Finley, 1940-2012），美國演員。

② 潔西卡・哈珀（Jessica Harper, 1949-），美國女演員、製片人和歌手。

③《似曾相識》（*Déjà Vu*）即後來更名的《迷情記》。

④ 保羅・許瑞德（Paul Schrader, 1946-），美國劇作家、導演和演員，曾多次與導演馬丁・史柯西斯合作。

⑤《迷魂記》（*Vertigo*），希區考克於一九五八年執導的驚悚電影。

⑥ 傑克・菲斯克（Jack Fisk, 1946-），美術設計師兼導演。

⑦《驚魂記》講述一名女祕書偷走老闆的巨款，投宿至一家偏僻的旅館，結果在淋浴時遭患有精神疾病的旅館主人殺害身亡。該場淋浴戲被視為最經典的恐怖畫面之一。

⑧《狗偵探班吉》（*Benji*），一九七四年的電影，講述一隻流浪狗救出兩個遭到綁架的孩子。

⑨ 保羅・威廉斯（Paul Williams, 1940-），美國作曲家、歌手和演員。

⑩ 斯拉夫科・沃爾卡皮奇（Slavko Vorkapich, 1894-1976），塞爾維亞裔的好萊塢電影藝術家、插畫家。

⑪ 嘟喔普（Doo-wop），一種音樂類型，於一九四〇年代發源於紐約、費城、芝加哥、巴爾的摩等美國大城市的非裔社區，特色為多人和聲，哼唱無意義的填充音節和歌詞。

⑫ KISS樂團，美國的重金屬搖滾樂團，一九七三年成立於紐約，以其特殊的臉部妝容、舞台服裝、現場表演聞名於世，例如口中噴火、砸吉他、吐血、吊鋼絲飛天、懸浮式鼓座等。

⑬ 在傳統的猶太婚禮中，新郎要用右腳將一個用布包住的玻璃杯踩碎，象徵猶太人在歡樂之餘仍不忘耶路撒冷的聖殿尚待重建。

⑭ 國王影像企業（King Features Syndicate），赫斯特通訊公司（Hearst Communications）旗下企業，該公司在全球將近五千份報紙刊登約一百五十種漫畫、專欄、社論及謎語。

⑮《魅影》（*The Phantom*），美國冒險漫畫，由李・福克（Lee Falk）創作。

⑯ 史旺音樂（Swan Song Records），英國搖滾樂團齊柏林飛船於一九七四年創立的唱片公司。

7 《迷情記》

一九七四年的秋天，經過令人失望的《天堂幻象》之後，布萊恩和喬治．利托言歸於好，兩人又繼續合作《似曾相識》。我非常期待這部電影。在這段期間，我接了一些規模較小的案子，其中一份工作是剪接波多黎各武術錦標賽的紀錄片。我很想回去剪接電影長片，但要與喬治．利托共事也令我緊張。他以前曾是好萊塢的大牌經紀人，我已經見識過他的行事風格。

喬治．利托打電話給我，要我接這份工作。「待遇是每週六百五十美元，工期為二十個星期。」我剪接那部不重要的武術比賽紀錄片價碼就是如此，因此我希望能得到更好的待遇，而且我知道布萊恩一定會挺我。「喬治，我覺得薪水太低了。」我說：「我要求週薪七百五十美元。」

「什麼？我們現在要討價還價嗎？**嗯**？我打這通電話，只是基於禮貌而已。**嗯**？」

我有點退縮。聽見別人挑明說你不值得你要的價錢，真的令人很不舒服。

「喬治，怎麼樣？你答不答應給我每週七百五十美元？」

「你真的想聽我的答案嗎？**嗯**？」

「如果剪接時間需要超過二十週呢？」我問。

「你想剪多久就剪多久。」他說：「二十三週，二十六週，隨便你想花多長的時間，可是你只能領到二十週的薪水。**嗯**？」

結論已定。最後我工作了二十三週，但是只拿到二十週的薪資，總共一萬三千美元，因為喬治知道我還在努力學習剪接。在任何一場談判中，你最大的籌碼就是能夠承受談判破局。喬治很清楚我不會為了一點小錢就推掉這個案子，因為在我職業生涯的那個階段，這部電影對我而言非常重要，所以他吃定我。

✦

布萊恩在前製階段修改了劇本，保羅·許瑞德因此非常憤怒。原來的版本是發生在相距二十年的三個不同時代，布萊恩覺得劇本太冗長，直接刪掉發生於未來的段落。

喬治·利托對劇本相當滿意，可是他不喜歡片名。「《似曾相識》（*Déjà Vu*）聽起來像外國片。」他說：「改名為《雙重勒贖》（*Double Ransom*）如何？嗯？」

我覺得他想的片名很糟，聽起來像一星期就會下檔的爛片。幸好布萊恩想出了《迷情記》，現在全世界都知道這個片名。

拍攝現場

這部作品於一九七五年三月在義大利佛羅倫斯開拍，攝影師是偉大的維爾莫斯·齊格蒙德①。齊格蒙德可能是我合作過最了不起的攝影師，他賦予這部電影神奇的面貌。劇組在佛羅倫斯拍了很多畫面，包括阿爾諾河（Arno）上的老橋（Ponte Vecchio）在黃昏時刻的景緻、聖米尼亞托教堂（Church of San Miniato al Monte）、城鎮周圍的廣場、當地的墓園與醫院等。

礙於預算，我沒有跟著前往歐洲。等到劇組到紐奧良繼續拍攝時，我才與他們會合。我抵達紐奧良後，當地的剪接助理開車載我到拍片現場。布萊恩一見到我就立刻熱情地大喊「歡迎」，並伸出雙手抱住我。我們擁抱彼此，我猜他當時很需要朋友的支持。喬治．利托看到我的態度比較冷淡。

「我們的藝術總監已經搭機離開這裡了。」喬治說：「也許你是下一個。」

✦

我拿到一台Moviola剪接機，劇組安排我在他們租下來當辦公室的飯店房間裡工作。有一天，我正在剪一場非常棘手的戲，喬治突然來找我。那場戲是詹妮薇芙．布卓②飾演的女主角開始回想過去發生的事，觀眾可以藉此透過全新角度回顧綁架案的關鍵時刻，與他們稍早看到的畫面完全不同。

有一場戲是在非常明亮的白天進行拍攝，陽光下的室外景和與陰暗的室內景鏡頭交錯剪接。當攝影機推向詹妮薇芙以拍攝她的特寫鏡頭時，我剪入一些過去閃現的回憶畫面，起初只有幾格影像，打斷往她臉上移動的特寫畫面，接著再將那些回憶畫面慢慢延長，讓它們變成能夠被觀眾辨識的影像，然後再回到詹妮薇芙的臉，可是沒有停留太久。最後，當攝影機停止移動時，畫面也完全過渡至回憶片段。這段剪接最困難的地方，是適當地掌握節奏。喬治走進剪接室之後，越過我的肩膀盯著剪接機的螢幕。他一定還算喜歡自己看見的結果，因為他只哼了一聲就走開了。

✦

有天我去拍攝現場探班，並與詹妮薇芙閒聊。她有點擔心前一天拍攝的畫面，因為克里夫．羅伯森③在鏡頭外停頓很長一段時間，當時攝影機正在拍詹妮薇芙的特寫鏡頭，克里夫應該接續她的台詞說話，她等待克里夫開口時，你可以明顯看出她眼神中開始顯露不耐煩。她問我毛片看起來如何，我說一切都很好，等我縮短那些停頓的空檔之後，看起來就會非常完美。

我以為自己這麼說可以安撫她的情緒。沒想到，布萊恩隔天跑來找我，他顯然很不高興。「你對我的演員說了什麼？」

「什麼意思？」我把我說的話告訴布萊恩。

「我花了一整晚安撫她的情緒。」布萊恩說：「什麼話都不能對演員說！你不懂，他們無法接受任何一絲挑剔，你必須告訴他們一切都很棒。」

我永遠不會忘記這個教訓。

✦

過了幾天，在這個事件結束之後，布萊恩過來找我。他說：「我想請班尼為這部電影譜寫配樂，可是喬治想找別人，我們必須像上次那樣說服喬治。」

喬治值得讓人讚許之處是，他想找的作曲家是約翰．威廉斯④，當時約翰．威廉斯還沒譜寫出奠定其大師地位的《大白鯊》。不過，我認為喬治找威廉斯的理由有奇怪。他說：「我們的拍攝地點在紐奧良，約翰．威廉斯可以寫出紐奧良風格的爵士樂。」

但我不認為這部電影需要爵士樂。在最理想情況下，電影配樂應該要反映出角色的內心與情感，與故事發生地點沒有關係。班尼比任何人都還了解這一點，因此布萊恩和我都認為這部電影必須有賴班尼加持。我找來希區考克的《迷魂記》配樂，用班尼無與倫比的作品來搭配《迷情記》剪接好的畫面。《迷魂記》不僅是《迷情記》的靈感來源，可能也是班尼寫的電影配樂中最棒的一部作品。

我的剪接室在喬治．利托的辦公室隔壁。我與布萊恩把《迷魂記》的配樂剪進畫面中時，喬治與奮地衝進剪接室。「這是哪部電影的配樂？」他問：「是《羅密歐與茱麗葉》嗎？」

「是班尼寫的配樂！」布萊恩回答。

就在當下，班尼得到了這份工作。

與班尼往來

這部電影在三十六天內拍攝完成，拍完後一個星期，我們就剪好了初剪版。史蒂芬·史匹柏和布萊恩當時已經變成好友，因此史蒂芬來紐約的時候一定會到剪接室探班。史蒂芬到紐約參加《大白鯊》的首映典禮，布萊恩邀請他來看《迷情記》的試片。我們在放映室裡為他播放這部電影，然後他到我們位於布里爾大廈（Brill Building）東南角的剪接室，俯瞰時代廣場。我們在Steenbeck剪接機上將一捲一捲底片播放給他看時，他問：「你們有順便拍一下這個或那個嗎？」我們回答他：「沒有。如果拍了，我們早就拿來用了。」

看完整部片之後，史蒂芬轉向我說：「如果維娜看了這部片，一定也會很高興。」這句話對我來說是至高無上的恭維，因為他提到被人尊稱「剪接之母」的傳奇人物維娜·菲爾德。維娜是《大白鯊》的剪接師，環球電影公司有一棟以她命名的大樓。那天晚上，我們到對街參加史蒂芬的《大白鯊》首映典禮，那是一部非常棒的電影。大家應該都知道《大白鯊》後來的表現：它的票房收入是天文數字，至今仍被視為電影史上最成功的作品之一。

我觀賞《大白鯊》時注意到後半段有一個畫面怪怪的。在羅伊·謝德⑤的某個仰角特寫鏡頭中，他身後的天空也跟著入鏡，我看見天際閃現一道短暫的火光，因此當晚在史蒂芬下榻飯店舉行的首映慶祝酒會上，我問他這件事。

「嘿！」他開心地大叫：「保羅．赫希看到了！他看到幽浮了！」

正如我所猜測的，那道火光是刻意安排的：是史蒂芬下一部電影《第三類接觸》的小預告。

班尼從倫敦飛來紐約，我有點緊張，因為我不知道接下來會發生什麼事。我很崇拜班尼，他譜寫的電影配樂非常棒，可是他的行徑毫無理性可言，在《姐妹情仇》後製期間，他對我的態度很差，因此我已做了最壞的打算。我們在米高梅電影公司放映室的大廳與他碰面，準備在那裡為他播放《迷情記》。雖然他才六十四歲，可是自從我們上次見到他之後，他變老了許多。他看起來身體很虛弱，走路時必須倚賴他那根有金色手把的黑色枴杖。

班尼一看到我，立刻眉開眼笑地大喊：「保羅，我的孩子！你好嗎？真高興見到你！」我整個人愣住，但也鬆了一口氣。然而我很清楚班尼態度大轉變的原因——他一定是讀了《村聲》訪問布萊恩的那篇文章。那篇文章提到是我提議找班尼來為《姐妹情仇》譜寫配樂，他領悟到我是讓他職涯重振雄風的關鍵人物，所以態度有了一百八十度的轉變。我從代罪羔羊變成他眼中的大紅人，我們也變成了朋友。因為這個緣故，《迷情記》的配樂總是讓我產生極大的情感共鳴。

然而事情不如想像中順利。「布萊恩，我無法與你合作這部電影。」班尼說。當時我們還站在米高梅放映室的大廳，電影根本還沒播放給他看。

「班尼，為什麼？發生了什麼事？」我心想。**他大老遠從倫敦飛過來，難道只是為了告訴我們他無法參與這部電影？**

「因為喬治．利托！」班尼氣呼呼地表示。「他寄了一份長達五十頁的合約給我，害我必須找個律師來詳讀內容。我的律師告誡我不能簽這份合約！」

喬治顯然還要求班尼去做健康檢查，以便投保。他擔心班尼身體狀況太差，無法完成這個案子。這項要求不算無理，因為班尼的身體確實不好，可是班尼不想受這種侮辱。布萊恩打了一通電話給喬治，最後終於解決了這個問題。

✦

我們決定在一間投影機可快轉及前進後退的放映室裡播放這部電影。具有這種特殊功能的放映室，被我們戲稱為「搖滾室」。觀賞影片的時候，班尼在我們更換底片時咯咯發笑。

「班尼，有什麼好笑的？」布萊恩問他。

「因為我已經在腦子裡聽見這部電影的配樂了，可是你們必須再等六個星期才能聽到。」他又笑了一下。

午餐休息時間，班尼和我走到位於四十九街的山姆．古迪唱片行⑥。相較於幾年前我還得向店員拼出班尼的名字，現在唱片行裡已經有不少他譜寫的電影配樂，而且他的名字也被寫在分類牌上。我和班尼逛了一下。「這張唱片是垃圾，我說這張。」他告訴我：「不過，這一張還不錯。」後來我買了他推薦的每一張唱片。

我邀請班尼到我家吃晚飯。我和珍住在一〇六街與百老匯大道交口的一間幾乎沒有裝潢的大公寓。「你從哪裡找到這間公寓的？」班尼興高采烈地問我。

我還邀請了布萊恩以及我兩個哥哥，查克與彼德，還有他們各自的女朋友。那頓晚餐非常開心，班尼的心情很好，除了和在座每一位年輕女性調情，還用他無與倫比的說故事本領，分享他與希區考克、奧森．威爾斯及其他傳奇導演的共事經驗。

班尼和我談論音樂和唱片的方式，讓我想起我的教父尼古拉斯．莫爾達萬（Nicolas Moldavan）。他是從俄國流亡到美國的音樂家，在佛隆澤利弦樂四重奏擔任中提琴手⑦，那個四重奏是一九二〇年代至一九三〇年代最好的四重奏。莫爾達萬在一年前去世，享壽八十四歲。他和班尼一樣接受過十九世紀傳統的演奏技巧及音樂理論訓練。二十世紀中葉，許多音樂廳的駐廳作曲家都遇上十二音技法（twelve-tone）枯燥乏味的死胡同。電影提供了班尼以個人特色創作音樂的機會，他的創意在之前那種「正統音樂」的世界是不被允許的。

從柴可夫斯基與華格納一路發展至馬勒、拉維爾和理查·史特勞斯的浪漫派曲風，對於作曲家在創造期待與高潮方面具有深遠的影響力。華格納率先在他的歌劇中使用襯樂。有時候，以不甚細膩但是夠強烈的方式演奏訴諸情感的音樂，會是電影說故事時最適合的配樂。這就是為什麼如施泰納⑧、紐曼⑨、康果爾德⑩和羅薩⑪那些偉大的好萊塢作曲家（他們全都是經過十九世紀音樂訓練的音樂家）非常適合從事這種工作。他們的配樂有助於電影講述故事。

班尼認為電影配樂是「電影內容與觀眾之間的情感連結」，可以讓那些與一群陌生人同坐在黑暗中看片的電影觀眾脫離現實，並且營造親密的感受。

✦

班尼返回倫敦寫曲。有一天，他打電話給我。他對片頭的配樂又有點子了。他希望我交錯剪接克里夫·羅伯遜在電影開始時播放的幻燈片照片，以及聖米尼亞托教堂的照片。班尼告訴我每張照片該留多久，並且依照他的想像排定整段畫面。身為一位傑出的電影配樂作曲家，班尼與眾不同之處在於他是一個很會說故事的人。《迷情記》的片頭畫面就是他設計的。

錄音日期已經排定了，將於八月初在倫敦錄製這部電影的配樂。我請喬治讓我飛去倫敦參加錄音，但不認為他會答應。果不其然，他一口回絕。即便如此，我下定決心非去不可，因為我之前錯過

襯樂（underscore）：不帶主題性的襯底用配樂，僅烘托氣氛或人物動作用。

了《姐妹情仇》電影配樂的錄音，布萊恩說那是他職涯中最感動的時刻，所以我不想錯過這次的機會。開始錄音的時候，因為我二十週的工作期已經結束，我決定去倫敦度假，便和珍自費飛往英國。

錄音地點在聖吉爾斯教堂，巴比肯藝術中心的中世紀教堂。我們租用了可移動式的錄音設備，總共四個晚上時段。班尼選擇在聖吉爾斯教堂錄音，因為那裡有管風琴，而且音響效果突出。管風琴在他的配樂中向來具有重要地位。他準備讓人聲合唱與管弦樂團同步錄音，而不採用事後加錄的方式。

第一天，我們和詹妮薇芙．布卓一起去吃午餐，班尼心情很好，不停對她述說自己那些迷人的故事。

「妳知道寫史詩《失樂園》的英國詩人約翰．米爾頓就葬在那間教堂裡嗎？」班尼說：「他的墳墓距離我的指揮台不到十英尺。如果我的作品夠好，或許他會在我耳邊讚美幾句。」在聊到克里夫略顯僵硬的演技時，班尼對詹妮薇芙說：「不必理他，親愛的，我會用我的音樂與妳做愛。」

掌聲後的眼淚

錄音過程出了問題。因為管風琴手坐在合唱團的閣樓間，位於管弦樂團上方，背對指揮台，因此必須從一面懸掛在鍵盤上的大鏡子才看得到指揮。更嚴重的問題是，當管風琴手按下琴鍵之後，巨大的管風琴大概得等一秒鐘才會發出聲音，這表示如果管風琴手要與管弦樂團一同演奏，勢必提早一秒鐘按下琴鍵。這不是一件容易的事。班尼原本打算自己擔任指揮，可是他的朋友暨作曲家勞利．詹森[12]知道他病得很重，因此替他分勞。

現場的氣氛很緊張。班尼對我說，我可以在錄音之前先剪接底片。由於我經驗不足，加上時間有限，所以我就照著他的話去做。這似乎是個好主意，因為這表示我們可以把配樂錄製到彩色拷貝上，而不是模糊的黑白拷貝，那種黑白拷貝又稱為「翻印副本（dupe）」。

可是自從那次之後，我再也沒有這樣做過。班尼沒辦法讓配樂搭配上已剪好的某一場高潮戲，那場戲是克里夫在機場跟蹤詹妮薇芙。解決方法其實很簡單，我只需要移動幾格畫面，就可以趕上配樂的拍子，但可惜為時已晚，底片已經被剪過了，無法再調整。

班尼努力搞定一切，管弦樂團不得不一次又一次演奏這段配樂，導致吹奏法國號的音樂家嘴唇過勞，到某一段重要的旋律時，法國號首席的嘴唇因拉傷而無法張開。吹奏法國號的音樂家通常比較容易緊張，因為他們的演奏不會融入背景樂曲之中。他們負責難以演奏的段落，獨奏時需要以**極強**音吹奏，只要一出錯，所有人都會立刻聽出來。他們不像坐在後排的第二小提琴手那麼幸運，演奏出差錯時可以藉著大合奏掩飾。

當擔任首席法國號的音樂家吹破音時，班尼氣得丟下指揮棒。「這是我聽過最不穩的法國號！」他怒吼道。

法國號首席聞言後立刻站起來反嗆。「這是我見過最爛的指揮！」他對著班尼吼回去，並且開始收拾樂器，準備走人。

「你要走了？很好！」班尼說：「找別人來頂替他的位置。」

音樂統籌驚慌地跑過來，因為這時已是晚上八點鐘，他怎麼可能臨時找得到法國號音樂家，而且讓整個管弦樂團坐著枯等？「班尼，我們可不可以繼續錄下去，不要管他？」

「不行，一定要有四支法國號。你快點去找人。」

音樂承攬商更驚慌了，急忙宣布休息十分鐘，讓其他的音樂家們休息片刻，然後跑去找法國號首席。他哀求法國號首席留下來，還點了一杯酒安撫首席的情緒，最後那位首席終於同意繼續演奏。勞利．約翰遜也適時接替班尼指揮，錄音才不至破局。那個星期結束時，我們的配樂也終於錄製完成，接著我們就返回紐約進行混音。

✦

錄製電影配樂時，一般是從需要最多音樂演奏家的段落開始錄，然後再錄不需要那麼多樂器的段落，好讓不需要再演奏的音樂家回去休息。這麼做當然是基於預算考量，因此配樂幾乎不會按照電影場次的順序錄製。每個段落一定會先經過彩排和試奏，等到結果令人滿意之後才會開始錄製。當電影進行混音時，配樂就會與對白及音效結合為一，但每天可能只能完成十分鐘的影片。混音需要幾個星期的時間，等到全部完成之後，大家才能夠依照正確的順序聽見作曲家為這部電影創作的完整配樂，包括作曲家本人。由於配樂的每個段落就好比大型音樂作品中的樂章，作曲家一直到混音完成時才會知道各樂章累積而成的效果。

我們一捲接著一捲底片完成混音之後，再度前往米高梅電影公司的放映廳播放整部電影。班尼當時對我的助理產生某種迷戀，那位助理是一位名叫黛博拉的年輕女孩。「親愛的，坐到我旁邊來。」他說。黛博拉很樂意地答應。我們都很高興看到這種情況發生，希望黛博拉能夠讓班尼保持冷靜，因為他的情緒經常在火山爆發邊緣。

我們看完了試片，燈光亮起。大家聽了如此宏偉壯麗的電影配樂，全場掌聲雷動，讓班尼忍不住開始啜泣。他哭了很久，一直沒有停止，時間久到讓放映廳裡的每個人開始感到尷尬，陸續離開。最後，班尼的情緒終於平靜下來，那時放映廳裡只剩下布萊恩、黛博拉和我。由於我們還要討論某些段落需要修改的小地方，便同意一起返回混音錄音室。布萊恩和黛博拉走在前面，我和班尼走在後面。班尼走得很慢，一句話都沒說。我們走出米高梅電影公司的大樓，來到人行道時，我就伸手替班尼提公事包。當時是紐約的八月，天氣非常炎熱，午後正要開始。我們設法叫了一輛計程車，可是因為交通阻塞，我們根本動彈不得。班尼還在啜泣，我被他感動了，便將手放在他的手臂上。

「這是非常美的配樂，班尼。」我說。

他抬起頭看著我，直視著我的眼睛。「我不記得自己寫過這些曲子。」他靜靜地說。

儘管天氣炎熱，我依然感受到一股寒意。

「我只記得，某天我在凌晨兩點鐘醒來，心裡想著：**一定有合唱**。」

✦

過了兩個晚上，當我們即將完工時，黛博拉問我她可不可以提早離開，因為班尼邀她出去喝一杯。剩下的工作只是等快遞人員過來，將影片送往洛杉磯，所以我同意讓她早退。如果不讓她與傳奇大師共處一小段時光，就顯得我太不通人情了。但隨著時間愈拖愈晚，我心裡開始產生不滿。**她明明是我的助理**，我心想，**為什麼我還在這個陰暗的房間裡忙東忙西時，她可以和班尼在薩迪餐廳吃飯？**電話突然響了，是黛博拉打來的。

「班尼希望你忙完之後就過來加入我們。」她說：「他會等你來。」

當下我覺得舒服多了。快遞人員最後終於出現，我可以去找班尼和黛博拉了。

「我想向你解釋，為什麼前幾天我的心情那麼沮喪。」班尼說。我很好奇，因此專心聆聽他接下來所說的話。「電影完成了，我覺得自己的任務也結束了，電影中的人物彷彿離開我了。」

班尼譜寫配樂時會產生投射心理，隨故事的發展想像並表達每個角色的內心世界。班尼愛上了詹妮薇芙在片中的角色，因此當她「離開」時，班尼彷彿經歷了一次巨大的失落。

修改結局

電影完成後，班尼返回倫敦，布萊恩和喬治去洛杉磯洽談發行事宜，我則試著找新工作。當時是一九七五年的秋天，我接了一部慶祝美國建國兩百週年的紀念短片，內容是關於班傑明．富蘭克林的生平。費城的班傑明．富蘭克林博物館將在一九七六年播映這部短片，每半個小時重播一次。我很樂意做任何工作，因為我剛結婚，每個月要支付五百美元的鉅額房租。

我忙著剪這部短片時，布萊恩仍不時打電話給我。有一天，我隨口問他：「最近一切都好嗎？」

（小心有雷！）

「呃，喬治．利托為各家電影公司舉行試片會，但那些電影公司都無法接受這部片的結局。」他們喜歡這部電影，然而當他們看到詹妮薇芙故意與自己的父親上床，只因為她認為他對她做了不好的事，所以要報復他，這種故事情節把那些高階主管嚇壞了，他們不想與亂倫扯上關係。在這部電影中，克里夫飾演的角色寇特與詹妮薇芙結婚，因為她長得很像他死去的妻子，沒有意識到她是他的女兒。他以為自己的女兒已經死了，她則是受到欺騙，一直以為她母親的死是父親的錯。

我確實想過電影公司可能會不喜歡亂倫議題，但這個消息還是讓我感到失望。我們完成這部電影時士氣高昂，但在娛樂產業的世界裡，生意終究才是最重要的。我不知道能不能把亂倫的畫面剪掉，可是這麼做似乎又太過激進——因為必須剪掉很多鏡頭，導致觀眾難以理解這個故事。

突然間，我不知道從哪裡想出了一個點子：假如亂倫從未發生，只是寇特在做夢而已呢？這個點子讓我只需要修改一個鏡頭。

我和剛回到紐約的布萊恩碰面，告訴他這個想法：「如果那場婚禮沒有真正舉行過，只是做夢而已呢？如果在餐廳那場戲之後不是接到房屋外觀，而是接到寇特在睡覺時的特寫鏡頭（我們有這個畫面），然後我們製作一個波紋溶解的特效，再接到原本的婚禮畫面。即便他和她上床，我們還是可以解釋說那只是寇特的夢境，其實並未真正發生。我們描述的不是現實，而是他腦中的影像，是他的『迷情』。唯一需要改變的鏡頭，是將房屋外觀的畫面改成寇特的特寫，如此一來就搞定了。亂倫從來沒有發生過，你不必重拍任何鏡頭。」

布萊恩一下就聽懂了。他打電話給喬治，告訴他這個點子，可是喬治拒絕了。我深信這個點子行得通，於是寫了一封長長的信給喬治，詳細說明我認為我們應該這麼做的原因，以及這個方法為什麼行得通。寄出那封信之後，我覺得自己已經竭盡所能。

我回去繼續剪富蘭克林的短片，時間一下子就過了兩個月。有天我接到喬治．利托的電話。「你知道，當我第一次聽到這個點子時，我不覺得是好主意。」他劈頭就說：「不過我重讀了你的信，我想我們應該就這麼做。」

我很高興，因為我覺得這可以給《迷情記》一個奮戰的機會。布萊恩變得有點不太情願，但還是照辦了。我們剪掉了一些女兒在浴室裡的畫面，因為不符合夢的主觀境界，並且設計一種閃爍的蠟燭效果，讓畫面呈現夢境般的感覺。我們重新混音及剪接底片，然後喬治帶著新版拷貝讓哥倫比亞電影公司的高層主管重看試片。最後他們同意發行這部電影，喬治開了一張五千美元的支票給我做為獎勵。

布萊恩後來公開表示他反對這項改變，並表示這項改變否定了他的藝術眼光。然而這個例子也說明了上下脈絡極為重要，完全相同的鏡頭可以表達出不同的涵義，只需用主角睡覺的鏡頭替換掉房子外觀的畫面即可。

人生最後時光

我後來只再見過伯納德・赫爾曼一次。一九七五年十一月，他到紐約來看《計程車司機》⑬的初剪試片。我差一點就有機會參與這部電影。布萊恩原本想執導這部片，這部電影由勞勃・狄尼洛主演，劇本出自《迷情記》的編劇保羅・許瑞德之手。然而布萊恩最後未能如願，馬丁・史柯西斯成了這部片子的導演。

那年夏天，我突然接到瑪西亞・盧卡斯的電話。在那之前，我和她只在二十世紀福斯電影公司於洛杉磯舉行的《天堂幻象》酒會上聊過一次。瑪西亞是一位非常迷人的女性，她與每位剪接師都有良好的互動。「嗨，保羅。」她說：「你知道，我正在剪史柯西斯的電影。呃，我們現在需要幫手，因為馬丁拍了很多畫面。他看了一下時程表，發現我們的進度有些落後。班尼會負責這部電影的配樂，既然你與班尼共事過，如果你能來幫我們忙，那就太完美了。你願意來嗎？」

「當然，我非常樂意。」我回答。

我原本十分期待，可是瑪西亞隔天又打電話給我。「電影公司拒絕了。我們提到你的名字時，他們很不高興。他們說，好萊塢有很多出色的剪接師。他們不希望花錢從紐約找剪接師。」我真的很失望。

但無論如何，班尼從倫敦飛來紐約與馬丁共事時，打了電話邀我到他下榻的飯店共進晚餐，我很開心地接受邀約。我抵達麗晶酒店（Regency Hotel）的餐廳時，班尼和他的女兒塔菲（Taffy）已經在座位上等我了。他看起來很開心，在沉寂很長一段時間之後，他頭一次接獲大量工作邀約。「那些年輕人都想找我合作。」他興奮地說。

史柯西斯想找他為另一部電影配樂，布萊恩也找他合作《魔女嘉莉》，史蒂芬・史匹柏正在考慮請他為《第三類接觸》譜寫音樂。雖然已經不太年輕但也不算老的赫伯特・羅斯則找他洽談《百分之七的溶液》[14]。《百分之七的溶液》以夏洛克・福爾摩斯為故事主人翁，劇本是根據尼可拉斯・梅爾[15]的小說改編而成，由梅爾親自撰寫。梅爾是我從小就認識的朋友。班尼對這部電影的主旋律已經有想法了，並向羅斯提出他的建議。在福爾摩斯的故事中，這位大偵探是一位業餘小提琴家，因此班尼的想法是：開場先以廣角鏡頭拍攝交響樂團演奏這部電影的配樂主旋律，片名在演奏過程中進入畫面然後離開。攝影機緩緩從皇家亞伯音樂廳（Royal Albert Hall）的後方往前推，最後停在第二小提琴手的特寫鏡頭，讓觀眾看見福爾摩斯。我認為這是一個非常巧妙又可愛的點子。

我們還聊了《計程車司機》這部電影。「我讀完劇本之後寫了主題曲。」他說：「那是一部非常具震撼性的電影。非常黑暗，非常暴力。相形之下，《姐妹情仇》簡直像是主日學的野餐。」

我很難想像。

我們用完餐之後，餐廳領班走過來了。「赫爾曼先生嗎？大廳裡有兩位年輕男士想見您。我猜他們想要您的簽名。」

「叫他們滾！」班尼幾乎以尖叫的聲音回答。「他們為什麼不能讓我安靜一下！」他氣到渾身發抖。

那位領班退下——我認為是非常明智的舉動。後來我們起身離開，走進大廳時看見兩個不到二十歲或者頂多二十出頭的年輕人從長沙發上站起來。他們略帶遲疑地向我們走來，我一想到接下來可能發生什麼情況，就忍不住心生畏縮。他們手裡各拿著一本有如咖啡桌大小的書，我猜應該是楚浮那本關於希區考克的著作[16]。那兩個年輕人把書拿到班尼面前，羞怯地問他願不願意簽名。

我原以為班尼會用枴杖將書從他們手中打掉，可能還會順便賞他們幾棍。然而令我意外的是，他接過第一本書和筆，打開扉頁，畫了五條平行線，填上一個高音譜記號及幾個音符，然後龍飛鳳舞地簽下他的名字。他也在第二個年輕人的書上做了同樣的事。那兩個年輕人向他道謝，然後興高采烈地離開。

「班尼，那是什麼？你寫了什麼？」我問。

「我送給他們《驚魂記》配樂的前四個音符。」他笑著回答。班尼這個人肯定有雙重性格。

✦

我懷疑班尼從來沒有真正快樂過，他的憤怒吞噬了他，那種憤怒是他對人生創傷的反應。他的個性非常敏感，就像暴走的神經，別人一個聳肩的小動作，可能會讓他覺得自己遭受輕視，因而深深受傷。

他為《迷情記》譜寫的配樂非常傑出，有時無限浪漫、有時鬱鬱寡歡、有時陰沉黑暗、有時充滿神祕、有時令人歡樂。在綁架案那場戲中，他的配樂讓人心神不寧，音符就像令人顫慄又混亂的暴風雨，在經過無情的死亡遊行之後，最終才慢慢消散，化為一曲狂喜的勝利華爾茲。我在聆聽錄音時，感受到一連串深刻的情緒。

✦

那頓晚餐過後六個星期，班尼去世了。那天是耶誕夜，他正在洛杉磯指揮《計程車司機》電影配樂的錄音。那段配樂錄了很久，史柯西斯建議他們暫停，等耶誕假期結束後再繼續錄，可是班尼堅持要錄完，於是大家特別加班完成。當天晚上，他在下榻飯店於睡夢中過世。

我前往紐約阿姆斯特丹大道（Amsterdam Avenue）的河濱紀念教堂（Riverside Memorial Chapel）參加班尼的告別式。班尼的弟弟是一名驗光師，在告別式上發表悼念感言。我相信他對班尼的愛非常真摯，可是他沒有寫作或演說方面的天賦。我認為像班尼這麼了不起的作曲家，告別式應該找某位偉大的詩人來致詞，可惜沒有人這樣安排。

至於我，我完成了班傑明．佛蘭克林的短片，然後繼續剪接《魔女嘉莉》。從那個時候開始，我只剪電影長片。

注釋

① 維爾莫斯．齊格蒙德（Vilmos Zsigmond, 1930-2016），匈牙利裔美國攝影師，為美國新浪潮電影的主要代表人物之一。
② 詹妮薇芙．布卓（Geneviève Bujold, 1942-），加拿大女演員。
③ 克里夫．羅伯森（Cliff Robertson, 1923-2011），美國演員，曾獲得奧斯卡最佳男主角獎。
④ 約翰．威廉斯（John Williams, 1932-），世界知名的作曲家、鋼琴家、指揮家及電影配樂家。
⑤ 羅伊．謝德（Roy Scheider, 1932-2008），美國電影演員，曾經兩次入圍奧斯卡金像獎，最知名的演出作品是《大白鯊》。
⑥ 山姆．古迪（Sam Goody），美國和英國的影音商品連鎖店。
⑦ 佛隆澤利四重奏（Flonzaley String Quartet），一九〇二年在紐約曼哈頓成立的弦樂四重奏。
⑧ 馬克斯．史坦納（Max Steiner, 1888-1971），美籍奧地利作曲家。
⑨ 湯瑪斯．紐曼（Thomas Montgomery Newman, 1955-），美國作曲家及指揮家，以其電影配樂作品著稱。
⑩ 埃里希．康果爾德（Erich Wolfgang Korngold, 1897-1957），美籍奧地利作曲家。
⑪ 米克羅斯．羅饒（Miklós Rózsa, 1907-1995），美籍匈牙利作曲家，好萊塢重要的電影音樂作曲家。
⑫ 勞利．詹森（Laurie Johnson, 1927-），英國作曲家，曾為數十部電影和電視連續劇譜寫配樂。
⑬《計程車司機》（*Taxi Driver*），一九七六年的美國黑色驚悚電影，由馬丁．史柯西斯執導，保羅．許瑞德編劇。
⑭《百分之七的溶液》（*The Seven-Per-Cent Solution*），一九七六年的電影，改編自尼可拉斯．梅爾（Nicholas Meyer）的同名小說。
⑮ 尼可拉斯．梅爾（Nicholas Meyer, 1945-），電影劇作家、製片人、導演與小說家，曾入圍奧斯卡最佳改編劇本獎。
⑯ 法國導演楚浮曾寫過一本關於希區考克的書，原法文書名為「*Le Cinéma selon Alfred Hitchcock*」。

8

《星際大戰》

《魔女嘉莉》完成後，布萊恩和我馬上衝向機場，飛往喬治．盧卡斯位於加州聖安塞爾莫市的剪接室。當時是一九七六年的秋天，接下來的八個月將對我的人生產生巨大的影響。那是我個人相當重要的變革期，也是我職業生涯的分水嶺。

布萊恩和我在中午左右飛抵舊金山。我租了一輛敞篷車，並且將車頂放下。我們上車之後就立刻出發。

「要走連接金門大橋的高速公路。」布萊恩提醒我。「沿著路標開到金門大橋。」他補充一句之後就馬上倒頭大睡。

我一邊開車，一邊心情變得愈來愈亢奮。我即將為《美國風情畫》的導演工作了。因為他喜歡我的作品，所以他願意付錢讓我搬到加州為他剪接。我在傑伊．考克斯家看過這部電影所有的劇照，也讀完了劇本，還參觀了道具工廠和製作視覺特效的設備，我覺得自己即將展開一場真正的冒險。倘若我知道接下來還會發生什麼事，或許會因為興奮過度而翻車。

我們的車子開上橋之後，我被那充滿戲劇性且令人驚嘆連連的橋身所震懾。我從敞開的車篷看著紅色的橋塔，大喊：「布萊恩，布萊恩！」

「什麼事？」他被我驚醒，睜開一隻眼睛。

「快看！金門大橋！」

「嗯，很好。」他說完後又繼續睡覺。

我們驅車穿越過馬林郡的起伏山丘，下了高速公路之後，就轉向馬林郡的主要幹道，法蘭西斯・德雷克爵士大道。在行駛過在東岸會被視為鄉間小路的幾英里路程後，我們來到聖安塞爾莫，一個位於聖拉斐爾（San Rafael）靜謐郊區的小城，但同時也是該郡的最大城。聖安塞爾莫主要沿著一條主要街道發展，範圍大概只有兩、三個街區的大小，街上有一家藥妝店、一家五金店、一家乾洗店，還有一些小型服飾店及餐館。

布萊恩在一家餐館裡用付費電話打了電話給喬治・盧卡斯。「喬治！」他故意裝出苦惱的語氣。「我們迷路了！快點來接我們！」

喬治問清楚我們在什麼地方，然後來帶我們前往目的地。不一會兒，我們就抵達他位於公園路的家。公園路是一條小型道路，可以通往幾個街區外的一座小山。

喬治的房子占據整座山頂，我們通過一道需要安全密碼的電子大門，那棟占地遼闊而且只有一層樓高的百年農莊式建築，有一個大大的露台，屋前停了好幾輛車。這裡就是喬治的工作總部。他為我們介紹露西・威爾森（Lucy Wilson），他的會計。露西是喬治最資深的員工。我還認識了邦妮・阿索普（Bunny Alsop），一位友善的黑髮女子。邦妮是製片人蓋瑞・庫爾茨[1]的助理。

主屋的辦公室裡還有編劇賀爾・巴伍德[2]和馬修・羅賓斯[3]，他們都是喬治就讀南加州大學電影藝術學院時期的朋友。我後來才知道，南加州大學的人脈對喬治的人生而言非常重要。馬修和賀爾是史蒂芬・史匹柏第一部電影長片《橫衝直撞大逃亡》[4]的編劇，當時他們正在撰寫馬特即將首度執導的電影劇本。

剪接室在後面一棟獨立的建築裡，從原本的馬車房改建而成。那棟建築的外側有一道樓梯，可以通往喬治位於二樓的個人剪接室，那裡是瑪西亞・盧卡斯使用Kem Rapid剪接機工作的地方。Kem Rapid剪接機和Steenbeck一樣有操縱桿，是我的首選剪接機。這裡是我目前為止見過最棒的剪接室，

Kem Rapid剪接機：一九三〇年代於德國發明之剪接機，Rapid為機型。

它讓紐約大多數的公寓式工作室抬不起頭。這裡有天窗、紅木地板、全套衛浴設備（還有淋浴間）、完整的廚房，以及一張舒適的沙發面對著Kem剪接機的螢幕。這裡就像某個富裕的剪接師依照自己的夢想打造出來的工作空間，而且事實上就是如此。

樓下還有其他的房間，我在那裡認識了即將共事的剪接師理查．周[5]及其他工作人員。理查比我年長幾歲，他的個性完全是西岸風格：態度友善、悠閒隨興。他留著長髮和鬍子，以Kem Universal剪接機工作。他曾經參與兩部非比尋常的電影：《對話》[6]和《飛越杜鵑窩》[7]。

剪接室裡有三個助理：身材高大、皮膚黝黑、個性沉默、蓄著鬍子的年輕人名叫傑伊．米瑞寇（Jay Miracle），他之前是北卡羅萊納大學的籃球隊隊員，立志成為紀錄片工作者；熱情、聰明、戴著眼鏡的年輕人名叫陶德．博克爾海德（Todd Boekelheide），他後來成為電影配樂家，並且憑《阿瑪迪斯》[8]獲得奧斯卡最佳音效獎。還有一個不太聰明但非常親切活潑且討人喜歡的新人柯林．麥可．基奇斯（Colin Michael Kitchens），外型有點像從馬克．吐溫《頑童歷險記》走出來的真人版頑童哈克。他以前負責製片方面的工作，但是非常樂意學習剪接，就算只是處理雜務也充滿幹勁。

走進主屋的地下室，穿過一條小小的通道，就是班．伯特[9]的工作室。班是音效剪接師和設計師，他的工作室被稱為「班的洞穴」（Ben’s cave）。這個名稱源自《星際大戰》電影中的班．肯諾比（Ben Kenobi）。雖然歐比王的家根本不是洞穴，可是在原始的劇本中，喬治就是這樣寫的，所以他總是這樣稱呼班的工作室。

班也是喬治在南加州大學的校友。在前製作業開始時，喬治聯絡了南加大電影學院，問他們誰是在音效方面表現最優秀的學生。班當時二十五、六歲，娶了一個名叫佩姬的女孩，佩姬有美好的個性與爽朗的笑聲。班對聲音有一種攝影式（photographic）或顫噪效應式（microphonic）的記憶，就像百科全書一樣記憶著每家大型電影公司的音效資料庫。他可以在看電影時聽出華納兄弟娛樂公司一九五四年之前的檔案槍聲音效。班曾走遍南加州，錄製他自己的音效資料庫，並且將這些錄音檔混音，創作出全新的音效。他在牆壁上貼了一張地圖，上面插著幾十根大頭針，代表他曾經去錄製聲音的地點。他的房間裡有一台小型的音響合成器，用來製作（最具代表的）R2-D2機器人聲音及其他各種音效，例如丘巴卡的咆哮、達斯．維德的呼吸器、光劍、雷射槍和宇宙船的聲音。

在主屋和剪接室之間的走道上，趴著喬治的狗，印第安納。印第安納是一隻體型碩大且個性慵懶的黑白色愛斯基摩犬。哈里遜．福特的角色印第安納．瓊斯就是以牠命名。那條走廊是印第安納最喜愛的午睡地點，我經常踩到牠。

我們抵達那天雖然是星期六，可是每個人都在工作。我之所以被僱用，因為他們覺得無法依照預訂時程完成這部電影，所以大家週末都在加班並不令人意外。

喬治和理查一起剪開場畫面，我坐在喬治身後，越過他的肩膀看著螢幕。他們播放第一捲底片時，畫面上出現一位穿著白色長裙的年輕女子，她的雙耳旁各梳著一個髮髻。那是我第一次看見莉亞公主⑩。飾演莉亞公主的嘉莉．費雪（Carrie Fisher）並不是傳統印象中公主模樣的女明星，可是喬治——以及幫忙選角的瑪西亞——欣賞她充滿膽識的模樣，他們要找一個足以與達斯．維德對抗的女性。嘉莉本人就像莉亞公主一樣深受大家喜愛。

他們繼續瀏覽影片，維德出場了。那一刻，我馬上就感受到維德的氣勢。他有壯碩的體格、威武的架式、受到日本文化影響的服裝與頭盔，還有會發出可怕聲音的呼吸器。以仰角鏡頭拍攝他的時候，更能彰顯出他高大的外型。這部電影讓我非常興奮，我相信結果一定會很棒。

從「機器人拍賣會」開始動手重剪

自從我在紐約見過喬治之後，他大半的工作時間都和約翰．戴克斯特拉⑪及位於范紐斯的光影魔幻工業公司工作人員在一起。每個星期三晚上，他會飛回馬林郡，與理查．周和瑪西亞一起工作三天，星期日休息，星期一又返回洛杉磯製作特效。

喬治和二十世紀福斯電影公司這段時期關係不太好。在經過創業的艱難期之後，光影魔幻工業公司還沒有產出任何成果，而且這部影片已經些微超出預算，二十世紀福斯電影公司扣了喬治百分之十的薪水以資懲戒，喬治當然對此很不高興。然而更糟糕的是，電影公司還要求他縮短最後重頭戲的戰鬥場面，以便節省經費。

「他們救了公主，這樣還不夠嗎？」電影公司的高層主管們問喬治。可是喬治一旦打定主意，就會堅持到底。他已經決定這部電影最後的戰爭場面絕對不能縮短，這場戲他已經規畫很久了，而且他從英國返回美國之後，就馬上請瑪西亞著手處理。這場戲是光影魔幻工業公司的優先工作，他在預算被砍之前就已經搶先拍攝，如此一來，電影公司再堅持砍掉這場戲就沒有任何意義。至於其他場都是經過雙方同意的，因此全都是必要的。然而他必須在電影公司觀賞試片前先完成最後那場戰爭戲，才有辦法挽救一切。根據光影魔幻工業的時程，那場戲必須於十月底之前剪接完畢。

我在九月底左右加入這個劇組，瑪西亞正忙著剪接這場戰爭戲的畫面。這項任務非常艱鉅，她手上的素材包括各個飛行員在駕駛艙裡的畫面（背景是藍幕）、反叛軍基地控制室的各種畫面、莉亞公主與C-3PO一起機器人觀看戰鬥過程，以及太空船外觀的畫面。為了示意那些尚未加上視覺特效的畫面，劇組只好借用第二次世界大戰黑白紀錄片中的各式戰機，擷取那些戰機轉彎時斜飛、脫隊飛走、朝著攝影機而來或飛離攝影機，以及在半空中爆炸等等的畫面。這些畫面都分別代表了光影魔幻工業即將一一打造出來的畫面。在每個鏡頭第一格影像的角落，都會印上一個數字，最多至三位數，有時候還會附帶一個字母，以對應光影魔幻工業預計製作的鏡頭清單。

比較難以理解的是，畫面裡的動作並非完全反映最後拍攝的畫面。從左側飛至右側的日本零號戰機，可能是用來替代維德的太空船直直朝著攝影機飛來；一架飛機落水，可能代表三架鈦戰機（TIE fighters）跌入戰壕。這是相當令人費解的。唯一可以肯定的是，假如畫面是黑白的，就表示是室外場景（exterior shot），可是飛機的動作則有各種可能性。

雖然劇本可以充當指南，然而這場戲很長，很容易讓人迷失。瑪西亞已經為這段畫面忙了八個星期。與此同時，理查在七月的時候加入劇組，負責重剪在英國已經完成的片段。我抵達時，理查仍在與稍早拍攝的畫面奮戰，喬治決定由我幫忙理查重剪，讓瑪西亞專心處理戰爭場面。無論理查正在重剪哪一捲底片，我就負責下一捲。等理查完成他手上的底片，就跳過我手上的底片，進行下一捲。以此類推。

喬治和我一起檢視我要重剪的第一場戲，那場戲是「機器人拍賣會」，戲中路克的叔叔歐文從身材嬌小的爪哇人那裡買下C-3PO和R2-D2，那是路克第一次登場。那場戲看起來還不錯，但是飾演歐文叔叔的演員因為不適應沙漠乾燥的風沙而不停眨眼，讓我分心。

「喬治，你有什麼想法？我必須說，我覺得這一段看起來很不錯。」

「是啊，我也這麼認為。」他回答：「但是瑪西亞覺得這一段應該要剪得更好，所以你要不要再試試看呢？」

好吧，我想。**嗯**。

劇組安排我入住當地的假日飯店，那間飯店位於與聖拉斐爾有一點距離的泰拉林達，我必須上高速公路。穿越聖拉斐爾通往飯店的那條高速公路，看起來很像《美國風情畫》裡的場景——果不其然，那條高速公路就是《美國風情畫》的拍攝地點。那條高速公路帶領我經過馬林郡的市政中心，市政中心是知名建築師萊特設計的，呈現一種中世紀風格。

翌日早晨，當我拉開假日飯店的窗簾時，立刻就被眼前的風景迷住。窗外是緩緩起伏的馬林山，金色與棕色彼此交雜，形狀渾圓得像是人體——背部、臀部，或是乳房——還有深綠色的樹林生長在兩座山丘的接縫處。好吧，也許我太想念珍了。我興奮地打電話給她。

「親愛的，這裡太漂亮了！我的視線簡直捨不得離開窗邊！」

我長年在紐約生活與工作，早已習慣了擁擠、噪音、灰塵與塞車。能夠在如此秀麗的自然環境中生活和工作，完全超出我的想像。那天是星期日，我開車前往馬林郡最高的塔瑪派伊斯山，從山頂上可欣賞整個舊金山灣區的美麗風光。我看見遠處的舊金山漂浮在從太平洋滾滾而來的雲霧中，金門大橋看起來像是一個小模型，而整個馬林郡在我下方往四面八方延展而去。

Moviola 剪接機

星期一早上，我去上班報到，準備剪「機器人拍賣會」。在開始之前，我與理查和瑪西亞先進行一場簡短的會議，討論接下來應該如何分工。我們討論的重點是，既然我們的名字都會在電影中出現，我們應該互相檢視彼此的工作內容，畢竟誰都不願意忍受自己無法接受的剪接成果。最後一切都談妥了，我個人比較在意微修剪與出鏡點。依照我之前已經與喬治談妥的條件，我將使用Moviola剪接機工作。

不談太多細節，但是使用Moviola剪接機與操作較新型的平板剪接機大不相同。不過，反正剪接是手動的工作，多練習就可以愈來愈順手。相反的，如果缺乏練習，工作起來就會更加困難。當時我已經改用新型機器將近七年，操控舊式剪接機的靈巧度早已不復存在，因為剪接影片的手感主要靠肌肉的記憶。

平板剪接機的一項優點，是處理底片時比較輕柔，而且便於共事者（例如導演）一起瀏覽影片。底片的保存方式向來是由助理剪接師將長長的底片捲起來，以便剪接師一次又一次檢視畫面。每當我為了尋找某個特定畫面而瀏覽長達數千英尺長的底片時，經常發生的情況是，我會突然發現某個被我遺忘的有用鏡頭。使用Moviola剪接機時，待剪接的底片是捲起來的，因此不容易檢視，有時錯過某個畫面之後就永遠不會再看到它。因為這個缺點，平板式剪接機於是興起。

與此同時，以錄影帶進行剪接的方式開始流行，並且不斷精進。錄影帶剪接的問題在於它是線性剪接——將一系列鏡頭排列成連串畫面，就像窗簾桿上的活動扣環，你裝上十個扣環之後，如果想要將第三個扣環和第四個扣環互換位置，就必須先將第五個到第十個扣環拆下來，更換第三與第四個扣環的位置，然後再將拆下來的扣環逐一重新裝回去。剪接時經常會發生畫面需要互換位置的情況，底片不會有這種問題，因為剪接底片比較像在桿子上掛衣架，只需要找出鏡頭的開頭與結尾，然後將畫面拼接在任何地方。調整窗簾的扣環，必須從窗簾桿的尾端將扣環一個一個拆下來；調整掛在桿子上的衣架，可以輕輕鬆鬆地將它們放在你想要的位置。

後來又陸續發明了更多自動化的剪接作業系統，其目標都是落實這種非線性剪接的理想方式。平板式剪接機比較像是非線性剪接作業方式走回頭路，因為長長的底片就意味著，如果你想移動第五個畫面，就必須連帶移動第一到第四個畫面。這就是為什麼許多剪接師堅持使用非線性剪接方式的Moviola剪接機。雖然我個人比較喜歡使用平板式剪接機，但許多剪接師偏好採用非線性剪接的Moviola，即使Moviola有很多缺點——使用Moviola剪接機時，必須以雙腳踩踏兩個腳踏板，雙手還要忙著操控兩個切換開關與一個手動的制動器，一切都得親力親為，與剪接機和底片互動。因為我們剪接時會有一定的律動，有時候在旁觀者眼中就像是在跳舞。

總之，我開始使用Moviola剪接，我已經好久沒有操作這種剪接機，可是我答應喬治要用這種機器工作。當「機器人拍賣會」的零碎頭尾畫面送到我面前時，是分割成一小捲一小捲的狀態。我開始檢視還有哪些畫面沒被用上，並查看其中還有什麼可用的素材。我發現一個在黑暗中展開的鏡頭，一絲光亮從畫面角落出現，隨著光亮穿越過螢幕，它的範圍也愈變愈大。一開始我並不清楚自己看到的是什麼，後來才意識到那是從「沙漠爬行者」內部的某個角度看著它的車門慢慢打開。那段鏡頭的結尾，是爪哇族興奮地聚集在沙漠爬行者周圍。我挑選了這段鏡頭，放在開場畫面。

我繼續往下看，一邊尋找被忽略的素材，一邊檢視剪接過的片段。我開始重新排列某些鏡頭、縮短畫面的時間、緊實動作的節奏，好讓整段戲不拖泥帶水。我接著處理歐文叔叔與C-3PO對話的戲。我剪掉歐文畫面的開頭與結尾，減少他眨眼睛的鏡頭，增加他與C-3PO對話的部分，其中有些只是修剪幾格，因為那些鏡頭都已經剪在最理想的剪接點。我認為第一段沒有抓到這些理想的剪接點，頂多只是接近而已。可是，錯過剪接點的情況逐漸累積之後，整場戲就會變得尷尬，無法營造出優雅流暢的節奏。

等我完成之後，這段畫面縮短了一分鐘，從原本的四分多鐘變成略微超過三分鐘，可是內容更扎實。我請麥克・基奇斯過來更換丟棄底片的修剪箱，因為箱子已經滿了。他看看箱子裡那堆被我剪掉僅僅兩、三格的零碎底片。「你做了什麼？」他問：「你把底片丟進電風扇裡嗎？」他必須再用Kem

剪接機將那些底片逐一剪回母帶。

「不好意思。」我回答。呃，但有時候事情就得這樣做。

我請瑪西亞檢視這段畫面。「太棒了，保羅。」她驚呼：「我覺得喬治一定會很高興。」

瑪西亞是一個非常溫暖且樂於支持別人的人，她很重視自己的直覺，並且從情感的角度看待工作。她會先大略將畫面剪接在一起，就算那些畫面彼此不搭也無所謂，然後再回頭「修飾」。依我個人的習慣，我沒有辦法以這種方式工作。我算是完美主義者，沒有辦法放著一段不順暢的畫面不去管它。我會一直僵持在某個不順暢的點，直到找出解決方法。不過，我經常告訴我的助理們（在此向滾石樂團致歉）：**你不可能永遠剪在你想要的點上**（You can't always cut where you want）⑫。瑪西亞非常支持我，不斷地鼓勵我，我對她充滿感激。

✦

有一天，喬治從他每星期固定的洛杉磯之旅回來，手中拿著一個三英寸寬的捲軸，上面捲著大約二十英尺長的底片。這二十英尺長的底片裡大約有一秒鐘的可用底片。

「呃。」他說：「這個鏡頭花了我們一百萬美元！」

那是最後戰爭的第一個畫面，畫面中有兩支高射炮在「死星」表面朝頭頂上方的太空船射擊，炮筒在發射時往後彈。我們都不知道該說什麼，但至少每個人都顯得有點失望。接下來我們還有很長的一段路要走。

由於「機器人拍賣會」被我大幅修剪，我決定接下來要改變做法。我想從頭開始剪接下一場，當成初剪，所以我得先把影片恢復為毛片。這麼一來，我就不必受到前一位剪接師的影響，剪接出來的成果將會更有我的風格。

這場戲被稱為「班的洞穴」，拍攝地點是歐比王的家，他從沙人手中救出路克，並且在過程中第一次聽到莉亞公主的全像式影像求救訊息。剪接助理們花了一點時間才把這段影片恢復成毛片。剪接師必須依賴每個鏡頭開始與結束時的拍板來整理畫面，然而在拍攝《星際大戰》時，英國使用的拍板系統對我而言十分陌生。我發現英式拍板系統複雜到多餘的地步，讓人萬分沮喪。剪接助理在尋找某個特定畫面的底片時，必須查詢多達三本的厚重筆記，再用這三本筆記本交叉比對內容，實在很荒謬。我發誓以後都不參與任何使用這種系統的電影。這些年來，英國的電影工作人員會嘲笑美國人不懂英國拍板系統，但會為了美國剪接師而改用美國拍板系統，可是英國的拍板系統一直到今天都還有人使用。

最後，剪接助理們將所有的影片定位，恢復成原本的毛片，並且交給我。我驚訝得差點摔倒，沒想到竟然有這麼多底片！**我幹了什麼好事？**我心中暗忖。

每一個鏡頭都很長，我應該如何將這些底片放到Moviola剪接機上？我決定以好萊塢剪接師的方法從頭開始，可是我笨手笨腳，底片被我拉斷了，因為底片尾端垂落在地板上，不小心就會被我的椅子壓住。我開始播放時，沒注意到椅子壓著底片，結果就突然傳來一聲巨大的「啪」，底片被扯斷了。有時候底片會被撕裂出一個齒孔的長度，然後我就必須修復底片，非常浪費時間和精力，而且忙了半天之後毫無收獲。我覺得自己很悲慘，不能這樣繼續下去。

拍板（slates）：又稱「場記板」，拍攝開始與結束時場記於畫面中打板，用打板聲音與打板點方便後製工作者進行音畫同步，拍板上也清楚寫明本段重要資訊。

於是我去找喬治。「請聽我說，喬治。」我開口。「真的很抱歉。我知道我說過可以使用Moviola剪接，可是我忘記自己已經很久沒操作這種剪接機。我比較熟悉平板式剪接機，我願意自費支付平板式剪接機的租金。」

「噢，你不必這麼做！」瑪西亞插話進來。她一直在旁邊聆聽我懺悔自己的無能。「我可以用那台Moviola剪接機，你去用樓上的Kem剪接機。坦白說，我寧可用Moviola工作，操作起來比較習慣。」

願上帝保佑瑪西亞。我不知道她是說的是真心話或者是因為同情我，但是我真的非常感激她，她人太好了。於是我搬到樓上使用喬治的私人剪接室，瑪西亞搬到理查隔壁的小剪接室。樓上的Kem剪接機是快速機型，也是當時在整個馬林郡中最接近我慣用的Steenbeck剪接機機型，讓我覺得自己彷彿置身天堂。

光劍的光應該是什麼顏色？

「班的洞穴」是介紹光劍登場的一場戲，我對光劍的特效感到驚訝，同時也被深深迷住。開啟光劍的方式十分簡單：只要按一下把手，光劍就會伸出來。這時演員會定住不動，道具組的工作人員就跑進鏡頭中，將演員手中的把手換成劍身完整的光劍，然後再跑開。我們只需要跳接，並且插入由班·伯特提供的音效，一切就大功告成。神不知鬼不覺，因為演員都定住不動。

然而令我困惑的是：光劍會發亮。我不知道道具組要如何辦到。起初我以為要靠光學特效，因此檢查了底片邊緣的數字，那裡的數字會顯示底片是原本攝影機的底片或者要經過光學處理。結果是原本的底片，這表示在拍攝時光劍已經發亮。我和喬治一起檢視這場戲的畫面時，我問他如何做到這一

跳接（jump cut）：在一段人物處在運動狀態中的畫面剪掉數格，造成動作不連貫與突兀感，以打造整體獨特節奏與風格。

點。

不意外的，他的做法非常聰明。「正面投影。」他回答。木劍只要先以腳踏車反光器或運動鞋後緣使用的特殊反光膠帶包覆起來，拍攝現場設置的燈光就能夠讓反光膠帶發亮。然而這會形成不必要的陰影，為了解決這個問題，現場燈光必須透過一面直接架設在鏡頭前的單向鏡反射，光線投射的陰影，就會被投射陰影的物件完全隱藏起來，因為輪廓相同。燈光調整得很柔和，所以不會影響演員的臉部或服裝，但足以讓光劍發出燦爛的光芒。

我問喬治，這樣的亮度是否就是最終版所呈現的效果。「不，這只是提供動畫師一個方向。」他向我解釋，動畫師會放大並仔細檢視每一格畫面，然後在光劍上添加色彩。當光劍劃過空中時，光亮可以讓光劍在模糊的畫面中看起來更清楚。

「我想順便問問你的意見。你對顏色有什麼想法？」喬治問：「我想讓路克的光劍發出紅光，維德的光劍發出藍光。」

「事實上，我確實有一些想法。」我分享了自己在藝術史方面的研究。「在文藝復興時期的畫作中，基督肖像畫總會以紅色與藍色來繪製耶穌和聖母瑪利亞，紅色代表塵世，藍色代表天國。因此，我認為最好讓維德拿紅劍，路克拿藍劍。」

喬治和我繼續瀏覽「班的洞穴」。根據劇本的描述，當路克轉頭看著歐比王，問他「你加入了複製人之戰？」時，有星星出現在他的眼中。我在那個畫面中看見馬克．漢米爾⑬的眼睛裡有星星狀的光芒。

「哇，喬治。」我說：「你真的全部都依照劇本所寫的來拍，對不對？」

然而隨著那場戲的進展，有一件事情開始困擾著我。「喬治，我一直覺得這場戲有一點問題。」

「什麼問題？」

「呃，就現在這一場而言，這場戲先出現莉亞公主的求救訊息，然後路克和歐比王坐下來討論複製人之戰，以及歐比王與路克的父親如何相識。接著歐比王才站起來將光劍交給路克，宣布路克必須陪他去拯救莉亞公主。」

「所以？」

「呃，他們從莉亞公主口中聽見了可怕的大消息，好比『這個世界失火了』，可是他們完全沒反應，反而繼續平靜地坐著聊天。」

「好，我懂你的意思了。」喬治回答。

「我們可不可以重新排序，讓他們在看見莉亞公主的訊息**之前**先回憶舊時光？」我問：「然後，等他們聽見莉亞公主的求救訊息之後，就可以立刻做出反應。」

我們把劇本的開場移到中間，讓他們在聽到完整訊息之後馬上回應，而非無視其存在。

✦

為喬治工作對我而言是全新的體驗，因為我之前只與布萊恩．狄帕瑪共事過。布萊恩有時非常直率，我已經習慣與他熱烈討論剪接方面的事宜。也許是因為我和布萊恩都上有哥哥，所以我們很習慣以這種方式溝通。喬治是家裡的老么，不過他是唯一的男孩，因此在闡述意見時，他的語氣比較溫和，可是十分堅定。此外，他的妻子瑪西亞是剪接師之一，這件事有時候會讓剪接室的氣氛變得微妙。每當我們三位剪接師與導演喬治討論剪接方面的問題時，經常演變成喬治和瑪西亞之間的爭吵。我理查不習慣這種場面，於是就先行告退，但只要我認為他們還在討論這部電影，我就留著不走。我想，如果他們的爭吵內容變成夫妻私事，他們應該就會叫我迴避，可是這種情況從未發生。於是我就繼續待在原地，並試圖表達我的意見。

我曾詢問瑪西亞：「喬治對於我的作品還滿意嗎？」

「噢，是的，他覺得你做的很好，繼續保持下去。」

願上帝保佑瑪西亞。每當我無法理解喬治的思維時，她的鼓舞總能幫助我繼續前進。「很棒」是喬治的標準回應，但是我後來才慢慢體會到，他缺乏熱情是因為他對這部電影能否拍好並如期完成感到非常憂心。

我開始習慣這份工作，上下班的時候也不再注意沿途的美麗風景，因為那些景緻都已經變成常態，就像我在紐約工作的時候，骯髒擁擠的街道就是我日常生活的背景。珍經常引用杜斯妥也夫斯基《罪與罰》中的話：「人，這種卑劣的東西，什麼都會習慣的。」

我也習慣了美麗的剪接室。每個星期五，劇組工作人員就會一起烹煮午餐。當我在星期五早晨進行剪接時，經常發現身邊沒有半個人在，因為大家都在廚房裡準備義大利麵、沙拉、大蒜麵包或任何廚房裡正好有的食材。馬修和賀爾也都會跑去幫忙，其他電影製片有時候也會跑來，大家就一起在主屋吃午餐。邦妮會在這種特殊場合拍下好幾百張照片。

我因此認識了馬林郡的幾位常客：導演麥可．理奇[14]、約翰．科爾第[15]、菲爾．考夫曼[16]和卡羅爾．巴拉德[17]，還有一些「分隔線下方的人」——例如羅伯特．達爾瓦[18]和沃爾特．默奇[19]，他們後來都爬到導演的位子。（「分隔線上方」和「分隔線下方」用來區隔製片人、導演、劇作家和電影明星，以及電影圈裡需要倚靠手藝的工作者，例如攝影師、剪接師等。）麥可．理奇剛執導了《少棒闖天下》[20]，我和他聊到他在電影配樂中選用比才的《卡門》[21]，以及這項選擇對這部電影的成功具有多重要的影響性。菲爾．考夫曼是一個非常熱情且友善的人，他邀請我到紐約市參觀他極美麗的家，一棟維多利亞式建築。有人告訴我，巴拉德在就讀電影學院時表現優異，備受大家肯定，因此同儕稱他為「傳奇人物卡羅爾．巴拉德」，認為他在同輩中最具天賦，雖然圈子裡還有許多才華洋溢之人。巴拉德是個陰鬱又暴躁的傢伙，可是顯然非常聰明。大家都認為他和動物相處時比和人類在一起更加自在。當時他尚未執導在視覺上令人驚嘆的經典電影《黑神駒》㉒，這部電影的前半段描述一個小男孩與一匹馬被困在一座小島上，男孩與馬逐漸建立起友誼。那半段純粹以電影手法闡述情節，沒有任何對話，讓人產生深刻的感動。這群人之中，許多都是畢業自南加州大學的電影學院，我對於他們在大學的經歷以及他們之間的友情感到些許羨慕。

我經常和珍聊天，當時珍還待在紐約，但是我們決定讓她在十二月的時候搬過來與我同住。這是一項重大的決定，因為我們的孩子即將於三月誕生，珍必須接受屆時無法在紐約醫院分娩。紐約醫院是一家教學醫院，珍以前曾在那裡工作，對該院具有最高評價。當時珍在康乃爾大學醫學院的解剖學系工作，正針對初期發展的人工智慧進行試驗。她一想到自己必須在馬林郡綜合醫院這種郊區醫院生孩子，就感到非常緊張，可是我們不想繼續分隔兩地。

十月很快就結束了，《魔女嘉莉》被安排在萬聖節的午夜上映。喬治是早起的人，幾乎每天晚上十點鐘就上床睡覺。當他與瑪西亞來到聖拉斐爾電影院參加《魔女嘉莉》的午夜首映典禮時，我真的感到萬分榮幸，尤其他們其實已經在紐約看過這部電影。首映結束之後已經很晚，所以我們等到第二天才討論這部電影。

「布萊恩最聰明的兩個點子，就是開始和結束。」喬治說：「在電影中看到正面全裸的畫面是很不尋常的，裸體通常都只出現在電影尾聲，大概落在第九捲底片附近，可是布萊恩竟然把女更衣室放在電影第二個鏡頭！這麼做可以讓觀眾感到不安，誘使他們急著想看接下來的戲。擾亂觀眾的心情是很棒的手法，因為觀眾看到這些畫面，心裡會想『這個導演可能還會拍到很多不一樣的東西！』另一個漂亮的手法，是在接近尾聲時讓觀眾嚇一大跳。等待觀賞下一場電影的觀眾在電影院外排隊時，會聽見電影院裡傳來震耳的尖叫聲。幾秒鐘之後，電影院的門打開，散場的觀眾會興奮地談論剛剛看完的影片內容，這種場面將讓場外的觀眾印象深刻，迫不及待想知道那些人看到了什麼。雖然下一場的觀眾會因此有所警覺，可是電影就這樣持續播放，直到快要結束之時，才趁觀眾不注意的時候嚇他們一大跳。這是非常聰明的手法！」

喬治．盧卡斯的獨家原則

喬治擅於分析自己的導演手法。因為我以前只與布萊恩合作過，認識新導演讓我感到非常有趣，尤其是像喬治這麼有天賦的人。星期六早上，喬治的各種壓力都會變小一點，我們就可以花很多時間隨意閒聊電影製作的各種面向。

喬治在工作時會遵循一些特定原則。「最棒的一場戲要拿來當電影的結尾，第二好的要拿來做為電影的開場。至於電影的中間，你需要另一場來支撐這部電影，就像帳篷支架（tentpole），以防止電影垂墜。」當初喬治使用「帳篷支架」這個詞彙的時候，並沒有想到日後會變成電影圈裡的慣用語。

在《星際大戰》中，喬治的「帳篷支架」是酒吧裡的那場戲。他打算重拍那場戲，因為第一次拍攝時，他對外星人不滿意。他覺得那些外星人看起來像比得兔（Peter Rabbit），旁邊還有宛如大型刺蝟的生物。喬治的一位設計師畫出許多造型各異的外星人，請我和其他同事投票決定哪一些看起來最酷。重拍將會晚一點進行，預訂在二月份。重拍之後，這場戲肯定就會變成令人矚目的重頭戲。當初那個年代，科幻片的導演都會盡量避免將外星人拍得太清楚，因為那些外星生物看起來明顯就是演員穿著橡膠服裝。《星際大戰》的酒吧戲改變了這種現象。

喬治經常說：「一個爛點子會毀掉十個好點子，一分鐘的爛畫面會毀掉十分鐘的好畫面。」比方說，佈景或道具看起來很假、化妝或髮型太難看、劇本或演員太差，或者一個糟糕的臨時演員做出讓觀眾分心的動作，都可能毀掉其他的好元素。

他還說：「剪接差比拍攝差來得好。」這句話與我的理念不同，因為身為一名剪接師，我希望每一段剪接成果都是順暢且優雅的，然而他這句話說得沒錯，我無可否認。「一個剪接不好的畫面只會造成一秒鐘的傷害；一個拍攝不好的鏡頭足以毀掉整部電影。」

喬治將製作電影比喻為在海上航行。「你知道，當你揚帆啟航時，總會希望自己知道要往哪裡去，可是有時候你來到大海中央，放眼望去根本看不到陸地。」

星期六早上的閒聊，是我與喬治最美好的共享時光。他顯然對電影有很多想法，而且他很放鬆，很樂於溝通。他還與我分享他和他的導師法蘭西斯・福特・柯波拉之間的談話。法蘭西斯告訴他，他必須能夠自己創作劇本，因為如果不具備這種能力，就無法在電影圈闖出名號。喬治還告訴我，剪接才是他的初戀，他執導電影是為了有素材可以剪接，而他創作劇本，是為了有內容可以執導。

喬治和我一樣蓄著大鬍子，這對於我們這個年紀（喬治比我年長十八個月）的電影工作者而言，幾乎可說是必要的時尚。他沒有把頭髮留長，而是梳成貓王式的龐帕多頭（pompadour）。他沒有抹髮膠或任何東西，不過他天生鬈髮，因此髮型看起來獨一無二。偶爾當我們聊天時，他會順手拿起剪刀，一邊說話一邊心不在焉地將手伸到自己的後腦杓，剪掉隨便亂翹的髮絲。

他隨時展現出迷人的神態，在許多方面都是我認識的人當中最引人注目的一位。他將藝術家的自由創意與生意人的強硬意識結合為一，而且他有強烈的職業道德，講求經濟與節儉的重要。從外表看來，他不過是一個穿著牛仔褲、格子襯衫或藍色牛津衫與運動鞋的傢伙。他很樸實，但是會以自己的方式表達慷慨。在《美國風情畫》拍攝結束後，他對許多工作人員的獎勵是送他們一人一輛車。他是一名強悍的談判者，可是在交易完成之後，他會慷慨地給予獎勵。

不過，他很少稱讚別人。「你真是個天才！」布萊恩有時候會興高采烈地這樣對我說，以過譽的方式讚美我。喬治從來不說這種話，他不是這種調調的人。我必須經常跑去問瑪西亞，才能確認喬治對一切都還算滿意。然而在談論電影理論時，喬治卻又十分直率。他告訴我，他已經評估過，挑選飾演莉亞公主一角的演員可以透過兩種方式：他可以選一個能吸引《花花公子》這種男性成人雜誌讀者的演員，或者選一個能吸引青春期觀眾的年輕演員。最後他選了後者。

「基本上，這是一部迪士尼電影。」他說：「迪士尼電影的票房收入都起碼一千六百萬美元，要是你不相信，可以去查一查。這部電影的成本將近一千萬美元，因此可能賺不了什麼錢，但如果我們販售一些以電影角色打造的周邊商品，應該可以賺到一點錢。」

《星際大戰》上映之後成為當時票房最好的電影。喬治的估算顯然有誤差，因為如果將通貨膨脹因素算進來，這部片子首次上映時的總票房超過三十億美元。

✦

珍飛到加州來看我，待一個週末，我們也開始物色新家，因為她十二月就會搬來加州。如果只有我自己一個人，住旅館不成問題，但是旅館的房間不適合兩個人住，或者是三個人！我們在索薩利托找到一間可以俯瞰海灣的公寓，但是我有點擔心，因為這間公寓蓋在高架支柱上。瑪西亞自願過來幫我們檢查環境，最後宣佈這間房子蓋得十分穩固。我很喜歡這間公寓，這裡晚上能聽見從海灣傳來的海豹叫聲，屋子裡的壁爐讓它更加舒適。

大約那個時候，蓋瑞．庫爾茨來到辦公室與剪接室所在地的公園路。庫爾茨是這部電影的製片人，可是他一切都聽喬治的。蓋瑞的目標是確保喬治在不受干擾的情況下完成他的願景，我當下就對他有好感。我發現他絕對不會感情用事，可是個性善良又客氣，而且擁有豐富的專業知識，像工程師一樣。我開玩笑地說，他一半是人類，一半是測量尺。他說話很輕柔，總是彬彬有禮。他的下巴留著大鬍子，但是沒有蓄髭。他的頭髮總是梳得整整齊齊。他和他的家人都是貴格會的教友，非常熱情好客。庫爾茨也畢業於南加州大學電影學院，他在讀書期間認識了喬治。

✦

我瀏覽畫面，一幕接著一幕重新剪接時，喬治總避免讓我先看到其他素材。因此每當我處理完一捲底片，另一捲新素材對我而言總是驚喜，而且我感到愈來愈興奮，因為《星際大戰》看起來是一部非常棒的電影，它是多種類型的組合：有類似西部電影的風格，例如印地安人在路上突擊殖民者，以及在酒館裡槍戰；也有類似亞瑟王的情節，例如有圓桌會議、在城堡或死星的走廊上鬥劍，還有地牢以及遇難的少女；當然，有充滿科幻電影的元素，例如機器人與外星生物。除此之外，還有第二次世界大戰太平洋空戰式的畫面：飛行員坐在噴射式的駕駛艙、指揮中心有大型燈箱地圖。將這些大家都熟悉的素材攪拌在一起，就變成了新鮮又新奇的內容。

喬治甚至還從外國電影擷取靈感，他承認《星際大戰》主要受到日本電影《戰國英豪》㉓的影響，《戰國英豪》是知名導演黑澤明㉔的作品。不過，喬治拍出來的是典型的美國電影，彷彿這個來自中央谷地農業社區的男孩從自己看過的每一部電影中召喚出這個夢想。身為加州莫德斯托一家文具店的老闆之子，喬治最清楚路克．天行者心裡有什麼感覺：他遠離塵世，但是渴望參與其中。這部電影的男主角名為「路克」，絕對不是出自偶然㉕。

最後戰役

隨著我們馬不停蹄地工作，必須完成最後戰爭的期限也即將屆至，然而剪接工作仍未完成。喬治決定將那場戲一分為二，由我負責剪接最後的三分之一。我從路克在戰壕裡飛馳的那一段接手，那是他第三次嘗試炸毀死星。當我開始剪接時，必須先弄清楚那些黑白畫面到底代表什麼。其中有個鏡頭什麼東西都沒有，甚至沒有拍板。有人拿掉一英尺長被稱為「空白片」的導片，然後用黑色墨水潦草地寫下一連串迴圈，看起來像連續的草寫字母「e」，我猜是瑪西亞寫的。投影時，這段畫面看起來像一個栩栩如生的污點在躍動，時間大約三分之二秒。這個關鍵鏡頭代表千年鷹號朝著攝影機直直飛來，將太陽拋在後方。

這段戲是路克的計畫被維德發現時，韓索羅㉖正好回來救路克，我們剪入韓索羅和丘巴卡在駕駛艙裡大呼「萬歲！」的畫面。瑪西亞非常喜歡這一場戲，理由從這裡可見一斑，因為路克得以死裡逃生，韓索羅也顯然並非他佯裝的貪財之徒。「如果觀眾在這個時刻沒有站起來歡呼，這部電影就失敗了！」她這句話不止說過一次。

她說得沒錯，但是我確信這一幕會成功，而且我不斷向她如此保證。當我開始弄懂那些畫面以及接下來會出現的戲時，我突然想到一個點子。身為紐約客，這是我第一次在人們必須開車上班的地方工作，某天早晨，我突然發現可以從停車場裡有哪些車分辨出誰已經在辦公室裡。如果我看到喬治心愛的雪佛蘭卡瑪洛停在停車場裡，就知道他已經抵達辦公室。

在剪接路克嘗試摧毀死星的鏡頭中，我發現自己經常搞不清楚維德在哪艘太空船上。「喬治，你為什麼不讓維德的太空船看起來與其他鈦戰機不一樣呢？」我問。「這樣觀眾才能更清楚分辨他在哪一艘太空船上。」

導片（leader）：銜接在正式影像之前的一段膠卷，通常用於剪接工作中，以利裝片瀏覽的過程中保護底片。導片可能含色彩條碼、測試音，或倒數數字。

喬治接受我的提議，於是道具部門改變其中一架鈦戰機的機翼，將兩個機翼往內摺，維德因此擁有了一艘獨一無二的太空船。

◆

我們很快就發現，已經沒有足夠的素材來增添最後戰爭的緊張氛圍，好讓這場戲達到令人滿意的境界。我認為我們需要更多畫面來呈現死星即將炸毀奧德蘭星球，新素材可當成一種計時器，以戲劇化的方式表達時間所剩不多。然而為了營造這種感覺，我們必須先建立一個樣本。在這部電影前段，當威爾霍夫·塔金總督[27]命令死星摧毀奧德蘭星球時，我們先打造一段類似的畫面，那段畫面會顯示出倘若路克失敗，會發生什麼樣的後果。喬治同意這個點子，因此在重拍清單中又加了好幾個鏡頭。

我們交出最後戰爭畫面的期限就快到了，必須盡快完成這段戲。瑪西亞和我將我們各別負責的部分結合為一，她的部分比較長，我的部分是高潮戲，然後我們與喬治一同確認這場戲的畫面。我們變成一個小組，一起在Kem剪接機前工作。一開始先由我負責「駕駛」——也就是由我坐在控制台前進行修剪，喬治和瑪西亞坐在沙發上提出建議。幾個小時之後，接著換瑪西亞「駕駛」，我休息一下，並且與喬治坐在沙發上提出建議。我們三人就這樣持續工作了兩、三天，直到確定這場戲的所有畫面。喬治將這段畫面送到光影魔幻工業公司添加特效，我則回去繼續剪接其他的底片。

◆

二十世紀福斯電影公司的創意總監小艾倫·拉德[28]將在耶誕節前夕過來看這部電影，因此我們必須在那個時候之前完成整部電影，才能進行試片。

「我們何不依照試片的方式瀏覽這部電影，然後針對最需要改善的部分進行修改就好呢？」我問喬治：「如果我們覺得哪一場沒有必要留下來，就可以節省重新剪那段畫面的時間。」

「不，我希望在瀏覽整部影片之前先把各場戲都修剪到最完美的地步。」

於是我們從頭到尾檢視了每一捲底片，然後才瀏覽整部影片。當你看到完整的電影時，有趣的事才正要開始，因為有些問題馬上就可以一目了然。電影的開頭與結尾通常是最有問題的部分，因為故事展開之後往往都很通順，可是設定故事前提、提供觀眾得以往下看的必要訊息，則比較困難。

《星際大戰》的開場戲，喬治是從黑澤明作品《戰國英豪》得來的靈感。在《戰國英豪》中，兩個地位卑微的農奴在戰爭中一面爭吵、一面蹣跚而行。從這兩名農奴的故事，慢慢帶進電影所要講述的故事。當時我並不知道喬治是參考這部日本電影，認為這是一種非常巧妙的設計，肯定能讓美國觀眾耳目一新。不過，問題隨後就浮上檯面。

在塔圖因行星的太空之戰中，我們將透過望遠鏡看見遠方雷射炮火光的畫面剪入這場戲中。那是路克．天行者的望遠鏡，他在叔叔的農場工作時，於戰火下方的星球遠觀那場戰爭。他站在似乎無邊無際的沙漠中，旁邊有一個大大的金屬「氣化槽」，那種「氣化槽」在油田裡很常見。他先對著一個機器人說了幾句話，然後就跳進他的陸行艇離開。

在經過更多場維德與莉亞公主在太空船裡的戲之後，我們又跳回路克抵達吐蓄發電站的畫面，吐蓄發電站是當地青少年的聚集地，路克和他的朋友比格斯在那裡有一段長長的對話。比格斯剛從反叛軍的學校回來，他在學校裡接受成為戰鬥機駕駛員的訓練。路克表示自己也希望能加入反對帝國的反叛軍。接著，畫面又回到太空船，R2-D2和C-3PO正準備逃到下面的星球。

我對於這個結構有幾個問題。首先，路克站在氣化槽旁邊的鏡頭未能流暢地銜接到下一個畫面；

其次，沒有東西清楚表達出吐蓄發電站是青少年聚集地。雖然旁邊有幾個年輕人在閒晃，但他們的存在本來就可有可無，呈現出來的結果也令人困惑。最後，路克與比格斯的這場戲的對話太多，內容涵蓋了觀眾到後面就能獲知的訊息，而且演技也不是太好。更糟糕的是，比格斯這個角色穿著披風，那場戲偏偏又是在一個風大的日子拍攝，披風不斷亂飛，一下子飛到左肩，一下子又飛到右肩，根本無法剪接出連貫性，讓剪接師抓狂。

我臨時起意，覺得我們可以把整段戲都剪掉，於是我們嘗試了一下，效果很好。剪掉這場戲之後，完全沒有差別，反而還有意想不到的好處——修剪之後，當R2-D2和C-3PO降落在沙漠中時，觀眾對它們所處的星球一無所知，那片沙漠變成一個神祕、不祥且孤單的地方，大家甚至不知道有沒有人住在那裡，或者是誰住在那裡，因為映入觀眾眼簾的第一個生命跡象，是一個大大的恐龍骨骸，觀眾不清楚那個星球上是否有智慧生物。接著是爪哇人登場，他們捉住機器人，場景就轉至路克去參加機器人拍賣會。我們的主角就這樣漸進式地被帶入故事中，而不是隨意被剪接到戰爭畫面裡。

我深信刪減的效果——如果你不嘗試看看，永遠都無法知道刪減畫面後會有什麼結果。可是我後來才知道，有些導演完全不敢嘗試。

另外還有一幕，韓索羅走進千年鷹號的機棚，賈霸過來和他說話。一位愛爾蘭演員飾演賈霸，他演得很糟，糟到無話可說。我告訴喬治我的想法，他也同意。

「我們為什麼不剪掉這場戲呢？」我問喬治。「我們並不需要這場戲。這段對話只是重複葛利多那場戲裡的內容，觀眾沒有獲得任何新資訊。」

喬治很不情願，但他同意那個演員真的表現很差，我們甚至無法替他配音。有時候，如果演員的演技不佳，我們會利用配音來補救。然而這裡的情況是，那個演員的手勢很誇張怪異，表演方式十分矯情，完全沒有辦法挽救。

「我的想法是把他蓋掉。」喬治說：「改用某種外星人來取代他。」這是我聽過最好笑的點子之一。我可以想像那個可憐的演員去參加首映典禮，結果發現自己被一個外星生物取代。用外星人蓋掉那個演員的想法讓我覺得滑稽透頂，可是喬治並不是在開玩笑。實際上，他真的去找了光影魔幻工業那些魔術師們商討這件事的可行性。

「他們辦不到。」喬治後來告訴我：「因為哈里遜・福特用手指戳了賈霸的胸膛，他的指尖消失在賈霸的毛外套裡，這表示他們無法完全蓋掉那個演員，否則我真的打算這麼做。」

我認為在剪掉這場戲的情況下並不影響整部電影，不過在經過二十年之後，特效技術終於趕上喬治的視野，因此他在重新上映的升級版中做了這樣的修改——他重新設計賈霸的模樣，也就是現在大家熟知的樣貌。

✦

大約在這段時間，懷孕五個月的珍飛過來與我同住。當地電影工作者的妻子們都聽說這個消息後，馬修・羅賓斯的妻子珍妮特（Janet Robbins）在他們家為珍舉辦一場新生兒派對。他們家在距離海邊僅三、四十分鐘車程的印威內斯。賀爾・巴伍德的妻子芭芭拉（Barbara Barwood）為珍做了一條嬰兒被。電影圈的朋友們和他們的家人溫暖地將我們納入這個舒服的社群，讓我深深感動。雖然他們與我們不熟，可是熱烈歡迎我們。時至今日，這仍是我非常美好的回憶。

一九七六年的耶誕節即將到來，電影圈開始流傳耳語：法蘭西斯・柯波拉將會回美國過耶誕節。柯波拉當時正在菲律賓拍攝《現代啟示錄》[29]，他決定依照傳統，在耶誕節期間暫時停工，返美休假。他的工作團隊正在舊金山安排剪接室，剪接師們準備從紐約飛來舊金山工作，其中一位剪接師是傑瑞．格林伯格㉚。在我及每一位紐約剪接師的心中，傑瑞是一個英雄。他是紐約人，畢業於紐約市立學院，是當時唯一一位獲得奧斯卡金像獎的紐約剪接師，得獎作品為《霹靂神探》㉛。

不過，最先從《現代啟示錄》拍攝地點回來的人是維托里奧．斯托拉羅㉜。這位攝影師曾與貝托魯奇㉝共事，幾乎不會說英語。喬治知道我說義大利語，所以我再次擔任翻譯，儘管我的義大利語說得很差。維托里奧共進午餐，喬治和瑪西亞邀請我和蓋瑞．庫爾茨及其他人一起到一家法國餐廳與

由於《現代啟示錄》拍攝大場面的消息早已傳回美國，因此有人問：「維托里奧，你拍攝直升機大戰的場面時，現場其實有十架攝影機同時拍攝。在這種情況下，你能說這部電影的攝影師是維托里奧．斯托拉羅嗎？」我以適當的方式翻譯出這個問題。

斯托拉羅聽了很不高興，以英語回答：「是的！是的！是我的！都是我的！那些人是在拍我的作品！」斯托拉羅慷慨激昂地辯護自己在攝影方面的功勞。

接著話題又轉向每個人的作品風格。「你有所謂的風格嗎？」有人問我。

這對剪接師而言是個難題，我個人在不同時期有不同的看法。那天，我的回答是：「我會試著依據電影的需求，而不是依據個人的哲學來剪接，因此我的答案是否定的。不，我沒有個人風格，我可以配合各種案子。」

維托里奧不以為然地哼了一聲。「如果你沒有個人風格，就不能稱自己為剪接師。」以他的地位，當然不必在乎會不會與我有良好的外交互動，但是我明白他的意思。剪接師必須為電影注入一些個人特質，我們確實都會這麼做。每一位剪接師各有其不同的情感與本能，將相同素材交到多位剪接師手中，一定會得到多種不同版本的剪接結果。你不能當一個「終結」剪接師或者「快速」剪接師，你必須依特定鏡位的美學採用適合的剪接手法，可是每一位剪接師都有不同的手法，因此就某種層面來說，維托里奧說得沒錯。

初遇柯波拉

我在馬林郡期間，柯波拉一直在國外，所以我未能完全感受到他對當地電影圈的影響力有多大。他因為執導《教父》和《教父續集》而成為卓越的指標性人物，喬治想趁他返美休假的時候讓這位導師觀賞《星際大戰》，以獲得他的建議與認可。

馬修和珍妮特．羅賓斯決定在他們位於印威內斯的家中舉辦一場派對，以歡迎法蘭西斯．柯波拉歸來，每個人都受邀參加。那天法蘭西斯遲到了，他駕駛著「塔克四十八號」華麗登場。「塔克四十八號」是一輛有三個車頭燈的汽車，是配合法蘭西斯後來執導的《塔克：其人其夢》㉞特別發明的車子。我從來沒有見過這種車，它有著中世紀科幻電影的時尚外觀。

每個人都很高興法蘭西斯回來了，他在派對上四處與人打招呼。當我獲介紹給他認識時，他和我握手，但沒有報出自己的名字，彷彿大家都應該知道他是誰——不過，事實就是如此。

我走進廚房，站在冰箱旁邊，他走過來和我聊天。「我知道你是《星際大戰》的工作人員。」他說：「你做哪方面的工作？」

我告訴他我是剪接師。

「噢，剪接師，很好，你一定會很高興聽見我接下來要告訴你的事。」

旁邊的人突然都停止交談，想聽法蘭西斯要說什麼。那時我才意識到，在馬林郡只要法蘭西斯一開口，大家就會專心聆聽，就像電視廣告一樣。

「我把一個傢伙從紐約找來，他叫做傑瑞……傑瑞……」「傑瑞．格林伯格。」我替他說完。

「對，傑瑞．格林伯格。我告訴他：『這一幕我拍攝了大約十萬英尺長的膠卷。在接下來的六個月中，你得替我剪出有史以來最棒的直升機大戰畫面，只要六分鐘長就好！』」聽完以後我整個人驚呆了。

先讓我說明一下：以《霹靂神探》拿下奧斯卡最佳剪接獎的傑瑞・格林伯格，攜家帶眷從東岸搬到西岸，一家人必須承受轉學與改變生活節奏的壓力，結果竟然只為了完成**六分鐘的影片**！這是多麼大的羞辱啊！我因驚訝而說不出話來，廚房變得很安靜。

法蘭西斯接著說：「你覺得怎麼樣？是不是很棒？」

我覺得這是我聽過最爛的主意。

「想像一下，他完全不必擔心其他的部分，只要負責一場戲！」

大家都等著看我如何回答。我才剛剛認識這個人，而且他是鼎鼎大名的法蘭西斯・福特・柯波拉。看在老天的份上，**這位導演的作品也許是有史以來最偉大的電影**。我不可能告訴他我心裡真正的想法，可是我又不能撒謊。我低頭看看我的鞋子，然後又抬頭看著法蘭西斯，接著又低下頭。我沉默不語，因為我覺得這好比他特地聘請一位偉大的建築師，卻要求對方只設計他屋子裡的一個房間。我認為接到這種工作很糟，我不希望自己對一部電影的貢獻受到局限。

我的沉默讓現場氣氛開始變得尷尬，最後我只好喃喃地說：「這聽起來既不是剪接師的夢想，也不是剪接師的噩夢。」

法蘭西斯以奇怪眼神看著我，回答道：「我想這與你的心態有關。」然後就轉身走開。呃，正如人們所說：「想讓別人留下第一印象，你只有一次機會。」我猜大導演柯波拉對我並沒有很好的第一印象。

這幾個月我們一直努力工作，以便趕上最後期限。試片日終於到了，二十世紀福斯電影公司的創意總監特別飛過來看這部電影。人稱「拉迪」的小艾倫．拉德有一種低調且放鬆的神態。這部電影此刻已經是自從我加入劇組之後的最佳狀態，但是我不清楚電影公司的高層主管會有什麼樣的反應，畢竟它看起來仍然非常粗糙，尤其是最後的戰爭場面，只能透過一些尚未完成的畫面來想像最後成品會是什麼模樣。

電影播畢後，放映室的燈光亮起。拉迪轉頭看看喬治，簡單說了一句：「很棒。」

我很想好奇他是不是已經下定決心，無論他心裡真正的想法是什麼，他都會力挺這部電影，而且一路挺到底？或者他根本看不懂這部電影，但是不好意思說出來？也許他是真心覺得很棒，天知道。喬治解釋了他接下來想重拍的部分，以及光影魔幻工業公司尚未完成的視覺特效。拉迪聽了之後只是點點頭。就這樣。

✦

我參與《星際大戰》的合約在年底到期。負責與我洽談這方面事宜的瑪西亞過來找我討論。「馬丁．史柯西斯的剪接師歐文．勒納[35]去世了。」

「噢，真遺憾。我不認識這個人。」

「馬丁找我去洛杉磯，接替歐文的位置。」瑪西亞接著說。史柯西斯當時正在剪接他執導的《紐約，紐約》[36]，他與瑪西亞合作密切，曾經成功打造出《再見愛麗絲》和《計程車司機》。

「妳想接手嗎？喬治同意嗎？」

「噢，是的，我很樂意接手的，那部片是我喜歡的類型，裡面有真實的人物與人際關係。喬治沒有意見，因為他知道馬丁真的需要我幫忙。總之，喬治想留一位剪接師來完成這部電影，他希望是你。」

我既驚訝又激動。我原以為理查．周會從頭到尾參與這部電影，但顯然他的合約和我一樣只到年底。我相信他很失望，就像我原本會很失望一樣，不過我們沒有討論過這件事。喬治選擇了我，讓我受寵若驚。重拍的時間已經安排好了，接下來還必須將光影魔幻工業處理好的鏡頭剪接進來，然後仔細完成這部電影。這一切實在很令人興奮。

✦

瑪西亞即將舉辦一場除夕派對，大約會有一百位賓客出席，全部都是灣區的電影工作者。

「我為了你和法蘭西斯談了一筆交易。」喬治宣佈：「法蘭西斯打算舉辦一場新年派對，所以我們先邀請他的美術設計師來參加我們的除夕派對，好讓你去參加他的新年派對。」

我真的覺得很棒。公園路這裡變成一個有藍調節奏樂團以及充滿喬治和瑪西亞親朋好友的派對場地，我在這三個月認識的每個人都出席了，除此之外還有許多新面孔，都是柯波拉的友人。

那時珍已經懷孕六個月。在派對上，她遇見了羅伯特懷孕七個月的妻子，瑪西亞．達爾瓦（Marcia Dalva），兩人開始聊天並互換心得。瑪西亞懷的是第二胎，因此給了珍很多建議，她們還發現彼此的醫生是同一個人。瑪西亞．達爾瓦是一位才華橫溢的藝術家和雕塑家，她的丈夫羅伯特則負責拍攝路克在沙漠中駕駛陸行艇的新鏡頭。羅伯特是一位剪接師兼攝影師，後來與我成為好朋友。他是一個坦率、善良、幽默的人，蓄著嬉皮式的鬍子和髮型，非常喜歡閱讀，對任何事情都充滿好奇。

第二天，一九七七年一月一日，法蘭西斯在他位於太平洋高地的家舉行了新年派對。他擁有一棟美麗的維多利亞式豪宅，是舊金山的「彩繪女士」[37]之一。這種建築物是將一九〇六年舊金山大地震與大火之前所流行的建築風格重新修復的精美典範。法蘭西斯的房子在百老匯街上，裝潢得非常華麗，一走進門廳就可以看見牆上掛著一幅超現實主義代表藝術家米羅的畫作，旁邊有一架自動演奏鋼琴，上面的紙捲是蕭邦親自剪裁的。前客廳有一幅由安迪．沃荷創作的瑪麗蓮夢露肖像圖組，旁邊擺著一張長沙發，可以從觀景窗遠眺海灣。內客廳的天花板有木頭鑲板雕飾，垂掛華麗的圓頭旋鈕。大型的長餐桌至少可坐二十個人，廚房後方有兩層樓高的鳥舍。地下室則有一間放映室，裝設著兩台三十五釐米投影儀，可以連續投影。走廊外有一台Scopitone點唱放影機，那是一九五〇年代的法國點唱機，可以播放出點播歌曲的影像，是音樂錄影帶的開山祖師。柯波拉的夫人艾莉諾．柯波拉在走廊盡頭有一間設備齊全的彩色暗房。

派對的主人法蘭西斯現身，他穿著一襲宛如越共的黑色睡衣，當時是他身材最纖瘦的時候。在場有許多知名人士，大部分是來自藝術性較高的歐洲電影領域。法蘭西斯播放了一部蘇聯電影給大家看，內容好像是關於一個西伯利亞的土壤工程師。我記得那部電影雖然令人好奇，不過也相當無趣。丹尼斯．霍伯[38]當天也出席了，但他可能喝醉了或者吸食了某種毒品，在觀賞電影時一直誇張地大呼小叫，讓在場其他人非常尷尬。當然，派對上的食物很棒，而且還讓我見到許多耀眼的電影圈名人，因此這次經歷讓我非常難忘。

最終階段

接下來又該回去工作了。從那個時候開始，我變成《星際大戰》唯一的剪接師。我喜歡接受挑戰與承擔責任，自己一個人剪接，可以讓事情簡單許多。三個人一起剪接時，我們必須互相討論各自負責的場次，現在既然只有我獨自一人，我只需要與喬治交換意見。

這段時間，我們安排了一些重要場次的重拍作業，包括R2-D2穿越峽谷時爪哇人埋伏在周圍懸崖的新拍畫面。喬治也依照計畫重新拍攝酒吧那場戲的部分鏡頭，例如酒吧附近的各種外星人以及酒吧裡的樂團。在準備酒吧場的參考音樂時，我選用了班尼．古德曼[39]在卡內基音樂廳演奏的〈阿瓦隆〉（Avalon），搭配起來非常完美，在演員的對話後方呈現輕盈的活力感，效果很不錯。我覺得如果真的找班尼．古德曼來這家位於銀河系盡頭的酒吧現場演奏，一定會很有意思，可是喬治否決這個想法。當然，約翰．威廉斯後來譜寫出一首類似但更棒的配樂。假如你聽過〈阿瓦隆〉，你就會明白約翰保留了那首曲子的精神。喬治還設計出一段樂團的鏡頭，並且讓樂團團長演奏一種外表很像單簧管的樂器。

我在剪接過程中陸續提出參考音樂的想法。喬治很早就問過我是否熟悉古典音樂，他一直使用霍爾斯特的〈行星組曲〉以及德弗札克的〈新世界交響曲〉，還有史特拉汶斯基的〈春之祭〉。他將〈春之祭〉中具有節奏感的〈少女之舞〉放在電影前段的戰爭場面，我則建議在沙漠場使用〈春之祭〉第二部分的序曲〈異教徒之夜〉。我們在R2-D2和C–3PO降落在塔圖因行星時首次使用這段音樂，後來當爪哇人把被昏迷的R2-D2帶進沙漠爬行者時，我們再次輕聲使用這段以英國低音號與鈴鼓演奏的中東風情旋律。

班．伯特還藉由一些老電影提出很好的建議。在千年鷹號被死星的能量光束俘虜並拉走時，班提議使用馬克斯·史坦納[40]替《金剛》[41]譜寫的配樂——人們進入金剛島的那段音樂。雖然約翰·威廉斯出人意料地大致遵循我們選用的參考音樂，可是就這場戲的音樂，約翰沒有接受我們的建議。他沒有像史坦納那樣營造出千年鷹號被拉向死星的緊張與不祥，他除了呈現出緊張氛圍，還增加帝國的威武感，藉著喇叭的樂聲，展現宛如羅馬將軍凱旋歸來的氣勢。

當風暴兵搜索太空船、我們的英雄從甲板下方的隱藏隔間中探出頭來時，我選用《驚魂記》電影配樂中著名的開場弦樂，當成向班尼小小的致敬。約翰·威廉斯聽出這段參考音樂的出處，並且實際套用在他譜寫的配樂中。雖然這只是一件微不足道的小事，但是讓我非常開心。不過，這段旋律最後沒有出現在電影原聲帶中。班·伯特還建議以埃里希·康果爾德於一九三八年以《羅賓漢》奪下奧斯卡金像獎的電影配樂來搭配電影開場文字。喬治原本想使用一些黑澤明的元素，可是我們其他人聯合起來反對，才讓他改變主意。那聽起實在不搭，沒辦法捕捉到片中的英雄精神。

◆

光影魔幻工業公司陸續交出視覺特效完成的片段，我將那些畫面一個一個剪回戰爭戲裡，這種過程十分有趣。藍幕背景變成了無邊無際的星空，或者死星的戰壕，畫面開始變得活潑，飛行員也突然變成是在駕駛太空船，而不是坐在靜態的木板佈景上。拍攝太空船外觀的鏡頭也變得具有意義，而不再是隨便幾架二次世界大戰的戰機俯衝及轉彎的畫面。

鏡頭偶爾會不得不減少一、兩格畫面，我只能盡量讓畫面流暢，可是有時候前景還有對白，我沒有辦法避免被觀眾發現格數短少，只好要求光影魔幻工業以正確格數將鏡頭重新組合。我知道這種要求會讓他們發瘋。

除了峽谷與酒吧的場景之外，我也完成了奧德蘭星球毀滅的那場戲，以及新的「時鐘」鏡頭，並且將路克在戰壕飛行最後一部分的類似畫面整理在一起，再接到死星爆炸的鏡頭。我擷取了飾演塔金總督的彼德・庫辛㊷的幾格特寫，放在死星爆炸畫面之前，讓那場戲看起來更具個人特質，藉以提醒觀眾：惡人一定會有惡報。假如沒有這個鏡頭，我們就必須讓一個視覺特效鏡頭接續到另一個視覺特效鏡頭，中間看不到演員的動作。如此一來，畫面會顯得冷清且缺少人情味。我在《魔女嘉莉》也使用過同樣的手法——在豬血淋到嘉莉身上之前，我先剪入南西・艾倫露出笑容的特寫鏡頭。我在歐比王與維德的鬥劍場面上也花了很多心思，可是喬治並不滿意。當理查和瑪西亞都還在剪這部片時，喬治叫我們每個人都試著剪這場戲，可是結果都不符合他的想像。

這場戰爭是我在剪接這部電影時最喜歡的時刻之一。路克、韓索羅、丘巴卡和莉亞公主在歐比王與維德對決時來到機棚的控制室，加入C-3PO和R2-D2的陣容。我很喜歡所有角色齊聚同一個場面的感覺，我與狄帕瑪共事時培養出來的感性這時也派上用場。我們用主觀視角鏡頭來讓觀眾了解各個角色的優勢，當這些角色闖進太空船的時候，我交錯剪接歐比王的自我犧牲以及路克在槍戰中的痛苦表情，呈現出一段令人滿意的畫面。約翰・威廉斯的精湛配樂，更強化了這場戲的效果。

當然，就如同電影中幾乎所有的動作場面一樣，每個爆炸鏡頭都是採用雙機拍攝，也就是兩架攝影機同時拍攝相同的動作，好讓場面看起來比實際盛大。就許多面向來說，《星際大戰》確實是一部低預算的電影，我們經常得用盡特定鏡頭的每一格可用畫面，理查甚至曾經拉長了某個沙人揮舞武器的畫面，藉著晃動畫面、重拍負片、重複影格來延長這個鏡頭。

《星際大戰》的低預算也表現在其他方面：劇組讓我和珍合租一輛車，因此珍每天都必須開車送我去上班，然後開車回家，一邊等孩子出世，一邊做點零星的工作。她任職的康乃爾大學為她準備了一台終端機，可透過早期的電話撥號數據機連接到學校的中央處理器。

我每天工作結束後，珍會過來接我。可是有時候喬治和我還沒準備下班，所以珍就靜靜地坐在剪接室裡編織。在我剪接《星際大戰》的過程中，我認為許多電影系學生或歷史學家肯定會樂意當一隻停在我們剪接室牆壁上的蒼蠅，可是珍不是電影迷，她當時不知道這部電影最後會變成那麼棒的作品，所以完全不好奇我正在剪的內容。

不過，某天晚上在回家的路上，珍給了我一個建議：「親愛的，你偶爾也得聽聽喬治的意見。」我一向認為剪接師不能害羞，如果導演不認同你的選擇，你有責任捍衛自己的觀點。在為自己的立場辯護時，你會挑戰導演的主張。如此一來，即使導演最後還是推翻了你的意見，他也因此更能肯定自己的想法，因為他必須為自己的主張辯護。好的導演都明白這一點，也明白在好萊塢會因為別人的鼓勵而遭殃。我的一位朋友說，如果想要測量導演的臉皮有多厚，得拿出大砍刀和碼尺。導演這種工作不適合纖細敏感的人。事實上，要做好這個工作，似乎需要某種程度的麻木不仁。

隨著年齡愈來愈大，我已經變得不再那麼堅持。倘若導演左右為難，我會告訴對方：「依照你的直覺去做。」當導演一定要會運用這種本能。導演經常身處危險，因為導演的職涯會因為一部電影失敗而毀滅殆盡。世界上沒有比違反自己心意、聽從別人意見而導致電影失敗更慘的事。如果你的電影失敗了，至少應該要是因為你自己的選擇而導致失敗。赫伯特．羅斯有一個刺繡枕頭，上面寫道：「藝術上的成功出於深思，商業上的成功來自偶然。」

有些導演無法做出決擇，他們害怕自己遺漏更好的可能性。我個人的決策哲學十分簡單：如果兩種方案之間有顯著差異，那麼應該選哪一個肯定顯而易見；如果兩種方案非常接近，而且應該怎麼選擇似乎也不明顯時，無論選擇哪種方案都無所謂。我寧願選到比較不好的方案，也不希望僵持在原地無法做出決定。

我們現在工作非常忙碌，每星期工作六天已是常態。我錯過了十一月的總統大選，因為太忙以致完全不知道吉米．卡特㊸是什麼時候當選的。當全國觀眾都在看迷你電視劇集《根》㊹時，我也錯過了這種風靡社會的文化現象。我每天只忙著剪接、重剪、修剪及去蕪存菁。

我們全神貫注於這部電影上，甚至開始只用劇本中的台詞交談，因為那是我們每天接觸的一切。我們最常說的一句台詞是：「還沒有結束。」另外也很受同事歡迎的台詞是：「容易？你說這個很容易？」以及將路克的台詞「沙人……或者更糟糕的傢伙。」竄改為：「配樂師……或者更糟糕的傢伙。」當然，我們也常說那句非常著名的台詞：「我有一種不好的預感。」

我們一開始剪掉的鏡頭，最後也終於派上用場。路克在發電站那場戲裡的朋友比格斯，畫面被我們從編號一的那捲底片中剪掉，但是在最後戰爭的那場戲中又被剪回來。雖然我們不得不剪掉比格斯與路克於戰鬥前夕在機棚相遇的場景，但是仍保留他遭到殺害的鏡頭。不過，相較於比格斯身亡，R2-D2被炸毀讓觀眾更為難過。

「導演試片會」

某天，我們去舊金山參觀《現代啟示錄》的剪接室，那裡距離金門大橋大約四十五分鐘的車程。理查．馬克斯㊺讓我用他的Moviola剪接機欣賞了幾分鐘的電影片段。理查是紐約人，曾經在柯波拉執導的《紅粉飄零》㊻擔任助理剪接師，後來擔任《衝突》和《教父第二集》的共同剪接師。他是一個和藹可親但是容易緊張的人，臉上蓄著濃密的黑鬍子。我們在黛德．艾倫的社交圈中透過共同的朋友而認識，然後變成了朋友。多年之後，他現在當上了《現代啟示錄》的剪接總監，而且和我一樣，也發現西岸的工作機會比紐約多。

剪接師通常不會在未經導演允許的情況下對任何人播放剪接過的影片，不過我們會對同行破例，因為剪接師都知道絕對要保密。理查讓我看了花花女郎們從直升機下來之後引起暴動的那場戲，背景音樂是「清水樂團」[47]演唱的〈Susie Q〉。那場戲的場面看起來非常壯觀。

差不多在那段時間，喬治決定為他的幾位朋友和同事放映《星際大戰》，這場試片會也就是後來非常有名的「導演試片會」。時間安排在上午稍晚的時段，因為有一些賓客特別從洛杉磯飛來參加。不巧那天突然起了大霧，飛機航班因此延誤。我整個上午都埋首於工作中，直到試片會開始，我才從Kem剪接機前站起來去參加。史蒂芬．史匹柏、布萊恩．狄帕瑪、傑伊．考克斯、威拉德．惠克[48]、葛洛麗亞．卡茨[49]以及馬林郡的常客賀爾．巴伍德及馬修．羅賓斯都來了。史柯西斯也收到邀約，可是他到了洛杉磯機場才臨時表示無法參加，聲稱自己氣喘病發作。後來我覺得他可能擔心自己會不喜歡這部電影，不想讓喬治或自己尷尬，所以藉故不來。

這群聚在一起的年輕人都是三十多歲，而且都是新生代專業電影工作者當中成就不凡的代表人物。每個人都很高興見到彼此，那種心情就像回到學生時代，甚至開心得想開香檳慶祝。由於我還在瘋狂地工作，一心想把握時間調整畫面，幾乎忙到試片前一刻為止才停手，因此在賓客陸續抵達時錯過與他們寒暄的機會。

公園路的放映室是我所見過最豪華的一間，每個座位都是大型扶手沙發椅，宛如你會想要擺放在家裡客廳裡的那種。前排還有幾張附軟墊凳的沙發，可以讓觀眾像在家裡睡覺那樣伸展肢體。「老兄，你真的很有自信。」當我第一眼看見這間放映室，就這樣對喬治說。「在這麼舒適的地方舉行試片，電影一定得非常好看，觀眾才不會睡著。」

試片會結束後，我們到當地一家法國餐廳吃午飯。我記得當時的氣氛非常振奮人心，因為大部分的人都覺得這個故事很好，只有視覺特效方面需要大量補強。最不看好這部電影而且批評最多的人是布萊恩，他忍不住以帶刺的幽默感調侃喬治。「喬治，那個能量光束是什麼東西啊？」他以逗弄的口吻問。

喬治解釋之後，布萊恩又說：「噢，你的意思是，那是一個大型的磁鐵囉？」諸如此類。「那麼原力又是什麼呢？是拉力嗎？」

喬治終於忍無可忍。「呃，如果你拍的電影也有原力，或許就可以多賺一點錢了！」他厲聲回答。

布萊恩接連的嘲諷與抨擊，讓喬治非常難受，但是他的反擊也刺傷了布萊恩。不過，除了這段短暫的小插曲之外，整體的氣氛還算不錯。

有一項建議獲得普遍贊同：開場文字不對。許多人都認為開場文字不夠特殊，無法將觀眾吸引到電影的第一格畫面。我們回到剪接室之後，傑伊．考克斯、布萊恩和威拉德．惠克幫忙改寫了三段片頭文字。

劇組隔週又為二十世紀福斯電影公司的高階主管進行一場試片。那些高階主管飛來西岸，租下一輛灰狗巴士，抵達公園路的放映室。他們身上的西裝與我們的牛仔褲和運動鞋形成強烈對比。他們看完之後就趕著離開，並表示這部電影要趕在五月二十五日上映前完成所有後製實在有點匆促。過了許多年之後，我才聽說他們當時都認為這部片將會是一場大災難。

下一步是確定電影配樂。這表示要決定電影的某些段落必須搭配什麼樣的音樂，並且決定音樂要從哪一格開始，到哪一格結束。我們還討論各個段落應該選用具有哪種特質的音樂，然後聆聽參考音樂，並商討如何配合畫面調整音樂。參加這場會議的人包括約翰．威廉斯（作曲家）、肯尼斯．萬伯格（音效剪接師和副手）㊿、萊昂奈爾．紐曼（二十世紀福斯電影公司的音樂部門主管）[51]，以及喬治・盧卡斯、蓋瑞・庫爾茨和我。我坐在Kem剪接機前，在大家討論每段細節時來回播放影片，其他人則坐在沙發上，面對著Kem剪接機。

約翰、肯尼斯和萊昂奈爾是一個三人組，他們從洛杉磯飛來參加會議，心情很好，一直說俏皮話和笑話，喬治、蓋瑞和我變得像局外人一樣。萊昂奈爾有種缺德的幽默感，肯尼斯也是，一直附和萊昂奈爾的惡趣味。約翰對於我們挑選的參考音樂讚譽有加。

我們討論配樂應該從哪裡開始、在哪裡結束。由於配樂只暫停一小段時間，提示點緊密相接，因此喬治說：「不如讓音樂持續播放，因為如果拿掉音樂，好像就少了一點什麼。」我非常重視電影配樂，並相信配樂可以為觀眾增添許多樂趣。然而，如果你不停止音樂，新的音樂就進不來。但無論如何，由於這部電影有連續不斷的動作場面，我們確實需要幾乎毫不間斷的配樂。最後，我們為這部一百二十分鐘的電影安排了超過一百分鐘的配樂，然後約翰・威廉斯就立刻動工譜曲，喬治和我也回去繼續工作。

✦

陸行艇的特效非常難做。劇組在沙漠中用廣角鏡頭拍攝陸行艇馳騁的畫面效果不太好，必須重拍。陸行艇其實是一輛加裝了特殊車身造型的車子，藉由在車側接上長鏡以遮蔽輪胎並反射旁邊快速移動的地面來營造浮動的效果，可是觀眾看得到鏡子的輪廓。

羅伯特・達爾瓦負責重拍事宜，他到沙漠去想辦法讓這段畫面變得更好，最後終於解決了問題。他發現每次拍攝之後，工作人員都努力擦掉鏡子上的沙塵。

「不，不！不要管那些沙塵！」

這次終於成功了，不過還是看得出破綻。雖然只有少數幾格能呈現我們想要的錯覺，但這樣就已經足夠了。陸行艇下方的陰影必須加上光學特效，因為原本拍攝的畫面沒有影子。以當時的技術而言，我們已經做到最好，可惜仍然未達我們期望的標準。

視覺特效技術在一九九〇年代末期終於可以解決這方面的問題，喬治趁著這部電影歡慶二十週年並且準備重新上映的機會，全面修正片中所有的特效。陸行艇是讓他修正整部電影的動力，因為在解決陸行艇的問題之後，喬治的注意力自然又轉移到次弱的鏡頭上。光影魔幻工業公司的首席創意長約翰·諾爾[52]對我說：這就好比你擦亮了汽車擋泥板之後，相形之下，車子的其他部分看起來就顯得又髒又破。喬治後來重製了大約一百個鏡頭，其中當然包括修正賈霸，並將新畫面置入他與哈里遜·福特的那場戲中。為了落實自己的信念，喬治是非常頑固的。

✦

某個星期六早晨，當我和喬治在剪接室閒聊時，談到我在好萊塢工作這件事。身為一名紐約剪接師，我在北加州工作時沒有管轄權的疑慮，我可以自由在北加州工作，但倘若要在洛杉磯工作，我就必須面對邏輯上的困境：假如我想加入工會，必須有一份至少長達三十天的工作；可是如果我要找到工作，就必須先成為工會的會員。經過喬治的安排，我的薪資改由光影魔幻工業公司發放，而非劇組，因此在我加入工會之前，已經擁有三十天的工作資歷，讓我得以順利取得工會的會員身分。但是這麼做也害副製片人被好萊塢的電影經紀人責罵。無論如何，生米已煮成熟飯。

剪接影片是一段不斷發現的歷程，你會持續萌生如何讓電影變得更好的想法。當我們不停地剪接時，我也勤奮地為肯尼斯．萬伯格寫注記，讓他知道在我們與約翰．威廉斯一起為了配樂而瀏覽過這部電影之後，我們在畫面上又做了哪些調整。我很想提醒萬伯格，我們所做的改變讓他的工作變得更加複雜，可是喬治說：「反正他必須搞定這一切，因為這些改變一定得做。」

喬治準備前往英國參加配樂錄音時，他叫我發「電傳」（telex）給肯尼斯，讓肯尼斯知道影片做了哪些改變。電傳是傳真機問世之前，人們透過電話傳送文本的方式。那份電傳大約長達二十頁。肯尼斯從倫敦打電話給我，聲音聽起來非常惶恐。

「我們再過三天就要錄音了，沒有辦法配合這些改變！」

「我知道，我明白。」

「我們只能依照你們提供的版本進行錄音。」他說。他們真的這麼做，然後肯尼斯再設法剪接配樂，以配合修改後的畫面。這種工作方式並不理想，可是結果還不錯。

✦

蓋瑞．庫爾茨某天帶著一些戰利品出現：星際大戰的棒球帽。「我想要一頂。」我大喊。過幾天他又帶著馬克杯之類的東西過來。「我也想要這些東西。」

「好。」蓋瑞說。

「我每一種都想要。」我說。

當時我根本不知道自己開口要了多少東西。

帶來商機的最後一項修改

有一天，喬治從光影魔幻工業公司回來，提出了一個想法：他想讓維德逃走。「留下一個未解的結局，似乎表示你想拍攝續集。」我說：「最後讓一切都有個收尾不是更好嗎？這樣比較厲害。」

「我不在乎厲不厲害。」喬治說。他展現出比我更敏銳的商業本能。

我們已經沒有預算可以拍攝新的鏡頭，因此必須設法運用已經拍好的素材，構建出一段迷你畫面，但是以新背景加以合成。我們有維德坐在駕駛艙裡的畫面，以架設在圓形軌道的直立攝影機拍攝。維德與韓索羅對戰，最後一刻當他被韓索羅重重一擊時，攝影機就繞著那個小小的佈景快速旋轉。當畫面投影在銀幕上時，看起來宛如維德被打得天旋地轉。相同的軌道上還安裝了一盞燈，以增強視覺效果，彷彿維德的太空船在太空中不停旋轉。

在鏡頭的結尾，喬治大喊一聲「卡」之後，攝影機在軌道上來回搖晃，然後慢慢停止。我們選用了這段畫面，讓觀眾覺得維德穩住了晃動的太空船，接著我們又剪入一個維德太空船外觀的鏡頭，這個鏡頭擷取自前面的某一場戲，那場戲是他的太空船起飛，準備與一架鈦戰機進行對決，攝影師分別從兩側拍攝維德。我們塗掉另外兩艘太空船，然後放入星際背景，這段畫面就完整了：先是維德在駕駛艙內，顯示他已經穩住他的太空船，緊接著是太空船的外觀，他的太空船飛入無垠星際中，暗示將來還有續集。我們只不過在適當的位置插入這兩個鏡頭，這最後一分鐘的改變，創造出一系列的傳奇電影。這真的是一個絕佳的點子，也是我們在這部電影中所做的最後一項改變。

珍和我面臨進退兩難的困境。我們的孩子原訂三月三日出生，可是劇組將在二月下旬遷往洛杉磯進行混音。我們想留在馬林郡直到孩子出生，喬治和瑪西亞人很好，同意讓我晚一點再去洛杉磯報到，可是我們將不得不多承租索薩利托的公寓一個月，雖然我們可能只會待幾天。我們還必須在洛杉磯租一間公寓，但三月份我們無法同時負擔兩間公寓的房租。

瑪西亞想出一個完美的解決方案。「你和珍為什麼不搬到我們家，等孩子生下來呢？我們不會在家，因為喬治和我要去倫敦錄製配樂。等孩子出生之後，你們就可以搬到洛杉磯了。」

喬治和瑪西亞向我們保證他們一點都不介意之後，我和珍就搬進了他們家。那是一間相對低調但非常舒適的房子，位於聖安塞爾莫市。這間房屋是他們拍完《美國風情畫》之後買的，客廳裡有一台老式點唱機，裡面裝滿一九五〇年代和一九六〇年代的熱門唱片。

起初幾天，孩子一直沒有出生。最後，珍終於在三月八日分娩。我們前往馬林郡綜合醫院報到，然後進了產房。三十八個小時之後，吉娜・凱薩琳・赫希（Gina Katherine Hirsch）以剖腹產的方式誕生。

我們返回盧卡斯家，等珍的身體恢復到可以搬到洛杉磯的狀態。不過，由於寶寶出生的時間比預期晚了一個星期，喬治和瑪西亞已經從英國回來，準備在家度週末。我們占據的主臥室在一樓，客房在樓上。由於剖腹產的緣故，珍無法爬樓梯，所以喬治和瑪西亞就搬到樓上其中一間客房，讓我們繼續睡他們的床！

這是我以前從來不曾體驗的慷慨與犧牲。他們的仁慈和體貼，我一輩子都不會忘記。

當我們計畫搬到洛杉磯時，瑪西亞告訴我說史蒂芬·史匹柏剛剛搬出他位於月桂谷的家，我們可以租下那個地方。

然後艾美·歐文聽說了這件事。自從史蒂芬和艾美在《魔女嘉莉》拍片現場相識後，兩人就開始約會。我和艾美發現彼此是紐約音樂藝術高中的校友，因此格外具有親切感。當她聽說我們有意帶著剛出生的寶寶租下史蒂芬在瞭望山路的房子時，她特別在我們搬進去之前先要求史蒂芬將整間房子重新粉刷一遍，並且鋪上新地毯，真的非常體貼。我女兒吉娜在喬治·盧卡斯的家度過她生命剛開始的前八個星期，接著就住進史蒂芬·史匹柏的家。她的電影生涯從小就已經注定了。

消失的九英尺

我們在好萊塢的麥卡登廣場成立了洛杉磯的剪接室。我們訂出工作流程，並且找一些當地的剪接助理加入團隊。這些助理每天在洛杉磯市裡分頭行動，各自前往五間光學特效公司工作，因為光影魔幻工業公司太忙，無力獨自處理這部電影的所有特效畫面。

其中一間公司負責雷射槍的畫面，讓這種武器發射出紅色閃光，另一間公司負責光劍的畫面。還有一間公司負責藍幕背景的合成，一間公司處理畫面的劃接。諸如此類。

這個時候，因為剪接工作幾乎都已完成，我的職責變成監督負片剪接，以及把剩下的光學特效鏡頭和視覺特效鏡頭剪接進電影中，我的助理每天會把完成特效的畫面帶回來給我。由於時程延誤，我們無法使用劇組原本預約的混音工作室時段，被迫只能在夜間時段進行混音。我沒有辦法配合，因為我不能整晚工作，然後白天睡覺，讓珍自己一個人照顧寶寶，所以我們決定由我上白天班，喬治負責晚班。

雖然我們還欠缺很多畫面，負片終究還是得開始剪接。我們的想法是在畫面尚未完成的位置嵌入適當長度的空白底片，以方便實驗室技術人員先針對已經完成的畫面調色。

我親自檢查工作拷貝，確認每一個接合點，用白色油性筆標記剪接處和檢查完的段落，以免產生混淆。我不想犯任何錯誤。我還到實驗室監督負片剪接。當時那位剪接師正在處理一捲底片，中途停下來吃午飯，工作拷貝和原始負片都放在他桌上的同步機，從他左手邊那捲底片轉進他右手邊的另一捲底片，而他就坐在機器前吃三明治。這讓我非常震驚，因為每次我在剪接負片時，需要小心處理的感光乳劑（emulsion）總讓我備感壓力，我必須非常謹慎，以免底片上出現任何劃痕或污漬。看見這一幕讓我對他產生不好的印象。

我問他還需要多少時間才能完成。「我不知道，這一捲的畫面剪接很差。」他說。每個人都很會批評別人。

我不想說太多細節，可是那個剪接師犯了好幾個技術上的錯誤，雖然不是什麼大災難，但我對他愈來愈沒信心。

然後，有天我接到他打來的電話。「嗨，保羅？很抱歉打擾你，我在讀取拷貝上的邊緣數字時犯了一個錯，我把數字弄反了。我應該剪在九十八的位置，可是我誤剪到八十九了，所以那個鏡頭最後九英尺的部分都被我剪掉了。」

該死。「你說的是哪個鏡頭？」我問。

「死星爆炸的鏡頭。」

我整個人愣住。那是特效鏡頭，我們只有一個畫面。

「我現在應該怎麼辦？」他問。

「把那個部分剪回來啊！」我回答。

「可是，你知道，我必須犧牲一格畫面。」他提醒我。我當然知道。負片剪接師在剪接每段工作拷貝時，會從最後一格後的中間剪開，以保留一小段底片進行熱拼接。

「呃，那就在鏡頭尾端補上一格，以彌補少掉的那一格。」我告訴這個愚昧的剪接師。這是為了讓整體片長不變，好讓畫面與聲音能夠同步。他照著我的話去做，可是電影上映後，那個鏡頭結束前大約六秒鐘的地方，爆炸畫面的某一格突然明顯跳動，然後才又恢復先前的緩慢爆炸。有人告訴我許多觀眾都發現這一點，但他們認為這是刻意製造的效果。其實不是，這是實驗室的人出錯的後果。

準備混音

喬治和我發展出一種合作模式。因為他上夜班，而我是白天工作，我們每天早上七點鐘在實驗室碰面，一起瀏覽每一捲以空白底片替代遺失鏡頭的無聲版拷貝。我們寫下注記，告訴技術人員如何調色。到了八點鐘，喬治就上床睡覺，我也開始工作。晚上七點鐘，喬治會走進剪接室，檢視當天的剪接成果並表達他的意見。到了晚上八點鐘，他就去混音，我回家休息。

某天早上，我們很快就瀏覽完影片，決定一起去吃東西。我知道西好萊塢的聖塔莫尼卡大道上有一家杜克早餐店（Dule’s Coffee Shop），位於熱帶風情旅館旁。那個地方深受失業演員歡迎，他們在等待上菜時，桌上總散放著他們正在閱讀的影劇報。

我們坐在裡面等候餐點上桌時，一個坐在旁邊的客人認出喬治。「你是喬治・盧卡斯，對不對？」那個人問。

我心裡大呼不妙。我很喜歡這家早餐店，可是喬治討厭被認人出來，我擔心他會因此生氣。

「我不是，但我希望我是。」他這樣回答。

✦

最後完成的畫面之一，名為「跳躍至超時空」，是某個雙人特寫鏡頭的第一個特效畫面。該鏡頭的第二個畫面，我們好幾個月前就已經拿到了，是光影魔幻工業處理的畫面中最簡單的一個——千年鷹號背後的引擎噴出弧狀火光，閃閃發亮，從左至右填滿整格畫面，接著太空船駛離攝影機的鏡頭，八格畫面後就消失在無垠的星際中。但是第一個特效畫面，我們等了幾個月的時間，那個畫面是從駕駛艙後方拍攝韓索羅和丘巴卡，擋風玻璃外的星星從他們前方劃過，然後消失。星光的線條必須以動畫呈現，因此視覺特效拖到很晚才完成。

我注視著這個特效畫面，坦白說，單就它本身而言，看起來並不是那麼令人印象深刻。我把這個畫面剪進片子，讓星光的線條在最後一幕前飛出畫面外。剪完後，我試播了一次。

哇！我心想。**這個畫面讓這場戲變得超炫。**

當我剪接這個畫面時，還有好幾位助理也在剪接室裡，他們的反應都和我差不多。最後，「跳躍至超時空」變成這部電影中最令人難忘的畫面之一。

✦

混音是一件困難的工作。這部電影有四音軌，在當時是很尖端的技術。當然，與幾年後推出的混音操控面板相比，那時的操控面板非常簡單粗糙，有三個混音器，一個負責對白，一個負責音效，一個負責配樂，但只有一套錄音設備，每個混音器要輸出四音軌——左邊、中間、右邊和電影院後方喇叭的環繞音軌。

這意味著混音器必須不間斷地錄下整捲底片的聲音，因為如果暫停之後再接著錄音，每個混音器必須落在完全相同的接點、複製相同的音量，還必須讓每個音軌達到均等。這是不可能辦到的事。

後來的混音面板都升級為自動操控，更進一步的創新發明包括替每個混音器提供單獨的錄音設備，這表示插入錄好部分音效的素材會容易一些。不過，在一九七七年，在福爾摩沙大道的塞繆爾．戈德溫影業[53]裡並沒有這些後來才發明的設備，因此我們必須一遍又一遍地瀏覽每捲底片，直到一切都準備妥當，才可以嘗試進行混音。他們開始混音之後，如果有人出錯，就必須從頭來過。因為我上白天班，所以人不在現場，但是我可以想像，每當他們愈來愈接近該捲底片尾聲，錄音室裡的氣氛就會變得愈來愈緊繃。

公開試映

混音終於完成後，喬治決定在舊金山的北點電影院（North Point Theater）舉行公開試映會。他告訴我，他已經要求馬丁．史柯西斯讓瑪西亞休假一個星期，這樣她就可以重返團隊，在試映會之後協助修改。

「你認為我們要修改那些地方？」我問。這對我來說是全新的體驗，因為布萊恩從來沒有公開試映我為他剪的片子，除此之外，喬治和我已經徹底檢視過這部電影的每一格畫面，我必須說，我覺得它相當不錯。

「反正公開試映就表示一定會修改。」喬治回答。

我心裡有點不以為然。到了試映會那天，二十世紀福斯電影公司的高層主管們都來了，我們也找了非常多位觀眾前來觀賞。電影開始播放後，從一開始就是我夢想中的試映會景象。片頭出現了：「很久以前，在一個非常遙遠的星系……」這段片頭並非出自原始的劇本，喬治特別加入這個畫面，以免這部電影被當成科幻片。他認為這是一部「太空幻想」電影（space fantasy），不過他不想理會觀眾糾正他太空中其實聽不見聲音，也不想搭理那些「太空中可能根本沒有生命」的科學論調。

音樂開始了，如今已聞名全球的主題音樂在電影院中響起，觀眾立刻被深深迷住。銀幕上的片名飛到遠方，攝影機以俯角拍攝反抗軍的太空船逃離帝國級滅星艦。當帝國級滅星艦從畫面頂部飛入並且持續前進時，你可以聽見觀眾們的反應：笑聲、讚嘆聲、歡呼聲與掌聲。試映會就這樣一直進行下去，觀眾也不斷發出各種聲音。酒吧的場景引來觀眾很大的反應，而當片中的英雄們從摩斯・艾斯利太空中心出發，跳進超空間的時候，漂亮的剪接手法讓觀眾全部從座位上跳起來。這是我以前從未見過、後來也不曾再看過的場面，宛如他們在替一支剛剛贏得第七次職棒大聯盟世界大賽的球隊喝采，因為那支球隊在第九局下半場的尾聲輕鬆打出了全壘打。觀眾席裡的每個人似乎都雀躍不已。

然後，瑪西亞擔心許久的那一幕終於來了：韓索羅回來救被維德發現的路克，千年鷹號朝著鏡頭直直飛來。幾個月來，這個鏡頭一直以沒有影像的凌亂線條代替。觀眾再次從座位上跳起來歡呼，我轉過頭，正好對上瑪西亞的目光。她臉上帶著笑容，我也一樣。她聳聳肩膀，彷彿是說：**我想應該沒問題了**。

觀眾因為死星被摧毀而歡呼。當小小的 R2-D2 機器人在頒獎典禮上被修復時，觀眾的反應都非常激動。喬治已經決定將演職員名單放在電影最後，於是我採用快速「圈出」的手法，以英雄們戴上自由動章並接受反叛軍歡呼的動人畫面當成這部電影的結尾。整部片的「劃接」畫面都是參考那些提供

圈出（iris out）：影像藉由慢慢縮小的圓圈而消失不見的光學轉場技巧。

《星際大戰》靈感的舊電影，而「圈出」則是導演帶來的新意。

喬治曾用德弗札克的《新世界交響曲》做為這場戲的參考音樂，並請約翰盡量模擬這段音樂。喬治很在意節奏的變化，當節奏加快時，音樂就會產生一種沸騰的趣味感。我把「圈出」的時間點設定在節奏變快的強拍開端，感覺就像電影結束時的驚嘆號。這段畫面博得滿堂喝采。

觀眾的掌聲如雷貫耳，排山倒海而來，這是我這輩子情緒最激動的試映會。當我們走出電影院時，每個人都欣喜若狂，包括二十世紀福斯電影公司的高層主管們。

我轉頭看看喬治。「你覺得哪裡需要修改？」我問。

「我想，我們就維持現狀吧。」他以慣常的低調方式回答。

✦

我們回到好萊塢繼續做最後的修飾，這時我接到布萊恩的電話。「我今年夏天要拍一部電影，我想找你談談這部片。」

我們在「穆索與法蘭克」餐廳吃午餐的時候，布萊恩興奮地向我描述這部電影。這部片的片名是《憤怒》[54]，是一部帶點恐怖、幻想和驚悚的間諜片。我再次感到事情不妙，因為布萊恩似乎又想把我拉回我不感興趣的恐怖電影。他把故事情節說給我聽，內容是關於幾個具有超能力的年輕人，他們可以讓人的鼻子、嘴巴、耳朵和眼睛流血。他最後還公開了大結局：「然後，他的頭就爆炸了！」他開心地說。

我覺得布萊恩瘋了。**這就是他想拍的電影？**

可是我不能拒絕他，因為他一直很提拔我。在此之前，他找我剪接了五部電影，還替我與喬治牽線，幫助我得到《星際大戰》的工作。他這部電影將找真正的電影明星演出，例如寇克．道格拉斯[55]和約翰．卡薩維蒂[56]，加上他的一些固定班底，例如威廉．芬利、查理士．鄧寧、魯塔妮雅．阿爾達[57]及艾美．歐文。這是艾美在《魔女嘉莉》之後第一次參與演出的電影長片。剛剛當上父親的我，非常感激能有工作主動找上門來，於是我接受了這個邀約。這表示我在加州的日子已經接近尾聲。

✦

珍和我決定在這部電影完成後去度假，瑪西亞建議我們去科納村，一個位於夏威夷大島的度假勝地。那個度假村的房間是獨立式的小木屋，裝潢非常豪華。

喬治和蓋瑞．庫爾茨為我舉辦了一場歡送午宴，地點也是在穆索與法蘭克餐廳。全體工作人員都出席了，珍和兩個月大的吉娜當然也受邀參加。在午宴的最後時刻，我與喬治道別。我們一同奮戰了八個月。「謝謝你救了我的電影。」他說。

我是這部電影最後聘僱的剪接師，也是最後五個月裡唯一的剪接師。我為自己對這部電影的付出感到驕傲，但絕不認為自己是唯一有能力剪接這部電影的人。是命運之神對我微笑，給了我這個機會，對此我滿心感激。從那個時候開始，我一直把這樣的感謝掛在嘴邊。

一部「創造歷史」的電影

歡送午宴後，我們就飛往夏威夷度假了。這趟假期非常愉快，因為過去幾個月我每天埋首於工作中。然而電影上映時我還在度假，因此不清楚發生了什麼事。不過，我瞥見《時代》雜誌有一篇很長的文章稱讚《星際大戰》是年度最佳電影，便在沙灘上迫不及待地閱讀起來。

當我們準備返回紐約並重新面對現實生活前，瑪西亞打了電話過來，她顯得十分興奮。「這部電影大受歡迎！」她說。整條街上都是排隊等著看這部電影的人龍，就算等上好幾個小時也願意。「你們還要在夏威夷待多久？喬治和我打算過去找你們。」

「好棒，可是我們明天就要離開了。」我說。我們無法和他們一起慶祝，實在很可惜。在舊金山轉機並停留一晚之後，我們返抵紐約，帶著兩個月大的吉娜回到我們位於一〇六街的公寓。我到對街的便利商店買牛奶時，一則報紙標題引起我的注意：四四口徑殺手再開殺戒。

這是我第一次得知「山姆之子」[58]這個人。當時紐約因為一連串的謀殺案而人心惶惶。我心想：**我為什麼還和妻小待在這裡？**這個城市讓人覺得充滿威脅。

隔月我專程飛往洛杉磯，辦妥我的工會會員身分。我還得先讓我的名字被登記在一種被稱為行業名錄（Industry Roster）的東西上，才有資格在洛杉磯工作。要登上那份名錄並不簡單，該名錄由合約服務管理局（Contract Services Administration）管理，名錄上都是獲准在電影產業工作的人。我不知道為什麼會有這種東西存在，但它顯然是為了排斥外來的新人。登上名錄的要求之一，是去找特定名單上的醫生做身體檢查，而且身體檢查必須在取得合格時數的工作結束後一定天數內完成，因此我趁著那次機會做完了體檢。

我成為編號第七七六號的新會員。在飛回紐約之前，我先去拜訪工會的經紀人。那個人很有禮貌——可是並不友善。他坐在桌子後面，灰色的鬍子顯然剛剛修剪過。他告訴我：「這裡有些會員，就算我送紅包給電影公司，他們還是無法接到工作。」

接著他才又挑明地說：「我們不希望紐約的剪接師跑來和我們搶飯碗。」好吧，接下來找工作可能不太容易，但起碼我已經在好萊塢的剪接圈踏出第一步。

和拍完《美國風情畫》之後一樣，喬治也獎勵了參與這部電影的劇組工作人員，但他這次不是送汽車，而是發支票。我領到一張等同十週工資的支票，那是一筆非常慷慨的獎金。

美國影評家對《星際大戰》褒貶不一。他們多半對於片中的特效給予讚美，但即使整體而言給這部電影正面評價的影評家，也忍不住會高傲地批評幾句。不過，那些評論到了今天早已經站不住腳。

《紐約客》雜誌的寶琳．凱爾（Pauline Kael）批評了這部電影，表示「這部片子讓人喘不過氣，沒有情感的抒發。」而且「沒能好好掌握情緒」。

影評家凱薩琳．卡羅爾（Kathleen Carroll）在《每日新聞》寫道：「這部電影的劇本有點問題，內容盡是幼稚的對話。」而且「節奏緩慢，缺乏活力。」另外還補充一句：「哈里遜．福特的演技太過矯情。」

亞契．溫斯頓（Archer Winsten）於《紐約郵報》否定這部片，認為內容盡是「不成熟的情節與對話」，並做出「表演方式沒有層次」的結論。

在《村聲》，莫莉．哈斯克爾（Molly Haskell）稱其「幼稚，就算是卡通片也仍嫌幼稚。」並表示「簡單的緊張橋段都處理得非常膚淺。」

然而觀眾一點也不在乎。這部電影創造了歷史，而且永遠改變電影產業的面貌。一九八九年，美國國會圖書館的國家電影註冊處（US National Film Registry at the Library of Congress）將這部片子選為「在文化、歷史及美學層面具有重要地位」的電影。

由於我們完成《星際大戰》的時間延遲，實驗室只來得及製作一些七十釐米的拷貝，而且每份拷貝都必須經過條帶磁化的程序，讓立體聲音軌即時傳輸上去。我不清楚是不是刻意安排的，但第一個週末全美只有三十五家電影院上映這部電影，想觀賞的人潮紛紛湧入，而且不斷增加。

現在電影上映的模式完全不同，首週週末的票房，基本上就決定了一切。電影公司希望每個星期都能有新上映的電影奪下票房冠軍的寶座，所以他們拚命宣傳，並且在很多家電影院上映，第一週就要吸引所有的觀眾走進電影院。一個朋友告訴我，他最近參與了一部電影，但是他們甚至懶得試映，反正口碑一點也不重要。電影本身好不好呢？其實也無關緊要。唯一重要的事，就是行銷手法必須成功，讓觀眾在首週週末就坐到電影院的觀眾席上。

《星際大戰》首週週末的票房出爐，大約為一百萬美元。這個數字聽起來難以置信，因為現在電影的首週票房都是好幾億美元。不過，票房開始慢慢累積，每個星期的觀眾人數都比前一個星期多。需求似乎永遠無法被滿足。每個星期有愈來愈多電影院加入放映的行列，而且持續擴展，票房數字一直增長，過了六個月之後才開始下滑。有一首將主題配樂改編為迪斯可版本的曲子[59]還成為電台的熱門金曲。

這股熱潮十分驚人。一位朋友的父親是南部某連鎖電影院的老闆，他告訴我：「有個男人打電話來問晚上七點鐘的票是不是賣完了。」那時這部電影早已經上映了幾個月。

「不。」他告訴那個男人。「還有空位。」

「噢。」那個男人說：「什麼時候會賣完呢？」他想要再次體驗第一次觀賞這部電影時，整家電影院擠滿觀眾的興奮感受。

《星際大戰》如此成功的原因之一，是時機正好。製作電影就像製作衝浪板。你盡全力做出一個最好的衝浪板，然後拿出來，希望可以趕上一波浪潮。我們趕上的浪潮是巨大的。過去十多年來，由於越戰和反文化的興起，美國大眾出現嚴重的分歧。

《星際大戰》讓人們有理由大聲歡呼，並且跨越過一九六〇年代晚期和一九七〇年代早期美國社會的斷層，它使人們回憶起一個更為純真的年代，讓大家得以把眼前的擔憂都留在電影院門口。這部電影的內容及製作過程也都與電腦有關，讓世人一窺即將來臨的網路新世代。

參與《星際大戰》的剪接改變了我的人生，讓我的人生更好。它成就了我的事業。很多人都問我：「你們原本就預期這部電影會大受歡迎嗎？」

我們怎麼可能想得到？因為在此之前或之後，幾乎沒有類似的電影。沒有人能預測這部電影對美國文化產生多大的影響力，現在幾乎每天都能看見受到喬治想像力啟發的商品。

二〇一五年，J・J・亞伯拉罕執導了《星際大戰》十年來的第一部續集《原力覺醒》，大家都很興奮，非常期待這部電影上映。令我吃驚的是，在這部電影上映前三個月，J・J・亞伯拉罕邀請我去參加其中一個剪接版本的試映會，並且發表意見。

「可是你不能告訴任何人你看了試片。」他告誡我。

那部電影整體來說非常好，我只給了一些細節方面的意見。那年十二月，我受邀參加《原力覺醒》的首映典禮。負責發行的華特迪士尼電影公司封閉了好萊塢大道的幾個街區，那是有史以來規模最盛大的首映典禮，同時在好幾家不同的電影院放映。我和我女兒吉娜被安排在與喬治・盧卡斯同一家電影院觀賞。電影結束後，當喬治準備離開時，我和他聊了一下。

「天啊，這部電影真是精采，對不對？」喬治說：「相形之下，我們以前簡直像在玩模型飛機。」

「是啊。」我說：「可是我要謝謝你。」

「為什麼？」他問。

「謝謝你讓我的事業起飛。」我回答。

然後他又說了一次：「謝謝你救了我的電影。你是救世主。」

我對喬治永遠心存感激。

注釋

①蓋瑞・庫爾茨（Gary Kurtz, 1940-2018），《美國風情畫》、《星際大戰》等片的製片人。
②賀爾・巴伍德（Hal Barwood, 1940-），美國電影劇作家、製作人及電子遊戲設計師。
③馬修・羅賓斯（Matthew Robbins, 1945-），美國劇作家和電影導演。
④《橫衝直撞大逃亡》（*The Sugarland Express*），一九七四年的美國犯罪劇情片，史蒂芬・史匹柏的電影長片處女作。
⑤理查・周（Richard Chew, 1940-），美國電影剪接師、製片人、攝影師，一九七七年獲得奧斯卡最佳剪接獎。
⑥《對話》（*The Conversation*），柯波拉自導自編的驚悚電影，曾獲坎城影展金棕櫚獎。
⑦《飛越杜鵑窩》（*One Flew Over the Cuckoo's Nest*），一九七五年的美國劇情片，曾獲得奧斯卡金像獎最佳影片、最佳男主角、最佳女主角、最佳導演和最佳改編劇本五大獎項。
⑧《阿瑪迪斯》（*Amadeus*），一九八四年的傳記電影，改編自劇作家彼德・謝弗（Peter Shaffer）一九七九年的同名舞台劇，描述音樂神童莫扎特的一生。
⑨班・伯特（Ben Burtt, 1948-），美國聲音設計師、電影剪接師、導演、劇作家和配音員。
⑩莉亞公主（Princess Leia），《星際大戰》的主要人物，與韓索羅為戀人，同時也是路克・天行者的雙胞胎妹妹。
⑪約翰・戴克斯特拉（John Dykstra, 1947-），美國特效藝術家，曾獲得三座奧斯卡金像獎。
⑫這句話仿自滾石樂團單曲〈You Can't Always Get What You Want〉，這首歌收錄於《任血流淌》（Let It Bleed）專輯中。
⑬馬克・漢米爾（Mark Hamill, 1951-），美國演員和電影製片人，他在「星際大戰」系列中飾演路克・天行者。
⑭麥可・理奇（Michael Ritchie, 1938-2001），美國電影導演。
⑮約翰・科爾第（John Korty, 1936-），美國電影導演和動畫師。
⑯菲爾・考夫曼（Philip Kaufman, 1936-），美國導演、製片人、劇作家和演員。
⑰卡羅爾・巴拉德（Carroll Ballard, 1937-），美國電影導演。
⑱羅伯特・達爾瓦（Robert Dalva, 1942-），美國電影剪接師。
⑲沃爾特・默奇（Walter Murch, 1943-），美國電影剪接師、導演、劇作家和聲音設計師。
⑳《少棒闖天下》（*The Bad News Bears*），一九七六年的美國運動喜劇電影。
㉑《卡門》（*Carmen*），法國作曲家比才於一八七四年秋天完成的歌劇，故事改編自法國現實主義作家普羅斯佩・梅里美（Prosper Mérimée）的同名小說。
㉒《黑神駒》（*The Black Stallion*），一九七九年的家庭運動冒險電影。
㉓《戰國英豪》，一九五八年日本導演黑澤明執導的電影。
㉔黑澤明（1910-1998），日本知名導演，一生共執導三十部電影，其中多部在全世界具有知名度及影響力。

㉕路克・天行者（Luke Skywalker）姓名的縮寫為Luke S.，命名靈感顯然來自喬治・盧卡斯自己的姓氏Lukas。

㉖韓索羅（Han Solo），《星際大戰》中的主要人物之一，千年鷹號的艦長。

㉗威爾霍夫・塔金（Wilhuff Tarkin）又稱塔金總督（Governor Tarkin），是《星際大戰》中的虛構人物。他是帝國的創建者之一，並推動打造帝國武力的象徵——「死星」。

㉘小艾倫・加文・拉德（Alan Gavin Ladd Jr., 1937-），美國電影製片人及二十世紀福斯電影公司的高層主管。他是演員艾倫・拉德（Alan Ladd）與其第一任妻子瑪喬麗・珍（Marjorie Jane）的兒子。

㉙《現代啟示錄》（*Apocalypse Now*），一九七九年的美國戰爭劇情片，由法蘭西斯・柯波拉執導。

㉚傑瑞・格林伯格（Jerry Greenberg, 1936-2017），美國剪接師，電影作品超過四十部。

㉛《霹靂神探》（*The French Connection*），一九七一年的美國警匪驚悚電影。

㉜維托里奧・斯托拉羅（Vittorio Storaro, 1940-），義大利電影攝影師，先後以《現代啟示錄》、《烽火赤焰萬里情》和《末代皇帝》三度獲得奧斯卡最佳攝影獎。

㉝貝托魯奇（Bernardo Bertolucci, 1941-2018），義大利電影導演與劇作家，以電影《末代皇帝》獲得奧斯卡金像獎最佳影片與最佳導演獎。

㉞《塔克：其人其夢》（*Tucker: The Man and His Dream*），一九八八年由法蘭西斯・柯波拉執導的喜劇電影。

㉟歐文・勒納（Irving Lerner, 1909-1976），美國電影製片人。

㊱《紐約，紐約》（*New York, New York*），一九七七年的美國歌舞電影。

㊲彩繪女士（Painted ladies），美國建築的專業術語，指使用三種以上顏色使建築細節更加美化並更具吸引力的維多利亞式房屋。

㊳丹尼斯・霍柏（Dennis Hopper, 1936-2010），美國演員及電影製作人，曾兩度獲得奧斯卡金像獎提名：一次是最佳原創劇本，另一次是最佳男配角。

㊴班尼・古德曼（Benny Goodman, 1909-1986），美國著名的單簧管演奏家，被譽為「搖擺樂之王」（The King of Swing）。

㊵馬克斯・史坦納（Max Steiner, 1888-1971），奧地利出生的美國電影配樂作曲家，曾獲三座奧斯卡最佳原創音樂獎。

㊶《金剛》（*King Kong*），一九三三年的黑白怪獸電影。

㊷彼德・庫辛（Peter Cushing, 1913-1994），英國演員，在《星際大戰》中飾演總督威爾霍夫・塔金。

㊸吉米・卡特（James Earl "Jimmy" Carter, Jr., 1924-），美國的第三十九任總統。

㊹《根》（*Roots*），改編自艾力克斯・哈利（Alex Haley）一九七六年同名小說的美國迷你電視劇集。

㊺理查・馬克斯（Richard Marks, 1943-2018），美國電影剪接師。

㊻《紅粉飄零》（*The Rain People*），一九六九年的美國電影，由柯波拉編劇並執導。

㊼清水樂團（Creedence Clearwater Revival），美國搖滾樂團。

㊽威拉德·惠克（Willard Huyck, 1945-），美國劇作家、導演和製片人。

㊾葛洛麗亞·卡茨（Gloria Katz, 1942-2018），美國劇作家和電影製片人。

㊿肯尼斯·萬伯格（Kenneth Gail Wanberg, 1930-），美國作曲家及音效剪接師。

(51)萊昂奈爾·紐曼（Lionel Newman, 1916-1989），美國指揮家、鋼琴演奏家及電影電視配樂作曲家。

(52)約翰·諾爾（John Knoll, 1962-），光影魔幻工業公司的視覺特效總監暨首席創意長。

(53)塞繆爾·戈德溫影業（Samuel Goldwyn Studio），美國電影製片人塞繆爾·戈德溫（Samuel Goldwyn）創立的公司。

(54)《憤怒》（*The Fury*），一九七八年的美國超自然驚悚電影。

(55)寇克·道格拉斯（Kirk Douglas, 1916-2020），美國電影演員，曾三次入圍奧斯卡金像獎最佳男主角。一九九六年獲頒奧斯卡終身成就獎。

(56)約翰·卡薩維蒂（John Cassavetes, 1929-1989），美國電影導演、演員及製片人，被認為是美國獨立電影的先驅。

(57)魯塔妮雅·阿爾達（Rutanya Alda, 1942-），拉脫維亞裔的美國女演員。

(58)「山姆之子」（Son of Sam），一個連續殺人犯，本名為大衛·理察·伯科維茨（David Richard Berkowitz），一九七六年起以四四口徑左輪手槍隨意向路人射擊。

(59)《星際大戰和其他銀河放克音樂》是美國唱片製作人梅科（Meco）一九七七年發行的迪斯科唱片，該專輯將《星際大戰》原聲帶的各首音樂主題曲編寫成迪斯可曲風。

9 《憤怒》

回到紐約之後，我決定不再直接與製片人洽談。在接下《憤怒》這份工作前夕，我朋友理查·馬克斯給了我某個年輕律師的名片。那位律師名叫約翰·布雷格里奧（John Breglio）。約翰答應替我處理合約方面的事情，自此與我合作多年。他後來成為百老匯最重要的律師，客戶包括《歌舞線上》①和《夢幻女郎》②的導演麥可·班奈特③與史蒂芬·桑德海姆④等人。

「你是剪接師，你自己想！」

我需要約翰·布雷格里奧的協助，因為布萊恩下一部電影的製片人是法蘭克·亞布蘭斯⑤。法蘭克出生於紐約布魯克林區，是一個聰明又強悍的人。他禿頭而且身材矮小，具有小個子男人的好鬥性格。法蘭克在《帥氣逃兵》和《嗨，母親！》時期就已經認識布萊恩，他當時在發行這兩部電影的西格瑪三世公司工作，任職於業務部門。從一九七一年到一九七五年，法蘭克在派拉蒙影業的「黃金歲月」時期擔任總裁，當時派拉蒙推出了《教父》、《教父第二集》、《唐人街》⑥、《紙月亮》⑦和《衝突》等佳片。他離開派拉蒙電影公司之後變成一名製片人，最近製作了《午夜情挑》⑧，是福斯電影公司的賣座大片。

布雷格里奧替我談妥合約，還讓我加了薪。

《憤怒》開鏡後的第一個星期在以色列進行拍攝。我在百老匯大道一六〇〇號租下一間剪接室，八年前我在那裡剪接了《嗨，母親！》的預告片，《魔女嘉莉》也是在那裡完成剪接的。布萊恩慷慨地與我合作剪接設備的租賃生意，我們買進最先進的平板剪接機及其他必要設備，然後整套出租給與我們合作的製片公司。這是業界的標準作業方式，稱為「套件租賃」（kit rental），也就是負擔剪接工作人員的器材租金。我們公司的名稱是「天堂夥伴」（Paradise Associates），地址設在這棟大樓的三樓。

我們公司的天花板挑高十二英尺，我的辦公室有一扇大窗戶，面對四十八街和百老匯大道交口。大樓西側有一間消防局，每當消防車響著警笛駛過擁擠的街道時，我就必須停下手邊的工作，因為根本聽不到其他聲音。辦公室樓下有一間大力水手炸雞，每天接近午餐時間的時候，油炸的香氣就會飄到樓上來。

當毛片陸續送來後，我才意識到這部電影的鏡頭對我這個剪接師而言充滿挑戰。一開場的畫面是阿拉伯恐怖分子攻擊以色列的海灘度假勝地。寇克．道格拉斯在這部電影中的表現無懈可擊，就像他在讓我崇拜不已的《萬夫莫敵》中一樣。我心目中的另一位英雄約翰．卡薩維蒂，在片中飾演反派。電影拍攝場景搬遷到芝加哥之後，我開始陸續收到毛片畫面，每一個鏡頭都需要我特別去探索布萊恩的用意。而且我必須掌握剪接的節奏，營造出緊張和令人期待的氛圍，將故事帶向高潮。布萊恩的毛片就像拼圖一樣，要用每個小片段才能拼湊出特定的畫面。

在一個特寫鏡頭中，艾美．歐文的手不停抓著她所坐的座椅扶手，我不太確定布萊恩想表達什麼，於是我撥打長途電話給他，但我猜我打那通電話的時間點不對，他的口氣充滿怒意：「你是剪接師，**你自己想！**」

我對他的答覆很不滿，但這也給了我新的動力，讓我萌生一些有趣的想法，以交錯剪接的方式處理艾美猛抓座椅扶手和當時在遠處發生的事件。

最後，出現了一個讓我害怕的場景。在這場戲中，額頭上畫出人造血管的安德魯．史蒂文斯⑨，使用超能力將他的導師菲奧娜．路易斯⑩抬到空中，一面旋轉她，一面讓她噴出鮮血。工作人員替菲奧娜製作了一個轉盤，讓她站在轉盤上。當她哀求安德魯放過她時，工作人員就在鏡頭下方轉動她。接著，他們調整攝影機的速度，讓她看起來似乎愈轉愈快，因為如果真的加速轉動她所站立的轉盤，可能會有危險。她的鮮血噴灑在傢俱和牆壁上，並且在她苦苦求饒的時候，紅色的血液從某個角度噴濺在白色的絲綢燈罩上。布萊恩先拍了幾個鏡頭，然後讓菲奧娜從轉盤上下來，改放一個假人上去，代替她完成全速旋轉的畫面。

整段畫面在銀幕上大概只有一分鐘長，但是我花了八個小時剪接。雖然我可以接受電影中的暴力鏡頭，但這一幕帶有凌虐意味，讓我覺得很不舒服。為了減少我在剪接過程中看到鮮血而情緒波動，我在Kem剪接機的螢幕上放了一片紅色的透明塑膠板，讓螢幕上的一切都變成紅色，這樣我就看不到血了。我在靜音狀態下剪接，所以聽不到菲奧娜的尖叫聲，如此有助於我完成這場戲的剪接。

和平常一樣，在拍攝結束前一星期，我帶著尚不完整的工作拷貝到洛杉磯去找布萊恩，好讓他決定最後這幾天是否需要補拍畫面。我在拍攝現場遇見寇克．道格拉斯，讓我非常興奮。布萊恩很滿意我的剪接成果，於是我又飛回紐約繼續完成剪接。

最後的一場戲也使用了假人。約翰．卡薩維蒂以為艾美．歐文要與政府（和他）合作，可是艾美心裡並不這麼打算。她使用了她的超能力，讓卡薩維蒂的頭爆開。

這個鏡頭的拍攝方式很妙：工作人員先用鉸鏈將一盞立燈固定在地板的某個定點，然後以全景鏡頭拍攝約翰，讓他從頭到腳都入鏡。他開始全身抽搐，宛如某種疾病突然發作。他揮動著雙臂，並且在伸手抓自己的喉嚨時不慎撞倒那盞立燈。

由於立燈已經上了鉸鏈，因此那盞燈倒下時，只會沿著可預測的弧線移動。立燈倒至一半時，將觸動預設的閃光燈與照相機，以拍攝多張不同角度的照片。工作人員以那些照片做為參考依據，打造出一個像約翰的假人，準備拍攝後續的鏡頭。他們在那個假人的身體裡放進假血和炸藥，再用假人重拍一次相同的畫面。他們從同樣的位置，以同樣的鏡頭拍攝。那盞立燈再次倒下，可是這一次是被幕後的工作人員拉倒，而且這一次不是觸動閃光燈，而是引爆炸藥。

攝影組以六、七台攝影機從不同的角度同時拍攝爆炸場景，拍出不同的畫面。其中多台攝影機以慢動作拍攝，可是設定的速度各自不同，從稍慢到極慢都有。我的工作是將他們拍攝約翰真人版的鏡頭，也就是他們藉以設計假人的那段鏡頭，接到立燈倒下的動作，再將閃光燈亮起後的畫面剪進爆炸的第一格畫面，讓整個動作看起來是連續發生的，宛如約翰的頭被艾美炸掉。

他們用多台攝影機對著假人拍了兩次。在這兩次拍攝過程中，人造血液大量噴出，就像火山爆發一樣。我將攝影機從各個角度拍到的所有鏡頭，剪接成不同的畫面，並且利用從另一側拍攝的畫面穿插剪接，透過速度愈來愈慢的鏡頭，讓這段戲更密實。最後一個鏡頭，我使用從頭頂正上方拍攝的畫面，讓觀眾看見約翰的頭掉落在地板上。最後總共剪接了十三段影片。

我們把這些影片播放給法蘭克．亞布蘭斯觀賞，他很高興，只提出幾個很棒的建議，布萊恩也樂於採納他的意見。劇組觀看試片時，布萊恩邀請我的妻子珍也來參加。當試映室的燈光亮起時，因為珍是劇組以外的新觀眾，法蘭克便好奇地問她：「妳覺得如何？」

「我不喜歡結局。」珍說。

我很驚訝。雖然剪接師經常對影片提出批評，但我們總是試著以最令人愉悅的方式表達。珍的回答太直率了，她的真誠讓我感到尷尬。

「下次只要說妳很喜歡就好。」我事後告訴她。

這件事情讓珍學到一件事：在好萊塢不可以說出自己真正的想法。然而我錯了，我不應該要她說謊。當你被問及意見時，應該說出真實的感受，儘管大家都明白，批評一件沒有辦法改變的事，其實毫無意義。舉例來說，你覺得主角演技很差，但指出這一點有任何意義嗎？電影製作人一定也早就發現了。我個人只針對一些仍可補救的事情發表意見。在這個例子中，很明顯的，布萊恩和法蘭克都堅持要這個結局，無論如何都不可能重拍，所以批評結局不會有任何改變。不過，既然是他們自己要問她的，她老實回答也無妨。

影評人的評價

我們確定了這部電影的音效和配樂，準備進行最後的混音。約翰．威廉斯答應譜寫配樂，這是他唯一一次替布萊恩的電影配樂。他平時合作的音效剪接師肯尼斯．萬伯格有事，因此他改找喬治．康果爾德⑪幫忙。喬治是知名作曲家埃里希．康果爾德的兒子，他有明顯的維也納口音，行為舉止有點可愛、溫柔和怪異。他喜歡閱讀報紙上的新聞，然後轉述給別人聽，轉述後再以驚訝的口吻問：「你真的不知道？」而且他最後的語調會以一種滑稽的方式上揚。

配樂的錄製地點在洛杉磯福斯電影公司的配樂錄音室。我特別飛去參與錄製，在控制室裡待命。在錄音過程中，控制室裡不時有相關工作人員進進出出，包括錄音工程師、混音師、管弦樂演奏家和抄譜手。除了我之外，布萊恩、亞布蘭斯，還有福斯電影公司的音樂總監也在現場。福斯電影公司的音樂總監是我在《星際大戰》的老朋友萊昂奈爾．紐曼。約翰．威廉斯擔任指揮，他會利用樂章與樂章之間的休息時間進入控制室聆聽錄音成果。亞布蘭斯和萊昂奈爾有時會起一些小爭執，不過他們都懂適可而止的道理。

我們回到紐約完成混音，布萊恩為《紐約客》的影評家寶琳．凱爾舉行一場試映會。寶琳是當時最有影響力的影評家之一，也是布萊恩．狄帕瑪的忠實粉絲。她在評論《魔女嘉莉》時特別讚美我，表示該片剪接師的手法「非常細膩」。然而她給了《星際大戰》負面評價，並指稱該片的剪接風格「非常粗糙」。在試映會上，我問她「非常細膩」和「非常粗糙」到底是什麼意思。她笑著回答：「在《魔女嘉莉》中，你的剪接方式是每隔一段時間就給觀眾一點小刺激，這樣很棒。至於『非常粗糙』，就是相反的意思。」

寶琳很喜歡《憤怒》這部電影，在影評中，她一開頭就表示布萊恩在這部電影中找了五位很棒的大師一起合作。我沒有被列為那五位大師之一，這件事也讓我學到一課。

✦

《憤怒》上映後勇奪票房冠軍，與我的前三部電影一樣。

在完成這部電影前不久，我接到法蘭克．皮爾森⑫的電話。我剪接《星際大戰》時，與皮爾森相識於馬林郡。他準備為派拉蒙影業執導一部改編自彼德．馬斯⑬著作的電影，彼德是電影《衝突》原著小說的作者。皮爾森希望由我剪接這部名為《父子無情》⑭的新片。

注釋——

①《歌舞線上》（*A Chorus Line*）一九七五年起首演的百老匯音樂劇，曾經是百老匯演出最久的音樂劇，直到一九九七年才被《貓》超越。
②《夢幻女郎》（*Dreamgirls*）一九八一年首演的百老匯音樂劇，講述芝加哥一個女子三重唱團體成為巨星的歷程。
③麥可．班奈特（Michael Bennett, 1943-1987），美國音樂劇導演、劇作家、編舞師及舞者，曾獲得七座東尼獎。

④史蒂芬．桑德海姆（Stephen Sondheim, 1930-），美國著名的音樂劇創作人及電影音樂詞曲作家，曾獲奧斯卡最佳原創歌曲獎、七座東尼獎，以及東尼獎終生成就獎。

⑤法蘭克．亞布蘭斯（Frank Yablans, 1935-2014），美國電影製片人和劇作家。

⑥《唐人街》（*Chinatown*），一九七四年的美國黑色電影，被認為是美國電影史上最重要的電影之一。

⑦《紙月亮》（*Paper Moon*）一九七三年美國喜劇電影。

⑧《午夜情挑》（*The Other Side of Midnight*），一九七七年的美國戲劇片，改編自悉德尼．謝爾頓（Sidney Sheldon）同名小說。

⑨安德魯．史蒂文斯（Andrew Stevens, 1955-），美國電影製片人、導演和演員。

⑩菲奧娜．路易斯（Fiona Lewis, 1946-），英國女演員及作家。

⑪喬治．康果爾德（George Korngold, 1928-1987），知名的唱片製作人和音樂剪接師。他是奧地利作曲家埃里希．康果爾德的小兒子。

⑫法蘭克．皮爾森（Frank Pierson, 1925-201），美國電影劇作家和導演，曾獲得奧斯卡最佳原創劇本獎。

⑬彼德．馬斯（Peter Maas, 1929-2001），美國新聞記者及作家，出生於紐約市。

⑭《父子無情》（*King of the Gypsies*），一九七八年由法蘭克．皮爾森執導的美國電影，改編自彼德．馬斯於一九七五年出版的同名小說。

10 《父子無情》和《家庭電影》[1]

《父子無情》在紐約市開拍，並於洛杉磯剪接，講述美國東岸一個羅姆人[2]家族為了領導權繼承而發生鬥爭的故事。

這部電影由知名製片人迪諾·德·勞倫提斯[3]製作，他很喜歡吹噓自己是奧斯卡金像獎最佳外語片《大路》[4]及《卡比里亞之夜》[5]的製片人，可是從來不提這些電影的導演費里尼[6]的名字。迪諾從一九四六年開始在義大利製作電影，一九六〇年代晚期到美國發展，與作家彼德·馬斯合作了《大時代》[7]和《衝突》。迪諾天生就適合吃電影製片這行飯，而且是個厲害的經理人。他是熱愛電影的表演家，但他最愛的是賺錢。他的身高只有一百六十三公分，不過他會穿高跟皮鞋。

迪諾總是精力充沛，他有濃密的粗眉，以及炯炯有神的眼睛，大大的粗框眼鏡更強化他銳利的目光。他說話時帶著濃濃的口音。迪諾最近的作品是重拍版的《金剛》，由當時還未成名的潔西卡·蘭芝[8]主演。

《父子無情》的製片是迪諾的兒子費德里科·德·勞倫提斯（Federico De Laurentiis）製作。費德里科的母親是義大利女星席爾凡娜·曼加諾[9]，他長得非常好看，年紀才二十三歲，這是他第一次擔任電影製片。

我很高興能夠為法蘭克·皮爾森剪這部電影。皮爾森曾以《熱天午後》[10]獲得奧斯卡最佳原創劇本獎，並根據馬斯的小說創作了《父子無情》的劇本。更棒的是，這部電影是由英格瑪·柏格曼[11]的御用攝影師史文·尼克維斯特[12]拍攝，讓我興奮不已。那時是一九七八年初，我才三十二歲，這些人全都是成就非凡的傳奇資深前輩，我對他們非常欽佩和景仰。

我在曼哈頓的一間酒吧裡與皮爾森和馬斯見面，先彼此熟悉一下，順便聊聊這部電影。那是我唯一一次見到馬斯，因為馬斯沒有參與這部電影的製作。當時皮爾森還在選角，他本想找安東尼．昆⑬飾演電影裡的大家長。安東尼是完美的人選，可是他開出的價碼讓迪諾卻步。他們本來也可以找伊萊．沃勒克⑭，伊萊與安東尼是不相上下的選擇，然而迪諾最後把這個角色給了史達林．海登⑮。就我個人的觀點，史達林是最不適合這個角色的演員。

法蘭克．皮爾森是個和藹可親的人，身材高瘦，臉上有濃密的白鬍子。他對這部電影的男主角充滿信心，男主角是一個名叫艾瑞克．羅勃茲⑯的年輕人，他的妹妹茱莉亞．羅勃茲⑰當年還默默無名。皮爾森告訴我費德里科只是名義上的製片，實權還是掌握在迪諾手中。那時我還沒有見過迪諾。

我與迪諾見面時，他像個推銷員，不停說著史達林．海登在電影中表現多棒。他的拿坡里口音，把「史達林．海登」的名字說成像是「死都你害的」。由於他的口音難以理解，加上英語能力不佳，我只好搬出我的義大利文，雖然我的義大利文程度也不怎麼樣。我的義大利文只比迪諾的英語稍微好一些，不過還是博得好評。

迪諾當然已經把他該讀的劇本都翻譯成義大利文，他在選角方面顯然具有舉足輕重的影響力。我這部電影學到了選角的重要性：如果你在選角時出了差錯，無論你多有本事，都無法挽救這部電影。

就《父子無情》而言，我們從一開始就遇上麻煩：這個故事是關於一個住在美國的吉普賽家族，可是我們的演員讓故事缺乏可信度。我並不是說參與這部電影的演員演技不好，而是整體組合出了問題。史達林．海登看起來比較像新英格蘭的捕鯨船船長，而不是吉普賽家族的大家長。他在電影中的妻子由雪莉．溫特斯⑱飾演，雪莉是一位出色的女演員，可是看起來也完全不像吉普賽人。賈德．赫希⑲飾演他們的兒子格羅夫（Groffo），卻和他們兩人一點都不神似。格羅夫娶了蘇珊．莎蘭登⑳，莎蘭登在這部電影裡表現精湛，可是艾瑞克・羅勃茲和布魯克・雪德絲[21]飾演他們的孩子，而賈德・赫希根本不像這兩個帥哥美女的父親。於是，原本應為吉普賽人的家庭，變成好萊塢明星的萬聖節派對，每個人都戴著吉普賽頭巾。

電影的前四十五分鐘左右是背景介紹，我覺得是本片最有趣的部分。這個故事以一種軼聞式／蒙太奇式的手法陳述，輔以艾瑞克的口白提供相關資訊。家族成員陸續登場，家族裡的陰謀也逐一展現，連小孩子都心懷詭計。法蘭克設計出一種很棒的過場畫面：一個獨舞的吉普賽人。我們透過剪接手法，表達出時光的流逝。

這部片的配樂由一個偶爾出現在電視螢幕上的吉普賽樂團演奏，該樂團由當時尚未成為傳奇人物的小提琴家史蒂芬・格拉佩利[22]領軍。格拉佩利與偉大的爵士吉他演奏家詹格・萊因哈特[23]在永垂不朽的「法國熱爵士俱樂部五重奏」[24]中前後合作了十四年。舊金山灣區的知名曼陀林演奏家大衛・格里斯曼（David Grisman）負責譜曲，但是史蒂芬的獨奏部分則依照他自己的習慣，現場即興發揮。

✦

某天在瀏覽毛片時，法蘭克・皮爾森告訴我，他與攝影師史文一起坐上起重機拍攝曼哈頓的街景。史文聞言後哈哈大笑，法蘭克問他為什麼笑，史文回答：「我從來沒有在起重機上面拍攝的經驗。」我聽了很驚訝，因為他當時早已不是年輕的菜鳥。

還有一次，他們正在拍攝街景時，天空突然下起大雪。法蘭克臨時起意，要艾瑞克・羅勃茲在人行道上躺幾分鐘，讓白雪在他身上迅速堆積，然後劇組馬上拍攝艾瑞克在雪毯下的畫面，接著艾瑞克站起，拍掉身上的積雪後走開。然而隔天我們在觀看毛片時，卻發現鏡頭嚴重曝光不足，畫面幾乎全黑，完全無法使用。你想知道史文當下的反應嗎？他只說了一聲：「唉呦。」

他說話的聲音很輕柔，很可愛。

艾迪獎與奧斯卡金像獎

在這部電影的製作期間，奧斯卡金像獎宣布了入圍名單，《星際大戰》被提名十項大獎，包括最佳剪接獎，於是我立刻開始節食瘦身。我們也榮獲美國影視剪接師協會（The American Cinema Editors）的艾迪獎（Eddie）提名。我飛往洛杉磯大使飯店的椰林夜總會參加艾迪獎頒獎典禮。不到十年前，美國前參議員羅伯特・甘迺迪（Bobby Kennedy）就在大使飯店遇刺身亡。

當晚頒發電影類最佳剪接獎時，我的心開始狂跳，幾乎就要從我的胸口跳出來。我原以為自己能保持冷靜，因此這種情緒反應讓我驚訝。我也以為我們會得獎，結果深受愛戴且曾獲得兩座奧斯卡金像獎的老將比爾・雷諾茲㉕，憑著《轉折點》㉖奪得他第三座艾迪獎。

我很失望，但也鬆了一口氣。雖然我很難過沒能獲獎，可是也十分慶幸自己不必在快要中風的情況下站在舞台上說話，我可以躲在觀眾席裡平緩情緒。

有一位剪接師名叫唐・坎伯恩，我之前並不認識他，只聽過他的名字，因為他剪接了《逍遙騎士》㉗。他向我走來，說：「不要對奧斯卡放棄希望，奧斯卡不一定會照著艾迪獎頒發。」

我覺得他人真好，我會永遠記得他的鼓勵。我空手返回紐約，一個星期之後又回到洛杉磯參加奧斯卡頒獎典禮。

那年是奧斯卡金像獎的五十週年，鮑勃・霍伯㉘又被找回來擔任主持人。他於一九三九年首次擔任奧斯卡頒獎典禮的主持人，後來曾破紀錄主持奧斯卡金像獎十八次，第五十屆是他第十九次，也是最後一次擔任主持人。福斯電影公司讓我和珍搭頭等艙飛去洛杉磯，安排我們入住位於西塢區的一家飯店，製片人蓋瑞．庫爾茨還非常體貼地為《星際大戰》劇組人員舉辦了一場午宴，每張餐桌都擺放著透明樹脂做成的小星星做為裝飾，星星上刻著「星際大戰」或「願原力與你同在」。

我偷偷告訴喬治，我很緊張可能要上台發表得獎感言。他說：「呃，你何不換個角度思考：只要熬過四十五秒的地獄時刻，你就可以永遠擁有這個獎座。」喬治總是非常實際。

一輛豪華禮車載我們到頒獎典禮會場外的紅毯上，可是整個典禮的過程我已經印象模糊，只記得在男廁所遇見醉醺醺的艾德蒙．歐布萊恩㉙，真是悲哀。

隨著頒獎典禮持續進行，我已經穩住自己的焦慮，因為我之前有過經驗了。在電視轉播的廣告時間中，會場的廣播系統告知現場來賓注意事項。

「不要一直想著全世界有三億人口正在收看，只要盡量長話短說！如果同時有多位得獎人上台，請由其中一位代表致詞！」

瑪西亞、理查和我已經討論過這件事，我們決定不管這個規定，三個人都要有機會說話，並依照我們負責剪接的段落順序發表感言。我先，然後是瑪西亞，最後是理查。終於等到頒發最佳剪接獎的時刻（不知道為什麼，這個獎項總是安排在典禮後半段才頒發），頒獎人是馬賽洛．馬斯楚安尼㉚和法拉．佛西㉛，非常奇怪的組合。我的心和上次一樣狂跳，但這次我已大致做好心理準備。我完全不認為我們會得獎，照道理應該是比爾．雷諾茲會以《轉捩點》獲獎，因為他是艾迪獎得主。

其他入圍者也來勢洶洶：以《第三類接觸》獲得提名的麥可．卡恩，後來贏得三座奧斯卡金像獎；以《茱莉亞》㉜獲得提名的沃爾特．默奇，後來也拿到三座奧斯卡金像獎，他與馬塞爾．達勒姆㉝一同被提名；還有沃爾特．漢尼曼㉞與安傑洛．羅斯㉟，入圍作品是《追追追》㊱。

「得獎的是……《星際大戰》！」

當樂隊演奏約翰．威廉斯編寫的配樂時，我先親吻了珍，然後走向舞台。我回頭看了一眼，正好看見我的好友沃爾特．默奇伸出手拍拍他兒子小沃爾特的肩膀，安慰小沃爾特不要難過。雖然這一幕令我感傷，但現在是我的榮耀時刻。

我致辭時犯了一個非常嚴重的錯誤：我忘了感謝我的家人，尤其是珍和我的哥哥查克，這一點讓查克格外難過。他當時是紐約視覺藝術學院㊲電影系的系主任，和多位學生一起觀看頒獎典禮轉播，我沒有提到他，讓他非常失望，而且我感謝了布萊恩．狄帕瑪，卻漏掉他，可能讓他吃味了。我感謝布萊恩的理由十分清楚，因為他找我剪接了五部電影，讓我因此得到喬治的注意，而且他向喬治大力推薦我，甚至替我談妥合約。不過，我真的應該感謝查克，我到現在仍然非常懊悔忘記提到他。

我在感謝辭中提到蓋瑞．庫爾茨，也讚美了其他的入圍者以及瑪西亞和理查，並唱名列舉幾位參與這部電影的剪接助理，然後我以這句話作結：「最後但也最重要的，我要感謝喬治．盧卡斯。他本身也是一位了不起的剪接師。」

這時樂隊開始演奏，我轉頭看看瑪西亞，因為原本她應該接著致辭，可是她卻轉身與理查一同離開舞台。當我們走到舞台側翼時，我問他們：「怎麼回事？」

瑪西亞說：「剛才我準備上台時，喬治說：『不要感謝我！』而且既然你已經感謝了蓋瑞和其他的剪接助理，我想我就不必再多說什麼了。」

「我看到瑪西亞轉身，所以我也跟著她下台。」理查補充道。

頒獎典禮暨轉播結束後，我又回到舞台上，鮑勃．霍伯看著我手中的獎座，一面和我握手，一面說：「你真幸運！」他主持了十九屆奧斯卡金像獎頒獎典禮，經常拿自己沒得過獎這件事開玩笑。我原本是他的影迷，直到他公開表示支持越戰。不過，能夠見到他本尊，還是令我非常興奮。

最佳導演獎頒給了《安妮霍爾》㊳的導演伍迪．艾倫㊴。頒獎典禮後，我去找正站在觀眾席間的喬治，當時他站在史蒂芬・史匹柏旁邊。「噢，喬治。」我脫口而出。「應該由你得獎的！」我又犯錯了，因為我忘了史蒂芬・史匹柏也是入圍者之一。我那天一直在錯誤的時間說出錯誤發言。

在頒獎典禮後的州長舞會上，我和珍、喬治、瑪西亞、理查及他的妻子、蓋瑞・庫爾茨、約翰・威廉斯碰巧與知名導演喬治・庫科爾㊵同桌。我覺得我應該向他自我介紹，然而當我說出自己的名字時，他回答：「我知道你是誰。」這讓我感到相當開心。

那天晚上我還與貝蒂・戴維斯㊶握了手。我認為電影圈的人都很崇拜明星，因為崇拜明星，所以我們才努力工作，進入這個產業。

一團糟的毛片

第二天，蓋瑞・庫爾茨和我在好萊塢比佛利大道上一家名為「土狼」的墨西哥餐館共進晚餐。「你想不想以分潤的方式參與《星際大戰》續集的製作？」

「我當然願意！」我大喊。

他說他們大約在一年後才會開始拍攝。我返回紐約，隔天《父子無情》劇組人員在瀏覽毛片時開香檳向我道賀。

我們繼續拍攝至四月底。飾演吉普賽大家長的史達林・海登，在電影中的角色十分重要，雖然他的鏡頭不多，但有一場在豪華轎車後座的關鍵戲。那場戲中，他告訴他的孫子艾瑞克・羅勃茲，他決定跳過他兒子賈德・赫希，直接交棒給艾瑞克。史達林是大麻菸的愛好者，經常在拍戲空檔吸大麻。拍攝這場戲的時候，他顯然已經有點飄飄然了。

我看見毛片時非常驚訝，因為那場戲根本一團糟，史達林記不得自己的台詞，也不知道自己什麼時候該開口，偶爾會在艾瑞克台詞還沒說完之前就打斷他，要不然就是一直呆坐著，不知道輪到自己說話。他說台詞時會結巴，而且還亂改對白，或者同一句話重複好幾次，艾瑞克只能想盡辦法挽救這場戲。

看完毛片之後，我問法蘭克．皮爾森：「你應該會重拍這場戲吧？」

「呃，先看你能不能救得回來。」他回答。

我著手剪接那場戲，試圖找出海登正確說出劇本台詞的片段。好幾次我都不得不在兩、三個不同的鏡頭中找尋，剪掉艾瑞克的畫面並掩飾背景的聲音，才能拼湊出史達林一個完整的句子。我還必須想辦法重建整場戲，雖然無法完全依照劇本內容，可是能夠帶出後續的基本情節與所需資訊，好讓故事發展下去，如此一來就不必重拍。我自己也很訝異剪接能做到這麼多事，我仍在努力學習。

主要攝影作業結束後，剪接室搬遷至迪諾位於比佛利山的辦公室。珍和我在班尼迪克特峽谷租了一間房子，距離辦公室大約十分鐘車程。布萊恩把他的一輛雙人座敞篷飛雅特跑車租給我，這種小車駕駛起來很有趣，唯一的問題是油箱很小，每次只能加一點點油！

某天早上，我在上班途中行駛於佳能大道上，跟在一輛老舊的勞斯萊斯後方。那輛車一塵不染，在早晨的陽光下閃閃發光。駕駛座上坐著一位年長的男士，車上只有他一人。出於好奇，我把車子開到勞斯萊斯旁，想看看那個人是誰。他穿著乾淨的淺灰色西裝與白色襯衫，繫了領帶，法式袖口上別著金色袖扣。從大大的車側窗望進去，那個人就像被陳列在百貨公司的模特兒。他是佛雷德．亞斯坦㊷，讓我超級開心。

✦

那年夏天我在洛杉磯工作時，決定讓自己列名在剪接同業名冊上。我依照規定去做身體檢查，可是我還需要一些幫助才能更進一步，因為外來工作者很難登上名冊。不過，差不多在那個時候，合約服務管理局規定的開放期間為往前回溯十二個月，這表示如果我能證明自己在這段期間曾於契約服務管理局的管轄範圍內工作，就可以列名在剪接同業名冊上。問題是，當時我在紐約剪接《魔女嘉莉》。

我陷入了困境。有人告訴我，或許某個律師可以幫我忙，於是我打電話給那位律師，並詳細說明我的情況。我告訴他我正在洛杉磯為派拉蒙電影公司剪接電影，雖然我已經加入工會，可是還沒有列入名冊。

「呃，這可不行。我們必須讓你登入名冊，否則派拉蒙電影公司的合約就違法了。」他的這句話突然讓我覺得，他可能比較關心電影公司的利益，而不是我的問題。他又問我：「你剪接《魔女嘉莉》時，薪水是從哪裡發的？」

「從比佛利山。」我回答。

「好，你現在應該這麼做：請製片人或導演寫一封信，表示你在紐約工作是因應他們的要求。技術上來說，這樣應該也能符合開放期間必須在洛杉磯工作的要求。」

太好了！於是我向他道謝，並問他我應該支付他多少諮詢費。

「這點小事沒關係。」他回答：「如果你在合約方面遇到大問題，記得打個電話給我。」他真是一位紳士。

我帶著布萊恩寫的信去找契約服務管理局的高層主管，但他們告訴我，我還必須提供支票存根的影本。幸運的是，這些東西我都保存著。我影印了這些存根，然後再回去找他們。

「好。」他們又說：「你還得提供電影上出現你名字時的四格畫面。」我覺得他們根本在刁難我，因為《魔女嘉莉》在十八個月前就已經上映了，我要去哪裡找四格畫面給他們？「這部電影今晚會在電視頻道上播放。」我說：「我可不可以在我的名字出現時翻拍電視的螢幕？」

「不可以，你必須提供四格畫面。」

我打電話給負責沖印《魔女嘉莉》的德盧克斯（DeLuxe）實驗室，我還記得聯繫窗口的名字，那個人非常親切，名叫麥克．拉曼鐸拉（Mike Lamendola）。「麥克。」我說：「我需要幫助。」我向他說明我遭遇的問題。「能不能請你幫我？」

他說：「我去找找看。我再回電話給你。」

麥克搞定了！「我找到一份舊拷貝，已經派人把你需要的影格寄去給你。」

我自此欠麥克一份人情，我永遠不會忘記他在我職業生涯的關鍵時刻伸出援手。隔天我就收到從德盧克斯實驗室寄來的包裹，並立刻將那四格畫面交給契約服務管理局。終於，我的名字被登記在剪接同業名冊中，我可以合法地在洛杉磯工作了。

✦

有一天，迪諾的兒子費德里科問我：「你有什麼樣的雄心壯志？你將來想做什麼？」

「我希望一輩子都能當世界之王。」我開玩笑地回答。

「呃，如果你是世界之王的話，你會做什麼？」

這時我才意識到，費德里科不是隨口問問而已。其實，他這一輩子真的可以**算是**世界之王，他想運用手邊的資源做點事情。他只有二十三歲，還在尋找方向。有一天，他邀請我到他家吃午餐。我們開了幾分鐘的車，抵達一棟位於日落大道上的豪宅。主屋旁邊有一間獨立的車庫，裡面可以容納十二輛車，而且有自己的加油站。

令我吃驚的是，費德里科帶我走到車庫，然後在位於車庫二樓的一間小公寓裡用餐，由他們家的一位女僕伺候我們。那位女僕是迪諾私人理髮師的妻子。這對夫婦替德．勞倫提斯家族工作了許多年，這天在他們簡陋的住處準備了我們的午餐。

費德里科坐在餐桌的主位，這對夫婦對他畢恭畢敬，簡直把他當成王子。他們顯然非常寵愛他，他也露出我從來沒見過的笑容。在他的父母親忙著發展電影事業時，這對夫婦可能才是真正照顧他的人，他們把他當成備受寵愛的孩子。這間小公寓是費德里科可以完全放鬆和做自己的地方，然而看見他被迫把家僕當成代理父母，讓我覺得有點心疼。

與《大路》製片人迪諾共事

導演法蘭克和我完成了剪接。我接到迪諾的留言，說他隔天七點半想要在他家裡看試片。他那座可以容納十二輛車的車庫旁邊有一間放映室。

「晚上七點半嗎？」我問。

「不是，是明天早上七點半。」我猜迪諾八成是個早起的人。

試片結束後，隔天我們在剪接室裡集合。我將第一捲底片裝到Kem剪接機的捲軸上，然後我們一起開始瀏覽影片。迪諾只是一直靜靜地看著，然後在某幾個時間點，他會叫我停止播放，並且要求我倒帶，找到他想修改的畫面，用他深沉且陰鬱的聲音說：「保羅！停！從這裡開始，播放！好，從這裡開始，這個要剪掉，剪掉，剪掉，剪掉，剪掉，剪掉。這裡！停！回頭。」

我們就這樣看完了整部電影。

「剪掉，剪掉，剪掉，剪掉……」

我記下迪諾想修改的每個地方，然後我和法蘭克兩人再把影片瀏覽一次。「迪諾聽不懂英文。」法蘭克向我解釋。「所以他想要剪掉所有的對話。我會找他談一談，你不必擔心。」

迪諾沒有在這部電影上投入太多時間，卻能夠對它施展很大的影響力，這點讓我留下非常深刻的印象。他主導最後的剪接、配樂與混音，他的意見大部分都會被執行。

不過，並不是所有的事都得照他的意見去做。「電影的最後一幕絕對不可以是墳墓。」他以其特殊的口音說。不幸的是，我們沒有辦法改變這一點。迪諾是對的，他說這番話的時候宛如在陳述一種迷信，好比**不可以從梯子下方走過**㊸，可是我個人認為，應該解釋為觀眾期待電影以充滿盼望的方式結束，他們不喜歡故事提醒他們所有人的人生都會走向死亡。男孩親吻女孩這種意味著愛情、婚姻、生育、人類生命延續等陳腔濫調的電影結尾，最能讓觀眾充滿期盼。

幾天後，我們在迪諾的車庫裡為派拉蒙電影公司的高層主管放映《父子無情》這部電影。派拉蒙電影公司經歷了人事更迭，麥可．艾斯納㊹和貝瑞．迪勒㊺這兩個具備電視圈資歷的年輕人取代了原本的老將。他們駕駛著一輛小小的雙人座敞篷跑車抵達，由迪勒開車。艾斯納因為個子很高，所以他的頭以滑稽的方式貼在擋風玻璃上。

我對他們的第一印象是，迪諾才是決策者，艾斯納則是跑龍套的小角色。但我顯然弄錯了。我記得他們對這部電影沒有太多意見，我想一來是因為這部電影已經交接到他們手上，二來是因為製片人是迪諾，所以他們決定放軟身段。更可能的情況是，他們覺得插手多管這部電影，對自己沒有什麼好處。

於是我們繼續完成這部電影。迪諾到剪接室裡親自看過每一捲底片。等到我們終於完工之後，他說：「很好。現在，每一幕都剪掉一格。」

我不知道他是不是在開玩笑，後來才向法蘭克確認。「噢，別理他。」法蘭克說。這才讓我鬆了一口氣。

✦

史蒂芬·格拉佩利除了在大衛·格里斯曼的吉普賽樂團擔任小提琴獨奏之外，另外又被找回來錄製配樂，由一位名叫比爾·沃爾夫（Bill Wolf）的年輕人擔任音樂總監。沃爾夫來自錄音界，是格里斯曼的朋友。在費德里科的同意下，他堅持親自錄音和混音。

當時我只與伯納德·赫爾曼及約翰·威廉斯合作過，所以我對這部電影的配樂程序沒有什麼意見。在我眼中，這些音樂家不太有紀律，而且行為放縱。他們錄音時總會遲到幾個小時，而且到了之後又會先胡鬧一番。這是他們的習慣，所以他們得花幾個星期或幾個月的時間來錄製一張專輯。然而我習慣了管弦樂團在二十分鐘內就集合完畢，並且在一天之內錄完配樂，所以我不想參與這段錄音過程。

我們在福斯電影公司的達里爾扎納克劇院進行混音，這個混音場所是我待過最大的一間。由於我們距離銀幕太遠，等到聲音傳到我們耳邊時，已經與畫面不同步，因為聲音的傳播速度比光線慢。在海平面上，聲音的傳播速度大約為每秒一千一百二十五英尺。電影底片以每秒二十四格的速度播放，意味著每播放一格，聲音大約可傳送至四十五英尺外的地方。當我們坐在距離銀幕九十英尺的座位上時，銀幕後方的喇叭所發出的聲音，需要花兩格畫面的時間才能抵達我們耳邊，可是影像以每秒十八萬六千英里的速度傳遞，一下子就會來到我們眼前。這幾乎讓我發狂，於是我請他們將投影機延遲兩格，以便解決這個問題。謝天謝地，他們辦到了。

首席混音師是一個強硬派的老先生，名叫西奧多．索德伯格㊻。某天，他無法將音軌銜接到某個剪接點，便轉身對我說：「可不可以給我一個六、八和十？」

「什麼？」我困惑地問。我從來沒有聽過這種術語。

「噢，沒關係。」他馬上說：「我自己來！」

隨後我才明白，他想希望我在剪接點前方的第六、八、十格，以油性筆在拷貝上標記十字記號，好讓他在電影畫面轉變時，在正確的影格按下按鍵。倘若我明白他的意思，我很樂意為他效勞。

電影前段的婚禮戲，以史蒂芬．格拉佩利的小提琴即興獨奏特寫畫面開始，幾秒鐘後再加入樂團的畫面。製作團隊在拍攝現場錄下了背景音樂，因為樂隊是現場演奏，然而音質不是很好，而且演員的對白也被錄了進去，所以對話與背景音樂必須個別重新錄製，以便正確地混音。

史蒂芬是一位了不起的即興演奏家，可是他沒有辦法以相同方式演奏兩次。我們要重錄他那天演奏的曲目時，他沒有辦法做到。他願意接受挑戰，而且努力做了嘗試，可是結果就是不對。我們甚至抄下他原本那段獨奏的樂譜，好讓他拉出完全相同的音符，然而依照樂譜演奏，他就無法表現出與第一次演奏時相同的新鮮感和激情。

沒想到的是，比爾．沃爾夫比較喜歡重新演奏的版本，讓我非常驚訝。「史蒂芬的演奏之所以傑出，關鍵點在於音調，可是原本的錄音沒能捕捉到。」他說。

「不！」我反駁他：「史蒂芬之所以了不起，是因為他有非凡的創造力和想像力，以及你在他表演中所能聽見的自發性。除此之外，他重錄的版本，聲音沒有辦法與畫面中手部的動作同步！」

令我吃驚和沮喪的是，費德里科支持比爾的看法。於是我們將史蒂芬重錄的版本進行混音，現場氣氛有點緊繃，因為比爾和我剛才在意見交流時情緒非常激動。

「費德里柯。」我提出建議。「我們可以試著這麼做：開場鏡頭拍攝史蒂芬手部特寫時，我們先使用原本的錄音，等樂團的畫面進來，我們再切換至重新錄音的版本。」

「不行，我們沒時間了。」他回答。我被他這句話激怒了。

我以前進行混音時，從來沒有遇過哪個人會在完全不願嘗試的情況下拒絕某個點子，畢竟這麼做不會浪費任何時間，因此他的回答實在荒謬。

隔天早上，我們還在進行同一捲的混音。我早上九點鐘準時抵達達里爾扎納克劇院，可是現場只有我和混音師西奧多，其他人都還沒出現。

「西奧多，幫我一個忙。」我說：「試著先使用史蒂芬原本的獨奏，然後再切換到重新錄製的版本，你可以辦到嗎？」

「當然可以。」

他花了不到一分鐘的時間就完成了我的建議。「很好。」我說：「我們可以繼續了。」

費德里科和沃爾夫大約十一點鐘左右才到，他們習慣如此。那個時候我們已經完成一整捲了，正準備重新播放。他們觀看影片時，發現我做了改變，可是他們沒有多說什麼，於是我們進行到下一捲底片。

迪諾叫我去找他。他坐在一間大型辦公室的另一頭，這表示我得越過整個房間才能見到他。他坐在一張深色的大木桌後方，那張大桌子看起來只適合放在總統的橢圓形辦公室裡。桌子位於一個高起的平台上，因此當你坐在迪諾面前時，他可以低頭俯視你。迪諾的助理弗雷德・賽德瓦特（Fred Sidewater），小心翼翼地站在他身旁。

「保羅。」迪諾說：「我邀你剪接打哈笑。」

「什麼？」我問。

「打哈笑，我邀你剪接打哈笑！」他顯得愈來愈不耐煩。「對不起，迪諾，我聽不懂……」惱怒的迪諾朝著弗雷德揮揮手。

「他要你剪接《大海嘯》㊼。」弗雷德說。

「啊，《大海嘯》。」我恍然大悟。《大海嘯》是迪諾的下一部電影，一部關於南太平洋海上風暴的災難電影，由米亞．法羅㊽、提摩西．布托姆斯㊾、賈森．羅巴茲㊿、崔佛．霍華德[51]及麥斯．馮．西度[52]主演。

「我們會在南太平洋的波拉波拉島（Bora Bora）拍攝。」迪諾接著又極力向我推銷。「我們在那裡蓋飯店。你去，帶你太太。非常棒！」

他的女兒拉斐拉當年才二十多歲，將負責管理那家飯店，他們已經說服史文．尼克維斯特加入劇組，但唯一的問題是，我已經答應要剪接《星際大戰》的續集，於是我直接了當地回覆他。「抱歉，迪諾，我沒有辦法。」我說，並且向他解釋了我的情況。

他一直試圖說服我，直到他發現無法改變我的決定，便放棄了這個念頭。後來當我閱讀《大海嘯》的剪接師山姆．奧斯帝恩[53]出版的自傳《切入正題》（*Cut to the Chase*）時，心中竊喜自己沒有參與那個劇組。那部電影不僅是一部災難電影，製作過程本身也是一場大災難。

✦

《父子無情》完工後，我們收拾行李返回紐約。當我們離開位於山上的房子與游泳池，以及那輛又小又耗油的飛雅特時，腦子裡突然想到各種可能的生活方式，而這正是相當不錯的一種。

再過四個月，我就要飛去英國參與《星際大戰》續集的拍攝。這部續集電影名為《帝國大反擊》[54]。喬治已經找爾文．克許納[55]執導這部電影。當我問他為什麼不自己擔任導演時，他開玩笑地回答：「製片的工作最少，但是收入最高。」

喬治痛恨執導《星際大戰》的過程，當時他身心方面都承受相當大的壓力，因此不願重來一次。他的朋友馬修．羅賓斯向他推薦人稱「克許」的克許納，克許納以前也曾執導過另一部續集電影《太陽盟續集》[56]，喬治很欣賞他的作品。

✦

我接到狄帕瑪的電話，他正在執導一部名為《家庭電影》的低預算電影，想要找我幫忙。布萊恩一直遵循他持續多年的拍片模式：他替二十世紀福斯電影公司拍完《憤怒》之後，接著就拍比較具有個人風格的電影。這部新片的劇本是他根據自身經驗所寫成的。後來他與我分享他採取這種拍片模式的理由：「我先替電影公司拍一部電影，然後再替我自己拍一部。」如果他在商業方面獲得成功，就享有更多自由拍攝比較具冒險性或者題材比較獨特的電影。「只要他們持續提供我資金，讓我把變態的幻想作品搬上大銀幕，我就會一直這樣做下去。」他有次曾經這樣對我說。

《家庭電影》的故事情節是根據布萊恩父母離婚的經歷寫成的，因此有個角色就是布萊恩。這部電影另一個有趣的地方，是他找了莎拉．勞倫斯學院（Sarah Lawrence College）的學生擔任劇組工作人員。在這些學生當中，後來有一些人在這個行業繼續發光發熱；三位製片也全部是新人，他們曾製作過一場外百老匯舞台劇，《家庭電影》是他們第一次參與電影製作。

在我無法參與的情況下，布萊恩找了一位名叫柯姬．奧哈拉（Corky O'hara）的女性來擔任剪接師。他原本叫我去幫忙剪接，可是我告訴布萊恩我無法接手，因為隔年三月我就會開始剪接《帝國大反擊》。最後我們決定讓柯姬負責剪接，我從旁提供建議，並且掛名「剪接顧問」。我覺得這樣很棒，可以維繫我與布萊恩之間的關係。我用羅西尼的《塞維亞理髮師》和《鵲賊》做為參考音樂，因為義大利的喜劇式歌劇很符合電影情節的荒謬風格。最後布萊恩請皮諾．多納吉歐譜寫正式配樂。

✦

我剪接《星際大戰》時，蓋瑞．庫爾茨拿著一頂印了「星際大戰」字樣的棒球帽出現。我開玩笑地說：「每種周邊商品我都要一份。」當時我並沒有意識到自己開口要了多少東西。一九七七年十二月時，由於製造商沒有預期這部電影的周邊玩具及遊戲需求量如此龐大，零售商店甚至因為玩具缺貨而必須發放「提貨券」，請客人等商品補貨之後再來領取。到了隔年，商品的生產速度才終於跟上消費者的需求。某天，有人將一個巨大的紙箱送到我們的公寓，我打開紙箱一看，裡面裝滿了星際大戰的各種玩具和遊戲：棋盤遊戲、人物公仔、X翼戰機模型、可遙控的R2-D2機器人……等等。這種大紙箱每隔六個月左右就會出現一次，一直持續多年。那個福利真的非常棒。

✦

喬治雖然大方，他也是一個非常強硬的談判者。當約翰．布雷格里奧替我洽談《帝國大反擊》的合約時，他發現蓋瑞．庫爾茨拐彎抹角地表示我的分潤是百分之零點一二五，也就是百分之一的八分之一。我從來沒聽說過這麼低的分潤。我聽說過百分之零點五，但那通常是先拿百分之一，再多拿百分之零點五。約翰努力替我爭取權益，可是喬治毫不讓步。我也試著要求提高我的薪資，可是徒勞無功。

有一天，我接到瑪西亞·盧卡斯的電話。「保羅。」她問：「你真心想參與這部電影嗎？喬治和我都覺得你可能沒有興趣，只是不好意思告訴我們。」

「不，不。」我馬上回答：「我真的很想參與。」

我隨即打電話給布雷格里奧，請他立刻替我簽約，因為我不想拒絕《星際大戰》續集的邀約！

婉拒《剃刀邊緣》

拍攝《家庭電影》時，我每天去卡內基餐廳吃午餐。多年前我在佛洛伊德·彼德森位於五十五街的公司擔任剪接助理時，經常到這家餐廳吃飯。旁邊的舞台熟食店具有一九六〇年代的風格，卡內基餐廳相對來說比較安靜。我總是帶著我的《紐約郵報》獨自坐在用餐區後側的座位，一邊讀報紙，一邊吃烤牛肉三明治。

我得到奧斯卡金像獎之後，又回到那家餐廳吃飯。那裡有一個臉色紅潤、頭髮鬈曲、身材肥胖、工作時很會流汗的領位員，名叫做赫比·施萊因（Herbie Schlein）。他以毫無保留的熱情迎接我。

「我知道你是誰。」他幾乎大叫地說：「我知道你是誰！你以前每天來這裡吃午餐！你習慣坐後面的位子！」

「是的，沒錯。」我承認。

「你贏得奧斯卡金像獎，對不對？我在電視上看到你！」

「沒錯，是我。」我又說。

「我就知道！我就知道！」赫比轉頭對服務生說。

「亞麻餐巾！準備亞麻餐巾紙給……你叫什麼名字？」我把名字告訴他之後，他又繼續扯著喉嚨說：「從今以後，都替保羅準備亞麻餐巾。」

亞麻餐巾是卡內基餐廳為常客準備的特別福利，也是給服務生的暗號，讓客人在點餐時可以享有特殊待遇。赫比是電影迷，因此當我和布萊恩一起去吃飯時，他總顯得格外興奮，一直討好布萊恩。有一次，被布萊恩戲稱為魔法大師的史匹柏到紐約來，我們帶他去卡內基餐廳用餐，那次赫比簡直樂翻了。從那時候開始，我們再也不必排隊候位。每次我們去那裡吃飯，無論現場有多少人在排隊，只要一有空位，赫比就會讓我們優先入座。

✦

「我要找誰剪接我的電影？」布萊恩有天故作哀怨地問我。當時我準備前往倫敦剪接《帝國大反擊》，布萊恩正在為他的下一部電影進行前製作業。他的下一部作品也是驚悚片，片名是《剃刀邊緣》[57]。

「呃。」我回答：「紐約最棒的剪接師是傑瑞．格林伯格。傑瑞剪接了撼動人心的《霹靂神探》，以及《現代啟示錄》的直升機攻擊場面。「沒有人剪接得比傑瑞更好。」我說。

事實上，後來布萊恩真的找了傑瑞，而且兩人合作得非常成功。傑瑞後來又剪接了五部由布萊恩執導的電影，包括《疤面煞星》[58]和《鐵面無私》。《剃刀邊緣》上映後成為熱門強片，被認為是布萊恩最棒的作品之一。

這讓我聯想到紐約洋基隊的沃爾特．皮普[59]。在某場比賽中，皮普因為頭痛而改由新秀路易斯．

蓋里格[60]代他上場，結果蓋里格從那時起連續出賽兩千一百三十場，皮普也失去洋基隊首發第一壘手的寶座。**把傑瑞介紹給布萊恩是相當愚蠢的舉動。**我心中暗忖。**我可能再也拿不回我的工作了。**

不過，後來我還是有與布萊恩合作，而且從不後悔將我心中最棒的人選推薦給布萊恩。珍、吉娜和我準備要去倫敦了。

注釋

①《家庭電影》（*Home Movies*），一九八〇年的獨立製片電影，由布萊恩．狄帕瑪執導，寇克．道格拉斯及南西．艾倫主演。

②羅姆人（Roma）也稱為吉普賽人，是散居世界各地的流浪民族。羅姆人以其神祕形象著稱，在歷史上多從事占卜或表演歌舞等職業。

③迪諾．德．勞倫提斯（Dino De Laurentiis, 1919-2010），義大利電影製片人，曾製作過五百部電影。

④《大路》（*La strada*），一九五四年由義大利導演費德里柯．費里尼執導的電影。

⑤《卡比里亞之夜》（*The Nights of Cabiria*），一九五七年由費德里柯．費里尼執導的義大利劇情片。

⑥費德里柯．費里尼（Federico Fellini, 1920-1993），義大利藝術電影導演、演員及作家。

⑦《大時代》（*The Valachi Papers*），一九七二年的犯罪電影。

⑧潔西卡．蘭芝（Jessicas Lange, 1949-），美國女演員，曾獲得奧斯卡最佳女配角獎及奧斯卡最佳女主角獎。

⑨席爾凡娜．曼加諾（1930-1989），義大利女演員。

⑩《熱天午後》（*Dog Day Afternoon*），一九七五年的電影，為美國導演薛尼．盧梅（Sidney Lumet）的代表作之一，根據一九七二年真實發生的銀行搶案改編。

⑪英格瑪．柏格曼（Ernst Ingmar Bergman, 1918-2007），瑞典籍的電影、舞台劇及歌劇導演，被譽為近代最偉大且最有影響力的導演之一。

⑫史文．尼克維斯特（Sven Vilhem Nykvist, 1922-2006），瑞典攝影師，作品超過一百二十部。

⑬安東尼．昆（Anthony Quinn, 1915-2001），出生在墨西哥的美國演員，曾經兩度獲得奧斯卡最佳男配角獎。

⑭伊萊．沃勒克（Eli Wallach, 1915-2014），美國電影、電視及舞台劇演員。

⑮ 史達林・海登（Sterling Hayden, 1916-1986），美國演員，派拉蒙電影公司曾封他為「銀幕上最俊美的男人」。
⑯ 艾瑞克・羅勃茲（Eric Roberts, 1956-），美國演員。
⑰ 茱莉亞・羅勃茲（Julia Fiona Roberts, 1967-），美國女演員，曾獲奧斯卡金像獎最佳女主角獎。
⑱ 雪莉・溫特斯（Shelley Winters, 1920-2006），美國女演員，曾兩度獲得奧斯卡最佳女配角獎。
⑲ 賈德・赫希（Judd Hirsch, 1935-），美國演員。
⑳ 蘇珊・莎蘭登（Susan Sarandon, 1946-），美國女演員，曾獲奧斯卡最佳女主角獎。
㉑ 布魯克・雪德絲（Brooke Shields, 1965-），美國女演員及模特兒。
㉒ 史蒂芬・格拉佩利（Stéphane Grappelli, 1908-1997），義大利裔的法國爵士小提琴家。
㉓ 詹格・萊因哈特（Django Reinhardt, 1910-1953）出生於比利時，是歐洲爵士樂先驅，一九三四年與史蒂芬・格拉佩利在巴黎創立「法國熱爵士俱樂部五重奏」。
㉔ 法國熱爵士俱樂部五重奏（Quintette du Hot Club de France），一九三四年成立於法國的爵士樂團。
㉕ 比爾・雷諾茲（Bill Reynolds, 1910-1997），美國電影剪接師，最著名的作品為《教父》。
㉖ 《轉折點》（*The Turning Point*），一九七七年的劇情片。
㉗ 《逍遙騎士》（*Easy Rider*），一九六九年的美國公路電影。
㉘ 鮑勃・霍伯（Bob Hope, 1903-2003），美國演員，曾經四度獲頒奧斯卡榮譽獎。
㉙ 艾德蒙・歐布萊恩（Edmond O'Brien, 1915-1985），美國演員，曾參與一百多部電影演出。
㉚ 馬賽洛・馬斯楚安尼（Marcello Mastroianni, 1924-1996），義大利國寶級演員，曾三度入圍奧斯卡金像獎最佳男主角獎。
㉛ 法拉・佛西（Farrah Fawcett, 1947-2009），美國女演員，以金色鬈髮及陽光笑容成為一九七〇年代的性感偶像。
㉜ 《茱莉亞》（*Julia*），一九七七年的美國劇情片。
㉝ 馬塞爾・達勒姆（Marcel Durham, 1920-2000），英國電影剪接師。
㉞ 沃爾特・漢尼曼（Walter Hannemann, 1912-2001），美國電影剪接師。
㉟ 安傑洛・羅斯（Angelo Ross, 1911-1989），美國電影剪接師、錄音工程師。
㊱ 《追追追》（*Smokey and the Bandit*），一九七七年的美國動作喜劇片。
㊲ 視覺藝術學院（School of Visual Arts），位於紐約市曼哈頓區中城的私立藝術學院，為美國最具領導地位的藝術與設計學校之一。
㊳ 《安妮霍爾》（*Annie Hall*）為美國浪漫喜劇電影，是一九七七年的奧斯卡最佳影片。
㊴ 伍迪・艾倫（Woody Allen, 1935-），美國電影導演、劇作家及演員。
㊵ 喬治・庫科爾（George Cukor, 1899-1983），美國電影導演，曾以《窈窕淑女》贏得奧斯卡最佳導演獎。
㊶ 貝蒂・戴維斯（Bette Davis, 1908-1989），美國電影、電視和舞台劇女演員，曾兩度獲得奧斯卡最佳女主角獎。

㊷佛雷德・亞斯坦（Fred Astaire, 1899-1987），美國演員、舞者、編舞家與歌手。

㊸有些西方人忌諱從梯子下方走過，因為張開且立著的梯子會呈現三角形，是「三位一體」（聖父、聖子、聖靈）的象徵，假如穿越這個三角形，就等於對神聖的「三位一體」不敬，將會招致厄運。另一個說法則源於英國：修屋的工匠總是日以繼夜地工作，偶然在晚餐喝了酒之後仍會爬上梯子工作，如果有人從梯子下方走過，工匠的油漆桶或工具可能會掉落而砸傷人。

㊹麥可・艾斯納（Michael Eisner, 1942-），美國企業家，曾擔任華特迪士尼公司的執行長。

㊺貝瑞・迪勒（Barry Diller, 1942-），美國企業家，創立了福斯電視網。

㊻西奧多・索德伯格（Theodore Soderberg, 1923-2012），美國音訊工程師，曾五次入圍奧斯卡最佳音響效果獎。

㊼《大海嘯》（*Hurricane*），一九七九年的災難電影，改編自詹姆斯・諾曼・霍爾（James Norman Hall）與查爾斯・諾德霍夫（Charles Nordhoff）的同名小說。

㊽米亞・法羅（Mia Farrow, 1945-），美國女演員，演出超過四十部電影。

㊾提摩西・布托姆斯（Timothy Bottoms, 1951-），美國演員和電影製片人。

㊿賈森・羅巴茲（Jason Robards, 1922-2000），美國演員，曾兩度獲得過奧斯卡最佳男配角獎。

(51)崔佛・霍華德（Trevor Howard, 1913-1988），英國演員。

(52)麥斯・馮・西度（Max von Sydow, 1929-2020），出生於瑞典的演員，後來入籍法國。他演出過多部電影，曾獲得兩次奧斯卡金像獎提名。

(53)山姆・奧斯帝恩（Sam O'Steen, 1923-2000），美國電影剪接師及導演。

(54)《帝國大反擊》（*The Empire Strikes Back*），《星際大戰》的續集，於一九八〇年五月上映。

(55)爾文・克許納（Irvin Kershner, 1923-2010），美國知名導演。

(56)《太陽盟續集》（*The Return of a Man Called Horse*），一九七六年的美國西部電影，由爾文・克許納執導。這部電影為一九七〇年電影《太陽盟》（*A Man Called Horse*）的續集。

(57)《剃刀邊緣》（*Dressed to Kill*），一九八〇年的美國情色驚悚片，由布萊恩・狄帕瑪執導及編劇。

(58)《疤面煞星》（*Scarface*），一九八三年的美國犯罪電影。

(59)沃爾特・皮普（Walter Pipp, 1893-1965），美國職棒大聯盟的一壘手。

(60)路易斯・蓋里格（Louis Gehrig, 1903-1941），美國職棒大聯盟史上最偉大的一壘手，他的職棒生涯都為紐約洋基隊效力。

11 《帝國大反擊》

我很高興能到英國參與一部最令人期待的電影。《帝國大反擊》的劇本非常大膽，很容易引起爭議。這不是一部「重拍式的續集」——這部電影的結構與《星際大戰》十分不同。比較安全的做法，是把大戰放在第三場戲，像打破全世界票房紀錄的《星際大戰》一樣。然而《帝國大反擊》沒有這麼做，大戰在電影開始不久後就登場了。除此之外，這部電影更側重故事裡的角色，以及他們之間逐漸加深的關係，還有路克的個人成長。就本質而言，《帝國大反擊》只是三部曲的第二集，而且沒有前部電影的圓滿結局，這是很危險的選擇，尤其片中未能解決的問題必須再等三年才能得到答案，因為編寫劇本、進行拍攝、安排上映等複雜程序都得花時間。《帝國大反擊》介紹了一些新角色，特別是由比利·迪·威廉斯①扮演的藍多·卡利森②，以及我覺得觀眾會瘋狂愛上的波巴·費特③和尤達④。

適應倫敦生活

蓋瑞·庫爾茨在倫敦的漢普斯特德區替我們找到住處，距離位於博勒姆伍德的艾爾斯崔製片廠（Elstree Studios）與漢普斯特德公園（Hampstead Heath）都很近。我們的新家是一棟重新裝潢過的兩層樓磚房，如蓋瑞所說，它非常乾淨整齊，傢俱也很現代化，雖沒有迷人氛圍，可是溫暖乾燥。我們於一九七九年三月抵達英國。

我們入住後的第一天，早上八點鐘被響亮的門鈴聲驚醒，一名穿著正式套裝的纖瘦女子手拿寫字夾板站在門前。「財產項目清查⑤！」她大聲地說，並且將「財產項目」（inventory）這個字的發音斷成三個音節，彷彿要與「步兵部隊」（infantry）押韻。由於我還有時差，早上八點鐘對我而言宛如凌晨三點，因此我一時搞不清楚發生了什麼事。

「財產項目清查！」。她重複道。

我聽不懂她說什麼，以為她說的是外語。這是我第一次體驗到愛爾蘭作家蕭伯納描述的現象：「英國和美國是兩個被相同語言隔開的國家。」

後來我才弄清楚她要做什麼，可是我不明白她為什麼不能先說聲「早安」之類的問候語。我們清點了屋內每一項家電用品，讓她在項目清單上逐一打勾。最後她終於完成任務離開，我們也回到床上繼續睡覺。

一九七九年我們努力適應在倫敦的生活。沒有什麼好看的電視節目，因為只有三個頻道。下雨的週末下午，一個頻道可能播映與冶金有關的紀錄片，另一個頻道播放在大西洋上的赫布里底群島（Hebrides）牧羊的紀錄片，如果運氣好的話，第三個頻道可能會轉播某項體育賽事。有時候比賽會因為下雨而延期，可是電視台不會因此改放映舊電影或其他節目，他們只會放上一張字卡，上面寫著「由於天氣不佳，比賽延期。本台節目將於三小時之後繼續播映。」

我在工作方面也必須做一些調整。我的剪接室位於製片廠，裡面的設備顯然比較老舊，而且很有年代感，令人聯想到狄更斯小說裡的惡劣環境。剪接機的捲軸是以金屬線製成的，架子則是木製的。剪接室裡沒有中央暖氣，牆壁看起來已經幾十年沒有重新粉刷。在我們完工並且離開之後，那間剪接室就被拆除了。我們抵達英國後的最初幾個星期，在天氣變暖之前，我的首席助理菲力浦．桑德森（Philip Sanderson）都會提早進剪接室，替我打開活動式的暖氣機，如此一來，等我進剪接室的時候，房間裡就不會冷得像冰窖。英國人將這種活動式暖氣機稱為「電子火爐」。

菲力浦是一位經驗豐富、體貼周到、和藹可親的年輕人，平凡的外表掩飾了他聰明機智且樂於助人的內在。他總是穿著皺巴巴的羊毛西裝，臉上戴著厚厚的眼鏡，說話時帶著有趣的口音，把「with」說成「wiv」，但他是一個非常棒的助理。

我開工的第一件事，是把剪接室裡所有的電影設備都搬出去。他們替我準備了一台Steenbeck剪接機，那台剪接機是附有寬螢幕瀏覽器的四操控板機型。我在那台機器上剪接《帝國大反擊》，各自獨立的畫面與音軌讓我不必往返搜尋。

我每天早上用那台機器播放前一天拍攝的毛片，並且從一大捲底片中擷取我打算使用的鏡頭。我會把挑選出來的底片集中成一捲，放在我身旁的木頭架上，那個木架是由艾爾斯崔製片廠的木匠特別打造的。我依照場次將這些底片分類，再剪進工作拷貝中，以便剪接時隨時查看。

我也慢慢了解這部電影的導演克許納。克許納雖然年紀比我大，可是他的內心還是個孩子，對每一件事都充滿熱情。他是一個十分引人注目的人，他的人中與下巴蓄著小鬍子，四肢和手指都很瘦長。他的聲音高亢尖銳且帶有鼻音。他可以隨時轉換心情，一會兒高興，一會兒憤怒。在這部電影的製作過程中，如果他在拍片現場不開心，就會跑到剪接室來發脾氣。他會突然衝進來，大聲咆哮一會兒，然後又衝出去。

有一次，他在拍攝韓索羅遭到碳凍的那一幕時大發雷霆。那個碳凍場所的佈景地板和天花板看起來非常夢幻，設計得極為精美且錯綜複雜，可是卻沒有牆壁！那個場景懸掛在黑暗的半空中，因此每位演員的鏡頭後面……什麼東西都沒有。

「沒有背景！」克許納怒吼。「我只能從演員的頭頂拍攝，或者拍演員的鼻孔！」

在《異形》首映會上受驚

艾爾斯崔是一家相對較小的製片廠。史丹利．庫柏力克⑥在這裡拍攝《鬼店》⑦，我們的團隊在他之後進攝影棚，他的電影已經進入剪接階段。我從來沒有在製片廠的便利商店巧遇過庫柏力克，可是我碰見了雷利．史考特⑧，他的《異形》⑨即將完工。我認出他，但是沒有人正式介紹我們認識。

經由製作團隊的安排，我受邀參加在位於萊斯特廣場（Leicester Square）的奧德昂電影院（Odeon）所舉行的《異形》首映會。我們從漢普斯特德開車到倫敦，停在電影院附近的地下停車場。這部電影非常精采。當異形從太空船船員的身體裡破膛而出時，我被嚇壞了。這部片的點子十分簡單：怪物在太空船裡到處亂竄，但營造出來的緊張效果卻無比龐大。在視覺效果方面，也都讓觀眾大開眼界。克許納對於異形洞入口的設計很感興趣。「那些洞穴的入口就是陰道！那些入口就是陰道的形狀！你看出來了嗎？」

由於克許納抱怨碳凍室的設計，當雪歌妮．薇佛⑩在《異形》中爬過太空船通道時，我不禁留意到太空船艙壁的複雜設計。那時我心中暗忖：在拍攝演員的畫面時，如果希望背景牆面引人注意，就必須在牆面佈景上多花一點金錢和創意。

首映會結束後，我們準備前往地下停車場時，一群看完這部電影的影迷們擠進電梯裡，我和珍在電梯關上門之前也擠入電梯中，但隨後又有幾個人跑來阻擋電梯門關閉，然後擠到我們身旁。電梯往下移動時，我才發現貼在我肩膀旁的人是雷利．史考特。我看著他，他的眼睛距離我不到一英尺。

「這部電影很棒。」我微笑對他說。

「不。」他露齒而笑地回答：「是棒透了！」

邊剪邊參觀拍攝現場

《帝國大反擊》的拍攝鏡頭非常複雜，尤其是冰星霍斯的戰爭場面。那場戲有許多蒸汽與大爆炸，每拍完一個鏡頭，工作人員就必須在被雷射槍擊中的牆壁上重新安裝炸藥，而且每次重拍之前，還得用油漆蓋掉被炸黑的痕跡。

因此，每個鏡頭之間都需要等很久，有時候他們在午餐時間前只能拍一、兩個鏡位，因此我很快就跟上拍攝進度。許多時候，我在下午開始不久後就已經把當天的進度剪完，然後我就散步到片場參觀拍攝過程。

「你到這裡來做什麼？」經常有人這樣問我。

「我已經剪完手上所有的畫面了。你們為什麼拍得這麼慢？」（這句話常讓工作人員覺得刺耳。）

這部電影的第一助導是大衛．湯布林⑪，他是我見過最棒的助理導演。第一助導與攝影技師（cinematographer）一起負責鏡位的執行，攝影技師也被稱為攝影導演（director of photography）。第一助導要讓拍攝進度持續進行，並且了解每個鏡位需要什麼、誰必須先做好準備，以及什麼時候做好準備。他或她必須協調每一位工作人員，好讓所有人在適當的時刻執行自己的任務。大衛做得非常棒，他就像一個站在四桅帆船甲板上的英國海軍上將，身材高大、氣勢威嚴，有著波浪狀的灰色捲髮以及深沉宏亮的聲音。他可以喊出每個劇組工作人員的名字，並且熟知每個人的職掌，確保一切事宜進行順利。

攝影導演名叫彼德．蘇希茨基⑫，他的工作人員稱他為彼德．蘇。他的外型像一名知識份子，帶著老鷹般的銳氣。他的攝影機操作員是一個友善且愉悅的澳洲人，名叫凱爾文．派克⑬。凱爾文與庫柏力克合作過許多部電影，包括《二〇〇一太空漫遊》⑭。我對這位攝影機操作員有一種親切感，我對他說，我們的工作是劇組裡最棒的：他可以直接透過攝影機觀看拍攝過程，而我可以剪每一場戲。

一個名叫墨利斯（Maurice）的人是劇組的跟焦員（focus puller），負責確保電影中每個鏡頭對準焦點。墨利斯的視力很差，眼鏡鏡片非常厚重，我覺得他幾乎可以算是個盲人了，然而在拍片過程中，我們沒有一個鏡頭失焦。用移動攝影機拍攝時，墨利斯會一絲不苟地測量從鏡頭到每個拍攝標的物的距離，因此拍攝出來的結果總是完美。

這部片的製作設計是諾曼・雷諾茲⑮，他也是一個溫柔又可愛的人。製作設計很重要，因為他們必須打造出複雜的佈景，創造視覺上的幻象，然後在短短的拍攝時間後又將一切拆除。

✦

拍攝工作進行得非常緩慢，起初我們被告知拍攝期大約十六週，但是僅僅過了一個星期，蓋瑞・庫爾茨就告訴我會比原訂計畫多出一星期。又過了一個星期，延長時程變為兩個星期。這種拍攝時間不斷拉長的情況，在整個拍攝期一再發生，導致工作氣氛變得緊繃，因為喬治自己出資拍攝這部片，不斷延長拍攝時間，意味著超支愈來愈嚴重。這也影響了珍和我的生活，因為我們離鄉背井，而且帶著一個小嬰兒，做什麼事都不方便。

導演克許納會定期約我見面，以確認我的工作狀況，並藉此評估他的拍攝成果。我讓克許納看了韓索羅在暴風雪中出去尋找路克那一幕，克許納看完後轉身對著我伸出一根食指說：「肉體上的折磨看起來很無趣！」

從那個時候開始，這句話一直記在我心中。他說得完全沒錯，觀眾不喜歡看演員受苦受難，當然，除非是在適當的環境背景下受苦受難。看一名女子試圖解開綁住她雙手的繩子卻徒勞無功，這種畫面很快就會變得乏味。然而，如果她是被綁在鐵軌上，畫面再穿插火車逐漸逼近的鏡頭，這場戲就能帶出緊張的氛圍，可以持續一小段時間。

大約一個月之後，我們完成了冰星霍斯那場戲，喬治從美國飛過來檢查佈景，並且希望看看我剪接的片段。這場戲大約三十分鐘長，是這部電影的第一部分。喬治看完之後不太滿意，他要工作人員為他準備一間剪接室，然後拿著我剪接好的那段影片進去。

他親自修剪並調整我剪接過的畫面，宛如在執行他的「初夜權」。他在就讀電影學院時的強項就是剪接，可是我很不開心，因為重新剪接一場戲，原來的版本就會被拆解得支離破碎。現在已經沒有這種問題，因為一切都已經數位化，另存備份檔只需要一眨眼的時間。然而在那個時候，為了剪接新版，喬治必須將他要的畫面從舊版中拿出來。他在製片廠裡的放映廳播放他的版本給我們看，我雖然不高興，但是克許納比我更不悅。喬治不僅大刀闊斧地挪移及修剪鏡頭——我覺得手法相當殘酷——他還翻轉了一、兩個鏡頭，這意味著他剪進畫面中的底片不是感光面朝上，而是以感光面朝下的方式剪入，結果就會呈現出原始鏡頭的鏡像畫面——也就是說，畫面中的所有東西都變成左右相反。

畫面左右一致是剪接時的重點注意事項，在剪接兩人對話的特寫鏡頭時，如果一個演員面向左邊、另一個演員面向右邊，剪接起來會更流暢也更俐落。如果兩個演員都面對著同一個方向，看起來就會很奇怪，在某些情況下甚至可能令人感到困惑。因此，當喬治從原本的脈絡中移動鏡頭時，他偶爾會覺得翻轉後的畫面看起來更好。焦深對三十五釐米投影機非常重要，可是翻轉畫面之後，畫面就會失焦。當我們看著喬治的剪接成果時，這種情況一次又一次地發生。

「他似乎認為我不知道自己在做什麼！」克許納事後向我抱怨，因為這種暗示式的批判讓他覺得備受羞辱。然而喬治只是希望讓這部電影變得更好，而且，坦白說，他確實做到了這點。喬治設計的結構大大改善了這部電影，雖然在剪接手法上還需要精巧一點。我重新檢視那場戲，仔細記下我真心覺得不妥的每個剪接點，然後去找喬治，問他我可不可以在這裡加上幾格、在那裡減少幾格，好讓畫面更流暢。喬治同意我提出的每個改變，所以我又覺得開心了。我認為他只是希望進度加快，並且井然有序地做好基本工作。

預告片的酬勞

大約在這段時間，蓋瑞過來找我。他說：「不久之後，我們需要你剪一支預告片。」

「可是我們現在幾乎沒有什麼鏡頭可用！」我抗議：「沒有畫面，我要怎麼剪預告片？」

「呃，你只要先記得有這件事就好，此時此刻我們還不需要。」

過了一、兩個星期，由於毛片數量很少，我幾乎沒有什麼工作壓力，於是我開始構想預告片的劇本。我的想法是以一九三〇年代和一九四〇年代的風格呈現，畢竟那些年代是《星際大戰》最初的靈感來源。「路克．天行者和韓索羅拯救了莉亞公主，並且摧毀死星，可是他們的故事還沒結束！現在，《星際大戰》的創作者即將為您帶來這部超級巨作的續集——《帝國大反擊》！明年夏天，即將攻占您的星系……」

有一點像鬧劇。為了搭配這段口白，我從手上的素材找出相關的鏡頭，剪接出一段蒙太奇。當這些角色的名字被旁白者大聲提及時，我就隨之放入他或她的特寫鏡頭。由於我當時可用的鏡頭很少，只好不斷剪入《星際大戰》的片名標準字，讓片名從無垠的星際慢慢接近鏡頭。我剪完了預告片的畫面，可是我還需要找個人來讀出我寫的劇本，才能將這段預告片展示出來。我希望找一個有美國口音的人來擔任旁白者。

飾演路克．天行者的馬克．漢米爾，他的妻子瑪麗露（Marilou）當時正懷著他們的第一個孩子，隨時就要生產，為了避免別人問他寶寶的事情，馬克穿著戲服在片場裡走來走去時，脖子上會掛著一面紙板，上面寫著：「別問！！！」所以我決定去找哈里遜．福特。哈里遜不太想幫忙，我苦苦懇求他：「拜託，只需要花半個小時。等你拍完今天的戲，我們在這裡隨便找一間錄音室就能馬上錄好。」

「你想找美國演員，是嗎？」

「是的。」

「我猜你的人選並不多。」

「是的。」我說。

於是他答應了，我請他喝了幾杯啤酒，然後就進錄音室開工。我告訴他，請他以報僮大喊「號外」的口吻來詮釋這段口白，語調要高亢且興奮。他只錄了一、兩次就順利完成。

我把哈里遜的聲音放進我剪好的預告片中，並且請我的助理添加一些音效，還從前一部電影的配樂中選出一首曲子，混音完成後就寄給人在加州的喬治。

幾天之後，我接到馬林郡那邊的一位助理打來的電話。「喬治很喜歡這支預告片。」

「太棒了！」

「他也喜歡負責口白的配音員，想在正式版本中再找他來。那個配音員是誰？」

「哈里遜。」我回答。

「誰？」

「哈里遜。」我重複一次。「你知道，電影裡的演員，哈里遜．福特。」

由於哈里遜錄口白的方式與韓索羅這個角色大相徑庭，因此他們沒有認出他的聲音。我跑去告訴哈里遜，最後在拍片現場外找到他。「哈里遜，他們很喜歡這支預告片。」我說：「他們要找你錄正式版的預告片！」

「哇，等一等。」他回答：「這種配音工作的收入不差，我知道，因為我父親以前是配音員。他們付你多少錢剪接預告片？」

「我？一毛錢都沒有。他們只付我這部電影的剪接費。」

「什麼？太離譜了。我要跟他們收一萬美元，分你一半！」他說。

就在這個時候，蓋瑞．庫爾茨走了過來。「哈里遜，我想找你談一談。」

「蓋瑞，沒問題。」哈里遜回答。他在離開時伸出一隻手搭在蓋瑞的肩膀上，同時轉頭對我眨眨眼。過了一會兒，他回來找我。「我只敢開口要五千美元。」他向我坦白。果然，過了幾個星期，哈里遜的經紀公司寄了一張面額二千五百美元的支票到我的信箱。這種自發性的慷慨，我一輩子都不會忘記。不過，雖然喬治一開始很欣賞這支預告片，電影院的老闆們卻不喜歡。他們覺得這支預告片不夠莊重。

✦

賴瑞．卡斯丹[16]到片場來參觀。他接替莉．布拉克特[17]擔任這部電影的編劇，因為莉在劇本完成前不幸逝世。她曾經寫過多部由霍華．霍克斯執導的電影劇本，包括《夜長夢多》[18]、《赤膽屠龍》[19]、《獵獸奇觀》[20]、《龍虎盟》[21]、《擒賊擒王》[22]，以及由勞勃．阿特曼[23]執導的《漫長的告別》[24]。

我不知道喬治如何找到賴瑞來接手，也不清楚為什麼找他。那是賴瑞第一次擔任電影編劇。身為剪接師，我對於在我加入劇組之前所做的諸多決策都一無所知，好比搭上一列早已啟程的火車。喬治在《帝國大反擊》只列名故事原創者，顯然不願意擔負撰寫劇本的責任。

我邀請賴瑞到我們位於馬里恩梅斯的公寓吃飯，以表達對這位孤單美國同胞的友誼。當我得知賴瑞來自西維吉尼亞州時感到非常驚訝，因為我從來沒有機會認識那裡來的好萊塢劇作家。

✦

我遇到庫柏力克的剪接師雷．洛夫喬伊㉕，我曾聽說他們使用一套錄影帶系統來剪接《鬼店》，因此十分好奇。我問雷能否找個時間讓我去看一看。「噢，當然沒問題。」他回答。「下個星期打電話給我。」隔週的星期一，我打電話給他。「噢，今天不太方便。」他說：「這個星期稍晚再打電話給我。」我那個星期打了好幾次電話給他，結果都得到類似的答案。「或許下個星期比較方便。」他如此建議。

就這樣過了好幾個星期，我猜他根本不想讓我參觀。過了一陣子，喬治回到倫敦，想知道為什麼我們的進度遠遠落後原訂計畫。某天上午，他把頭探進我的剪接室。「嘿，我要去庫柏力克的剪接室看他的錄影帶系統，你想不想一起去？」

我當然馬上說好，唯一的問題是，我有輕微的小感冒，而大家都知道庫柏力克有細菌恐懼症。我很清楚這將是我踏進那間剪接室的唯一機會，因此我絕對不會讓一點小感冒阻擋我。我們走過製片廠，抵達庫柏力克的剪接室，我努力不發出吸鼻涕的聲音。

史丹利．庫柏力克的工作室像一間大型閣樓，四周圍擺滿底片架。雷坐在一台Kem平板剪接機前，史丹利則坐在他的辦公桌，面前有一個小螢幕和一個可操控的Betamax錄影機。他在機器上搜尋特定畫面，那台機器會自動轉到錄影帶上那段素材的正確位置。

他們把所有的毛片都轉拷到錄影帶上，透過查詢方式，史丹利可以連續快速瀏覽每一句對白。他每天利用那台機器尋找他要使用的下一段畫面，等他做好選擇，助理就從底片架上找出那段膠卷，由雷剪接到電影中。雷忙著剪接影片時，史丹利就繼續尋找下一個畫面。這是當時最先進的技術。

喬治動用他的影響力，讓我得以進入史丹利・庫柏力克的剪接室，雖然庫柏力克以懷疑的眼神打量我，可是我絕不後悔走這一遭。

飾演達斯維德的普羅斯

拍攝時程不斷延長，但是劇組已經拍到雲城的場景。某天下午我走到拍攝現場，看到他們正在拍攝達斯・維德使用原力從韓索羅手中吸走武器然後一把抓住的畫面。工作人員在韓索羅的爆能槍槍管上接了一條鋼絲，在畫面中，槍管正好貼著影格邊緣，工作人員只要輕輕一拉，就能將爆能槍從韓索羅手中拉走。他們接著以手持攝影機拍攝爆能槍飛過空中的畫面。最後一個鏡頭是維德接住爆能槍，他們決定以相同的鋼絲技術拍攝槍枝飛到韓索羅手中，然後將影片倒著播放，看起來就像維德搶走爆能槍。

他們試拍了幾次，想像韓索羅的手應該怎麼動，倒著播放時看起來才會比較自然。我在一旁觀看，提出一個建議：「你們為什麼不把槍扔給維德，讓他接住就好呢？」我問。

「呃，因為他戴著面具，所以看不到。」他們回答我。

穿著維德戲服的演員大衛・普羅斯㉖說：「讓我試試吧。」

於是他們嘗試了這個方式，在試了兩、三次之後，普羅斯接住了爆能槍，攝影工作也得以繼續進行。有時候他們忘了最簡單的方法就行得通。

普羅斯因為體格壯碩而得到維德這個角色。他是一名健美選手和舉重運動員，首次參與大銀幕演出是在模仿詹姆士・龐德系列電影的搞笑片《皇家夜總會》㉗中飾演科學怪人。庫柏力克也因為他體格而找他拍《發條橘子》㉘，他在該片中飾演殘廢作家的家庭看護。普羅斯在自傳中提到，當初他到《星際大戰》試鏡時，喬治讓他在維德和丘巴卡之間選一個角色，他馬上就選擇維德。喬治問他原因，他說：「喬治，大家都會記得電影裡的惡棍。」

✦

時間來到夏天，倘若我們能依照原訂的時程表，六月中旬大家就可以回家了。最後一段以尤達為主的畫面還沒拍攝，才華橫溢的化妝師史都華・弗里伯恩㉙正在為木偶雕塑黏土模型。克許納三不五時就跑去他的工作坊，我也陪著克許納一起去了解過程。我以前看過一些概念性的藝術品，但眼前的景象令我擔憂。克許納要求對尤達的模型做些改變，可是我認為那些改變會把尤達變得很怪。喬治再次來英國探班時，我提醒他應該確認一下這個問題。他採納了我的意見，尤達也因此變成現在眾所周知的模樣。

某天，喬治把我介紹給幾個客人：吉姆・亨森㉚和法蘭克・歐茲㉛。我很高興能夠認識亨森，畢竟我不是每天都有機會見到能改變美國文化的人，例如亨森和他的木偶。不過，我對法蘭克不太熟。

「法蘭克就是豬小姐㉜！」喬治興奮地告訴我。他同時也是伯特、格羅弗、餅乾怪獸和福滋熊㉝。

喬治原本想在演職員名單上寫「尤達由豬小姐飾演」，但最後當然還是列出了法蘭克的名字。吉姆・亨森是一個沉默且溫和的人，身材高大，臉上留著大鬍子。雖然我們只握了握手，可是我永遠不會忘記他。法蘭克也是一個非常和善且有教養的人，他們兩位都才華洋溢。

最後，劇組終於開始拍攝尤達的戲。克許納有各式各樣的想法，但可能要多花幾個星期的時間拍攝，然而喬治已經沒有錢和耐性，他告訴蓋瑞．庫爾茨：「你去告訴克許納，叫他盡快拍完，否則我會把那個木偶釘在一個定點，以特寫方式拍攝他所有的台詞！」

因此，克許納對那個手木偶的物理局限性做出讓步。奧茲躲在一個高架舞台的地板下方，手臂伸進木偶裡，透過監視器螢幕觀看自己表演。

✦

我們已經在倫敦待二十六個星期了，基於稅務因素，我必須返回美國一趟——我和珍對此都沒有怨言。珍又懷孕了，我們也受夠了在國外生活。我們渴望回到熟悉的馬林郡，因為我們在那裡充滿美好的回憶。劇組又拍攝了三個星期，最後總拍攝時程為二十九個星期，遠遠超出原訂計畫的十六個星期。我們的後期製作時程也因此損失了十三個星期。

剪接室在聖安塞爾莫市中心的一棟大樓裡。我剪接《星際大戰》時曾在公園路待過的那間房子，現在變成喬治和瑪西亞的家。他們將那個地方重新裝潢為兩層樓的住家，打算在那裡生兒育女。新的剪接室不像之前那間剪接室那麼別緻，可是有一個堪用的壁爐，能夠讓我撐過馬林郡典型的濕冷冬季，因此是件好事。

我很快就完成了《帝國大反擊》的初剪版，我們在一天之內試片兩次，這是喬治習慣的方式，第一次試片先取得整體印象，第二次放映是為了做筆記。喬治、克許納、瑪西亞、蓋瑞．庫爾茨和賴瑞．卡斯丹都在場一同觀賞。第二天我們到剪接室去，我在那裡連續播放所有底片。我讓影片持續放映，直到有人提出意見，然後我就停止播放，大家一起討論修改方式。如果意見分歧，就由喬治做出最後決定，但他總是同意克許納提出的每一項建議。

我列出一份清單，載明喬治已經核准的所有改變，然後開始修剪。當我修剪影片時，喬治每天都會花一點時間在隔壁房間的Kem剪接機上瀏覽各場戲的淘汰畫面。我對此有點不悅，因為我認為這麼做是對我不信任，可是過了幾天之後，喬治的助理對我說：「呃，你應該覺得高興，因為喬治通常會修改很多地方，可是他現在只有看看那些被淘汰的畫面，並表示他也很清楚你已經把好畫面都拿去用了。」

天行者牧場

喬治在這段期間也很忙，他正在馬林郡興建一座天行者牧場㉞，一座充滿高科技而且完全自給自足的豪華後製中心。他花了不少心力，在盧卡斯谷路購得一片土地。人們經常誤以為盧卡斯谷㉟是以他的名字命名，其實並非如此。喬治已經開始興建牧場的建築，但是他不想讓承包商賺錢，於是他成立一間承包公司，自費打造那座牧場。喬治所有的房地產，至少我見過的那些，都具有奢華但充滿鄉村風格的藝術美感。

瑪西亞也被找去幫忙，以確保室內裝潢能符合喬治的眼光——或者她的眼光。自從喬治以《星際大戰》闖出名號之後，許多前往天行者牧場拜訪的名人都指定要瑪西亞這位女主人接待。喬治在他人生中的這段時期不斷擴張自己的帝國，並感受到來自《帝國大反擊》的過度壓力。他打造天行者牧場的計畫全都倚靠這部電影的成功，因此他很難放輕鬆。不過，有一天他看起來心情很好，在剪接室裡縮在壁爐旁取暖。他轉頭看著我，開玩笑地說：「你以我的體型大小來評斷我的本事，對不對？」這句話是尤達在電影中的台詞。「告訴你，你不應該這麼做，因為我的盟友是錢！」㊱

就我個人而言，我從來沒有對《帝國大反擊》的成功產生一絲疑慮。賴瑞·卡斯丹的劇本非常出色，克許納的執導手法也很棒，讓劇中角色彼此之間的關係變得更活潑。尤達是我們的祕密武器，我認為觀眾看到他之後會深深迷上他。雖然這部電影比前一集黑暗，而且結局不明確，還有好幾個問題沒有解答，但許多人都認為這部片是整個系列中最好的一部。

剪接過程十分順利。喬治請瑪西亞擔任特別剪接師，負責韓索羅和莉亞公主談情說愛的那場戲，因為他認為那場戲需要從女性觀點切入，瑪西亞很開心地一口答應。克許納十分欣賞美術設計的某一個小細節：背景的機械上有一根小金屬棒會反覆從一個小洞滑進滑出。正如我之前所說的，克許納在許多方面還是一個大孩子。

主要拍攝工作結束後一個月，我們就鎖定了整部電影的畫面。雖然拍攝時間比原訂計畫超出十三個星期，我們還是依照計畫時程完工。光影魔幻工業完成他們的工作後，我花了一些時間檢視和修剪他們的作品，並審查同步對白錄音的剪接，這個過程也稱為「配音」。當演員原本的聲音被背景噪音影響或者錄製效果不佳時，就會使用同步對白錄音。有時候，同步對白錄音也被用來提升對白聲音的品質。

在《星際大戰》中，帝國風暴兵有一段台詞搞砸了，我必須確保這種情況不會發生第二次。在那個著名的橋段中，我們的英雄被帝國風暴兵攔下來。

風暴兵：讓我看看你的身分證明。
歐比王：你不需要看他的身分證明。
風暴兵：我們不需要看他的身分證明。
歐比王：這些不是你們要找的機器人。
風暴兵：這些不是我們要找的機器人。

歐比王：他可以離開了。
風暴兵：你可以離開了。
歐比王：快走。
風暴兵：快走。

帝國風暴兵的台詞是以同步對白錄音的方式錄製，但是插入點比我設定的晚了八格。由於混音時我不在場，所以未能及時發現。等我注意到這個問題時，已經來不及修正。比較諷刺的是，這段搞砸的對白如今變成《星際大戰》的經典畫面，帝國風暴兵對歐比王的指令略顯遲疑，意味著「絕地意志操控術」需要花一點時間才能發生作用。我猜我可以宣稱自己是故意這樣設計的，但其實這是一次令人開心的意外。

遭到「威脅」的哈里遜·福特

一九七九年的平安夜下起傾盆大雨。我們在聖安塞爾莫市附近的羅斯租了一間小房子，位於塔瑪派伊斯山東邊，那裡被公認為是整個灣區最常下雨的地方之一。那天晚上，我們聽見敲門聲，然後看見瑪西亞站在暴雨中。她為我們三歲大的女兒吉娜送來一份耶誕禮物：一個四英尺高的丘巴卡填充玩具，而且包裝得非常好，沒有被雨淋濕。瑪西亞就是這麼好的一個人，她不嫌麻煩地親自送來，而且那天還下大雨，實在讓我真心感動。

珍再次於馬林綜合醫院生產，這次是我們的兒子艾瑞克誕生。因此，雖然我們的家在紐約，兩個孩子卻都是加州人。

這部電影的後期製作完成後，我們為演員和劇組工作人員放映了最終版的影片。哈里遜．福特也來了，他在這段期間又拍了另外幾部電影，可是票房都不太好。他原本和喬治簽署的合約，載明只合作兩部電影，我聽說他打算在拍第三集時調高價碼。我也聽說喬治曾語帶威脅地表示，如果哈里遜不肯參與第三集的演出，他會在整部電影中以凍結在碳塊裡的道具代替韓索羅，並且在最後一幕將那個道具炸毀。我在放映會上遇見哈里遜時問他：「你會參加下一部電影的演出嗎？」

「如果沒有他們，你覺得我會有今天嗎？」當時哈里遜已經演出《法櫃奇兵》的印第安納．瓊斯，他口中的「他們」是指盧卡斯和史匹柏。

多年後，在喬治五十歲的生日派對上，我再次遇到哈里遜．福特。我感謝他與我分享預告片的錢，但他說他不記得這件事了。然後我告訴他，他的演藝事業飛黃騰達，我很替他高興。

「你無法想像我多開心！」他回答。

我們還在二十世紀福斯電影公司放映《帝國大反擊》給工作人員觀賞，地點在我們為《父子無情》進行混音的那個放映廳。在那場播映會中，觀眾發出最熱烈的歡呼聲，是二十世紀福斯電影公司的商標出現在銀幕上的那一刻。

隨著這部電影的工作結束，賴瑞．卡斯丹找我剪接《要命的吸引力》㊲，那是他擔任導演的第一部作品，可是我想回紐約，因此婉拒了他的邀約。我覺得我已經可以挑選自己想剪接的電影了，畢竟我是奧斯卡金像獎得主。然而事實並非如此，《要命的吸引力》也不是我最後一次推掉的好電影。

隔年，當奧斯卡金像獎公布入圍名單時，我驚訝得說不出話。《帝國大反擊》只獲得三項提名——最佳音效獎、最佳美術設計獎，以及最佳電影配樂獎——最後只有音效獲獎。處理視覺特效的工作人員則獲得特別成就獎。那年最佳剪接獎的入圍名單為《名揚四海》㊳、《象人》㊴、《礦工的女兒》㊵、《旗鼓相當》㊶以及最後獲獎的《蠻牛》㊷。我對這個結果沒有意見，因為得獎作品非常出色，可是因為我還年輕，我很渴望自己能夠得到奧斯卡金像獎的認可，所以我非常失望。不過，這次的經歷讓我明白：從長遠的角度來看，觀眾不會記得某部電影有沒有得獎或入圍，最重要的是作品本身好不好。

畢生最美妙的旅程

後來我就沒有再與喬治共事過。在進行《絕地大反攻》的前製作業時，片名還沒有改成「Return of the Jedi」。那時我接到蓋瑞．庫爾茨的電話，他告訴我喬治在生美國導演工會的氣，所以聘請了一位英國導演，名叫理查．馬昆德㊸。美國導演工會看完《帝國大反擊》之後，宣稱該片的演職員名單違反該工會的規定，罰了喬治五萬美元。違規點是，由於喬治希望這系列的電影有一致性，所以把「盧卡斯影業」放在片頭，將導演的名字放在電影結束時，這種做法在美國導演工會眼中，等於把製片人放在前面，無異犯了大忌。導演克許納不介意自己的名字被放到片尾。「反正我的名字出現時，全場觀眾都會鼓掌！」

隔天，美國編劇工會也對喬治開罰。喬治不會忘記也不會原諒這些處罰，因此馬昆德才有機會接拍這部電影。這部規模龐大的電影，劇組工作人員多達好幾百人，可是馬昆德只有權聘僱兩人：他的攝影師和剪接師。我的運氣不好，希望再次落空。不過，回首往事，我尊重馬昆德的決定，因為像他這樣忠於自己班底的人，在好萊塢實在少見。

✦

每當有人問我，對於影響我人生及知名度最大的那幾年，我有什麼想法時，我總是這樣回答：那種感覺就像我在路上走著走著，突然有一個飛碟降落在我身旁，飛碟的艙門打開，喬治從裡面探出頭來，問我：「想不想去兜風？」

於是我走進去，享受了一趟非常棒的旅程，然後飛碟回到地面，我走出來。喬治微笑著對我揮揮手，再度起飛。

那是我這輩子最美妙的冒險之旅。

注釋

①比利・迪・威廉斯（Billy Dee Williams, 1937-），美國演員、歌手及作家。

②藍多・卡利森（Lando Calrissian），《星際大戰》系列電影中的角色。他是韓索羅的朋友，也是個職業賭徒。

③波巴・費特（Boba Fett），《星際大戰》系列電影中的反派角色。

④尤達（Yoda），《星際大戰》系列電影中的角色，具有強大的力量和智慧，以及至高無上的品德。

⑤財產項目清查（Inventory check），詳細記錄租賃物件狀況的報告，以便做為租賃期滿時評估損失的依據。

⑥史丹利・庫柏力克（Stanley Kubrick, 1928-1999），美國電影導演、劇作家和製片人，被認為是最具影響力的電影工作者之一。

⑦《鬼店》（*The Shining*），一九八〇年的恐怖電影，由史丹利・庫柏力克執導，改編自史蒂芬・金的同名小說。

⑧ 雷利・史考特（Ridley Scott, 1937-），英國知名電影導演及製片人。

⑨《異形》（*Alien*），一九七九年的科幻恐怖片，由雷利・史考特執導。

⑩ 雪歌妮・薇佛（Sigourney Weaver, 1949-），美國女演員，曾被提名奧斯卡最佳女主角獎。

⑪ 大衛・湯布林（David Tomblin, 1930-2005），電視製作人、電影助理導演及導演。

⑫ 彼德・蘇希茨基（Peter Suschitzky, 1941-），英國攝影技師及攝影師。

⑬ 凱爾文・派克（Kelvin Pike, 1929-），澳洲攝影技師。

⑭《二〇〇一太空漫遊》（*2001: A Space Odyssey*），一九六八年由史丹利・庫柏力克執導的科幻電影。

⑮ 諾曼・雷諾茲（Norman Reynolds, 1934-），英國電影美術指導及導演。

⑯ 賴瑞・卡斯丹（Larry Kasdan, 1949-），美國導演、劇作家及製片人。

⑰ 莉・布拉克特（Leigh Brackett, 1915-1978），美國科幻小說作家及劇作家。

⑱《夜長夢多》（*The Big Sleep*），一九四六年的黑色電影。

⑲《赤膽屠龍》（*Rio Bravo*），一九五九年的西部電影。

⑳《獵獸奇觀》（*Hatari!*），一九六二年的浪漫喜劇片。

㉑《龍虎盟》（*El Dorado*），一九六六年的西部電影。

㉒《擒賊擒王》（*Rio Lobo*），一九七〇年的西部電影。

㉓ 勞勃・阿特曼（Robert Altman, 1925-2006），美國電影及電視導演，曾經五度入圍奧斯卡最佳導演獎，二〇〇六年獲得奧斯卡終身成就獎。

㉔《漫長的道別》（*The Long Goodbye*），一九七三年由勞特・阿特曼執導的驚悚電影。

㉕ 雷・洛夫喬伊（Ray Lovejoy, 1939-2001），英國電影剪接師。

㉖ 大衛・普羅斯（David Prowse, 1935-），英國的健美運動員及舉重運動員，也是英國電影和電視演員。

㉗《皇家夜總會》（*Casino Royale*），一九六七年的間諜喜劇電影，故事大致改編自伊恩・佛萊明的首部詹姆士・龐德小說。

㉘《發條橘子》（*A Clockwork Orange*），史丹利・庫柏力克執導的電影，內容引人爭議。

㉙ 史都華・弗里伯恩（Stuart Freeborn, 1914-2013），英國電影化妝師。

㉚ 吉姆・亨森（Jim Henson, 1936-1990），美國著名的木偶師，代表作品為《大青蛙劇場》和《芝蔴街》。

㉛ 法蘭克・歐茲諾維奇（Frank Oznowicz, 1944-），英國出生的美國演員、木偶師、導演及製片人。歐茲以操縱木偶而聞名，曾參與《大青蛙劇場》及《芝蔴街》。

㉜ 豬小姐（Miss Piggy），《大青蛙劇場》裡的角色，是一隻風情萬種的美女豬，但是個性凶悍。

㉝ 伯特（Bert）、格羅弗（Grover）、餅乾怪獸（the Cookie Monster）和福滋熊（Fozzie Bear）都是《芝蔴街》裡的角色。

㉞ 天行者牧場（Skywalker Ranch），喬治・盧卡斯的電影牧場，位於美國加州馬林郡附近一處僻靜而開闊的地點。這座牧場不對外開放。

㉟ 盧卡斯谷（Lucas Valley）位於美國加州馬林郡，該地是以十九世紀一位名為盧卡斯的農場工人命名，與喬治・盧卡斯無關。

㊱ 尤達原本的台詞是：Judge me by my size, do you? Hmm? Hmm. And well you should not. For my ally is the Force.（你以我的體型大小來評斷我的本事，對不對？嗯，嗯，告訴你，你不應該這麼做，因為我的盟友是原力！）

㊲《要命的吸引力》（*Body Heat*），一九八一年的美國黑色電影。

㊳《名揚四海》（*Fame*），一九八〇年的美國歌舞片。

㊴《象人》（*The Elephant Man*），一九八〇年的歷史劇情片。

㊵《礦工的女兒》（*Coal Miner's Daughter*），一九八〇年的美國傳記類音樂片。

㊶《旗鼓相當》（*The Competition*），一九八〇年的美國劇情類音樂片。

㊷《蠻牛》（*Raging Bull*），一九八〇年由馬丁・史柯西斯執導的黑白運動電影。

㊸ 理查・馬昆德（Richard Marquand, 1937-1987），威爾斯的電影導演。

12 《凶線》①

我在一九八〇年回到紐約時，布萊恩．狄帕瑪正準備拍攝《私人物品》②。我們在《天堂幻象》的音效剪接師給了布萊恩靈感，讓他寫出這個劇本。布萊恩對於帶著錄音機四處走動並錄製聲音的人很感興趣，因此撰寫了一個故事情節類似安東尼奧尼③知名作品《春光乍現》（*Blow-Up*）④的劇本。《春光乍現》是講述一名攝影師意外拍到疑似謀殺案的鏡頭，而《私人物品》則是一名音效師意外錄到一場死亡車禍的聲音，他發現那段聲音裡有子彈射穿汽車輪胎的槍響。我相信這部電影將來會成為比安東尼奧尼作品更偉大的邪典電影。

製片人再度由喬治．利托擔任，對此我並不感到興奮。喬治又一次對片名表達不滿，最後他贏了，這部電影被改名為《凶線》（*Blow Out*）。我認為這個決定並不明智，因為影評家自從《姐妹情仇》開始就不斷指控布萊恩剽竊創意，如果更改片名，更會讓人注意到這部電影與安東尼奧尼經典作品的相似性。

布萊恩的妻子南西．艾倫飾演女主角莎莉，約翰．屈伏塔飾演男主角傑克．泰瑞。我讀完劇本之後覺得應該重寫，特別是在地鐵站追逐的那一幕：傑克利用隱藏在莎莉身上的無線麥克風，在地鐵站裡追蹤她以及約翰．李斯高⑤飾演的殺手布魯克。

這個橋段不錯，但是我認為應該選擇在聲音更獨特的地點。地鐵站裡沒有太多獨特的聲音讓約翰．屈伏塔透過耳機追蹤那兩個人要往哪裡去的線索。最後一幕是在費城兩百週年的慶典上，現場放著煙火。我認為，如果最後一幕的地點改在遊樂園裡，有大鎚子敲打銅鑼的聲音、打乒乓球的聲音，或者空氣步槍射擊的聲音，就能夠讓約翰．屈伏塔精確地找出定位，看起來會更好。

無線監聽是布萊恩為電影《城市王子》⑥建構的想法，但那部電影最後由薛尼．盧梅⑦執導。布萊恩不想浪費這個好點子，因此他編寫出整場戲，並且在《凶線》中使用。他以插敘的方式帶出傑克．泰瑞的故事，傑克告訴莎莉自己以前遭遇的悲慘事件，內容與跟蹤一名戴無線竊聽器的人有關。這場戲寫得很好，也成為這部電影的結局。

布萊恩對我的建議不太感興趣，他們開始在費城進行拍攝，費城是布萊恩的老家，偉大的維爾莫斯．齊格蒙德也回到劇組擔任攝影總監。在這部電影中，傑克．泰瑞是一名音效剪接師，他替一個專門拍攝低級恐怖片的導演工作，負責尋找更完美的尖叫聲。為了扮演這個角色，約翰．屈伏塔必須學會如何使用剪接器材，例如接合機、同步機、迴帶機和Moviola剪接機。我負責指導他，好讓他的動作看起來更具說服力。

那天晚上約翰到我的剪接室來，我向他介紹各種器材，還示範剪接師如何瀏覽音效並找出插入聲音的正確位置，以及如何標記底片與音效，使兩者同步。約翰很有禮貌也很友善，而且他很快就學會了。

當晚離開剪接室時，我們搭電梯下樓，電梯由身穿制服的電梯員以手動方式操控。電梯開始往下移動的時候，那名電梯員突然驚呼：「噢，我的老天！真的是你嗎？」

約翰笑了笑，承認自己的身分。

我還以為那名電梯員會興奮得中風。他伸出手，激動地與約翰握手。「噢，我的老天啊。」那人不斷重複喊著。「我簡直不敢相信！這是發生在我身上最棒的事！」

我在心裡翻了白眼（希望沒有表現出來），因為我覺得場面很尷尬。等我們走到大樓外，約翰告訴我：「這種時刻讓一切的辛苦都變值得。」他認真地說。

甘迺迪遇刺事件啟發《凶線》

甘迺迪總統遇刺之後不久，澤普魯德影片⑧曝光，有人認為畫面太令人震懾，不適合以動態方式供世人觀看，因此《生活》雜誌將影格拍成照片之後出版。這個事件啟發了《凶線》的關鍵場面——傑克逆轉這個過程。傑克在攝影台上仔細翻拍雜誌刊登的謀殺案現場照片，再將那些照片串成影片，然後加入他意外錄到的車禍聲響。他將影片中汽車翻入河中所濺起的水花與聲音同步對齊，發現汽車爆胎前曾傳來槍聲。

毛片拍攝的畫面都是Moviola螢幕的特寫鏡頭，顯示傑克為了尋找正確影格而不斷來回播放影片。當我瀏覽這個鏡頭並尋找適合的剪接點時，突然意識到螢幕的來回動作與我操作剪接機時完全相同，讓我有點困惑。我不得不低頭看著自己的手，才能確認我正在往前快轉還是往後迴轉。現在再回頭看這段畫面會覺得很有意思，因為我們記錄了一段如今已被淘汰的剪接方式。我使用了二十五年的器材與技術，都已經不復存在。

✦

這部電影的剪接後來被證明是有問題的。由於劇本的結構不佳——反派在前一個小時中沒有現身，因此氣氛不夠緊張。為了改善這種情況，我們開始挪移場次，以創造漣漪效應。我們將某一場一分為二，分別使用在電影的不同段落，如此一來，其他場次就被棄置不用。諷刺的是，布萊恩原本的設定是以政治陰謀為主題，結果卻變成一部關於孤獨殺手的電影。

這部電影的高潮戲，引發布萊恩和我之間的爭論。那場戲是殺手布魯克把莎莉拖往高處，在絢爛的煙火下俯瞰人群，同時與傑克努力撥開人群、試圖搶救莎莉的鏡頭交錯剪接。布萊恩看過我的剪接成果之後，認為我太早把傑克的鏡頭剪進來，希望我重剪一次，讓傑克晚一點露臉。

我們為製片人喬治．利托播放這部影片時，他的第一個反應是傑克太晚出現，於是我不得不再次重剪，調整回我原來的版本。此外，我認為莎莉在結尾時應該活下來，可是布萊恩不採納我的意見。《凶線》讓我學到一個重要的教訓：導演應該聘用認同該電影概念的剪接師。當我覺得劇本有問題時，應該婉拒這份工作。我在剪接過程中不自覺地對這部電影萌生負面態度，導致我與布萊恩起衝突，在某種程度上傷害了我們的關係。因此我下定決心，不再因為我信任導演就接下工作，我必須也要喜歡劇本才行。

職業生涯最可怕的災難

在我的職業生涯中，我曾遇過幾次負片剪接師剪壞我作品的悲慘意外，例如在《星際大戰》中，負片剪接師在剪接死星爆炸時出錯（請參閱第八章），以及在《姐妹情仇》中，負片剪接師因為拼接失誤而導致底片彎曲（請參閱第五章）。不過，最可怕的一次災難發生在《凶線》。

我的第一份工作是在動能電影公司擔任送片員，當時我就學到絕對不可以在星期五送片，因為如果影片不見，你得等到兩天後才會發現，這會導致片子更難找回來。《凶線》在費城拍攝，後期處理應該在紐約的特藝七彩公司（Technicolor）進行，然而製片公司決定這部電影不在紐約剪接負片，而要送往西岸處裡，於是所有的底片都被打包寄往洛杉磯的特藝七彩實驗室。

不知道什麼原因，這批底片選擇在星期五寄出。隔週的星期一早晨，我們在混音時接到洛杉磯實驗室打來的電話，表示四箱負片寄丟了，那四個箱子裡裝著四天的拍攝畫面。原來是上星期五來收走負片的貨運公司司機，後來又到五十七街去收取其他貨物，他下車之後，有小偷闖入他的貨車，偷走了四個紙箱。小偷可能根本不知道自己偷到什麼東西。

布萊恩急瘋了，跑到街上去翻找垃圾桶，希望小偷發現紙箱內不是有價值的音響設備之後就隨手丟棄。接著，洛杉磯的實驗室又打了一通電話過來，告訴我們另一個壞消息：遺失的影片中有遊行的畫面。在那場戲中，傑克駕駛著他的吉普車穿越過一群打扮成木乃伊的人，衝撞到人行道上，撞碎了玻璃櫥窗。

我們找聯邦調查局幫忙，聯邦調查局沒有多問，直接貼出懸賞公告，然而我們始終未能找回那些畫面，只好重新拍攝，多花了五十萬美元，這筆費用由保險公司負擔。由於那幾場戲是在冬天拍攝的，臨時演員都必須穿上冬裝，即使我們重拍時已是盛夏。最後，我們終於把電影的每個「洞」都補上了。結束工作之後，我就去享受我應得的假期。

《凶線》於一九八一年夏天上映，我在紐約長島漢普頓觀賞了這部電影，因為我們一家在漢普頓的租屋度過整個八月。看片時，當傑克慢了一步、來不及拯救莎莉的性命時，觀眾紛紛朝著銀幕發出噓聲，我以前從來沒見過觀眾對電影有如此憤怒的反應。不過，《凶線》一開始也被大家排斥，但如今卻變成布萊恩．狄帕瑪廣受推崇的早期作品之一，實在出人意料。

與史蒂芬．金共事

那年稍早的時候，羅伯特．達爾瓦打電話找我剪接《黑神駒2》。羅伯特之前剪接過《黑神駒》，因此獲得執導續集電影的機會。這份工作意味著我必須在羅馬待四個月，對我而言相當有吸引力。不幸的是，我父親罹患癌症，當我告訴我父親這項邀約時，他說：「老天，我希望你不要接受這個工作。」

於是我拒絕了羅伯特，雖然我很希望到羅馬住四個月，可是我父親對我非常重要，在他人生最後一段時光，我不能跑去那麼遠的地方工作。我從來沒有後悔過這個決定。

諷刺的是，我父親在一九八一年九月二十一日逝世，那天正好是《黑神駒2》開拍的日子。當初我帶著奧斯卡金像獎回到紐約，希望在這裡繼續發展我的職涯，可惜因為經濟衰退，開拍的電影也變少了。我待在紐約，帶著兩個孩子，原本有大好機會可以到羅馬工作四個月，最後什麼都沒有。

但突然有一份工作從天而降——導演喬治．羅梅羅[9]的製片人打電話給我，表示他們正在拍攝一部名為《鬼作秀》[10]的多段式電影（anthology film），靈感來自恐怖漫畫，由史蒂芬．金擔任編劇。他們希望我剪接五個故事當中的一個，片名是《箱子》（*The Crate*）。我告訴他們，只要能讓我在紐約工作，我非常樂意參與。他們同意了，可是我還是得先飛去匹茲堡一趟，與喬治．羅梅羅見面。

當時是冬天，我搭乘的班機降落在匹茲堡被大雪覆蓋的飛機跑道上。我見到喬治．羅梅羅，他是一個身材高大、滿臉鬍子的男人，個性非常溫暖。我們聊了一會兒，就這麼簡單。當天我又回到紐約。

某天史蒂芬．金來到剪接室，我很高興見到他，因為我是他的超級書迷。我剪過《魔女嘉莉》，那部電影改編自他的第一本小說，也是他第一部被翻拍成電影的作品，或許這就是他想見見我的原因。我曾經遇過許多偉大的藝術家，我把史蒂芬．金和約翰．休斯及約翰．威廉斯放在同一個等級，因為他們都有源源不絕的創造力。

我們談到庫柏力克版的《鬼店》，雖然傑克．尼克遜[11]演出精湛，可是我有幾個問題，尤其是庫柏力克大大改變了結局。在書中，男主角的主要職責之一是留意那棟老飯店的鍋爐，因為如果不小心，鍋爐的蒸汽壓力就會發生爆炸，而那也正是他開始發狂時的景況。小說以大爆炸收場，我閱讀時可以想像來回剪接傑克凶殘殺人及蒸汽壓力表不斷上升所營造的緊張感。

我告訴史蒂芬．金這個想法，他非常認同，故事裡某些基本元素不該被拿掉。在電影版中，傑克凍死在雪地裡是一種與小說全然不同的結局，相對於具有宣洩作用的大爆炸場面，這種死法只讓人覺得掃興。

我完成了我那段《鬼作秀》故事的剪接，在剪接室裡放映給羅梅羅和他的製片觀賞，然後我們從此分別，沒有再見過面。我繼續尋找能讓我剪接的好電影，過程緩慢又難熬。那時是一九八二年的春天。

當時我還不知道，《鬼作秀》是我身為紐約剪接師的最後一部作品。

注釋

① 《凶線》（*Blow Out*），一九八一年的美國驚悚電影，由布萊恩．狄帕瑪擔任編劇及導演，約翰．屈伏塔主演。

② 布萊恩．狄帕瑪所寫的劇本原名為《私人物品》（*Personal Effects*），後改名為《凶線》（*Blow Out*）。

③ 米開朗基羅．安東尼奧尼（Michelangelo Antonioni, 1912-2007），義大利現代主義電影導演，也是公認在電影美學上最具影響力的導演之一。

④ 《春光乍現》（*Blow-Up*），義大利導演安東尼奧尼於一九六六年執導的電影，也是安東尼奧尼第一部英語電影。

⑤ 約翰．李斯高（John Lithgow, 1945-），美國演員、音樂家和作家。

⑥ 《城市王子》（*Prince of the City*），一九八一年的美國犯罪電影。

⑦ 薛尼．盧梅（Sidney Lumet, 1924-2011），美國電影導演，曾多次入圍奧斯卡最佳導演獎。

⑧ 澤普魯德影片（Zapruder film），美國公民亞伯拉罕．澤普魯德（Abraham Zapruder）使用貝爾豪威爾（Bell & Howell）家用攝影機拍攝的無聲八釐米彩色影片，影片內容為一九六三年十一月二十二日美國總統約翰．甘迺迪的車隊經過德州迪利廣場（Dealey Plaza）時的畫面，正好捕捉到甘迺迪遇刺的瞬間。

⑨ 喬治．羅梅羅（George Romero, 1940-2017），電影導演、劇作家和剪接師。

⑩《鬼作秀》（*Creepshow*），一九八二年的美國恐怖喜劇選集電影。

⑪ 傑克．尼克遜（Jack Nicholson, 1937-），美國知名男演員，曾十二度獲得奧斯卡金像獎提名，並奪得兩座最佳男主角獎和一座最佳男配角獎。

13 《黑神駒》回來了

我喜歡電影這個行業的其中一個原因，就是可以接到改變一生的工作，例如《星際大戰》。那年春天，這種改變我一生的工作又出現了。在我失業幾個月之後，羅伯特．達爾瓦打電話給我，問我能不能去舊金山幫忙剪接《黑神駒2》。他之前聘請的剪接師大衛．霍頓（David Holden）花了太多時間，他們需要再找一位幫手。待剪的片段還很多，目前剪出來的影片已經長達四小時！我很好奇霍頓在羅馬的這四個月到底在做什麼，他可能玩得很開心吧？劇組向我保證工作時間只有六個星期，可是我也要有無限延長工時的心理準備。我的律師約翰．布雷格里奧說，這是他聽過最糟糕的條件，但我還是答應了，因為我需要工作，而且我喜歡灣區。我也很欣賞羅伯特，他有一種充滿感染力和爆發力的笑聲，在任何地方都很受歡迎。我喜歡和他討論各種事情，因為他總是情緒高昂。

剪接室在法蘭西斯．柯波拉的哥倫布塔①，靠近北灘和中國城。這份工作最棒的地方是午餐有很多選擇，步行可達之處就有舊金山市最好的義大利餐廳和中國餐館。我六月時抵達舊金山，身上穿著這個季節適合在紐約穿搭的麻布夾克，結果整個人被凍僵。當時我才初次聽說那句有名的警語：「我經歷過最冷的冬天，是舊金山的某個夏天。」

大衛．霍頓其實是一個有想法的聰明人，他的兩鬢都已斑白，運動外套的肘部貼了補丁，嘴上叼著菸斗。我們要準備一個版本給製片柯波拉觀賞，我負責剪最高潮的比賽畫面。這部電影的攝影總監是卡蘿．迪帕瑪②，他曾與安東尼奧尼合作，後來還為伍迪．艾倫拍攝了十一部電影。

這部片子大部分在北非拍攝，在摩洛哥和突尼西亞的沙漠中。影片中，美國男孩艾力克斯

（Alex）的馬匹被阿拉伯竊賊偷走，因此他和一位與他結為好友的阿拉伯男孩徒步穿越沙漠尋找他的馬。其中有許多廣角鏡頭畫面，藉著兩個小人緩緩走過，顯示沙漠的壯闊及景色的荒涼。

我剪接比賽畫面時，羅伯特和大衛一同負責其餘的部分。關於參考音樂，我選用當年贏得奧斯卡最佳影片的《火戰車》③主題曲。我個人覺得這部電影是靠著配樂才奪得最佳影片，而且我猜好萊塢的剪接師們都會拿這段音樂拿來當成參考音樂。當然，這段音樂與我們的比賽畫面非常契合。我個人比較在意能不能達到預期效果，即使別人認為這是打安全牌也無所謂。

讓柯波拉看試片那天，剪接團隊特別前往洛杉磯，到柯波拉位於本尼迪克峽谷（Benedict Canyon）的住家。那間房子不大，可是臥室裡有兩台三十五釐米投影機，安裝在床頭後方的隔音間裡，還有大大的銀幕占滿床腳對側的牆面。

在放映前，法蘭西斯替我們大家準備了晚餐：義大利麵、大蒜麵包和沙拉，他喜歡營造一種大家庭的感覺。我們到臥室觀看剪接成果時，我坐在地板上，背靠著床腳；法蘭西斯的頭倚在枕頭上，雙腳往前伸；其他人也各自在這間小小的臥室裡找好位置坐下。我們開始放映影片，但沒想到音效在最後的比賽場出了問題，聲音突然變得像是從水底下發出，所有的細節都不見了。我很沮喪，因為那是我讓法蘭西斯留下深刻印象的機會。

亮燈之後，製作統籌看見我失望的表情，俯身對我說：「不必擔心音效的事，法蘭西斯剛才睡著了。」

不久後，劇組決定辭退大衛・霍頓，由我完成這部電影。我不覺得大衛有一絲不高興，至少他表面上看起來還好。看見他離開，我也不覺得遺憾，因為我與他互動時沒有火花，而且我之前說過，我喜歡獨自與導演合作。然而我在舊金山停留的時間必須延長，這意味著珍和孩子們必須搬過來，在這裡待幾個月。每次我們因為電影而搬家，珍就必須負責找房子。我總是對她說：「盡量找好一點的地方。」

我們在蒂伯龍市租下一間有海景的獨棟房屋，每天早上我就開車從金門大橋進入市區工作。那段路無論經過多少次，總是能帶給我好心情。

為老友謀職

音效剪接總監開始募集他的團隊。我的好友湯姆．貝爾福特當時住在柏克萊，我在電影產業的第一份工作，就是湯姆的叔叔介紹的，他叔叔讓我進入動能電影公司的收發室工作，我一直想報答湯姆這份恩情。湯姆是攝影師，可是日子過得不太好，他需要一份工作。

「你想不想來學電影音效？」

「那方面我完全不懂啊。」他回答。

「你不必懂任何事情，這是入門的職缺，你只需要在盒子上貼貼標籤、拉拉空白磁帶——都不是什麼難事。」

音效剪接師萊斯利．沙茨（Leslie Schatz）答應與湯姆見面。他們面談結束後，沙茨打電話給我。「我沒辦法僱用你的朋友。」他說。

「什麼？為什麼不能僱用他？」。

「他年紀太大了。」

這個答案讓我憤怒，因為湯姆和我同年。「聽我說，我不是拜託你僱用他，我是要你僱用他。」我已經鐵了心，並告訴湯姆不要放棄。可是我發現他打電話給沙茨，說：「請不要因為保羅要求你，你才給我這份工作。」湯姆真是一個了不起且不貪圖私利的人。

我原本想再去找萊斯利．沙茨，可是他替我省了麻煩，因為他已經決定僱用湯姆。可能是有人告訴他，因為年紀而拒絕僱用某人是不合法的；也可能是因為他想安撫我，選擇息事寧人。但這些我都不在乎，我很高興湯姆得到這份工作。他非常勤奮認真，而且工作起來如魚得水。

湯姆開始負責愈來愈多事務，這部電影的拍攝工作結束時，他幾乎已經是第一音效助理。他的下一份工作是《鬥魚》④，並且被聘僱為真正的第一音效助理。後來他又參與了《太空先鋒》⑤和《阿瑪迪斯》⑥，第五部電影則是《棉花俱樂部》⑦，他在該片中擔任同步對白錄音剪接師。艾爾．帕西諾⑧在拍攝過程中也會徵詢他的意見，問他喜歡哪個鏡頭！

他在工作方面真的飛黃騰達了。

✦

當我們努力修剪《黑神駒2》時，羅伯特告訴我沃爾特．默奇即將再次舉辦機器人奧運會（Droid Olympics）。幾年前，沃爾特突發奇想，舉辦了一系列的剪接技能競賽。那些動作通常都由剪接助理負責，因為重複性高，十分機械化，所以他開玩笑地說剪接助理都是機器人。

我在剪接《星際大戰》時認識沃爾特，他的身材高大、頭腦聰明，說話的聲音是令人印象深刻的男中音，很適合公開演說。他對於神祕的事物充滿興趣，這讓他開創了事業第二春，成為各類主題的講師。他廣為人知的著作《眨眼之間》⑨就是因為這些演講而寫成的。最巧的是，他父親和我父親一樣是住在紐約的畫家，而且兩人熟識。

沃爾特和馬修．羅賓斯為機器人奧運會設計了好幾項賽事，還取了五花八門的名稱，例如「爆破迴帶」（Demolition Rewinding）、「急轉拍攝」（Veeder-Root Sharp Shoot）、「笨手笨腳」（Worst Hand

Anyway）等。當時正在灣區剪接的四、五部電影，劇組都派人參加比賽。我在剪《帝國大反擊》時曾經參加過一次。

比賽地點位於博利納斯的黑莓農場，也就是默奇的住處，在過了金門大橋的海岸邊。活動在室外及門廊上舉行，午餐由參賽者各自準備並共享。現場有Moviola剪接機、剪接工作台、同步機、接合機、底片架和修剪箱，參賽者的家人也組團前來加油，這一天就在戶外度過（對剪接師而言是非常棒的享受！），充分享受歡樂的氣氛與美好的天氣，孩子們和小狗四處奔跑嬉戲，讓人覺得那裡是最受到上天祝福的地方。

「國家研究小組」

不久之後，電影公司在聖費爾南多谷的電影院舉辦試映會，我們一行人搭飛機前往參加：我、羅伯特、製作統籌，加上三名助理；另外一位製片道格．克萊伯恩⑩則是在那裡與我們碰面。試映會在傍晚舉行，以方便家中有年幼子女的觀眾參加。

當時的電影院投影技術有一項創新之舉，那就是將電影的底片全部安裝在一個大型金屬轉盤上，形成一個連續迴圈，放映師就不必忙著更換底片。這也意味著放映師比較不需要技術，而且可以在同一時段負責不同放映廳的投影工作。結果，電影院老闆為了省錢，隨便找了個年輕人來取代技巧純熟的放映師。不幸的是，在試映之前，負責投影的年輕人花了比預期還久的時間將每一盤底片安裝到金屬轉盤上，導致放映時間延後開始。

隨著影片的播放，我注意到投影畫面出現不易察覺的振動，後面幾卷的影像振動得更明顯，我也愈來愈焦慮。最後，到了穿越沙漠的那一場戲，膠卷斷了，整個銀幕先變成白色，然後再變成一片黑。放映廳的電燈亮起。

我跑進放映室，看見膠卷纏夾在金屬轉盤上。隨著轉盤愈拉愈緊，膠卷也在轉軸中央愈纏愈高，看起來像一座火山。電影院的工作人員花了四十五分鐘解決這場混亂，先修復損壞的底片，再讓影音重新同步，然後才恢復放映。

當時是晚餐時間，有小孩的家庭都已經紛紛離去。總而言之，那場試映會是一場大災難。放映結束後，承辦這場試映會的「國家研究小組」（National Research Group，NRG）公司，仍然向剩下的觀眾發放意見卡。製片、羅伯特和我在大廳碰面，準備進行「事後檢討」，感覺就像準備驗屍。為什麼不能稱為「事後分析」呢？

一位滿頭白髮的國家研究小組員工拿著幾張紙走過來，向我們說明觀眾對這部電影的喜愛程度。那是我第一次參與電影試映研究，感覺自己充滿科學精神。「橫越沙漠那場戲太長了。」他如此宣佈。

我覺得這個意見很荒謬，因為那一幕中斷了四十五分鐘。「你不能從這場試映會做出這種結論，因為意外打亂了一切。」我表示抗議。

國家研究小組進行的這種研究，其實並不是測量觀眾反應的良好工具，但已經成為這個行業的標準。他們將觀眾分成四組來進行分析的做法，已是神聖不可侵犯的準則。分組方式為區別男性或女性，以及二十五歲以上或未滿二十五歲。電影公司的高層主管都想要製作可以「一網打盡」的電影，一次吸引所有類別的觀眾。

零售業的市場研究專家，會對消費者行為進行更詳細的分析，並且區隔出不同類型的消費性格——衝動型的消費者、深思熟慮型的消費者等等。可是國家研究小組這種簡單的方式卻成為電影公司奉為圭臬的標準測量工具，三十五年來不曾改變。

當然，如果在問卷上提出適當的問題，我們有時可以藉著試映會獲得一些有用資訊，但是，實際上，每次試映會的問卷都是所有電影通用的一般問題，我們特別想知道的事有時候就會因此被忽略。試映會也經常是一種政治手段，就像一把利劍，可以逼迫導演修改他原本堅持的內容，也像一面盾牌，保護電影公司高階主管不受老闆的質疑。倘若試映會的反應良好，他們就能夠理直氣壯地花錢行銷電影。

試映會的可怕事實，就是只有負面指標可靠。就算試映會後得到高分評價，也不能保證票房一定出色。國家研究小組明白這一點，因此在他們提供給電影公司的放映結果「綠皮書」中有一項免責聲明，表示報告的得分高低與實際票房無關。「市場性」與「可映性」有很大的差異，一部喜劇電影在擠滿觀眾的試映會中得到良好回饋，不代表正式上映後所有觀眾就會買單。倘若行銷手法錯誤，依然無法吸引到觀眾。

你唯一能相信的是負面評價。如果試映會的觀眾討厭這部電影，你就有麻煩了，尤其是政治方面的問題。在這種情況下，剪接師可能會被解僱，或者劇組裡會出現派系之分，一邊是導演派，一邊是製片派，剪接師被夾在中間，但至少你知道得想辦法讓這部電影變成它可能永遠無法變成的東西——票房熱賣的大作。這種試映活動的好處，是可以讓電影公司高階主管知道何時該停止鞭打死馬。如果在下一場試映會中好評沒有增加，他們就會明白一切已無力回天。他們會讓劇組繼續完成這部電影，並且期望奇蹟出現。

我們這群氣餒的電影工作者聚集在電影院外卡諾加公園區的停車場，雖然已經是晚上，可是天氣還是很炎熱，我們也還沒吃晚餐。我們七個人走到停車場對面的墨西哥餐館，找位子坐下。服務生過來點餐，問我們：「各位想吃點什麼？」

製片道格．克萊伯恩給了一個完美的答案：「二十一杯瑪格麗特雞尾酒，謝謝！」

喬治斯・德勒魯[11]被找來為這部電影譜寫配樂，喬治斯是一位成就斐然的資深作曲家，擁有超過兩百五十部作品，曾為法蘭索瓦・楚浮及菲力浦・德・布羅卡[12]的電影譜曲。喬治斯的英語說得不好，所以他很高興我會說流利的法語。他很討人喜歡，也很容易被人逗笑，有一種與生俱來的親切與和善。他能寫出優美的旋律，風格獨一無二。

他的音樂剪接師名叫理察・史東[13]，理察的法語說得還不錯，可以與喬治斯溝通。理察在拉達製作公司（La Da Productions）上班，那家公司的老闆是丹・卡林。理察後來成為知名的電影作曲家，我和喬治斯、理察、丹也成了好朋友，我能感受到他們真實的情誼。令人難過的是，喬治斯和理察現在都不在我們身邊了，但是我們合作過不止一次。

錄製《黑神駒2》的配樂是一趟難忘的旅程。我們飛往倫敦，入住蒙卡爾姆飯店（The Montcalm）。喬治斯說，這是楚浮最喜歡的飯店。我們在倫敦西南部的奧林匹克錄音室[14]進行錄製，許多很棒的唱片都在這裡錄製完成。混音地點在艾比路錄音室[15]，羅伯特、理察、丹和我在錄音室前的馬路上重現「披頭四樂團」著名的唱片封面[16]。錄音室的員工在前門內側放置一座摺梯，利用這座摺梯來捕捉拍照時的正確角度。很顯然，他們經常替人這樣拍照。

我們又前往洛杉磯的米高梅影業進行影片混音，那裡也曾是《星際大戰》的混音地點。喬治斯交出非常動人的配樂，旋律令人印象深刻。年輕的艾力克斯橫渡海洋與大陸，克服了各種障礙，終於與他心愛的「黑神駒」重聚。這段畫面的配樂很長，裡面充滿了情感，我非常喜歡，到今天都還經常反覆聆聽。我真心希望還有機會能與喬治斯合作。

《疤面煞星》和《阿瑪迪斯》

一九八三年二月左右，我們完成了這部電影。我又接到兩部電影的邀約：布萊恩・狄帕瑪開始拍攝《疤面煞星》⑰，他再次聘僱傑瑞・格林伯格，不過因為他們有很多鏡頭，所以在尋找第二剪接師；於此同時，米洛斯・福曼⑱想約我見面討論剪接《阿瑪迪斯》的事，這表示我將飛往布拉格，因為《阿瑪迪斯》在布拉格拍攝。我的心情激動且充滿期待，因為音樂就像是我的初戀。我之前看過這齣戲的舞台劇版，能與米洛斯合作這麼了不起的電影，令我相當興奮。

「什麼時候開始拍攝？」我問與我聯繫的工作人員。

「噢，他們已經開始了。」對方回答。

「我不懂。」

「米洛斯希望你從六月開始工作，等他從歐洲回來。」

「可是，他不希望拍攝期間有人幫忙整理畫面嗎？」

「他有一個助理，一位年輕小姐會做這件事。」對方回答。

聽起來不妙。我不喜歡這樣的安排。很顯然的，米洛斯不信任我，所以他希望從我開工的那一刻就盯著我，和我一起剪接。雖然我樂於與導演密切合作，但前提是我能自主完成初剪版。我不喜歡被近距離監督，也不喜歡讓助理插手應該由我負責的工作。不過，畢竟這部電影是《阿瑪迪斯》，我願意妥協。

問題是，我得先找點事情來做。我想到一個點子：我可以先到《疤面煞星》劇組工作四個月，然後再去為米洛斯工作。但是布萊恩的製片人不同意，他說我只需要替《疤面煞星》工作六個星期，不過在他們完成這部電影之前，我必須隨時待命。又是一個終期未定的合約，條件對我來說似乎不太公平，再加上我不想降格為第二剪接師，因此我拒絕了。我要不要加入《阿瑪迪斯》劇組，或多或少取決於我能不能先在《疤面煞星》劇組工作，因此這兩個案子最後都被我拒絕了。

✦

我和珍及孩子們已經離開紐約十個月了，我們的女兒吉娜在蒂伯龍市讀幼稚園，她已經到了該上學的年齡，四處搬家不再是那麼簡單的事。

我們可以回紐約，再度面對充滿不確定的未來，可是上次我們返回紐約時，工作非常難找。我在那裡的主要工作來源是布萊恩，然而那段時間他沒有工作能交給我做，起碼不是第一剪接師的工作。

我們也可以繼續留在馬林郡，但是前途未卜。我發現音效剪接師在灣區發展比較容易，可是影像剪接師沒有充足的工作機會，至少我無法定期受僱。

我們的另一個選擇是搬到洛杉磯。我認為我可以在那裡找到工作，不必經常飛往外地。過去五年間我們搬了八次家，珍不想再過那種生活了。我們在紐約、倫敦、舊金山和洛杉磯之間來來回回，我個人雖然無所謂，可是我也同意應該安定下來。

從某個角度來看，既然我們已經在西岸，一切都容易得多。於是，我們短暫飛回紐約，將所有物品收拾好，準備找搬家公司來幫忙，然後再飛回馬林郡。我們在蒂伯龍市的租屋契約即將到期，珍說：「你快去洛杉磯找份工作、找棟房子，還有找間學校。」因此，我每個週末就飛往洛杉磯，可是過程令人迷惘又沮喪。我開著車，物色一棟又一棟的房子，靠著速食餐飲填飽肚子，用加油站的公共電話聯絡房地產經紀人，在聖莫尼卡借宿在我前大嫂蒂娜的家以及理查．馬克斯的住處，結果都沒找到讓我心動的房子，有些物件我甚至一個晚上都不想待。最後到了月底，蒂伯龍市那間房子的房東已經找到新房客，下個月一日就會搬進來，所以我們必須離開。我們將所有家當搬上車，然後開往南方。至於我們在紐約的東西，晚一點才會寄送過來。

我們將這段經歷稱為「沒有目的地的雙重搬家」。

注釋

① 哥倫布塔（Columbus Tower），加州舊金山的一棟多功能建築，後來被導演法蘭西斯．柯波拉買下。

② 卡蘿．迪帕瑪（Carlo Di Palma, 1925-2004），義大利攝影師，在彩色及黑白電影方面都有優異的作品。

③《火戰車》（*Chariots of Fire*），一九八一年的英國勵志電影，獲得當年奧斯卡金像獎最佳影片。

④《鬥魚》（*Rumblefish*），一九八三年的美國電影，由法蘭西斯．柯波拉執導。

⑤《太空先鋒》（*The Right Stuff*），一九八三年的美國電影，改編自湯姆．沃爾夫（Thomas Wolfe, Jr.）的寫實小說《真材實料》（*The Right Stuff*）。

⑥《阿瑪迪斯》（*Amadeus*），一九八四年的傳記電影，改編自劇作家彼德．謝弗（Peter Shaffer）一九七九年的同名舞台劇。

⑦《棉花俱樂部》（*The Cotton Club*），一九八四年的犯罪電影，由法蘭西斯．柯波拉執導。

⑧ 艾爾．帕西諾（Al Pacino, 1940-），美國演員、製片人和劇作家，曾獲奧斯卡最佳男主角獎。

⑨《眨眼之間：電影剪接的觀點》（*In the Blink of an Eye: A Perspective on Film Editing*），沃爾特．默奇所寫的電影製作書籍。

⑩ 道格．克萊伯恩（Doug Claybourne, 1947-），美國製片人與助理導演。

⑪ 喬治斯．德勒魯（Georges Delerue, 1925-1992），法國作曲家，曾獲得奧斯卡最佳原創音樂獎。

⑫ 菲力普．德．布羅卡（Philippe de Broca, 1933-2004），法國電影導演。

⑬ 理察．史東（Richard Stone, 1953-2001），美國作曲家。

⑭ 奧林匹克錄音室（Olympic Studios），著名的獨立錄音工作室。一九六〇年代後期以來，許多搖滾及流行音樂的唱片都是在這裡錄製而成。

⑮ 艾比路錄音室（Abbey Road Studios），英國唱片公司 EMI 於一九三〇年開設在倫敦的錄音室。

⑯ 指披頭四的第十一張專輯《艾比路》（Abbey Road）。

⑰《疤面煞星》（*Scarface*），一九八三年上映的美國犯罪電影，由布萊恩．狄帕瑪執導。

⑱ 米洛斯．福曼（Milos Forman, 1932-2018），捷克裔的美國電影導演及劇作家，曾兩度獲得奧斯卡最佳導演獎。

14 洛杉磯的《渾身是勁》[1]

我們來到洛杉磯，但是無家可歸。那時是一九八三年年初，我們搬離紐約的公寓和在馬林郡承租的房子，我與珍及兩個孩子與一座奧斯卡金像獎沒有地方可住。我怎麼會陷入這種困境？在公寓式飯店短暫停留之後，解決方案出現了。在千載難逢的機會下，我們五年前租過的房子，也就是一九七八年夏天住過的那間房，突然又空出來了，於是我們終於可以放輕鬆。我們搬入新居之後，我就開始找工作。

我在剪接《帝國大反擊》期間，赫伯特・羅斯的工作人員曾打電話給我，找我剪接由史提夫・馬丁[2]主演的《天降財神》[3]，我沒辦法接，可是理查・馬克斯正好有空，他剛完成《現代啟示錄》，所以我把他推薦給赫伯特，理查因此得到那份工作。

此刻赫伯特想找理查剪接他即將為派拉蒙電影公司拍攝的新片，片名是《渾身是勁》，由凱文・貝肯[4]飾演男主角倫恩（Ren）。倫恩是在大都市長大的青年，剛搬到一個小鎮，意外發現那個小鎮的牧師要求鎮議會禁止年輕人跳舞。倫恩和牧師的女兒交往，並且認識了新朋友。倫恩開始教新朋友跳舞，還與當地的年輕人一起反抗禁舞令。

理查已經答應剪接派拉蒙電影公司的另一部電影，片名是《親密關係》[5]，導演是一位名叫吉姆・布魯克斯[6]的電視編導，那部片是他的第一部電影長片。理查很喜歡那個劇本，他和吉姆・布魯克斯後來合作了三十年，作品都相當成功。

理查知道我需要工作，便把我推薦給赫伯特。我與赫伯特見面時提醒他：當初是透過我的推薦，他才會與理查合作。於是我得到了《渾身是勁》的剪接工作，這是我在好萊塢的第一部電影。額外的好處是，我的好友理查與我在同一個片場工作。我很高興能擔任赫伯特的剪接師，過去十五年來，他一直是派拉蒙電影公司拍攝大片時的首選導演，他的作品包括《俏佳人》⑦、《陽光小子》⑧、《百分之七的溶液》、《轉捩點》和《再見女孩》⑨。他與電影圈裡最大牌的明星合作過，例如芭芭拉．史翠珊⑩、彼德．奥圖⑪、米高．肯恩⑫、珍．芳達⑬、克里斯多夫．華肯⑭和李察．德瑞佛斯⑮。他是派拉蒙影業當時最頂尖的好萊塢導演，能為他工作真的很了不起。

離開紐約時，我決定終止與布萊恩．狄帕瑪在剪接設備租賃事業上的合作，因為在可預見的未來，我沒有機會再和布萊恩合作，而且既然我不會待在紐約工作，我們的「天堂夥伴」剪接設備出租事業也不再有意義。於是我把我們五年前買的Kem快速剪接機運到洛杉磯，因為比起其他剪接機，我更喜愛這一款。自從《星際大戰》以來，我都只用這種機器剪接。我還可以把這套機器租給與我合作的劇組，藉此賺一點外快。我告訴《渾身是勁》的一位製片人，我想使用自己的Kem剪接機。

「呃，這可能會有一點問題。你知道。赫伯特有一台Kem Universal，他希望劇組向他租用。」

「那就沒辦法了，我不會用Kem Universal，因為它的操控裝置是按鈕，我比較習慣Kem快速剪接機的操縱桿。」

「你這句話聽起來就像一個水電工說自己只會使用某種扳手！」他不悅地表示。

感謝你的讚美，我心想。**原來我在你們眼中只是一個水電工，呃？**

儘管如此，我還是堅持立場，最後赫伯特也答應了。

剪接像「開車」

赫伯特喜歡在主要拍攝工作開始之前，偷偷將化妝和試裝的時間塞進他的時程表裡。我們檢視凱文·貝肯的髮型時，赫伯特的妻子諾拉·凱⑯也加入我們。諾拉是赫伯特生命中非常重要的人，是他的知己兼藝術顧問。她年輕時曾是首席芭蕾舞者，並且改革了芭蕾，以「戲劇芭蕾舞者」之名享譽國際。

赫伯特表示，諾拉在某次歐洲之旅中放棄了跳舞，將舞鞋一隻一隻扔出車窗外。這幾年來，她的體重增加了一些，說話聲也多了鼻音，聽起來像裘蒂·霍利德⑰，帶有濃濃的紐約藍領階級口音。她粗糙的聲音與精緻的品味十分不搭。諾拉的審美標準很高，有時候甚至會吹毛求疵，赫伯特在美學方面相當倚重她。

有一次，我們觀看毛片時，看見凱文·貝肯胯下的特寫鏡頭。他牛仔褲底下的隆起十分明顯，我覺得有點尷尬。諾拉也注意到這一點，可是反應卻大相徑庭。在她跳芭蕾的歲月中，知道大多數男舞者都會在運動內褲中塞東西。「赫伯特，你沒提醒他嗎？」她以濃濃的紐約口音問。

「有，我提醒他了，他塞了。」

「但為什麼看起來還是那麼小！」她抗議道。

✦

最初的想法，是讓凱文留著非常極端的髮型，也許是龐克頭，以表現出倫恩與他和母親遷入的這個西部小鎮格格不入。然而當時是一九八三年，這個點子讓電影公司緊張。他們答應請一位洛杉磯收費最昂貴的前衛髮型師替凱文剪頭髮，費用為一千五百美元，而且條件是凱文只能獨自在場，剪髮過程中還必須閉著眼睛。結果凱文在理髮時忍不住偷看了一眼，他發現那位髮型師也閉著眼睛，完全憑感覺來修剪凱文的頭髮。

✦

「你不想到猶他州參與拍攝，對不對？」赫伯特問我。我告訴他，如果非必要的話，我不想去。他沒有意見。在一般的情況下，剪接師不需要到拍片現場，因為有經驗的導演知道哪些必要的角度一定要拍，也知道他們在拍攝過程中通常很忙，沒辦法花時間在剪接室，反正剪接師所做的任何選擇，事後都可以再行調整。

我問赫伯特他打算如何讓我知道他喜歡哪些畫面。我與布萊恩的合作方式，一開始是我和布萊恩一起篩選毛片，當他看見他喜歡的鏡頭或台詞時，我就記下來，後來我們預算增加，我就請助理做這件事。「你希望我找個人坐在你旁邊，在你瀏覽毛片時寫筆記嗎？」我問。

「沒關係，你可以選擇你認為最好的畫面。」他說：「我的記憶力非常好，我知道自己拍了哪些鏡頭，如果你沒有剪到我想要的，我會再告訴你。」

這種自由實在令人難以置信，我可以運用自己的判斷力，把我認為適合的畫面放在一起。至於記憶力這件事，赫伯特說得沒錯，我們在檢視剪接成果時，他會突然轉頭問我：「我不是拍了一個她以更懸疑的口吻說出這段台詞的畫面嗎？」我回頭去找毛片，結果真的找到了，於是就把那個鏡頭剪進來。

如果你把電影剪接比擬為駕駛一輛好車，有些導演喜歡坐在駕駛座，自己動手操控，有些導演喜歡當乘客，例如赫伯特和某種程度上的布萊恩。我比較喜歡後者，因為我喜歡「開車的感覺」。這讓我享有更充分的自主權，而自主權與我在工作上的成就感成正比。我也曾與那種對任何小細節都要完全掌控的導演共事，過程非常無趣。赫伯特給予我尊重，也給予我自由。

劇組前往猶他州拍攝，我也到派拉蒙電影公司準備開工。我們的剪接室在一輛雙房拖車裡，這部電影的製作辦公室也安排在同一個地方。我喜歡在拖車外面散步，因為許多位我深深崇拜的知名導演，都曾在這裡拍攝令我仰慕不已的電影。由於我才剛搬到洛杉磯，每當我思念紐約時，就會走到片廠的紐約大街，那裡的褐石建築是以木頭和石膏打造而成的，但它們確實紓解了我的鄉愁。每當我想起這件往事，就覺得自己有點可悲。

試片會上的爭吵

這部電影有一首插曲，搭配倫恩指導他的新朋友威勒（Willard）跳舞的橋段。威勒由西恩・潘的弟弟克里斯・潘[18]飾演，這段畫面的設計是他們在不同地點練習，威勒的舞技隨著歌曲的播放逐漸精進。由於每個鏡頭的拍攝都相隔一段時間，因此劇組到不同地點拍攝時，零星畫面才會陸續送達我手中。基於同樣的理由，赫伯特很難衡量威勒的舞技。他叫我讓他看看整段畫面，我覺得應該親自送去給他，便安排了一趟猶他州之旅。

我將這一幕播放給赫伯特看，他似乎很滿意。於是我又回到洛杉磯，當這部電影準備收尾時，我還忙著剪接。整個劇組的人都回來了，塞滿了拖車。

赫伯特在執導他的第一部歌舞電影《萬世師表》[19]之前，一直擔任編舞師。他編排了《妙女郎》[20]中所有歌曲的動作，包括最著名的拖船畫面[21]，讓他因此當上導演。赫伯特告訴我，籌拍《萬世師表》時，他必須飛去倫敦見大明星彼德．奧圖。赫伯特出身卑微，年輕時是一名舞者，從來沒有搭過頭等艙，空服員在飛機起飛前端給他一杯香檳，接著他又要了一杯。喝過午餐的葡萄酒之後，他還喝了干邑白蘭地。抵達倫敦時，他已經醉茫茫了。他被豪華轎車載往奧圖下榻的飯店套房，結果一進去立刻吐在巨星面前的地毯上，但是奧圖當場答應了他的邀約。

赫伯特的編舞師背景，從他走路的姿態就可以看得出來。他總是邁開大步，肩膀往後拉，下巴高高抬起。他能夠以輕鬆且尊貴的姿態走很長一段路。好幾次，我發現他講完電話之後，會在看都不看的情況下，直接將電話聽筒往旁邊一推，預期別人——助理或者任何人——從他手中接過聽筒，替他掛斷電話。

他經常在句尾加上一句「你知道嗎？」但會簡化成「你知嗎？」語氣中帶有「難道不是這樣嗎？」（n'est-ce-pas）的意味。

每當他認為別人沒有把事情做好而動怒時，他會變得很嚴苛。他有時候會刁難他的演員或後製工作人員，後來我比較了解他的時候，我發現如果被他責備的人露出恐懼的表情，場面就會更加難看。不過，一九八三年九月二十一日我們在派拉蒙影業的放映室進行這部電影的試片時，我還沒了解他的個性。

我記得那一天，因為那是我父親逝世兩週年的日子，我依然因為他的離世而悲痛。參加那場試片會的人不多，但都是重要人物。赫伯特初次邀請諾拉來觀片，另外還有幾位他的好友。由於他十分倚重諾拉，因此那場試片會對他而言極為重要。他很緊張，希望把最完美的畫面呈現給諾拉看。我們坐在觀眾席後方的控制台，諾拉與其他賓客坐在前面。

在電影前段，一名警察在路上攔住倫恩，因為他車子裡播放的音樂太大聲。那個警察故意刁難倫恩，還以威脅的態度拿倫恩的駕照拍打倫恩的下巴。我從這個動作接到下一個場景，中間剪掉了幾句我認為沒有必要的台詞。赫伯特突然憤怒地低聲對我說：「你做了什麼？我沒有叫你這樣剪！」

「我們討論過的。」我回答：「我們同意從那裡接到下一段。」

「我不是這個意思！我沒有叫你剪掉這場戲後面的畫面！你毀了這場試片會！」

我沒接話，他又繼續罵個不停。後來我覺得有點難過，而且已經沒有耐性忍受他的咆哮，於是我站起來，走了出去。我在放映室外站了幾分鐘，讓情緒慢慢恢復平靜。我心裡想：**現在我該如何是好？**我可以離開這裡，拍拍屁股回家去，忘了這份工作；或者，我也可以再回到試片會現場。於是我回去了。

我一坐下，赫伯特就靠過來，向我低聲道歉。「對不起，我剛才不應該那樣說話。我只是太驚訝了。」

「沒有關係。」我回答。

在那之後，我再也沒有與赫伯特發生過爭吵，那段畫面也維持我剪接的模樣。

赫伯特其人其事

我從赫伯特身上學到很多東西。他曾問我如何推辭不想參加但又覺得有必要參加的邀約。「隨便編一個藉口。」我建議他。

「不。」他想要更進一步的答案。「告訴我應該怎麼回覆。」

我們開始合作後不久，有一次我發現自己必須提出一項批評，因而感到不安。赫伯特比我年長十八歲，他是一位經驗豐富的導演，而且生氣起來很嚇人。我吞吞吐吐，試圖將我的想法表達出來。

「保羅，有什麼話就說出來。」他說：「我寧可聽你直接明說，也不希望在《紐約時報》上讀到。」

赫伯特不會具體指出要動哪一格，只會說：「這是你的作品。」讓我自己決定如何修剪。

對待為他工作的人，他有不同程度的敬重。我曾經問他：如果他在開拍之後發現某個演員不會演戲，他會怎麼做。「你會先暫停，並且告訴對方他或她詮釋的方式不對嗎？」

「噢，不會，我絕對不會這樣對待一位藝術家。我不會打斷他們，我會讓他們充分表現自己的詮釋，然後再把他們拉到一旁，私下與他們溝通。」

然而，他這種處理方式並非適用在每個人身上。有一次，一個臨時演員說錯台詞，赫伯特立刻停拍，大聲地說：「能不能去找個會演戲的人過來？」

赫伯特從來不說某件事物「滑稽」。他只會說：「這讓我想笑！」

他擅長喜劇的表現，曾經執導過尼爾．西蒙[22]的許多劇本，包括不朽的《陽光小子》。他原本找傑克．班尼[23]和沃爾特．馬修[24]演對手戲，可是傑克生病，赫伯特找喬治．伯恩斯[25]頂替，為伯恩斯的事業開創了第二春。傑克．班尼與喬治．伯恩斯都當上了大明星，他們從廣播電台發跡，後來進入電視圈，兩位都是出色的選擇，不過我一直很好奇，如果當初由傑克來演，那部片會是什麼樣的感覺。

有一天，赫伯特找我去他的辦公室。「你覺得我們需要片頭嗎？」他問我：「我擔心我們電影裡的第一首歌出現得太晚，如果我們有一段片頭，在裡面放入舞蹈，就可以解決這個問題。」

「當然，我覺得這是一個好點子。」我附和。

他聯繫了知名的電影標題設計專家韋恩・費茲傑羅[26]，請費茲傑羅設計一款概念。費茲傑羅想出的點子非常棒：肯尼・羅根斯[27]演唱的主題曲搭配舞者腳部的特寫鏡頭。這首主題曲是特別為這部電影編寫及錄製的歌曲之一。曾寫過電影劇本的優秀作詞家迪恩・皮奇福特[28]與多位音樂家合作完成這部電影的原聲帶，我都叫他「夢幻迪恩」，或者直接叫他「夢幻」。這部電影開拍時，片中許多歌曲都還沒開始寫，因此安排插曲的橋段只能先預留歌曲的空位，拿精神相符且具有必要能量的音樂來代替。迪恩忙著與多位作曲家譜寫原創歌曲來取代這些參考音樂，雖然每位作曲家的風格各異，但由狄恩統一撰寫的歌詞讓這些歌曲產生了整體感。

電影公司提供一些資金試拍電影片頭，劇組找了一些舞者，有男有女，讓他們換上服裝。赫伯特指導那些舞者跳舞，讓韋恩・費茲傑羅拍攝了二十個隨著音樂即興變換舞步的鏡頭。試拍的結果非常成功，包括電影公司的高層主管也同意如此拍攝正式片頭。

實際拍攝時，除了專業舞者之外，其他演員和工作人員也被叫到鏡頭前，隨著音樂做出自己想做的動作。拍攝完畢後，韋恩大概有一百五十種不同的選擇，我們看了毛片，赫伯特非常滿意。我問韋恩需不需要替他準備一首參考音樂，以便於他進行剪接。

「不必了，沒關係。」他說：「我認為不需要。」

我覺得他的回答很奇怪，但因為我正忙著重剪畫面，以搭配迪恩和多位音樂家陸續交出的插曲，所以沒有多說什麼。

迪恩為了與那些作曲家共同創作，有次還把一架鋼琴搬到拖車裡。

他們開始錄製最後一批歌曲時，先提供我每首歌的簡略板，好讓我修改畫面。每當我重剪完一段搭配插曲的畫面時，就在Kem剪接機的螢幕上播放給赫伯特看。赫伯特總會表現出萬分感激的模樣。「噢，這實在太棒了！你介不介意我播放給丹看？」他問我。

「不會，當然不介意。」我說。然後我們就再播放一次給丹・梅尼克[29]看，丹是我們的執行製片，也是哥倫比亞影業的前總裁。丹喜歡穿黑色的衣服，他辦公室的牆壁也是黑色的。丹說：「我喜歡！我們必須播放給克雷格和盧看！」

克雷格・扎丹[30]和盧・拉赫米爾[31]也是我們的製片人。克雷格是個新進的年輕人，做事充滿熱情。盧是資深老手，曾擔任米高梅影業的實體商品部門主管。克雷格和盧進來剪接室看過之後，說：「噢，這太棒了，我們可不可以拿給迪恩和貝琪看？」

貝琪・沙戈（Becky Shargo）是音樂總監，年輕貌美，有一個愛慕她的男人，每天送花到她的辦公桌上。最後她終於點頭，嫁給了那個男人。

我們這群人會再看過一遍，然後花一個小時左右的時間討論這些畫面多棒。每一首歌都如此，而且上述名單中的那些人來看片的順序也都一樣，反映著他們在劇組中的階級地位。

重寫搭配學舞畫面的歌曲

我特別飛往猶他州，把威勒學習舞蹈的畫面交給赫伯特——我對這段鏡頭有點問題，尤其是搭配畫面的那首歌。那首歌不是臨時找來的，而是迪恩為這部電影所寫的原創歌曲，歌名是〈某人的雙眼〉

（*Somebody's Eyes*）。不同於這部電影裡的其他歌曲，我一點也不喜歡。那首歌很緩慢，感覺有氣無力。

我問赫伯特他的感覺，他和我有同感，於是我們去找迪恩。赫伯特問迪恩應該如何修改，最後決定請他為這場戲重寫一首新歌，但是新歌必須與原本的歌曲完全「契合」。所謂的「契合」，是指每分鐘的節奏必須配合畫面中的舞蹈。

因此，雖然原本的那首歌有點拖拖拉拉，我們也無法加快節奏。音效剪接師提供了幾首節奏相同的歌曲讓我們參考，大部分也都是軟綿綿的感覺，不過後來我們找到麥可．傑克森的〈滿足為止〉（*Don't Stop 'Til You Get Enough*），不僅節奏相同，而且充滿能量，因為其以切分音呈現輕快的打擊樂。

這首歌成為新歌的樣板，迪恩也根據這場戲的喜劇氛圍，將新歌命名為〈為男孩傾聽〉（*Let's Hear It for the Boy*）。迪恩在進行最後混音時才交出來，是他為這部片完成的最後一首歌。〈為男孩傾聽〉與電影同名主題曲〈渾身是勁〉後來都成為這部電影的原聲帶中最受喜愛的熱門歌曲。

✦

保羅．哈格（Paul Haggar）是派拉蒙電影公司後期製作部門的主管，他在派拉蒙影業待了四十年，經歷過內部的改朝換代。他是一個很可怕的人，說話的聲音充滿力道及威嚇感，而且他很清楚自己的聲音能對別人產生什麼影響。他能左右後製預算，對於剪接助理和供應商而言也是恐怖的存在。剪接師都很怕他，深怕讓他不高興。

哈格擅長職場內的鬥爭，如果他看你不順眼，絕對有辦法讓你在電影圈待不下去。為了進一步了解你，他會突然出現在你身旁，看你會不會受到驚嚇。我曾經為了由誰擔任音效剪接師而和他起爭執，結果在赫伯特的協助下，我贏了。不過，我想聘請的那位音效剪接師（也就是哈格反對的那個人），在時間上無法配合，於是我只好回去找哈格。

「由你來決定吧，哈格。看你想找誰來剪接音效。」

因為這個緣故，哈格對我變得很客氣。後來我又為派拉蒙電影公司剪接了許多部電影，保羅也成為最挺我的人之一。與哈格交好的另一個優點，是我因此認識了一對很有才華的年輕音效剪接師，威利．史特曼㉜和隆恩．班德㉝，另外還有一位年長且慈祥的音效剪接師，名叫史丹．吉伯特（Stan Gilbert）。威利和隆恩後來成立了一家名為Soundelux㉞的公司，並且成為行業的龍頭之一，後來我就一直與他們合作。

補拍片尾歌舞

我們舉行了好幾場試映會，每一次的反應都很好，但觀眾覺得片尾沒有歌舞場面很可惜。赫伯特認為沒有必要再加一場戲，因為青少年最後重獲跳舞權已經足夠了。可是觀眾想看他們跳舞，因此雖然預訂上映日期已近，我們還是安排了補拍。

劇組只花一天的時間，拍了三個畫面。由於赫伯特沒時間編排整段舞蹈，所以他以拍攝花絮的方式，讓青少年跟著八小節一再重複的音樂舞動身體。其中一個鏡頭，我建議他參考卡洛斯．索拉㉟執導的《蕩婦卡門》（*Carmen*），將攝影機調低至地面高度，一排舞者從側邊進入畫面，人影在地板上快速移動時，攝影機也跟著他們一起移動，只拍攝他們的腳。接著，另一排舞者從相反方向進入畫面，穿插過第一排舞者，攝影機改變移動軌道和方向，改拍攝他們的腳。這是一個畫面精采且讓人雀躍的鏡頭。

另一個畫面是拍攝幾個孩子在間奏時獨舞。具有摔角背景的克里斯．潘，以翻筋斗的方式出場，我的目光被這個手腳靈活、突然跳來的年輕人吸引住。另一個畫面是倫恩朝著攝影機走近，其他人跟在他身旁。這幾個鏡頭的長度都大約只有八拍，我再將它們剪接成完整的舞蹈。

我剪接歌舞畫面的方式，是當成自己在跳舞。有些導演要求我照著音樂節拍去剪，但我覺得這種方法限制太多，最好讓音樂帶動舞蹈動作，而不是影響剪接手法。如果照著節奏剪接，可能必須犧牲掉拍子前的動作，但那些動作往往是更有趣的畫面，因此我總是試著剪在節拍中間。

在《魔女嘉莉》中，有一幕是約翰．屈伏塔飾演的比利殺死一頭豬，南西．艾倫飾演的邪惡女友克莉絲在一旁歡呼。比利持續揮動長柄鎚，克莉絲則不停喊著：「殺死牠！」

我最初的想法是交錯剪接她的台詞與長柄鎚子的動作，以營造出一種節奏。「殺死牠！」**鎚子猛擊**！「殺死牠！」**鎚子猛擊**！「殺死牠！」**鎚子猛擊**！然而這麼一來的結果，是我必須犧牲掉比利那些更有趣且更生動的畫面，比方說鎚子畫過空中的動線，只使用最無趣且最靜態的部分，也就是撞擊的部分。由於這樣行不通，我只好修正策略，重新剪接。我改用鎚子揮動的動作而不是猛擊的畫面，與克莉絲大喊的鏡頭交錯剪接，結果變成：鎚子揮動，「殺死牠！」鎚子揮動，「殺死牠！」鎚子揮動，「殺死牠！」台詞出現點正好是鎚子猛擊的時刻。在視覺上，這樣的效果更具震撼力，即使沒有配樂，肢體動作也產生出一種律動與節奏，而猛擊的時刻就是這段畫面的節奏。

《渾身是勁》的最後一段舞蹈畫面，我必須使用赫伯特提供的片段塑造出完整的一場戲，我得替這段跳舞戲找出一個起點、一個中間畫面，以及一個結尾。而且我得動作快一點，因為最後的混音日即將到來，但是謝天謝地，已經有一些確定的元素。開場是原本就計畫好的，那段即興發揮的舞蹈則是間奏的延伸，至於其餘的部分，我嘗試著用各種連續動作與位移，直到找出最適合的安排。幾天後，我把剪接成果交給赫伯特和諾拉，他們很滿意，只提出幾個小小的修改建議。諾拉向我表達了最棒的讚美：「你做得很好。」這句話讓我激動不已。

✦

與此同時，我們已經開始在一家叫「堅實影視」（Compact Video）的公司進行混音。我去見了那裡的經理，一位名叫特克斯．魯德洛夫[36]的前混音師，他是世界上態度最正面積極的人。

「你們的技術好嗎？」我問。

「好極了！」他以德州口音回答：「我們比大部分的同業棒多了，你絕對不會相信我們有多棒！」我從來沒有見過如此熱情的人。

「你從德州哪個城市來的？」我問。

「其實我來自路易斯安那州，可是我厭倦了被稱為路易斯安那人！」

特克斯帶我四處逛逛，並介紹錄音師給我認識，錄音師負責監控輸出成果的品質。那位年輕的錄音師患有黃斑部病變，因此雙眼失明。基於對殘疾人士的同情，加上我認為他的聽覺會比明眼人銳利，便當場打定主意要與他合作。

兩位混音師分別是負責對白的約翰．雷茨[37]與負責音樂的戴夫．坎貝爾[38]。在那個年代，好萊塢的電影會聘請三位混音師，紐約的電影只會由一位混音師負責所有的工作。

「誰負責特效混音？」我問他們。

「呃，我們想找一個年輕人，我們覺得他還不錯，如果你們同意的話。他曾經參與過幾部電影，名字叫做格雷格．魯德洛夫[39]，是特克斯的兒子，我們認為他已經可以上場了。」

我思考了一會兒，反正《渾身是勁》的內容主要是音樂和對話。

「沒問題。」我說：「如果你們覺得他可以，我就沒有異議。」

這支團隊後來成為音效界的明星團隊之一，並且以《駭客任務》贏得奧斯卡金像獎。

赫伯特已經開始籌備下一部電影，一部由歌蒂・韓㊵主演、華納兄弟影業發行的片子，片名是《小迷糊平步青雲》㊶。由於他忙著準備新片，因此叫我負責監督混音。韋恩・費茲傑羅還沒交出片頭設計，於是我們使用稍早的臨時版本暫代，以便進行混音。我們完成第一捲，然後播放給赫伯特看，結果他不喜歡。「片頭的音樂太吵。」他抱怨道。

我們又播放一次。

「你們能不能把音量調低一點？」

戴夫・坎貝爾照辦了。

「你們調低多少音量？」

「兩分貝。」戴夫回答。

「太多了。」赫伯特表示。分貝是測量音量的標準，一分貝是人類可辨識的最小音量變化。「請調整一分貝就好。」於是他們又照做。

「你調低一分貝時，每個喇叭的音量都會減少一分貝嗎？」銀幕後方有三個喇叭：左聲道、中聲道、右聲道。「是的，沒錯。」身為混音團隊領袖的約翰・雷茨回答。

我感覺混音師們認為赫伯特是在雞蛋裡挑骨頭。「你們可不可以只調低中聲道？」

「恐怕沒辦法，因為我的手會抖。」戴夫說。

我學到三件事：第一，戴夫有種語帶諷刺的獨特幽默感。其次，他是我合作過最好的混音師之一。第三，赫伯特不喜歡聲音太大，他似乎把聲音太強或太弱視為電影成績好壞的關鍵，他這一點表現在混音過程，也表現在試映會上。

試映時，電影院裡會設置一個音量遙控器，以便劇組人員在放映過程中隨時控制音量，而這項任務就落在我身上。當我們在西塢區為這部電影舉辦試映會時，赫伯特請杜比實驗室的技術人員將音響裝設妥當，除了測試每個喇叭可正常播放之外，還確保影片音量維持在八十五分貝的標準值。赫伯特警告我：「如果音量太大，觀眾會被嚇跑。」

於是，當電影開始播映時，一切都在完美的預設狀況下，沒想到赫伯特卻驚慌失措地轉頭看我，說：「快把音量調大！把音量調大！」

後來我才明白，人們在壓力之下，聽力會受到阻礙，這是常見的現象。

緊急接手片頭

我們完成第一捲之後，接下來的混音過程都很順利。或許赫伯特只是想讓混音團隊留下深刻印象，希望大家覺得他是追求卓越的導演。他的聽力非常敏銳，我們在畫面壓縮過的錄影帶上取得妥協。赫伯特有一間臨時辦公室，他在那裡忙著做出《小迷糊平步青雲》的相關決策，我則負責監督《渾身是勁》的混音，並且在播放每捲底片時找赫伯特審核。他會提出看法，混音人員再依照他的意見修改，完成後才進入下一捲底片。

與此同時，我們仍在等待韋恩．費茲傑羅提供最終版的片頭畫面。到了最後一刻，韋恩終於交出給赫伯特，可是接下來的事情不太順利，而且這只是輕描淡寫的說法。赫伯特找我和他們一起瀏覽片頭，韋恩在他剪接的版本中放入他拍攝的每一位舞者，這表示在大約兩分半鐘的片頭中有一百五十個鏡頭，意即每一秒就是一個鏡頭，其中有些鏡頭的時間甚至短於一秒。這樣的畫面效果很差，因為在這種速度之下，觀眾無法吸收畫面中的服裝和鞋子，更不用說舞者的舞步，整體只會給人雜亂無章的印象。赫伯特看完後顯然很不高興。

韋恩在Moviola剪接機上又播放了一次，我很驚訝他完全忽略音樂的部分，並意識到我們有麻煩了，因為我們已經沒有時間。我們看了第二次之後，赫伯特開始痛罵韋恩。

「這個版本根本不能用！任何有腦的人都知道這個版本行不通！」赫伯特開口罵了一大串。

在韋恩被攻擊得體無完膚之際，赫伯特突然轉頭對我說：「保羅，你必須接手。」

他在樓上為我準備一間剪接室，並且把我的剪接機從派拉蒙電影公司送過來。我可用的素材大約有五捲底片的鏡頭，每捲底片中大約有三十位舞者。我再次瀏覽這些毛片，記下哪個舞者做出哪個動作。有些人舞步拘謹，有些人的舞步則非常活潑。為了便於剪接並迅速找出我要使用的鏡頭，我請助理從每個鏡位開始的地方剪下八格左右的長度，黏貼在一個散頁式的筆記本上，以利我參考及快速查看哪捲毛片裡有哪些畫面。

我設計了一個蒙太奇畫面，從最低調的舞步開始，一直到最狂野的動作，重點是找到最能配合歌曲的舞姿。我算出大約需要二十一個鏡頭，每個鏡頭都是一張標題字卡的背景。

我從某人用腳打拍子的畫面開始，隨著新畫面的出現，舞者的肢體動作也逐漸增強。我還使用了一些造型狂放的舞者鏡頭，大部分看起來都很好笑，但是我認為這些鏡頭一定不能少。還有不少人的舞步也很逗趣，例如在原地上下跳動，或某個女孩以單腳做為支點，將身體旋轉一百八十度。

這段畫面會把歌曲帶入高潮。隨著音樂增強，畫面上的字卡從一個名字變成兩個名字，因此停留時間必須較長。我發現有個鏡頭是一個穿著鮮豔襪套的人瘋狂地跑來跑去，非常適合音樂的高潮點，但是我不得不在中間跳接兩個鏡頭，好讓畫面時間延長到必要的長度。這段畫面營造出強大的能量，將觀眾導入最後的字卡——導演赫伯特的名字。我的一位助理是個身材高瘦的年輕人，名叫格雷格．薛立克（Greg Scherick），他愚蠢地踮起腳尖模擬芭蕾舞步，一雙大腳及腳上的破爛運動鞋強化了這個動作的喜感，我決定在赫伯特的字卡出現時使用格雷格的鏡頭。

我花了三天左右的時間完成剪接。韋恩使用了一百五十個鏡頭，我只用了二十四個，以編舞的方式創造出一段舞蹈。我自己對結果相當滿意，便將這段影片帶到樓下，交給正在進行最後混音的放映師，然後去找赫伯特，告訴他片頭已經剪接完成，他隨時可以驗收。

過了不久，在一個恰當的時機，赫伯特叫我們播放片頭畫面給他看，當時特克斯也在現場。「你希望我們離開嗎？」特克斯問。

「不！」我回答：「我希望大家一起看。」

接著我們開始播放這段片頭。

「剪得太好了。」赫伯特表示：「請讓我再看一次。」

我們又放映了一次，然後又一次，最後反覆播放了好多次。特克斯也對這段畫面讚美有加。片頭的問題解決了，而且一格都不必修改。

即便如此，基於我們簽訂的合約，韋恩・費茲傑羅在電影演職員名單中依然是「片頭設計師」。這很公平，因為所有的素材都是他拍攝的。可是這部電影上映之後，一位影評家以典型的高傲態度寫道：「可惜這部電影不是片頭設計師拍的。」《時代》雜誌甚至聯繫劇組，表示想要訪問韋恩。赫伯特聽到這個消息時，生氣地怒吼說：「不行！」

片頭的問題已經解決，但我們隨即又遇上片尾的問題。我們設計了一段半精心安排的片尾，以重現電影片段的方式介紹演員。我在剪接這段片尾畫面時，搭配了〈我自由了〉（*I'm Free*）這首歌。這首歌曲也是迪恩寫的，但是在電影中找不到適合的地方置入，只要把這首歌放在片尾，就可以讓它收錄至電影原聲帶中。這首歌可以將最後的歌舞場面帶進片尾，並與我剪接的畫面完美契合。然而派拉蒙電影公司的董事長貝瑞・迪勒（Barry Diller）聽了〈為男孩傾聽〉之後，希望片尾使用這首曲子。

問題是這兩首歌在氛圍與節奏上都不相同，如果硬把片尾畫面配上〈為男孩傾聽〉，根本完全不搭，至少我和赫伯特都這麼認為。

最後的交件日期快到了，為了決定使用哪一首歌，我準備了兩個版本，分別搭配上述兩首歌曲。我們在派拉蒙電影公司的放映廳播放這兩段畫面，當天出席者有赫伯特、丹．梅尼克、貝瑞．迪勒，以及派拉蒙影業的高階主管彤恩．史蒂爾㊷、傑弗瑞．卡森伯格㊸和麥可．艾斯納。除了赫伯特和我之外，在場每一個人都已經或即將成為大型製片公司的領導人物。我們看完兩個版本之後便開始討論，一直討論到必須離開放映廳好讓其他片子進來試映。我們離開時，我問卡森伯格最後決議是什麼。

「我也不知道。」他聳聳肩。

當我們走回行政辦公室時，我碰巧與貝瑞．迪勒並肩而行。

「來，我告訴你應該怎麼決定。」我說，並將手伸進口袋，拿出一枚二十五美分的硬幣。「如果正面朝上，就選〈我自由了〉，反面朝上的話，就選〈為男孩傾聽〉。」

「好。」迪勒說。

我將硬幣擲向空中，然後接住，將它放在我的手背上。我將手拿開，那枚硬幣是正面朝上。

「三戰兩勝！」迪勒又說。

我知道爭不過他，最終我們取得妥協。我又剪接了一個版本，剛開始先搭配〈我自由了〉，後面再接到〈為男孩傾聽〉。

錄影帶轉拷之災

這部電影非常成功，行銷手法也十分出色。他們想出一種獨特的方式來宣傳片名，樹立起凱文．

貝肯的偶像形象，奠定了他在影壇的地位。上映那一個星期，這部電影的主題曲也登上排行榜冠軍。令人遺憾的是，就在電影上映的那個週末，製片人盧．拉赫米爾突然逝世。

赫伯特慷慨地讓我享有票房分潤，可是最後拿到的錢很少，而且等了很久錢才進帳。由於電影原聲帶大賣，迪恩馬上就拿到一筆錢，他大方地送給我一張白金唱片，外框刻著我的名字。他還在好萊塢山的皇后路買下一棟豪宅。迪恩是公開的同性戀者，因此有人會拿他家的地址㊹開玩笑。我問他那棟房子對他而言會不會太大。「真的很大。」他開玩笑地回答我。「我總是穿著我那件褪色的婚紗，手拿著分枝燭台，在每一個房間裡徘徊遊蕩。」

最後我終於領到分潤的錢，可是派拉蒙影業的會計部門可能有人因為這部電影出現盈餘而遭到解僱㊺。從那時候開始，我每年都會領到一張支票，雖然面額不大，然而多年累積下來，已經足夠讓我支付兩個孩子的大學學費。

《渾身是勁》上映之後幾個月，發生一件可怕的事。我收到了這部電影的錄影帶，將錄影帶放進錄影機，愈看竟愈覺得可怕，因為片頭的畫面與音樂沒有同步！不同步的情況十分嚴重，幾乎完全脫拍，而且片頭結尾有一個定格畫面，我倒帶重看一次，無法相信自己的眼睛。那是一段長達五格的定格影像！看起來像畫面被卡住。我辛苦剪接的美妙舞蹈，赫伯特連一格都沒有修改，結果竟然沒有與音樂同步，只能說這部電影毀了。

我絕望地打電話給派拉蒙影業後期製作部門主管保羅．哈格。「我們必須修正錄影帶的問題。」我說。

「太晚了。」他回答：「我們已經生產了二十七萬五千份。」

我聞言後痛苦不已。「問題到底是怎麼發生的？」我哀號。

我們到保羅．哈格的辦公室開會，負責轉拷的技術人員被叫進來，讓我們當面對質。「你到底做了什麼？當初為什麼沒有解決這個問題？你放了五格定格畫面進去，可見一定知道出了問題！」

「呃，影片進入第一個對話場時，我們發現影音沒有同步，所以我們就在片頭結尾處添加五格畫面來改正這個情況。」

「為什麼不從第一捲開始就修正？只要往前轉幾分鐘而已！又不會花你多少時間！」

我真的很想殺了他。他給不出合理的答案，但無論如何一切為時已晚。直到今天，我仍不斷猜測這段糟糕的片頭可能害我錯失多少剪接歌舞片的機會。

錄影帶以及後來的DVD和藍光光碟，已成為每部電影的歷史紀錄。在以前那個年代，導演和剪接師在底片的色彩校正與品質控管上付出許多心力，但是對轉拷錄影帶方面的投入不多。由缺乏美學意識的技術人員負責轉拷錄影帶，結果就是一場災難。

多年之後，《渾身是勁》錄影帶的問題終於得到解決。當時派拉蒙影業的後期製作部門主管佛雷德．錢德勒（Fred Chandler）給我機會修正再版的錄影帶，讓影音得以重新同步。二〇〇〇年推出DVD版本時，又再度修正了新的版本，因此今天看到的片頭畫面，終於是它原本該有的模樣。

雖然經歷盧的驟逝與搞砸一切的錄影帶轉拷問題，《渾身是勁》對我來說仍是非常棒的經歷。它是我搬到洛杉磯之後參與的第一部電影，也是我第一次在電影公司工作的作品，而且是與好萊塢最受敬重的導演之一合作。赫伯特是我合作過的導演中最會指導演員的一位，一九七八年由他執導的《再見女郎》和《轉捩點》，共有七位演員獲得奧斯卡金像獎提名。他讓我參與分潤，而且非常尊重我，還邀我參與他下一部電影《小迷糊平步青雲》。

我永遠感激他。

注釋

①《渾身是勁》（*Footloose*），一九八四年由赫伯特·羅斯執導的美國音樂片。
②史提夫·馬丁（Steve Martin, 1945-），美國電影演員、作家、電影製片人、音樂家及作曲家。
③《天降財神》（*Pennies from Heaven*），一九八一年由赫伯特·羅斯執導的美國浪漫歌舞片，改編自一九七八年同名電視劇。
④凱文·貝肯（Kevin Bacon, 1958-），美國演員兼歌手。
⑤《親密關係》（*Terms of Endearment*），一九八三年的美國文藝愛情片。
⑥吉姆·布魯克斯（Jim Brooks, 1940-），美國製片人、劇作家與電影導演，曾獲得三座奧斯卡金像獎。
⑦《俏佳人》（*Funny Lady*），一九七五年的傳記類音樂喜劇電影。
⑧《陽光小子》（*The Sunshine Boys*），一九七五年美國喜劇電影。
⑨《再見女郎》（*The Goodbye Girl*），一九七七年的美國愛情喜劇電影。
⑩芭芭拉·史翠珊（Barbra Joan Streisand, 1942-），猶太裔的美國歌手、電影演員、導演及製片人，曾獲得兩座奧斯卡金像獎。
⑪彼德·奧圖（Peter O'Toole, 1932-2013），英國電影演員，曾八度獲得奧斯卡最佳男主角獎提名，於二〇〇三年獲頒奧斯卡金像獎終身成就獎。
⑫米高·肯恩（Michael Caine, 1933-），英國知名演員，曾兩度獲得奧斯卡最佳男配角獎。
⑬珍·芳達（Jane Fonda, 1937-），美國女演員，曾兩度獲得奧斯卡最佳女主角獎。
⑭克里斯多夫·華肯（Christopher Walken, 1943-），美國知名電視及電影演員，曾獲頒奧斯卡最佳男配角獎。
⑮李察·德瑞佛斯（Richard Dreyfuss, 1947-），美國演員，曾獲得奧斯卡最佳男主角獎。
⑯諾拉·凱·羅斯（Nora Kaye-Ross, 1920-1987），美國芭蕾舞者，以詮釋戲劇角色的優異表現而聞名。
⑰茱蒂·霍利德（Judy Holliday, 1921-1965），美國女演員，曾獲得奧斯卡最佳女主角獎。
⑱克里斯·潘（Chris Penn, 1965-2006），美國演員。
⑲《萬世師表》（*Goodbye, Mr. Chips*），一九六九年的音樂片，改編自英國作家詹姆斯·希爾頓（James Hilton）同名小說。
⑳《妙女郎》（*Funny Girl*），一九六八年的音樂喜劇電影。
㉑在《妙女郎》中，芭芭拉·史翠珊於紐約的拖船上演唱〈Don't Rain of my Parade〉一曲，當時由直升機載著攝影師從遠景拍攝到中景，接著再拉到廣角鏡頭。
㉒馬文·尼爾·賽門（Marvin Neil Simon, 1927-2018），美國劇作家。
㉓傑克·班尼（Jack Benny, 1894-1974），美國廣播、電視和電影喜劇演員。
㉔沃爾特·馬修（Walter Matthau, 1920-2000），美國喜劇演員。
㉕喬治·伯恩斯（George Burns, 1896-1996），美國喜劇演員、歌手和作家。

㉖ 韋恩・費茲傑羅（Wayne Fitzgerald, 1930-2019），美國電影標題設計師。

㉗ 肯尼・羅根斯（Kenny Loggins, 1948-），美國創作型歌手和吉他手，他為《渾身是勁》而寫的主題曲，曾獲奧斯卡金像獎最佳原創歌曲提名。

㉘ 迪恩・皮奇福特（Dean Pitchford, 1951-），美國詞曲創作者、劇作家、導演、演員和小說家。

㉙ 丹・梅尼克（Dan Melnick, 1932-2009），美國電影製片人兼電影製片廠高階主管，參與的電影曾獲八十項奧斯卡金像獎提名，並贏得二十座獎。

㉚ 克雷格・扎丹（Craig Zadan, 1949-2018），美國製片人和作家。

㉛ 盧・拉赫米爾（Lew Rachmil, 1908-1984），美國製片人和藝術總監。

㉜ 威利・史特曼（Wylie Stateman），美國音效剪接師與音效設計師。

㉝ 隆恩・班德（Lon Bender, 1959-），美國音效編輯師，曾獲奧斯卡最佳音效剪接獎。

㉞ Soundelux是總部位於美國加州好萊塢的音效後期製作公司。

㉟ 卡洛斯・索拉（Carlos Saura, 1932-），西班牙導演及攝影家，曾以《蕩婦卡門》入圍奧斯卡最佳外語片獎。

㊱ 特克斯・魯德洛夫（Tex Rudloff, 1926-2015），美國音效工程師，曾提名奧斯卡最佳音響效果獎。

㊲ 約翰・雷茨（John Reitz），美國混音師，曾獲奧斯卡最佳音響效果獎。

㊳ 戴夫・坎貝爾（David Campbell），美國音效工程師，曾獲奧斯卡最佳音響效果獎。

㊴ 格雷格・魯德洛夫（Gregg Rudloff, 1955-2019），美國混音師，曾獲得三座奧斯卡最佳音響效果獎。

㊵ 歌蒂・韓（Goldie Hawn, 1945-），美國女演員、導演及製片人，曾獲奧斯卡最佳女配角。

㊶《小迷糊平步青雲》（*Protocol*），一九八四年的喜劇電影。

㊷ 彤恩・史蒂爾（Dawn Steel, 1946-1997），美國電影製片人。她是最早成為好萊塢大型電影公司高階主管的女性之一。

㊸ 傑弗瑞・卡森伯格（Jeffrey Katzenberg, 1950-），美國電影製片人，一九八四年至一九九四年間曾任華特迪士尼影業集團主席。

㊹ 在同性戀者的用語中，「皇后」（queen）通常用來指稱陰柔或豔麗型的男同性戀者。這個用語可能具有貶義意味，但也可以是自我認同。

㊺ 好萊塢的電影公司經常在拍片前先設立一家特定公司，例如A電影公司今天要拍一部大片叫做《OOXX》，就先成立一家「OOXX股份有限公司」，讓這間公司負責該電影的製作相關工作，然後A電影公司再巧立名目，向這家製作公司收取大筆費用，如此一來，無論電影票房多好，都會因為製作公司付出的成本過高，導致帳目上以賠錢收場，讓可以參與分潤的演職員分不到錢。這種在影視圈只讓特定人獲利的技巧，稱為「好萊塢會計」（Hollywood accounting）。

15 《小迷糊平步青雲》

《小迷糊平步青雲》於一九八四年開始拍攝。這是由巴克．亨利[1]擔任編劇的喜劇片，巴克．亨利還寫過《畢業生》[2]和《第二十二條軍規》[3]等電影的劇本。奇妙的是，他最想做的事是演戲。歌蒂．韓在《小迷糊平步青雲》中飾演一名天真的酒吧服務生，她意外救了某位從中東來訪的政要，被邀請至華盛頓特區的國務院禮賓辦公室工作。

這部片子在洛杉磯拍攝數星期後，就前往摩洛哥取景。歌蒂．韓飾演的女主角桑妮．大衛斯（Sunny Davis），其實已被祕密許配給埃羅塔（虛構的國名）的酋長，但桑妮以為自己是代表美國政府出訪，不知道酋長正在準備一場盛大的婚宴。

赫伯特拍攝了歌蒂．韓在酋長後宮的各種畫面：當地婦女替她梳妝打扮、前往露天市集購物、參加酋長為她舉辦的宴會。在宴會中，所有女性都必須與男性分開坐，但劇本裡沒有提到這些內容，因此我們掙扎著如何處理這些寫實但不具戲劇性的畫面。有人想到一個點子：以桑妮的口白搭配這些畫面，表示桑妮正在寫明信片給她的父母，告訴他們自己在埃羅塔的經歷。

我的助手格雷格．薛立克是《渾身是勁》片頭畫面中最後一個鏡頭的大腳男，他為這部電影編了一個笑話：宴會中有一個鏡頭，是服務生在桑妮面前放下一個銀盤，銀盤上有一隻以各種菜餚裝飾的烤羔羊，羔羊的眼睛部位擺著兩顆黑橄欖。格雷格想出的搞笑台詞是：「如果你在這個地方點熱狗堡，千萬記得要拿大麵包來夾。」[4]

我們在華納兄弟娛樂公司舉行觀眾試映會時，這個笑話是觀眾意見卡上對這部片的唯一批評。

「你們竟然為了在這部爛電影中搞笑而殺狗？」

這句開玩笑的台詞，讓觀眾誤以為那隻羔羊是狗。那次試映會讓我們學到一件事：不可以拿殺狗和煮狗開玩笑。

✦

這部電影的結局有問題，而且在後來的試映會中，我們的配樂也未受好評。我們努力解決這些問題，有時候週末也進辦公室加班。我找了我的朋友琳西．克萊曼⑤來幫忙。琳西是一位經驗豐富的剪接師，作品包括《飛越杜鵑窩》。在摩洛哥拍攝的鏡頭，有一些我沒時間處理，就由她來負責。

赫伯特和我一起檢視後半段的膠卷，其中包括許多交錯剪接。我們開始移動場次、調整段落，嘗試一種又一種方式，忙了一整天，兩人都累壞了。「保羅，如果你一開始就剪好，我們現在就不必在這裡收拾殘局！」赫伯特半開玩笑地大喊。

我很想知道，我一開始**到底**剪得多差？

因為我們使用膠卷，因此每一次嘗試，都表示我們必須拆掉先前的版本，如此一來，很容易就會忘記剛才是什麼情況，不過我最初剪接的版本會留下副本。後來我把副本找出來，放到捲軸上，我們又看了一遍，然後互相看著對方。

「這個版本有什麼不好？」我問。

「沒有不好。」

於是我們把這段畫面放回電影中，白白浪費一天的時間。

最後場面搶救以及錯過大好機會

為這部電影選擇配樂作曲家時，我提議找巴茲爾・波勒杜里斯⑥。巴茲爾是我透過喬治・盧卡斯所認識的朋友，他也是畢業自南加州大學電影學院的校友，代表作品是他替約翰・米利厄斯⑦的《偉大的星期三》⑧及《王者之劍》⑨譜寫的配樂。巴茲爾和米利厄斯是一起衝浪的夥伴，我們搬到洛杉磯時，巴茲爾和他的妻子芭比（Bobbie）對我們很照顧，而且他們的小孩和我們家的兩個孩子同年。

巴茲爾擅長譜寫氣勢恢弘的管弦樂曲，因此一般人談到喜劇配樂時不會想到他。但是我知道他很有幽默感，相信他可以駕馭喜劇。他一直希望拓展領域，參與之前沒接觸過的電影類型。赫伯特信任我，因此僱用了巴茲爾，可惜合作的結果不如預期。巴茲爾的音樂沒有這部戲需要的輕盈感，最後赫伯特直接跑去巴茲爾家，在巴茲爾家的錄音室裡一同創作出赫伯特心裡想要的配樂。巴茲爾和我都認為赫伯特這種方法不妥，但至少巴茲爾沒有被解僱。巴茲爾後來又為電影《機器戰警》⑩和《獵殺紅色十月》⑪以及迷你劇集《寂寞之鴿》⑫等譜寫配樂，他在二〇〇六年過世時，已經擁有大批忠實的追隨者。他死的時候只有六十一歲，實在是英年早逝。

✦

《小迷糊平步青雲》最後的大場面，是參議院對「桑妮門」事件⑬的聽證會，桑妮的演說內容反映出美國民主的最高理想。有趣的是，這場戲竟然神準預測了隔年在真實世界爆發的「伊朗門」事件醜聞⑭。電視新聞轉播奧利・諾斯⑮在參議院聽證會中作證的拍攝角度，幾乎與我們在電影裡的鏡頭相同。在我們的電影情節中，美國用一名人質交換軍事基地的安全，在真實世界的情況則正好相反——美國政府用武器換取幾名遭囚禁的美國人質，讓他們獲得釋放。

由於這場戲的拍攝結果差強人意，所以赫伯特重拍了一個新結局：桑妮出來競選公職，並且當選。不幸的是，新結局對這部電影沒有什麼幫助，這部電影大部分的笑點是總統缺乏智慧，而且喜歡打瞌睡。電影上映時，雷根剛以壓倒性的票數獲得連任，美國老百姓並不想看一部嘲笑雷根的電影。赫伯特努力搶救這部注定失敗的片子。「能不能賣座才是重點。」赫伯特經常這麼說。如果票房好，你就沒事；如果票房不好，你就有麻煩。假如你的作品經常不賣座，你就會被這個圈子踢出去，或者被冷凍。赫伯特積極搶救這部片，連帶也把我也累壞了。

在這段期間，勞勃．辛密克斯⑯找我剪他的下一部片子，我們在一家好萊塢人士常去的餐館碰面，那家餐廳叫做「岸邊的常春藤」，位於聖塔莫尼卡。辛密克斯說他的電影馬上就要開拍，時間在我完成《小迷糊平步青雲》之前，由於我現在有琳西幫我剪接《小迷糊平步青雲》，辛密克斯覺得琳西可以獨撐大局，要我儘快加入他的劇組。他的這部新片講述一個年輕人回到過去，遇見了他的母親，他的母親因此愛上他。除了與《小迷糊平步青雲》的工作時間重疊，這部片子的上映時間是隔年六月，表示作業時程非常緊湊。在陪伴赫伯特一起想辦法把死馬當活馬醫之後，我真的累垮了，因此婉拒了辛密克斯的邀約。辛密克斯的這部新片是《回到未來》⑰，拒絕這部片是我當時最大的錯誤。勞勃．辛密克斯聘請的剪接後來又與他繼續合作，並且拿下兩座奧斯卡最佳剪接獎。

決定接受或拒絕哪些電影的邀約，真的非常困難。倘若我剛剛完成一部電影，我就會比較具有自信，因而傾向拒絕邀約，但如果我已經失業一段時間，我就不會那麼挑剔。完成《小迷糊平步青雲》時，製片公司要我替一位初次擔任導演的人剪接電影，那部片叫做《皮威歷險記》⑱。我心中暗忖：**我可以有更好的選擇**。於是我決定等其他更具吸引力的邀約上門。

就這樣，我放棄了與提姆．波頓⑲合作他第一部電影的機會。

在這段期間，我接到一通電話，是一個名叫馬克．羅斯曼[20]的學生打來的。馬克曾參與布萊恩的《家庭電影》，當時他為迪士尼頻道執導了一部名為《藍色彼方》[21]的電視電影，內容是講述一個男孩回到過去，遇見他擔任飛行員的祖父。飾演祖父的彼德．科約特[22]帶著飾演男孩的哈克貝利．福克斯[23]搭上雙翼飛機，飛越過門多西諾（Mendocino）的鄉間。馬克和他的製片人對於手中拿到的剪接版不滿意。

因為他們預算有限，我表示只能替他們剪接一次，之後不再修改。令人驚訝的是，他們竟然同意。馬克問我會不會帶自己的助理，我認為應該保留他們原本的班底，因為原本的工作人員比較熟悉素材內容。當時我的第一助理是喬．哈特辛[24]，學徒是大衛．布倫納[25]。

我瀏覽了整部影片，先把鬆散的步調變緊湊一些，並且釐清曖昧不明的段落，然後賦予這部電影一種節奏。我需要一段音樂來營造飛行畫面的蒙太奇，因此選用約翰．威廉斯為《E. T. 外星人》譜寫的配樂。這是非常完美的選擇，捕捉到小男孩翱翔天際時的興奮與激動，大家看了之後都很喜歡。然後我們找配樂作曲家大衛．夏爾[26]來看這部片，大衛的妻子是法蘭西斯．柯波拉的妹妹塔莉亞（Talia）。他不喜歡我拿《外星人》的配樂當參考音樂。「你這個混蛋。」他小聲地對我說。

「怎麼了？」

「你為什麼要選這麼棒的參考音樂？現在我非得寫出同樣出色的曲子才行了。」

我之前沒有想到那麼多。我很後悔害他陷入困境，但為時已晚。

走得太前面

《藍色彼方》完成後，我的學徒大衛．布倫納對我說：「我有一份工作邀約，可是要去菲律賓。」

「這真的是太棒了，大衛，你應該去。」

過了幾個星期，大衛打電話給我。「菲律賓發生革命！」

「大衛。」我說：「革命期間是了解一個國家的最好時機。」

於是他去了菲律賓。那部電影是奧立佛．史東的《前進高棉》㉗，大衛與奧立佛．史東自此建立良好的關係，還把喬．哈特辛介紹給奧立佛。在接下來的幾年中，奧立佛都很信任他們，與他們合作了《抓狂電台》㉘和《七月四日誕生》㉙。大衛和喬一起以《七月四日誕生》拿到奧斯卡最佳剪接獎，隔年喬又以《誰殺了甘迺迪》㉚贏得第二座奧斯卡最佳剪接獎。

✦

現在回顧《小迷糊平步青雲》這部電影，感覺真的很有意思。我們設定的結局是桑妮．大衛斯當選國會議員，這個結局當時並不成功，但已預言將有愈來愈多女性競選及當選公職人員的政治趨勢。

或許我們只是走得太前面，超越了時代。

注釋

① 巴克・亨利（Buck Henry, 1930-2020），美國劇作家、演員及電視導演，曾提名奧斯卡金像獎最佳原創劇本及最佳導演。

② 《畢業生》（*The Graduate*），一九六七年的美國喜劇電影，改編自查爾斯・韋伯（Charles Webb）同名小說。

③ 《第二十二條軍規》（*Catch-22*），一九七〇年的美國黑色喜劇電影，改編自約瑟夫・海勒（Joseph Heller）同名小說。

④ 意指這個國家的熱狗堡會是一整隻小狗。

⑤ 琳西・克萊曼（Lynzee Klingman, 1943-），美國電影剪接師，曾入圍奧斯卡金像獎，並曾在南加州大學教授剪接課。

⑥ 巴茲爾・波勒杜里斯（Basil Poledouris, 1945-2006），希臘裔的美國作曲家。

⑦ 約翰・米利厄斯（John Milius, 1944-），美國電影導演、劇作家及製片人。

⑧ 《偉大的星期三》（*Big Wednesday*），一九七八年上映的衝浪電影。

⑨ 《王者之劍》（*Conan the Barbarian*），一九八二年上映的魔法冒險電影。

⑩ 《機器戰警》（*Robocop*），一九八七年的美國科幻電影。

⑪ 《獵殺紅色十月》（*The Hunt for Red October*），一九九〇年的驚悚電影，改編自美國暢銷軍事小說作家湯姆・克蘭西於一九八四年出版的處女作。

⑫ 《寂寞之鴿》（*Lonesome Dove*），一九八九年的迷你劇集，改編自賴瑞・麥克默里（Larry McMurtry）於一九八五年出版的同名小說。

⑬ 在新聞媒體上，「XX門」經常用來指稱醜聞事件。「-門」譯自英語「-gate」。「-gate」這個英語後綴最早出現在新聞媒體對美國總統尼克森（Richard Nixon）「水門事件」（Watergate）的報導，後來被引用為指稱政治方面的醜聞事件。

⑭ 「伊朗門事件」（Irangate，Iran-Contra Affair），發生在美國一九八〇年代中期的政治醜聞。美國總統雷根政府向伊朗祕密出售軍武之事曝光，引發嚴重的政治危機。

⑮ 奧利・諾斯（Ollie North, 1943-），前美國海軍陸戰隊中校、保守派政治評論員暨電視節目主持人、軍事歷史學家及作家。諾斯在政治醜聞「伊朗門事件」中擔任美國國家安全會議成員，為了讓在黎巴嫩遭到綁架的美國人質獲得釋放，美國政府決定祕密出售武器給伊朗。

⑯ 勞勃・辛密克斯（Robert Zemeckis, 1952-），美國電影導演、製片人、劇作家，一九九四年以《阿甘正傳》獲得奧斯卡最佳導演獎。

⑰ 《回到未來》（*Back to the Future*），一九八五年上映的美國科幻喜劇電影，由勞勃・辛密克斯執導。

⑱ 《皮威歷險記》（*Pee-Wee's Big Adventure*），一九八五年的喜劇片，也是大導演提姆・波頓（Tim Burton）的處女作。

⑲ 提姆・波頓（Tim Burton, 1958-），美國電影導演及製片人，以黑暗風格聞名。

⑳ 馬克・羅斯曼（Mark Rosman, 1957-），美國電影導演、製片人、電視導演及編劇。

㉑《藍色彼方》（*The Blue Yonder*），一九八五年由馬克・羅斯曼執導的美國科幻冒險電影。

㉒彼德・科約特（Peter Coyote, 1941-），美國演員、導演及劇作家。

㉓哈克貝利・福克斯（Huckleberry Fox, 1974-），美國演員，曾演出《親密關係》和《藍色彼方》。

㉔喬・哈特辛（Joe Hutshing），美國電影剪接師，曾與導演奧立佛・史東合作。

㉕大衛・布倫納（David Brenner），美國電影剪接師，曾與導演奧立佛・史東合作，一九九〇年以《七月四日誕生》與喬・哈特辛共同獲得奧斯卡最佳剪接獎。

㉖大衛・夏爾（David Shire, 1937-），美國詞曲創作人和電影和電視劇配樂作曲家。

㉗《前進高棉》（*Platoon*），一九八六年的越戰主題電影，由奧立佛・史東擔任編劇和導演。

㉘《抓狂電台》（*Talk Radio*），一九八八年的美國劇情片。

㉙《七月四日誕生》（*Born on the Fourth of July*），一九八九年的美國戰爭電影，根據越戰退伍軍人朗恩・科維克（Ron Kovic）的同名自傳小說改編而成。

㉚《誰殺了甘迺迪》（*JFK*），一九九一年的美國劇情片，由奧立佛・史東執導，從辦案檢察官的角度檢視甘迺迪遇刺事件的始末。

16 《蹺課天才》

一九八五年，我與葛許經紀公司①簽約，希望他們能幫助我找工作。大衛．葛許②擅長攝影師、美術設計師及剪接師等領域的經紀業務，他打電話給我，告訴我派拉蒙影業即將與約翰．休斯合作拍片。約翰．休斯曾執導多部青少年電影，包括深受好評的《早餐俱樂部》③。約翰想找來自紐約的剪接師，於是大衛安排我倆見面。

我去了約翰位於西區的辦公室，他的辦公室在一列沿著高爾街而立的建築物裡，那裡曾是雷電華電影公司④的總部，後來變成戴西露電影公司⑤。每次派拉蒙影業與電影導演簽約之後，都會提供一筆資金讓他或她整修辦公室。約翰的辦公室鋪設了黑色與白色的瓷磚，讓我聯想到梅爾羅斯大道（Melrose Avenue）附近的壽司店。他的製片人湯姆．雅各森（Tom Jacobson）提醒我不要占用約翰太多時間，因為約翰那天的行程排得很滿。

約翰說話速度很快，聲音很輕柔。他不停地抽菸，一臉聰明相。他透過金邊眼鏡注視我，彷彿在觀察我有沒有仔細聽他說話。他穿著一件看起來很貴的皮夾克，深金色的頭髮被剪成改良式的鯔魚頭⑥。他聘請黛德．艾倫剪接《早餐俱樂部》之後，便決定只找紐約剪接師合作，我對此沒有意見。他談到他的中西部血統。「在我家鄉那邊，傳統菜餚是通心粉和乳酪。」他說。

我告訴他，我很喜歡他的新片《摩登保姆》⑦，沒想到他以一種狐疑的眼神盯著我。

「真的嗎？」

「順便請教一下。」我問：「《蹺課天才》（*Ferris Bueller's Day Off*）是正式片名，還是工作時暫時使用的片名？」

「正式片名。」約翰回答。

會議結束後，大衛・葛許告訴我，約翰打算在傑瑞・格林伯格和我之間選擇一人，但因為傑瑞還住在紐約，劇組不願額外支付費用讓他搬到西岸，因此我得到了這份工作。每次我向別人提及這部電影時，他們總問我：「劇組會換掉這個片名，對不對？」

青少年文化代表電影

約翰很時髦，也很跟得上青少年文化。他非常了解青少年喜歡什麼樣的音樂，對他們的焦慮也能夠感同身受。《蹺課天才》是講述一個高中生決定和他最要好的朋友及他的女友一同放棄上學。約翰用一種我已經將近二十年沒見過的表現方式來陳述這個故事，這種手法我之前在米高・肯恩主演的《風流奇男子》[8]看過。約翰打破「第四面牆」[9]，讓《蹺課天才》裡的主角費里斯（Ferris）直接對觀眾說話。約翰原本就是劇作家，這種表現方式讓他為費里斯寫出富有思想且具深刻見解的精采獨白，同時又非常有意思。

當時我還不知道，但是《蹺課天才》後來成為一部指標性的電影。時至今日，我因為這部電影而得到的讚譽，幾乎超越我剪接過的任何一部電影，包括《星際大戰》系列。我認為這是因為每個人都讀過高中，所以大家對這部電影的情緒能產生共鳴。約翰將這部片子設定為《少女十五十六時》[10]的同類型電影，他執導的第一部作品《少女十五十六時》是講述青少年人生中最糟糕的一天，而《蹺課天才》則是青少年人生中最精采的一天。

約翰找馬修・柏德瑞克[11]飾演費里斯。馬修雖然年輕，但他已經是演出經驗豐富的舞台劇及電影演員。馬修邀請他的朋友亞倫・盧克[12]飾演費里斯的好友卡麥隆（Cameron）。卡麥隆的父親盛氣凌人，因此卡麥隆在偷開走他父親的法拉利跑車之後感到非常焦慮。亞倫・盧克和馬修・柏德瑞克原本就是朋友，所以在銀幕上更能擦出火花。

約翰設計了一個與費里斯作對的角色：魯尼（Rooney）校長。約翰找傑佛瑞・瓊斯[13]飾演魯尼，傑佛瑞曾在《阿瑪迪斯》中飾演愚昧的皇帝，向莫札特抱怨「音符種類太多」。魯尼校長一心想逮住逃學的費里斯，可是他就像威利狼[14]，怎麼也抓不到獵物。

米亞・莎拉[15]飾演費里斯的女朋友詩儂・彼德森（Sloane Peterson）。當年她十八歲，長得非常漂亮，可是沒有任何表演經驗。

瘋癲的伊迪・麥克盧格飾演魯尼校長的祕書葛蕾絲（Grace）。伊迪曾在《魔女嘉莉》中扮演一個小角色，她是葛蕾絲的完美人選。葛蕾絲是知悉學校大小事的祕書，與扮演昏庸校長魯尼的傑佛瑞有精采的對手戲。約翰告訴我，這兩個角色之間的緊張關係，靈感來自他和他的祕書。

費里斯的妹妹珍妮（Jeanie）由珍妮佛・葛雷[16]飾演。珍妮佛當時正在和馬修約會。一年後，珍妮佛在《熱舞十七》[17]中飾演「寶貝」（Baby）而爆紅。飾演費里斯父母布勒夫婦（Mr. and Mrs. Bueller）的萊曼・沃德[18]和辛蒂・皮克特[19]，因為拍這部電影而相識相戀，並且步入禮堂。

這部電影主要在芝加哥及其附近拍攝，但其中有些鏡頭在洛杉磯取景。約翰出生於底特律郊區，年輕時搬到芝加哥居住，並且在廣告業工作過一段時間，他非常喜愛芝加哥這座城市，這部電影是他寫給「大肩膀之城」[20]的情書。

我在開拍第一天就去拍片現場參觀，拍攝地點在密西根湖城北方的郊區。和往常一樣，拍攝的最初幾天我都無事可做，因為還沒有足夠的毛片可以供我剪接，所以我去認識演員及劇組工作人員。亞倫・盧克告訴我，他其實已經二十九歲，但他飾演的角色是高中生。

我跟著劇組到每個拍攝景點，因為我沒去過芝加哥，很高興可以藉此機會看看這座城市。我還去了芝加哥藝術博物館（Art Institute of Chicago），那裡有世界級的收藏品。電影中的博物館場景，就是在芝加哥藝術博物館拍攝的。我也去看他們拍攝遊行的畫面，芝加哥有很多德裔美國人，他們每年九月會舉行一年一度的馮·史圖班遊行[21]。約翰讓費里斯站在遊行花車上，被身穿德國傳統服飾的女孩們圍繞，並且以對嘴方式哼唱韋恩·牛頓[22]的〈謝謝〉（*Danke Schoen*）和披頭四樂團的〈扭腰吶喊〉（*Twist and Shout*）。我不知道約翰如何取得披頭四歌曲的版權，可是劇本上寫著：「整個遊行隊伍都在演唱及彈奏〈扭腰吶喊〉。」這場戲是希望整座城市的氣氛被炒熱至最高點，這也確實就是當天的真實情況。劇組總共拍了三段畫面，在最後一段畫面中，每個人手裡拿著汽球，聽從指揮一同放手讓汽球飛去。這個鏡頭的人潮具有驚人的能量，因此我剪接這場戲時盡可能讓廣角鏡頭的畫面延長，以展現現場人潮的氣勢。

拍攝稍早的畫面時，一位攝影師發現有一名建築工人在遊行路線旁邊的大樓上，正隨著現場音樂舞動身體，便立刻將鏡頭轉向那名工人，捕捉到幾秒鐘的真實藝術——那名建築工人自發性地演出約翰在劇本上所寫內容。我剪接那場戲的時候，當然不忘把他剪進來。每次我們放映這部電影時，觀眾看到那個頭戴安全帽、在鋼樑上搖擺身體的傢伙，都看得出那不是演出來的，而是真實的反應。

我們的編舞師肯尼·奧爾特嘉[23]後來成為迪士尼《歌舞青春》[24]系列電影的導演。他在這場戲中編排了一系列的舞蹈動作，搭配費里斯的對嘴演唱。有些舞步很成功，有些則不盡理想，其中最好的一段，是一群人在一小段樓梯上的演出。由於攝影機的取景角度和移動方式，那群人看起來像從畫面左側以奇妙的方式滑行而出。至於奧爾特嘉設計的其他舞蹈動作，我選用了洗窗工人和一個男孩在看台後方彈簧跳床上翻筋斗的鏡頭。

我剪接這場戲時很開心，我最喜歡的畫面是在大家齊聲同唱「**啊，啊，啊，啊⋯**」並將歌曲帶入高潮的那一幕。至於拍攝人群的畫面，我從這個人的鏡頭剪接到另外一個人的鏡頭，速度逐漸加快，直到歌曲的情緒達到最高峰，最後我剪入一個坐在父親肩膀上的小男孩，他被歌聲吵到用雙手遮住耳朵。這個畫面總是逗得觀眾發笑。

我在這場戲實現了兩個目標：我先藉由反覆剪接人們唱歌的畫面來勾起觀眾的期待，接著再剪入小男孩的畫面，讓這種期待更增添色彩並博取笑聲。喜劇要逗人發笑，往往取決於觀眾是否有驚喜；第二個目標是以戲劇性的方式，在歌曲的高潮處展現出人群的聲量。

我們為這段畫面進行混音時，由於杜比光學軌道在技術上的限制，我們能錄進來的音量有絕對限制，因此混音師必須在歌曲開頭小心地從低音開始錄製，逐漸同步調高音樂和人群的聲音，並且保持適當的平衡，直到這場戲的高潮，在正確的時間點調至最大的音量。我們的混音師控制得十分完美。

✦

回到洛杉磯之後，我們將剪接室安排在派拉蒙電影公司的弗萊舍兄弟大樓裡。弗萊舍兄弟是早期的動畫師，最著名的作品是貝蒂娃娃（Betty Boop）和大力水手（Popeye the Sailor）。這棟建築物既狹小又陰暗，以前可能曾用來存放高度易燃的硝酸鹽底片，因為天花板上裝設了密密麻麻的水管。雖然它位於地面之上，卻有一種地下室的氛圍。劇組人員眾多，擠滿了這棟小小的建築。與約翰．休斯共事，有一種在朋友家地下室娛樂房裡玩樂的感覺。

約翰經常躺在一張老舊的沙發上，以歇斯底里的行為逗我或在場其他人發笑。如果約翰是靠說笑話賺錢的搞笑演員，我會樂意付錢欣賞他的演出，不過，那些自然脫口而出的獨白，顯然只是為了逗我們發笑而說的。我經常因為笑得太厲害而中斷工作。

這部電影的第一個剪接點落在兩分四十五秒，第一段畫面這麼長，是我初次遇到。我和布萊恩．狄帕瑪一起工作時，他經常在拍攝過程中打電話給我，問我畫面夠不夠長，深怕我們片長時間不足。現在的情況正好相反。

和過去一樣，我會在影片中加上參考音樂。當我把第一段剪接成果交給約翰檢視時，他興奮地告訴我他非常喜歡我選的音樂。法拉利跑車模仿《星際大戰》片頭飛馳過鏡頭前方的那個畫面，當然就要配上約翰．威廉斯的樂曲。

我也把最歡樂的歌曲，也就是「卡翠娜與搖擺合唱團」演唱的〈走在陽光裡〉（*Walking on Sunshine*）㉕，放在費里斯和詩儂及卡麥隆溜出學校、前往市區的那一幕。至於博物館的橋段，我配上「愛默生、雷克與帕瑪」樂團㉖版本的〈展覽上的畫〉（*Pictures at an Exhibition*），那首歌的吉他獨奏聽起來靜謐且令人回味，而且沒有固定旋律。我挑選的藝術畫作鏡頭與配樂非常貼近，因此奇怪的歌詞完全反映在視覺效果中，約翰十分喜歡。

剪接這部電影並不容易。我看完初剪版時覺得獨白太多，因此我們開始刪剪獨白。一開始費里斯講了一大段他朋友曾哭著入睡的故事，結果這位朋友是費里斯的妹妹珍妮在警察局遇見的男孩，由查理．辛㉗飾演。其實不必鋪陳他的故事，因為就算少掉那一段獨白，最後的玩笑效果還是很好。

芝加哥商品交易所的畫面也被我們大幅刪剪，最後剪掉了大部分的對話，將這場戲聚焦在卡麥隆用臉頰做出洞穴滴水聲的畫面。我們將他們三人在芝加哥河上搭乘遊船的畫面完全剪掉，在那場戲中，它們三人談論著核冬天㉘的議題。

現實生活中的災禍，也迫使我們修改這部電影。電影中，費里斯接受電台節目的訪問，他的學校聽見他在節目裡表示自己被選為第一個搭乘太空梭的高中生。然而一九八六年初「挑戰者」號㉙不幸爆炸，我們不得不剪掉這場戲。

✦

在我們舉行第一場試映會之後的某天早晨，我洗澡時突然想到片中最盛大也最具戲劇性的遊行場景，應該放置在最後一段，而原本安排在遊行後面的大塞車場面，則應該往前挪移。接著我又想到：如果在交通堵塞這一場中閃過遊行的畫面，並且在計程車內播放一些樂團的歌曲當成背景音樂，就能讓觀眾覺得大塞車是遊行造成的！這就是「後此謬誤」㉚！不僅可以使計程車戲不顯唐突，而且把遊行畫面放到結尾，更能掀起高潮。

我後來思考過自己想出這種修改的那一刻：前一秒鐘我還完全沒有頭緒，下一秒鐘這個點子就出現了！我不禁懷疑，人們的點子究竟從何而來。它們似乎是從我們的無意識中突然冒出來，闖進有意識的思維裡。這種過程很神祕，可是隨時會發生。每當我剪接一部電影時，真的會無時無刻想著那部電影。我會夢見電影中的畫面，而且當我從睡夢中醒來，腦子裡也經常想著它。我覺得那天想到的點子讓我獲益良多。

我把想法告訴約翰，他覺得可以嘗試一下，於是我們調整了這場戲，結果真的很棒，雖然我們還得處理另外一個問題——剪掉廣播電台的畫面之後，鏡頭會從遊行結束直接跳到他們三人去開卡麥隆父親的法拉利跑車。在那一幕，卡麥隆因為費里斯的本領而亢奮地大喊：「我真不敢相信你上了廣播節目！」

我們無法剪掉這句台詞，因為在那個時間點，偷開走法拉利跑車的泊車小弟正準備還車。於是我們重新錄製這句台詞，改成「我真不敢相信你上了遊行花車！」由於畫面夠遠，觀眾不會發現我們作弊。

不斷修改

約翰突然又不喜歡博物館那段畫面的配樂，那是我第一次領教到他的善變。他想到一首甜美而且還算適合的歌曲，可是我覺得太過傳統。我比較喜歡獨特的選擇，但我還是盡責地為這場戲剪接新的配樂，儘管畫面的節奏因此變得老套又無趣。不過，這場戲還是很有看頭，因為藝術具有強大的震撼力。

約翰在配樂方面所做的另一項改變，是抽掉〈走在陽光裡〉，換一首我覺得比較沒那麼棒的歌曲，但新歌有一項優點，它的歌詞更精準地描述進城的心情，可是聽起來不太像熱門音樂。

我們準備再次舉行觀眾試映會，看看調整後觀眾會不會有不同的反應。結果真的不同，觀眾的評分明顯提高，尤其是女性觀眾，可能是因為我們刪掉了詩儂某句會引發爭議的台詞。在遊行的那場戲中，詩儂和卡麥隆討論高中畢業後的人生。

詩儂：未來對男生而言比較糟糕，對不對？

卡麥隆不懂詩儂想表達的意思。

詩儂：因為女生可以逃離責任，想辦法結婚生子，找個男人依靠。

第二次試映的評價較高，電影公司認為是因為我們刪掉了不妥的台詞，但我認為是因為我們把遊行戲挪到最後，約翰則認為是因為我們換掉了博物館那場戲的背景音樂。由於我們同時做了三種改變，因此誰也不知道真正的原因。然而觀眾對這個版本的反應很好，我們決定就用這個版本上映。

✦

在拍攝費里斯早上一邊沖澡一邊對觀眾說話的戲時，約翰想在這段畫面設計幾種終場詞。我們有幾種選擇，其中一種是讓費里斯走到鏡頭前看著觀眾，並問：「吉姆？吉姆，是你嗎？」但我們最後採用的是馬修一邊說：「結束了，回家吧。」一邊做出趕人的動作。

「約翰，我很喜歡這個點子，可是沒有人會看見。」我說。因為每當電影的演職員名單出現時，觀眾就會陸續離開，很難想像有人願意坐在位子上等片尾終場詞。

結果，我在洗澡時又想出了解決方法，並且迫不及待地告訴約翰。我們之前剪掉一個鏡頭：魯尼校長的克萊斯勒轎車在布勒家門外被拖走，挫敗的他只好搭校車回家。這段畫面很有趣，但因為會干擾故事的走向，所以我們決定剪掉。

「播放演職員名單時，我們可以用一個小畫框播放魯尼坐在校車上的畫面，將演職員表放在畫框旁。如此一來，觀眾就會留下來繼續看畫面，直到費里斯出來說終場詞。」

我們舉行下一場試映會時，當片尾曲〈噢耶〉（*Oh Yeah*）一開始播放，觀眾果然準備離席。然而他們離開座位後，突然發現電影還沒結束，於是就在走道上停住腳步，紛紛轉頭望向銀幕，這正是我希望的結果。我們留住了觀眾，讓大家看到馬修說出那句「結束了，回家吧。」並且哈哈大笑。

馬上開始下一片

我們開始處理聲音的部分。馬修．柏德瑞克的某些台詞必須重新配音，然而當馬修來錄音時，約翰卻沒到場，因為約翰已經對這部電影沒興趣了，所以懶得出現，我必須代替約翰監督一切。馬修一開始很沮喪，但我們還是做完該做的工作，馬修和我對最後的結果都很滿意。

我們開始混音，但約翰仍然沒現身，於是我打電話給他：「約翰，我們需要你過來，替其中幾捲影像收尾。」

「把那些底片都燒掉吧。」

他真的對這部電影沒興趣了，可是我繼續堅守崗位。隔天，他來到混音工作現場，當他走進來時，遞給我一個大大的信封。「你看一下，這是我昨晚寫的。你有沒有興趣剪這部片？」

他不是在開玩笑。於是我走到旁邊，開始閱讀那一疊劇本。那是他下一部電影《一路順瘋》的前六十頁，劇情發展到一場令人難忘的戲。演技出眾的伊迪．麥克盧格飾演一名汽車租賃商，正在招呼心情沮喪的史帝夫．馬丁。他對她大聲地罵了十八次髒話，最後說：「我他媽的要租一輛車，他媽的我現在就要！」

「我能看看你的租車合約嗎？」

「我丟掉了。」

「噢，老天。」

「噢，老天，現在是怎樣？」

「你搞砸了。」

約翰連續寫了十個小時，每小時大約寫六頁。他會進入一種意識模糊的狀態，不允許別人打擾他，而且他寫作時彷彿是聽寫繆思女神的口述。他從不回頭重寫，也不允許別人修改，只有實際開始製作電影時，那些出自靈感的初稿才有修改的機會，而且是在全片拍攝完畢之後，剪接最終版本時才有機會修改。電影公司的高階主管之所以縱容他，因為他拍出來的結果都太棒了。

約翰寫劇本的時候，有時候會因為失去方向而停筆，然後他就無法再寫下去。在這種情況下，他會放棄那個劇本，開始寫另外一齣戲。他的產量驚人，永遠緊跟著繆思女神的腳步。只要繆思女神繼續給他靈感，他就會不斷創作。

他隨身帶著一本小筆記本，每當他想到好點子時，就會寫在這本筆記本上。偶爾他會拿出這本筆記本，閱讀裡面的內容，或者在上面補充一些東西。他用一支筆尖非常細的筆寫字，他的筆跡細細尖尖的，字很小，可是十分整齊。那本筆記本裡記載的點子，遠遠超過搬上電影銀幕的那些。《一路順瘋》的剪接邀約很吸引我。

「當然。」我說：「我非常樂意。」

追悼會上的放映

《蹺課天才》後來成為具有時代精神的電影作品之一，評價遠超過它上映的時候。不僅在美國，我還遇過來自巴西的電影系學生，告訴我這部片是他們最喜愛的電影。電影的上映就如同電影的出生，有些片子會長命百歲。正如有些片子永遠默默無名，但有些片子能夠影響整個社會。《蹺課天才》就是後者，它是我最珍愛的電影之一。

約翰於二〇〇九年因心臟病逝世的消息令人震驚，當年他才五十九歲。由於他已經搬回芝加哥居住，我好幾年都沒有見到他。他非常有才華，一想到他的點子將永遠無法實現，就令人覺得悲傷。他擁有逗人發笑的天賦。

我到好萊塢的新比佛利電影院（New Beverly Cinema）參加為他舉辦的追悼會，現場放映了《蹺課天才》與《一路順瘋》。在《蹺課天才》結束前，放映師太早關掉投影儀且打開電燈，切斷了費里斯的終場詞。現場觀眾都比放映師熟悉這部電影，紛紛發出抱怨。他們等了一會兒，可是放映師似乎不打算繼續放映那段結尾，他們才離開座位去上廁所或買爆米花。幾分鐘後，在沒有預先告知的情況下，現場電燈突然熄滅，觀眾發出歡呼，沒想到當影片再次開始播放時，費里斯的終場詞雖然出現了，可是畫面是顛倒的，而且影片是由後往前播放。

這證明了一件許多人從來沒有意識到的事：放映師才擁有最終的剪接權。

注釋

①葛許經紀公司（Gersh Agency），菲爾·葛許（Phil Gersh）成立的演藝與文學經紀公司，西岸與東岸的總部分別位於加州比佛利山和紐約市，為美國排名第六的經紀機構。

②大衛·葛許（David Gersh），葛許經紀公司的總裁之一，另一位總裁是鮑勃·葛許（Bob Gersh）。

③《早餐俱樂部》（*The Breakfast Club*），一九八五年的青春喜劇電影。美國《娛樂週刊》於二〇〇六年發表的「五十部最棒校園電影」專題報導中，《早餐俱樂部》榮登冠軍。

④雷電華電影公司（Radio-Keith-Orpheum Pictures，簡稱RKO），美國的電影製片及發行公司，為一九三〇年代美國電影業的八大龍頭公司之一。

⑤戴西露電影公司（Desilu Productions），美國的電視製作公司，由戴西·阿納茲（Desi Arnaz）和露西兒·鮑爾（Lucille Ball）夫婦共同創立。

⑥鯔魚頭（mullet haircut），一種頭頂的頭髮和兩鬢都被剪短、後腦勺頭髮留長的髮型。

⑦《摩登保姆》是一九八五年的美國青少年科幻喜劇電影，由約翰·休斯執導。

⑧《風流奇男子》（*Alfie*），一九六六年的英國浪漫喜劇電影，米高·肯恩主演。

⑨「第四面牆」是指在傳統三壁式舞台上的虛擬之牆，隔在演員與觀眾之間，觀眾透過這面牆可以看見戲劇設定的世界。在電影或電視戲劇中，讓演員透過鏡頭對觀眾說話的表現方式，稱為「打破第四面牆」。

⑩《少女十五十六時》（*Sixteen Candles*），一九八四年上映的美國青少年電影。

⑪馬修·柏德瑞克（Matthew Broderick, 1962-），美國電影及舞台劇演員。

⑫亞倫·盧克（Alan Ruck, 1956-），美國電視及電影演員。

⑬傑佛瑞·瓊斯（Jeffrey Jones, 1946-），美國演員，最著名的作品就是在電影《阿瑪迪斯》中飾演神聖羅馬帝國皇帝約瑟夫二世。

⑭威利狼（Wile E. Coyote），華納兄弟動畫系列的角色，對嗶嗶鳥窮追不捨。

⑮米亞·莎拉（Mia Sara, 1967-），美國女演員。

⑯珍妮佛·葛雷（Jennifer Gray, 1960 -），美國女演員。

⑰《熱舞十七》（*Dirty Dancing*），一九八七年上映的美國愛情歌舞片。

⑱萊曼·沃德（Lyman Ward, 1941-），加拿大演員，一九八六年與辛蒂·皮克特結婚，六年後離婚。

⑲辛蒂·皮克特（Cindy Pickett, 1947-），美國女演員，一九八六年與萊曼·沃德結婚，六年後離婚。

⑳大肩膀之城（City of the Big Shoulders），芝加哥的暱稱，這個稱呼來自卡爾·桑德伯格（Carl Sandburg）所寫的詩〈芝加哥〉第五行。

㉑馮·史圖班日（Von Steuben Day），九月中旬週末慶祝的節日，紀念弗里德里希·馮·史圖班男爵（Baron Friedrich von Steuben）從德國到美國協助喬治·華盛頓促成美國獨立。

㉒韋恩·牛頓（Wayne Newton, 1942-），美國歌手。

㉓肯尼·奧爾特嘉（Kenny Ortega, 1950-），美國導演、製片人和編舞師，曾導演《歌舞青春》系列和《麥可傑克森未來的未來演唱會電影》（*Michael Jackson's This Is It*）。

㉔歌舞青春（*High School Musical*），美國迪士尼頻道最成功的原創電影，於二〇〇六年推出。二〇〇七年推出續集《歌舞青春2》。第三集《歌舞青春3：畢業季》則是該系列首次登上大銀幕，於二〇〇八年上映。

㉕「卡翠娜與搖擺合唱團」（Katrina and the Waves），英國流行搖滾樂團。

㉖「愛默生、雷克與帕瑪」樂團（Emerson, Lake & Palmer），英國前衛搖滾樂團。

㉗查理・辛（Charlie Sheen, 1965-），美國電影及電視演員，其父親及兩兄一妹都是演員。

㉘核冬天（Nuclear winter），一個關於全球氣候變化的理論，認為大規模的核戰可能會產生氣候災難。

㉙「挑戰者」號（STS Challenger），美國航空太空總署旗下正式使用的第二架太空梭。一九八六年一月二十八日，在升空七十三秒之後爆炸解體，機上七名太空人全部喪生。

㉚「後此謬誤」（post hoc, ergo propter hoc），指一種不正確的推理：如果A事件在B事件之前發生，那麼A事件就是B事件發生的原因。

17 《成功的祕密》①

《蹺課天才》於一九八六年六月上映，就在我與赫伯特・羅斯合作他的下一部電影《成功的祕密》前夕，時機非常完美。《成功的祕密》由環球電影公司發行，米高・福克斯飾演一名夢想爬到商業界頂端的年輕人。我們在環球電影公司進行剪接，拍攝地點則在紐約市，由卡蘿・迪帕瑪擔任攝影師。赫伯特從來不要求我和他一起到拍攝現場，他很清楚自己要拍什麼樣的鏡頭，也很信任我的剪接專業。

每次赫伯特在正式開工前拍攝測試妝髮或服裝的鏡頭，那些畫面通常也會被放進電影裡，他認為這麼做有助於劇組人員暖身。這次他們出外景，到街上去拍攝米高・福克斯搭乘公共汽車來到紐約，然後走入紐新航港局客運總站周邊的擁擠人潮中，這種場面對於住在中西部的人來說可能相當可怕。赫伯特還找了包括辛蒂・克勞馥②等多位超級名模出現在電影片頭中。卡蘿・迪帕瑪拍攝了紐約市區裡一些讓人眼花撩亂的摩天大樓，以及平凡無奇的巷弄街道，但是透過她鏡頭與視角施展的神奇魔力，這些畫面變成了紐約生活的絕佳景緻。如果將那天劇組人員從各個角度拍攝的側拍照編輯成冊，可以出版一本很棒的紐約照片集。

我飛到紐約與赫伯特重聚，因為之前有很長一段時間，我們都只透過電話交談。我不停吹噓《蹺課天才》多麼成功，而且因為我知道赫伯特很喜歡音樂和舞蹈，我還播放《蹺課天才》原聲帶中的〈噢耶〉給他聽，他很喜歡，這點我早就料到了。但是我沒想到他會說：「我們在這部電影裡也要用這首歌。」**約翰肯定會殺了我**。我心中暗忖。

在拍片現場時，有人介紹我認識瑪格麗特．惠頓③，瑪格麗特在本片中飾演米高．福克斯的嬸嬸薇拉（Vera）。她穿著昂貴的服飾，頭髮梳成高髻，臉上畫著濃妝。「很高興認識妳。」我說。她突然傾身靠向我。「保羅，我是佩姬！佩姬！」

可是我不記得自己在哪裡見過她。

突然間，我想起來了。「佩姬！我沒認出是妳！」我們大概在十六年前見過面，當時她和我的某個朋友正在交往，是個滿頭亂髮的年輕女藝術家，總是穿牛仔褲和涼鞋，臉上脂粉未施。

「別告訴任何人我們認識。現在我已經改名為瑪格麗特了。」

她在這部電影中飾演一個喜歡年輕男子的熟女，演得非常棒。

再次與赫伯特合作

再次與赫伯特合作，讓我想起他有多麼專業。他這次也擔任製片人，同樣掌控最後的剪接權，所以做起事來就更順利。他很擅長與電影公司的高層主管打交道。

我從他那裡學到很多關於表演方面的知識。他喜歡從劇本中間的場次開始拍攝，因為他認為演員在剛開始拍攝時可能無法馬上進入角色，等演員抓住角色精髓之後再來拍攝故事開始的戲會比較好。這麼一來，當電影進入到演員還在摸索角色時所拍攝的中段場次，因為角色已經牢牢扎根在觀眾腦海中，觀眾比較不容易察覺演員的表現。

赫伯特告訴我，他正在籌備一部芭蕾舞電影，片名是《戀舞》④，由他的妻子諾拉擔任執行製片人。這部電影的劇情是從芭蕾舞劇《吉賽兒》⑤衍生而出，將由米哈伊爾．巴瑞辛尼可夫⑥以及被諾拉發掘的萊斯莉．布朗⑦領銜主演。萊斯莉曾在赫伯特執導的《轉捩點》和《舞王》⑧裡演出。

「聽起來很棒。」我說。

「你願意剪這部片子嗎？」

「我當然願意。」我回答。

赫伯特打算在拍完《成功的祕密》之後馬上接著拍《戀舞》，因此當《戀舞》開拍之後，《成功的祕密》才會完工。

然而在不久之後，我聽聞約翰．休斯準備在隔年春天開始拍攝《一路順瘋》。如果我參與《戀舞》，就沒有辦法剪接《一路順瘋》了。我不可能同時負責這兩部電影的剪接，最後決定選擇《一路順瘋》，因此我不得不告訴赫伯特，我恐怕無法剪接《戀舞》。我向他解釋，在他邀約我之前，我已經答應了約翰，而且我不知道時間上會有衝突。儘管如此，他還是很不高興。我想，沒有人喜歡被別人拒絕。

最終階段的插曲

根據電影的設計，《成功的祕密》有一些蒙太奇畫面。我通常會把蒙太奇畫面想像成舞曲，所以我需要音樂來協助我剪接。在這段畫面中，我放入一些我當時常聽的歌。

〈噢耶〉那首歌很適合豪華轎車那場戲的蒙太奇畫面。在那段畫面中，瑪格麗特飾演的薇拉嬸嬸，看上了年輕的男主角布蘭特利．福斯特（Brantley Foster），其中有許多具有大膽的性暗示，例如象徵陽具的口紅特寫，以及意味性高潮的雨刷噴水器在擋風玻璃上噴灑水柱等等，中間再穿插瑪格麗特色瞇瞇的眼光和嘴唇，以及布蘭特利尷尬地蠕動身體的鏡頭。

另外一段蒙太奇是布蘭特利冒充一個名叫卡爾頓．惠特菲爾德（Carlton Whitfield）的初階主管。

他換上西裝，溜進一間原本無人使用的辦公室，冒險混入令人陶醉的高層主管世界。我選擇了在《蹺課天才》中被約翰·休斯淘汰的歌曲，由卡翠娜與搖擺合唱團演唱的〈走在陽光裡〉，搭配起來非常完美。

我們還有更多的蒙太奇畫面等著配上音樂，我知道赫伯特找了曾寫過電影歌曲的唱片製作人大衛·福斯特⑨為這部電影譜寫配樂，所以我特別選用他之前為《七個畢業生》⑩所寫的曲子當參考音樂。《成功的祕密》是大衛·福斯特第二次為整部電影譜寫配樂，我覺得選用他的作品當成參考音樂，可能有助於他創作，而且這首曲子真的很適合。

赫伯特從拍片現場回到剪接室後，我播放了這段搭配音樂的畫面給他看，一個星期之後我們就全部搞定，包括混音。不過，我嘗試的某個玩笑，他沒有買單。那場戲是女主角海倫·史萊特⑪為了阻止理查·喬丹⑫對她毛手毛腳，因此朝著他胯下揍了一拳。我請混音師調整喬丹的下一句台詞，讓他的聲音變成假聲男高音，結果赫伯特認為這種玩笑很低俗，不贊成這麼做，但除此之外他都很滿意，我們只花五個星期的時間就完成了原本預計十個星期才能完成的工作。美國導演工會規定，導演在主要拍攝工作結束之後，最遲在十個星期內必須向製片人展示拍攝成果。

我們邀請環球影業製作部門的新主管湯姆·波拉克⑬觀賞試片。波拉克是律師，長得有點像格魯喬·馬克思⑭。當他抵達放映室之後，先表示這是他上任後的第一部電影。「片長時間多長？」他問。

「一四〇。」我回答，意思是一小時四十分鐘。

試片結束後，他說：「呃，這部電影很棒，但我們得想辦法剪掉四十分鐘的畫面。」

赫伯特和我彼此互看一眼，兩人都一頭霧水。波拉克顯然誤會片長是一百四十分鐘，也就是兩小時又二十分鐘，但我不理解他為什麼感覺不出一小時四十分和兩小時二十分的時間差異。

無論如何，我們鎖定了這部電影的內容。赫伯特告訴我，他準備去歐洲拍攝《戀舞》了。那是一九八六年，紐約大都會隊奇蹟般地打進世界大賽，我和劇組工作人員沒有別的事情可做，每天上班時間都在看球賽。我的同儕唐．坎伯恩是一個客氣有禮的人，臉上總是掛著笑容，那段時間他就在我們對面的剪接室工作。八年前，當我以《星際大戰》提名艾迪獎但落敗時，仁慈的唐特別過來安慰我。

我從來沒有擔任過電影長片剪接師的助理，因此很好奇其他剪接師平常如何工作。唐在他的Kem剪接機側上方懸掛一面全身鏡，因此他不必轉身就能看見坐在他身旁或身後的導演，我覺得這種做法很聰明，可是我不想整天坐在鏡子前。

赫伯特從歐洲回來之後告訴我一個可怕的消息：與他結婚二十八年的妻子諾拉不幸罹患癌症。赫伯特很愛諾拉，表示自己將全心照顧諾拉，因此我必須接手完成《成功的祕密》。由於這部電影已經鎖定內容，不需要再經過修剪，但我必須負責監督演員的配音，並且到紐約執導續接鏡頭的拍攝。這些過程很有趣，米高．福克斯很擅長配音，因此順利完成。接著我又監督混音，但在混音工作的最後一天，諾拉過世了。隔天，赫伯特必須到劇組來檢視並核可混音結果。

「我知道每個人都很關心我，可是請轉告他們，我寧可大家什麼話都不要對我說。」赫伯特表示。我轉達了他的想法，因此那天大家默默地觀看影片。赫伯特對結果十分滿意，他向大家道謝之後就離開了。幾天後，赫伯特在他們位於聖塔莫尼卡的房子為諾拉舉行一場氣氛凝重的追思會，現場眾星雲集，然而赫伯特心都碎了。

✦

《成功的祕密》在那年春天上映時獲得好壞參半的評價，不過蟬聯了五個星期的票房冠軍，我後來的作品再也沒有拿過這麼好的成績。這部電影成為我為赫伯特剪接的第二部獲利作品。

續接鏡頭（Pickups）：導演有時候會希望重拍某場戲的某些鏡頭，重拍的部分就叫做「續接鏡頭」，因為是接續前面已經拍攝好的部分。

雖然赫伯特是很難相處的人，但我認為他是一位才華橫溢、知識淵博的導演，非常清楚自己在做什麼。他很少拍攝備用鏡頭，但如果他拍了，那是因為他還沒有想出視覺方面的設計。他大部分的時候都已經心裡有譜。他對我非常慷慨，無論在創意方面或者經濟方面都是，我十分感激他。

諾拉，敬請安息。

注釋

①《成功的祕密》（*The Secret of My Success*），一九八七年的美國喜劇電影，由米高・福克斯主演。
②辛蒂・克勞馥（Cindy Crawford, 1966-），美國超級名模。
③瑪格麗特・惠頓（Margaret Whitton, 1949-2016），美國女演員，曾以藝名佩姬・惠頓（Peggy Whitton）參與電影演出。
④《戀舞》（*Dancers*），一九八七年的電影，由赫伯特・羅斯執導，故事主角是一名計畫製作芭蕾舞劇《吉賽爾》電影版的芭蕾舞者，以及他與一位年輕女子的戀情。這部電影上映後未獲好評。
⑤吉賽爾是法國作曲家阿道夫・亞當（Adolphe Charles Adam）於一八四一年創作的芭蕾舞劇，共二幕。
⑥米哈伊爾・巴瑞辛尼可夫（Mikhail Baryshnikov, 1948-），拉脫維亞籍的俄裔美國芭蕾舞者、編舞家及演員。
⑦萊斯莉・布朗（Leslie Browne, 1957-），美國芭蕾舞者和女演員，於一九八六年至一九九三年間曾為紐約市美國芭蕾舞劇院的首席舞者，並且因電影《轉捩點》獲得奧斯卡最佳女配角獎提名。
⑧《舞王》（*Nijinsky*），一九八〇年由赫伯特・羅斯執導的美國傳記電影，描述波蘭裔俄羅斯芭蕾舞者瓦斯拉夫・尼金斯基（Vatslav Nijinsky）的傳奇人生。
⑨大衛・佛斯特（David Foster, 1949-）出生於加拿大，是一名鋼琴家、歌手、詞曲創作者、編曲家及音樂製作人，曾獲得奧斯卡金像獎提名。
⑩《七個畢業生》（*St. Elmo's Fire*），一九八五年的文藝電影，講述大學生畢業之後面臨的生活壓力與責任。
⑪海倫・史萊特（Helen Slater, 1963-），美國女演員、歌手及詞曲創作人。
⑫理查・喬丹（Richard Jordan, 1937-1993），美國電影、電視及舞台劇演員。
⑬湯姆・波拉克（Tom Pollock, 1943-2020）原為美國娛樂產業的律師，後來轉為電影製片人及電影公司製作部主管。
⑭格魯喬・馬克思（Groucho Marx, 1890-1977），美國喜劇演員。

18 《一路順瘋》

一九八七年，美國導演工會與各大電影公司談判新合約，並且威脅罷工，預計從六月三十日開始，因此《一路順瘋》必須在那天之前完成。除此之外，我們已經在數千家電影院預訂了十一月九日的檔期，準備在感恩節假期期間上映，因為這個故事的內容是史帝夫．馬丁飾演的廣告公司主管尼爾．佩吉（Neal Page）打算從紐約返回芝加哥過感恩節，結果遇上一連串阻礙，首先是一場暴風雪迫使他與約翰．坎迪①飾演的中下階層人士德爾．葛瑞菲斯（Del Griffith）同行。

兩個不同背景的旅伴被迫同行，這種故事並不是什麼新點子，然而就像約翰．休斯其他的作品一樣，幽默都藏在細節裡。我認為約翰就像一位技巧純熟的袖珍畫大師，他能夠在一段平凡無奇的情節中編織出精巧複雜的笑料。

外景拍攝地點在中西部許多景點，可是劇組找不到足夠的雪景。片中有一場戲是州際警察在公路攔下兩位主角的車，那場戲應該發生在天氣非常寒冷的時候，結果觀眾卻可以看見車頂上的積雪正在融化。

愈來愈長的毛片

那段時間我的兩份工作時間重疊，《一路順瘋》已經開拍，但是《成功的祕密》還沒有完工。每天結束《成功的祕密》的工作之後，我就會從環球電影公司趕往派拉蒙影業，在我們以前剪《蹺課天才》的那間剪接室觀看《一路順瘋》的毛片。等到我完成《成功的祕密》並且終於可以喘口氣時，已經過了兩、三個星期，所以我開始剪《一路順瘋》時，時程已經稍微落後。

我飛往芝加哥與《一路順瘋》劇組會合。我已經好幾個月沒有見到約翰，當天劇組開始檢視毛片之前，我才匆匆抵達。飯店的宴會廳變成我們的放映室，劇組工作人員都坐在沒有扶手的軟墊餐椅上。我坐到約翰旁邊，因為他進來之後電影就開始放映，所以我們幾乎沒有時間寒暄。

那天我們檢視的戲，是兩個主角旅程的尾聲。他們終於抵達芝加哥，並且就此分道揚鑣。劇本上是這樣寫的：

【在通勤列車上】

尼爾坐在座位上，大大地鬆了一口氣。

尼爾：好一趟累人的旅行……

他伸出手，從隔著走道的座位上拿起一份前一位乘客沒帶走的報紙。他翻開報紙之後，火車開始移動。

就只有這樣，整場戲寫了不到四分之一頁。毛片的第一個鏡頭是廣角鏡頭，從通勤列車裡面拍攝，車廂內的一側有一、兩名乘客，另一側坐著史帝夫．馬丁。列車原本停靠在火車站裡，幾秒鐘之後開始移動，大大的車窗閃過這座城市的景觀，攝影機沒有移動。

大約三分鐘之後，他們結束這個鏡頭，開始另一個畫面：相同的角度，新拍的畫面。大約又過了三分鐘左右，是另一個以全新角度拍攝的畫面，依然是廣角鏡頭，可是比較接近史帝夫。後面還有另外一個鏡頭，一直拍到這捲底片的尾端，總長度大約十分鐘。

第二捲底片開始放映，內容幾乎一樣：史帝夫坐在通勤列車上，攝影機從各種不同角度拍攝。接著是下一捲，然後又另外一捲。我偷偷地看著身旁的約翰，不確定我們應該注意什麼地方，然而他只是高深莫測地坐著，香菸一根接著一根抽。當第五捲底片播畢時，我們已經花了一個小時觀看以不同鏡頭拍攝的同一場戲。第六捲底片開始了，然後是第七捲、第八捲和第九捲。

在第十捲底片中，攝影機變成以特寫鏡頭拍攝史帝夫。當列車行經郊區時，史帝夫臉上露出笑容，但彷彿突然想起什麼，一臉疑惑地抬起頭，宛如想到令他費解的事，接著他搖搖頭。因為劇本裡沒有提到這個動作，也許是史帝夫覺得攝影機一直近距離拍他，所以他必須做點什麼。這捲底片播畢後，電燈亮了起來，我們已經花了兩個小時觀看沒有劇情的畫面，我認為這似乎有點瘋狂，而且我猜約翰也不清楚自己想要找什麼。然而，雖然我們當時並不知道，但事實證明最後的特寫鏡頭其實非常重要，成就了這部電影的結局。

每天拍攝的影片數量不斷增加，約翰似乎持續替每場戲加寫新的內容，可能是在拍攝前一晚，也可能是在拍攝時當場撰寫。飾演長舌男德爾．葛瑞菲斯的坎迪對劇本每頁對話內容的掌握能力十分驚人，但有一天他突然記不得自己的台詞，不斷請場記人員提詞。我本來擔心接下來的每一天都會發生這種情況，幸好只有那天如此。

我習慣的剪接方式是把所有好素材全放進初剪版，即使我知道這麼做會有太多畫面，可是在修剪的時候，減少比增加容易，所以我遵循著這種策略，先把所有的東西都放進來，畫面數量真是多得驚人。

劇組人員返回洛杉磯之後，在派拉蒙電影公司拍攝室內場警，每天的毛片長度都超過幾個小時。在兩位主角第一次住進汽車旅館的那場戲中，尼爾和德爾被迫共睡一張床，這場戲花了幾天的時間才拍攝完成。我們在黑暗的放映室裡花了大約三個小時觀看這段毛片，午餐時間也只能把餐盤放在腿上邊吃邊看。電燈亮起之後，我忍不住對劇組工作人員說：「我們剛才觀看的毛片，片長比整部電影還長。」

劇本中有一場戲內容不到一頁：尼爾和德爾搭乘計程車前往第一間汽車旅館途中，計程車的計費表顯示車資已經超過一百二十四美元。

尼爾：司機，還有多久才會到？

司機：不會太久。

德爾：我很好奇，你為什麼不走州際公路？

司機：因為你剛才說你朋友沒來過這裡，所以我覺得讓他四處參觀也不錯。如果走州際公路，什麼東西都看不到，只看得見公路。

尼爾（降低聲音）：可是現在是半夜。

德爾：司機一定很以自己的家鄉為榮。這種人現在不多了。

這場戲就這麼多，起碼劇本上是這樣寫的。然而當我看到毛片時，對話變多了：

司機：你們有沒有看見那棟小屋？我十四歲的時候在那裡「轉大人」。

諸如此類，司機介紹各式各樣的地點，讓這場戲變成三分多鐘長。而且，每次司機說完台詞，約翰還會要求他再說一次，而且是在沒有停機的狀況下直接提出要求。

最後你可以聽見攝影助理大喊：「底片用完了！裝新底片！」然後他們才停機，把新的底片裝入攝影機。每個鏡頭都拍了整整一千英尺長的底片，每個鏡位都拍攝了兩個至三個鏡頭，備用鏡頭非常多，有從計程車前方拍攝的廣角鏡頭，也有司機的特寫與側面鏡頭，以及從後座往前拍攝司機的畫面。然後是拍攝德爾和尼爾坐在後座的雙人鏡頭，加上分別從計程車兩側拍攝的斜角雙人鏡頭，還有他們兩人各自的側面特寫與正面特寫，中間再穿插計程車內的佈置，這輛計程車裡貼滿了照片。總而言之，這一場的影片長達將近四萬英尺，共有八小時的素材。更糟糕的是，開始與停止不停重複，因此很難尋找劇本上的特定台詞。

我去找派拉蒙影業後製部門的主管保羅．哈格。在《渾身是勁》與《蹺課天才》大獲成功之後，哈格就一直很支持我。我告訴他，除非有人幫我忙，否則我無法在拍攝結束後完成初剪。於是我們聘僱了第二位剪接師安德魯．倫敦（Andrew London），我把計程車那場戲交給安德魯負責。等他完成後，我又給他另外一場戲的畫面。

同樣的拍攝方式持續進行著，每一場拍出來的畫面都比劇本所寫的內容還要長。某天我到拍片現場，詢問場記人員拍攝狀況。

「不太好。」她回答：「主鏡頭就長達十四分鐘。」

「可是攝影機的底片只能拍十一分鐘！」我說。

「我們還有補拍畫面。」

時間一天天過去，我請跟了我很久的助理佩克．普瑞爾（Peck Prior）幫忙剪接其中一場，然後又給他另外一場。接著，我找另一位助理亞當．貝爾納迪（Adam Bernardi）剪接另一場。因此，總共有四個人剪接這部電影。

我在剪《成功的祕密》時提議的笑點，赫伯特不喜歡，現在我終於有機會使用那個玩笑了。史帝夫．馬丁與計程車調度員打起架來，坎迪跑過來救他。「你沒事吧？」坎迪問：「我從來沒看過有人因為被踢睪丸而打輸架。還好我來救你，算你好運，否則你的蛋蛋就不保了！」

史帝夫回答坎迪時，我把他的聲音調高為假聲男高音。赫伯特在《成功的祕密》中拒絕這個點子，可是約翰很喜歡。

✦

某天晚上，聖安娜風②的熱氣讓我無法入睡，我走到室外，躺到吊床上，暖熱的風感覺就像從吹風機吹出來的，讓我頭頂上的棕櫚樹葉沙沙作響。不知道為什麼，我開始思考這部電影的片頭設計。由於片名很長③，要放進一·八五圖像縱橫比的矩形銀幕中相當困難。我突然想到可以將每個字母的填滿畫面，然後以平移方式讓每個單字滑過銀幕，滑動速度愈來愈快，直到片名消失不見，甚至不需要讓完整片名一次呈現在銀幕上。隔天我向約翰提出這個建議，並且嘗試了一下，以確定閃動的單字並不會干擾其易讀性，然後再由音效剪接師威利．史特曼放入飛機、火車及汽車的引擎聲。

造成問題的片長

每天拍攝的毛片如雪崩般壓在我們身上，我們努力跟上進度。製作時程已經落後，演員和劇組工作人員每天加班，以便在六月三十日大罷工之前完成這部電影。一場公車上全體乘客合唱《摩登原始人》④主題曲的戲，劇組花了兩天的時間才拍攝完成。最後，在六月的最後一天，拍攝工作總算完成，這部電影的製作總共耗費八十五天。

在我的剪接團隊合作下，我們在七月四日之後就可以舉行初剪試映，也就是拍攝完成後的一個星期。這部電影總共有二十四捲底片，初剪版長度為三小時四十五分鐘，打破我以前在《蹺課天才》創下的初剪紀錄，而且足足超出《蹺課天才》一個小時。某天早晨，我們在電影公司的一間放映室進行試片，看完十二捲底片之後，我們停下來休息，先把三明治拿進放映室裡，然後繼續放映影片。

我們看完之後，約翰對我說：「片長太長了。」

這還用說嗎？我心想。隨後，約翰就與家人去度假了。電影公司急得快要發狂，然而在約翰回來之前，我沒有辦法進行修剪。等我們開始在Kem剪接機上進行刪剪時，已經又過了兩個星期。這段時間約翰顯然一直在思考應該如何修剪畫面。「剪掉那個、那個，還有那個。」

我們瀏覽過這部影片，刪掉了許多場。等我們檢視過整部電影之後，已經剪掉一小時十五分鐘，是原本片長的三分之一。

「你知道我們等於剪掉二十八天的拍攝畫面嗎？」我問。

約翰只是聳聳肩。這就是他的風格。

我們不停修剪，將尼爾妻子的畫面以及關於金錢方面的次要情節都剪掉，那些次要情節的內容都與錢有關，包括拿錯信用卡和買東西付錢的畫面，我們覺得那段故事太複雜，而且沒有觀眾會在乎。我們把影片長度縮減至兩小時，準備舉行第一次對外試映會。當時是八月底，我們已經預訂上千家電影院十一月份的檔期。

試映會在派拉蒙製片廠舉行，地點是當時的主劇院。我充滿自信，因為這是一部非常有趣的電影，有兩位厲害的喜劇演員和大量精采笑料，包括台詞與視覺上的笑點，而且我們已經去蕪存菁，保留恰到好處的長度，因此我預期這次試映會的結果將與之前《蹺課天才》和《成功的祕密》同樣反應熱烈。

沒想到這場試映會成了大災難，開演大約二十分鐘之後，就有一、兩位觀眾離場。過幾分鐘之後，又有觀眾離席。我從來沒有遇過這種情況，因此心裡非常難受。愈來愈多人離開，甚至還有整排觀眾一同起身走出去，讓我非常驚訝。到了最後，這部我認為非常有趣的電影，總共有二十名觀眾中場席離，完全出乎我的預料。而且，坦白說，我一直擺脫不了這個陰影。時至今日，我走進試映會場時都會惶恐不安。

我們讀了觀眾的意見卡，發現觀眾覺得這部電影時間太長，這就是初剪版本時間過長的問題之一：你一直修剪，以為自己已經剪掉非常多畫面，結果還不夠多。因此我們在當週稍晚又安排了另一場試映會。

我們瘋狂刪減片長，然後再次進行試映。這一次結果比較好，可是只改善一點點。接下來的九月份，我們不斷地修剪與重新混音，每個星期舉行兩次試映，總共舉行了九次試映會，到第四場試映會才明白觀眾為什麼提早離席。由於我們剪掉與錢有關的戲，導致觀眾認為德爾只是在利用尼爾、占尼爾的便宜。他們討厭德爾，接著也開始討厭尼爾，因為尼爾沒有甩掉這個不斷剝削他的傢伙。我們意識到這一點之後，便把德爾表示要償還尼爾火車票錢的一小段畫面放回來：

德爾：「給我你的住址，我會把錢寄給你。」

尼爾（再也不想和德爾有任何瓜葛）：「不必了，沒關係。」

我們只不過把這兩句台詞放回影片中，觀眾對角色的看法就完全不同了。他們覺得德爾人還不錯，而且也不會討厭沒甩掉德爾的尼爾。一些看似無關緊要的小事竟然會造成如此強大的影響，讓我十分驚訝。

不過，我們的問題仍然沒有解決，大多數觀眾還是覺得這部電影太長。因此我們不停修剪與篩選，約翰在兩位主角抵達尼爾家之後的結尾處拍攝了幾種不同版本的笑點，我們全都逐一嘗試。由於我們舉辦過太多次試映會，有一張觀眾意見卡上還寫著：「我比較喜歡另一個版本的結局。」

最大的問題是倒數第二場戲。兩名主角在芝加哥通勤列車的高架月台上分別，他們互道再見，然後尼爾搭上列車。這場戲是我加入劇組的第一天就與約翰一起瀏覽的毛片：尼爾獨自坐在火車上，然後在郊區下車，走進一個小車站，結果再次被德爾的行李箱絆倒。這是貫穿整部電影的笑點：德爾說服一名卡車司機載他前往尼爾目的地的郊區車站，在那裡等尼爾出現。德爾孤單地坐在那裡，隨後是德爾向尼爾敞開心扉的對話。德爾告訴尼爾，自己其實無家可歸，他的妻子瑪麗在幾年前就去世了，他不知道要去哪裡過感恩節，於是尼爾邀請德爾到他家去。

這場戲的本意是要感動觀眾，可是觀眾卻發出不自在的笑聲，然後又接著乾笑了幾聲，我們必須解決這個問題。雖然經歷九場試映會，我們最後才終於想出巧妙的解決方法。

既然德爾在尼爾面前搖尾乞憐招來稀稀落落的笑聲，我們決定剪掉這場戲。我們不讓德爾向尼爾掏心掏肺，而是讓尼爾自己發現真相，如此一來更可突顯尼爾的個性。我使用第一天毛片中史帝夫．馬丁在火車上的特寫畫面，穿插剪入德爾拐彎抹角地說他自己孤家寡人，暗示他無家可歸。毛片中史帝夫臉上那些動機不明的表情，如今成為我們解決問題的引線，表現出尼爾的同情心與敏感性。

此外，由於我們不想讓德爾自己跑去找尼爾，在重新剪接之後，變成尼爾回去芝加哥的高架月台尋找德爾。我們只拍攝了列車離開月台的畫面，但只要以倒帶的方式，就能讓畫面看起來像是列車駛抵月台。在最後一場試映會中，我們播放了這個版本，結果非常完美，我們終於解決了問題。

接下來的時間，我們都承受著巨大的壓力，因為最後的混音作業必須在十月完成，以便配合上映日期。音效剪接師必須等我們把最終版的影片交到他們手中，而且他們還需要時間才能把混音設計套入畫面中。約翰和我在討論這些事的過程中，我的態度太過強硬，讓約翰感到不舒服。

某天，副製片比爾．布朗（Bill Brown）來找我，手裡拿著一小疊筆記。

「那是什麼？」我問。

「約翰交代的事。」

我讀完那疊筆記。「開什麼玩笑？約翰人呢？我從來沒有遇過哪個導演用這種方式交代工作。」以前我在剪接最終版的時候，導演一定會坐在我旁邊，我可以隨時與導演討論我認為有問題的地方。約翰把他交代的事宜寫在紙上，無異只把我當成「一雙手」——這種帶有嘲笑意味的稱呼，出自布萊恩．狄帕瑪，用來指稱那些沒有任何貢獻的剪接師。

約翰無視的抗議，一直到進行最後的混音時，我才又再次見到約翰。在那段期間，約翰也完全推翻配樂作曲家艾拉．紐伯恩⑤交出的作品，他翻找自己收藏的唱片，把混音控制台當成巨型Moviola剪接機，以試驗的方式對每一場戲播放唱片上一首又一首歌曲。不用說，這並不是尋找電影原聲帶的有效方法。

我在約翰身上觀察到一種反覆出現的模式，艾拉和我都是受害者。約翰遇見某人之後，會先非常欣賞對方、相信對方不會做錯任何事。在這種初始階段，他會向對方示好，讓對方覺得自己受到重視、尊敬與喜愛。然後，出於某種只有約翰自己才知曉的原因，他會突然不理對方，將對方完全排斥於他的人生之外。

幾年後，我在日舞影展遇見詹姆斯．史派德⑥，他也告訴我類似的經歷。他演出《紅粉佳人》⑦之後便和約翰變成朋友，他會去約翰家，與約翰的家人共進晚餐，陪約翰聽一整晚的唱片，還和約翰一起泡熱水浴池。然後，從某天開始，約翰突然不接他的電話，他不知道是什麼原因，但約翰從此不再和他說話。

約翰的情感說變就變，會讓人覺得受傷，然而當我知悉這是約翰的行為模式之後，心裡就好過一些了。我安慰自己，並給予那些在電影圈裡受傷害的人一個小建議：「如果別人沒有把你當人看，也不要放在心上。」

✦

《一路順瘋》趕在感恩節檔期上映，可是並沒有拿下那個週末的票房冠軍。我們被改編自法國電影的《三個奶爸一個娃》⑧打敗，當時我非常失望，因為我不覺得《三個奶爸一個娃》是一部好電影，可是觀眾卻寧可看那部片而不選擇《一路順瘋》，這就是人生。不過，正如我說過的，有些電影擁有很長的壽命。

二〇一二年，我被邀請前往好萊塢新比佛利電影院舉行的《一路順瘋》二十五週年慶祝會，活動內容包括問答時間。新比佛利電影院將我的名字寫在他們氣派的入口天篷上，那是我這輩子唯一一次享有這種殊榮。與現場觀眾一起觀賞這部電影，給了我全新的感受，讓我非常開心。喜劇需要共享的體驗，所以電視上的情景喜劇都會放入罐頭笑聲。畢竟我們為了這部電影耗費許多苦心，看見大家這麼喜歡它，讓我感到萬分欣慰。這真的是一部很有趣的電影。

《一路順瘋》已經成為邪典電影愛好者的最愛！

注釋

①約翰・坎迪（John Candy, 1950-1994），加拿大演員，主要在好萊塢電影圈發展。

②聖塔安娜風（Santa Ana winds）為典型的南加州季節性強風，是一種強大且極度乾燥的下坡風，經常引起加州森林大火。

③《一路順瘋》的英文片名為「Planes, Trains & Automobiles」。

④《摩登原始人》（*The Flintstones*），美國動畫劇集。

⑤艾拉・紐伯恩（Ira Newborn, 1949-），美國音樂家、編曲家和作曲家，以創作電影配樂而聞名。

⑥詹姆斯・史派德（James Spader, 1960-），美國演員，曾獲金球獎提名。

⑦《紅粉佳人》（*Pretty in Pink*），一九八六年的美國青少年浪漫喜劇片。

⑧《三個奶爸一個娃》，一九八七年的美國喜劇電影。這部電影是當年美國票房最高的電影，並於一九八八年獲得全美民選獎（People's Choice Awards）的最受歡迎喜劇電影（Favorite Comedy Motion Picture）。

19 《鋼木蘭》①

我就這樣輪流與約翰．休斯與赫伯特．羅斯合作，時間長達五年。赫伯特又拿了一份劇本給我，可是我不喜歡那個劇本，而且我現在已經忘了片名。我在剪接《凶線》時學到了重要的一課：喜歡和赫伯特這個人共事還不夠，我必須也要喜歡電影的劇本，否則我對拍攝內容的反感，可能會影響我和赫伯特之間的關係。我不打算冒這種險。可是我之前已經拒絕過赫伯特的《戀舞》，如果再次拒絕他，不知道他會有什麼反應。

我告訴他我無法剪接這部電影，因為我討厭劇本。我還告訴他，為了給這部電影一個公平的機會，他應該找一個和他一樣對這部電影充滿熱情的剪接師。我真心認為自己沒有辦法做到。

令我驚訝的是，赫伯特心平氣和地接受了。「不喜歡某種東西的感覺，我懂。我常有這種反應。」他回答我。「所以我尊重你的意願。」

總之，我脫身了。然而那個案子最後並沒有通過，顯示我對它的感覺是正確的。赫伯特改與三星影業②合作，準備拍攝由羅伯特．哈林③的舞台劇劇本改編的電影《鋼木蘭》。這部電影是喜劇類劇情片，講述六位南方小鎮的女性如何面對她們其中一位的離世。電影公司請我先去紐約觀賞舞台劇版，這齣戲既有趣又深刻，接近結尾時有非常棒的高潮戲，你會發現自己前一秒鐘還在掉眼淚，下一秒鐘卻笑出來，劇情的轉折非常精采。我很喜歡這個故事，也很開心能夠再次與赫伯特合作我們兩人都喜愛的案子。

這電影的製片人是雷．史塔克④。雷是好萊塢的重要人物，具有呼風喚雨的本領。我被聘用之後，雷打電話到我家。他不是請祕書或助理代為聯繫，而是親自撥打這通電話。「嗨，保羅，我是雷．史塔克。」

「嗨，雷。」

「我想讓你知道，這是我與赫伯特合作的第七部電影，前面幾部都很賣座。你懂我的意思嗎？」從他的語氣中，我察覺到一絲威脅的意味。「是的，雷，我明白。」他想警告我，如果這部電影失敗，那就是我的錯。

赫伯特和雷的關係很複雜，赫伯特就像一個不斷被父親批評的兒子，而雷就是那位批評他的父親。我覺得赫伯特很羨慕雷賺了很多錢，同時也因為雷財大氣粗而懼怕他。赫伯特和諾拉的資產雖然比不上雷，可是他們夫妻也非常富裕。他們家很大，位於聖塔莫尼卡拉梅薩大道最漂亮的街道之一。那條街在聖維森特大道附近，街道兩側種滿來自澳洲摩頓灣的無花果樹，這種樹的特色是有引人目光的浮凸樹根。他們的房子有國際化的裝潢風格，充滿現代感，而且極盡奢華，就像一間由品味人士策畫的博物館，用餐區的牆上還掛了勞森伯格（Rauschenberg）的畫作。諾拉經常在拍賣會上賣掉家裡的舊藝術品，然後買新的。

諾拉和赫伯特都來自舞蹈界。赫伯特告訴我，他第一次觀賞芭蕾就深深迷上了，因為看見那麼多人全心全意投入並創造如此美麗的藝術，讓他想成為其中一員。他們夫妻倆的家反映出他們對美的渴望，裡面全是精美的擺飾品。然而除了對美麗事物的追求之外，他們也喜歡藉著買賣藝術品賺錢。

獨特的眼光與手法

《鋼木蘭》選角時，一開始就敲定了莎莉．菲爾德⑤，其他大部分的角色也是，包括莎莉．麥克琳⑥、奧林匹亞．杜卡基斯⑦、桃莉．巴頓⑧和戴瑞．漢娜⑨。奧林匹亞和戴瑞都曾在我剪接過的狄帕瑪作品中演過小角色，奧林匹亞在《姐妹情仇》中飾演麵包店店員，戴瑞在《憤怒》中飾演艾美．歐文的膽小同學。這幾位女性都是極為出色的表演者，但其中莎莉．菲爾德飾演的瑪琳（M'Lynn）真的深深打動了我。在讓觀眾又哭又笑的那場葬禮戲中，莎莉的演出實在太感人了，我一邊剪接毛片一邊掉眼淚。甚至當攝影機在拍攝其他女星時，她在鏡頭外的聲音也讓我落淚，那是我剪接過最具震撼力的一場戲。

赫伯特要找人飾演瑪琳的女兒，也就是整部電影的關鍵角色雪爾比（Shelby），他邀請我一起去看試鏡，那是我第一次參與角色徵選。好萊塢最有前途的年輕女演員都來到赫伯特的辦公室試鏡，我很驚訝每個演員對相同的台詞都有不同的詮釋。

《天才家庭》⑩的主角之一賈斯婷．貝特曼⑪也來參加試鏡，她準備了兩套不同的服裝，將其中一套穿在另一套外面，然後在我們面前快速換裝。我還記得，我認為她絕對可能獲選。蘿拉．鄧⑫也來試鏡，她的演出震撼了我們在場的每個人，可是她的外型和莎莉．菲爾德太不相似，無法讓觀眾相信她們是母女關係。

最後，輪到茱莉亞．羅勃茲進來。她只演過幾年戲，因為《現代灰姑娘》⑬而受到注意。她在試鏡過程中讓赫伯特驚豔不已。「你看到了嗎？」赫伯特驚訝地問我。

坦白說，他看到的東西在我眼中並不明顯，這說明了為什麼他是出色的導演，而我不是。他一眼就看出茱莉亞的明星特質，茱莉亞也因此得到那個角色。不過，在這部電影的拍攝過程中，赫伯特對茱莉亞非常嚴格——嚴格到桃莉．巴頓看不過去，找人去拜託赫伯特放過茱莉亞。然而茱莉亞在這部電影的表現，為她贏得一座金球獎最佳女配角獎，並且被提名奧斯卡金像獎最佳女配角。

赫伯特在追求正確表現時可能毫不留情。他曾告訴我一段關於《俏冤家》⑭的小故事。他在中央公園拍攝芭芭拉．史翠珊哭泣的場面，可是在那個特寫鏡頭中，芭芭拉擠不出眼淚。由於天色就快要轉暗了，所以赫伯特將攝影機調低，叫芭芭拉跪在地上演這場戲。地面的小石頭刺進芭芭拉的膝蓋，讓她痛得掉淚。有一次，當我和赫伯特一起篩選《小迷糊平步青雲》的毛片時，發現一位演技呆板的演員理查．羅曼努斯⑮在畫面中突然挺直身體。赫伯特看見後笑了出來。

「怎麼回事？」。我問。

「我狠狠踩了他的腳一下，因為我希望他可以有點表情。」

✦

我受邀參加日舞影展。電影圈的知名人士每年都會撥出一星期的時間，聚集在勞勃．瑞福⑯位於猶他州山區的別墅，為懷抱理想的年輕電影工作者提供意見，我很榮幸獲得邀請。由於我在剪接《鋼木蘭》之前還有空檔時間，所以欣然接受邀約。參加日舞影展的影片，大多是以錄影帶格式呈現，當一位年輕剪接師帶著他的作品來找我時，我便提供他許多剪接建議。

一天後，我接到一位製片人打來的電話，他叫做喬．羅斯。喬製作了一部名為《少壯屠龍陣》⑰的西部片，想找我幫忙。我的朋友威利．史特曼負責這部電影的音效，曾和我聊過這部作品，我猜是威利把我推薦給了喬。喬想把剪接好的錄影帶寄給我，問我可不可以。

我看完那捲錄影帶之後回電話給喬。「雖然我沒看過毛片，但我可以告訴你，我可以剪得更好。」我說。接著我補上一句：「如果這部電影以這個版本發表，會讓每一個參與者臉上無光。」

「幫我個忙。」他說：「請你把這些話告訴導演，但是以委婉一點的方式陳詞。」

我回到洛杉磯，與《少壯屠龍陣》的導演克里斯．凱恩⑱見面。距離這部電影的最後混音只剩兩個星期，因此時間不多。克里斯問我有什麼想法，我告訴他：「你知道，我們沒有時間討論了。總共有十捲底片，時間也只剩十天，這表示我一天要剪完一捲。所以我就照著自己的意思去剪，你可以決定要不要使用。反正你已經有一份你們剪接好的拷貝，因此沒有任何損失，只要同意讓我自由使用你們剪掉的任何畫面。」

於是我開始瀏覽被剪掉的鏡頭，馬上就找出問題出在什麼地方。被剪掉的第一場戲解釋了每個角色的動機，具有背景介紹的功能。「你們為什麼剪掉這場戲？」我問克里斯。

「這一段畫面都在闡述背景故事，有點無聊。」他回答。

「對你來說也許很無聊，可是對觀眾來說並非如此。他們必須先了解這些緣由，才能理解後面的行動。」

沒想到解決這部電影的主要問題如此簡單，接著我花了十天把整部片子修改得更流暢，並且釐清前後不連貫的情況。完成之後，我就去《鋼木蘭》劇組報到了。《少壯屠龍陣》上映後觀眾反應不錯，亮眼的票房與口碑讓電影公司在幾年後又拍了續集。

✦

《鋼木蘭》在路易斯安那州的納奇托奇市開拍，當時是七月，我聽說那裡的夏天很難熬，當地人寧可去炎熱的佛羅里達州避暑。幸運的是，依照赫伯特的習慣，剪接師不必去拍片現場，所以我可以待在洛杉磯。劇組每星期拍攝六天，以縮短他們在納奇托奇市的停留時間，可是我的工作時間每星期不可以超過五天，好讓劇組節省加班費支出。赫伯特打電話告訴我一個非比尋常的消息：他邂逅了一位女性，並且墜入愛河。他與賈桂琳・甘迺迪・歐納西斯⑲的妹妹李・拉齊威爾公主⑳將在《鋼木蘭》

殺青之後結婚。

「我們打算到歐洲度蜜月，所以你不要剪太快！」他對我說。

我心裡盤算了一下：**他們每星期拍攝六天，拍攝十個星期，總共六十天。如果我每星期工作五天，可以分成十二個星期來完成**。此外，在最後的拍攝工作結束後，我通常還需要額外的一個星期來剪接。於是我說：「我可以在你拍完後三個星期交件。」

「我叫你動作不要太快！」

「那麼，拍完後六個星期交件如何？」我試探地問。

「非常完美。」

讓導演度蜜月

電影開拍一個星期後，我聽說雷．史塔克解僱了攝影指導吉姆．葛倫儂㉑，改由約翰．阿隆佐㉒接手。阿隆佐是攝影領域中更有地位的攝影師，作品包括《唐人街》和《疤面煞星》。

雷換掉葛倫儂的理由很單純，這件事也讓我學到一項重要的原則。雷說，他在畫面上看不到演員的眼睛，但眼神是演員表演時的關鍵。如果攝影師無法讓觀眾看清楚演員眼睛傳達的情緒，拍出來的電影就有問題。

阿隆佐接棒之後，燈光變得不那麼具有藝術美感，演員身旁的牆面上會有影子，但起碼清楚拍出了演員的眼睛。後來我們進行色彩校正時，赫伯特特別欣賞茱莉亞的某個特寫鏡頭，但我告訴他，那個畫面是葛倫儂拍的。儘管如此，雷就是比較滿意阿隆佐的攝影手法。

《鋼木蘭》最關鍵的一場戲，就是雪爾比的葬禮，那場戲重現舞台劇最亮眼的高潮，電影能否成功就看那場戲。毛片看起來非常棒，莎莉・菲爾德在墓園裡哀悼女兒，對於女兒的離世忿忿不平，她的朋友們則陪伴在她身旁。

那年稍早時，我失去了一位與我非常要好的大學同窗，當時我還沒有走出悲痛，因此瀏覽那段毛片讓我難以承受，無法繼續剪接。看完後我就將那段毛片擱置一旁，先去做別的事。那段影片被我晾在架上好幾個星期，彷彿它們是放射性物質。

最後，我剪完了其他部分，在別無選擇的情況下，我不得不敞開心扉，盡力將自己的心情投射在影片中，決定哪個鏡頭比較讓我撕心裂肺。我苦撐著完成剪接，但不敢重看一遍，因為那場戲讓我太難過了。我把完成的畫面放到電影中，由於赫伯特還思念著諾拉，所以他檢視影片時也不願意多看那場戲一眼。於是，那段畫面的最終版就是我第一次剪接的模樣，沒有經過任何修改。

✦

我在主要拍攝工作結束後三個星期內完成了剪接，一如我的預期。雷・史塔克打電話給我。「你什麼時候才能剪好？」他咆哮著問我。

「呃，還需要一點時間。」我虛心地說謊，好讓赫伯特盡情享受他的蜜月假期。

雷不斷打電話來。「為什麼要花這麼久的時間？」

我實在給不出好答案，只能像一名好士兵默默替赫伯特擋子彈。

波折不斷的配樂過程

赫伯特聘請大衛．夏爾為這部電影譜寫配樂。鑒於在剪接《藍色彼方》時，我用約翰．威廉斯為《E.T.外星人》所寫的曲子做為參考音樂，讓大衛相當不高興，這次既然還有三個星期的時間，我應該想一想如何選擇參考音樂。我打電話給赫伯特，提議由我和大衛一起挑選，如此一來，大衛就不會再怪我限制他的創意。赫伯特認為這是個好主意，於是我和大衛約好時間，請他過來與我一起為這部電影選擇參考音樂。我們坐在Kem剪接機前開始工作。

「我想，我們可以在這裡放入一點配樂。」我說。

「我不這麼認為。」

好吧。反正他才是譜寫配樂的作曲家，所以我繼續播放影片。「呃，在這裡插入一點音樂如何？」

「不好。這裡不需要配樂。」他回答。

我們就這樣繼續著。最後，影片來到茱莉亞．羅勃茲結婚並且即將初次離家的那場戲。莎莉．菲爾德心裡充滿複雜的情緒，臉上帶著既害怕又對未來懷抱希望的表情。「這裡應該需要來點音樂吧？」我試著表示。

「為什麼？你打算放什麼樣的音樂？」

我真心覺得奇怪，因為任何作曲家應該都會想要把握機會，為一場戲譜寫新曲。他就像一個希望自己戲份愈少愈好的演員，我實在無法理解，因此我們聊了一下。

「聽著，我為《媽，晚安》㉓譜寫過配樂，那是一齣舞台劇。」他表示：「這部電影原本也是舞台劇，因此只要用一段主旋律貫穿整部電影就可以了，這又不是《星際大戰》。」

我認為他有很深的誤解。《媽，晚安》是非常悲傷的戲劇，不是值得參考的範本，更別提那齣戲的製作成本完全比不上這部電影，兩者情況完全不同。然而我們還是得繼續工作，我們瀏覽到電影中絕對不該有配樂的一幕：茱莉亞過世的那場戲，她的家人關掉呼吸器，結束她的生命。

「我應該要為這一段寫點配樂。」

依我的觀點，如果在這段充滿戲劇張力的戲裡加上配樂，只會破壞悲傷的氣氛，削減這場戲的價值，讓它無法感動人心。

在我們確認了配樂的置入點之後，我又打電話給人在歐洲的赫伯特。他當時在巴黎的麗緻酒店。「保羅，我可以再找時間回電給你嗎？」赫伯特說：「我正在按摩。」

等我們通上電話後，我向赫伯特解釋了我的想法。「大衛和我對配樂的觀點天差地遠。」我說。「我很擔心，如果照他的方式配樂，無法表現出我在剪接上的用心。」

「那就照你的意思去做吧。」赫伯特回答：「但是在你把片子交給我之前，先讓大衛看一遍。」

負責參考音樂的音樂剪接師找到一首我非常喜愛的曲子，那首曲子來自電影《脫逃大師》㉔，由我的老友喬治斯．德勒魯譜寫。借用來的那段音樂有一個叮叮噹噹的主旋律，我們放在茱莉亞離家時的道別戲。那一幕在她從小到大所住的房間，她母親在她的衣領上別了一枚花飾，悲傷但甜美的配樂讓人聯想到小時候的音樂盒或玩具。我心裡想：**實在太完美了**。

我們完成參考音樂後進行了粗略的混音，然後我打電話給大衛，邀請他過來一同觀賞。燈光亮起時，他轉頭對我說：「好吧，我大概懂你的意思了。你要這樣配樂也可以，但其中有一段我很不喜歡。衣領花飾的那一幕，我討厭音樂盒那種聲音。」

隔天，赫伯特結束他長達六個星期的蜜月，返回洛杉磯。我播放影片給他看，他在葬禮的那場戲流下眼淚，並且在觀賞全片後大大稱讚我一番。

「我很喜歡你挑的音樂。」他說：「尤其是衣領花飾的那一段，真的太完美了。」

「真有趣，因為大衛說他最討厭那一段音樂。」我回答。

「什麼？你現在打電話給他！我要他寫出這種音樂！」

我說服赫伯特不要打這通電話，可是他已經下定決心要使用這種風格的配樂。

當然，雷・史塔克也想看看剪接成果，不過我們讓他又等了一、兩個星期，先依照赫伯特的意思進行調整。雖然赫伯特花了六個星期度蜜月，可是他依然在合約規定的十星期內將導演版交給雷。雷找了與他長期合作的傳奇人物瑪格麗特・布斯㉕一起來看試片，瑪格麗特曾是歐文・托爾伯格㉖的御用剪接師，並曾擔任米高梅電影公司剪接部的主管，當時那個職位的權勢非常大。雷很相信瑪格麗特的判斷力，他製作的每一部電影都會先找瑪格麗特看過。赫伯特很喜歡她，因為早年在赫伯特負責編舞的《妙女郎》中，她力挺赫伯特提出的某項建議。赫伯特不想讓我知道瑪格麗特要來看試映，因為他擔心我會因為遭到瑪格麗特批評而受傷，可是我真的很想聽聽瑪格麗特的意見。瑪格麗特當時已經將近九十歲，她的職涯橫跨電影的整個歷史。她十五歲那年就已經擔任《一個國家的誕生》㉗的負片剪接師！瑪格麗特於二〇〇二年去世，享壽一百零四歲。

看完試片後，瑪格麗特冷冷地表達恭維。「過場很不錯，不過你可以拿掉中間的一些畫面。」她對我說：「為什麼茱莉亞說『我寧願只活三十分鐘可是活得精采，也不要活一輩子卻平凡無奇』時，你要把畫面切換為莎莉的鏡頭？」

「這樣節奏才對。」我回答。

「不需要這麼做。」她說。

我向赫伯特報告了這件事，然後我們又回頭將影片重看一次，都覺得瑪格麗特說得沒錯，所以修改了畫面。赫伯特和我還討論了她其餘的建議，最後決定讓中間的段落維持原貌。

在接下來的幾個星期，赫伯特和大衛．夏爾前往紐約，他們兩人不時見面，以便大衛將他譜寫的配樂播放給赫伯特聽。有一天，赫伯特打電話給我。「我準備把大衛的作品錄音帶寄給你，我覺得我們有所突破了。」

錄音帶一寄達，我馬上就聽了，我覺得這些配樂聽起來有點冷酷理性，便把想法告訴赫伯特。他同意我的看法，可是他已經決定要和大衛合作下去。他們回到洛杉磯，兩人繼續討論配樂風格，可是改變不大。最後，赫伯特叫丹．卡林在他的辦公室裡設置一台影像操控機和一架直立式鋼琴，讓大衛配合電影畫面在現場演奏他的音樂。

我們四個人就這樣花了整個早上處於痛苦的尷尬局面。大衛彈鋼琴，然後赫伯特就轉頭對我說：「如何？」

「很好。」我覺得自己只能這樣回答：「可是彈到某一處時，我覺得有種不和諧的感覺，和畫面不搭。」我大膽表示。

「再彈一次，讓我聽聽看。」赫伯特命令道。

在第二次彈奏時，大衛做了改變，所以聽起來並不會不和諧。過了幾個小時，我們暫時休息，去吃午餐。赫伯特坐上我的車。

「你覺得如何？」

「我覺得這個過程很痛苦。你真的喜歡以這種方式工作？」

「不！我痛恨無比。」

「我還以為因為你當過編舞師，所以可能喜歡這種方式。」

「不，這樣很糟。你覺得我們應該怎麼做？」

「呃，輪不到我來決定吧？」我回答。

「但是我想問你，如果由你主導，你會怎麼做？」

「呃，就我個人的看法，我不認為你能從大衛那裡得到我們想要的配樂。如果你喜歡衣領花飾那段參考音樂，為什麼不問問喬治斯・德勒魯是否有空？」我說。

「好，你去問他，然後告訴我。」

我打電話給喬治斯・德勒魯。幸運的是，他不但有空，而且對這部電影很有興趣。接下來的發展，就是大衛出局，喬治斯接棒。他來看了電影，然後說：「我知道應該怎麼做。」他說。

他寫出了很棒的配樂。

我不清楚到底是大衛不適合這部電影，還是他當時正經歷某些私人問題，導致他無法有最好的表現。他是一位優秀的作曲家，曾寫過許多精采的作品，最後變成這種結局真的令人遺憾。不過，喬治斯的感性曲風，對這部電影而言十分完美。他在衣領花飾那場戲重現了音樂盒的美妙樂音，在關閉呼吸器的那場戲也沒有插入任何音樂。我們在那場戲中只使用生命維持系統的聲音，讓觀眾感受劇中人的悲痛。

在茱莉亞去世後，莎莉直接從醫院開車去看外孫的那場戲，喬治斯寫了優美且哀傷的旋律。不過，當赫伯特聽完那首曲子時，他對喬治斯說：「這段音樂很美，可是當孩子出現時，你必須讓觀眾喘口氣，所以旋律應該變輕鬆一點。」

於是喬治斯依照赫伯特的要求重新編寫這段配樂，結果更令人心碎。在墓園的那場戲中，莎莉站在女兒的墳前，喬治斯創作了一首小提琴和大提琴的二重奏，反映母女關係。由於這段配樂太感人，管弦樂團在錄音室裡第一次演奏完畢後，全體團員都忍不住為喬治斯熱烈鼓掌。

不能刪掉的最後一捲

我有一個大刀闊斧的念頭：最後一捲底片是不必要的。在墓園那場戲之後，莎莉陪她的外孫玩鞦韆。她一面推著鞦韆，一面對戴瑞．漢娜說：「生命會延續下去。」

雖然是陳腔濫調，可是完美陳述了這部電影的理念，不需要再多說什麼。然而在這段畫面之後，還有十分鐘的戲說明生命如何延續，我覺得沒有必要。於是我請喬治斯幫忙，我將畫面停在孩子盪鞦韆的鏡頭，並且給他時間錄製一段替代配樂，以利直接轉成片尾音樂。完成這段畫面的混音後，我交給赫伯特過目。

「你的意見沒錯。」赫伯特表示：「可是我不能這麼做。」

「為什麼不能？」

「因為最後這場戲是我硬加上去的，舞台劇的版本確實在你說的地方就結束了，但我向雷爭取了額外經費來拍攝最後一捲底片。我沒辦法告訴他，其實不需要那場戲。」

因此，儘管赫伯特、喬治斯和我都認為另一個結局更好，最後一捲底片終究還是留下來了。

我們在一九八八年春天開始混音。前一年的夏天，我在赫伯特去度蜜月時放棄自己的休假，然後在耶誕假期期間，我也沒有停止工作，因為赫伯特和他的妻子李要去加勒比海度假。如今復活節就要到了，由於夏天我已經安排工作，復活節是我與家人共度假期的唯一機會。我們訂了春假期間去華盛頓的機票，準備帶十一歲的吉娜和八歲的艾瑞克去看看我們國家的首都。

赫伯特對此很不高興，因為他在一個星期前也訂了機票，準備去度假，所以要求我改變休假計畫，以配合他的時間。我向他說明我們無法配合，因為學校的放假時間無法更改。然而他堅持要我們更改計畫，我只能拒絕。

他太自私了，我心想。這一年來我在這個劇組長時間加班，替他張羅大小事，結果他還要我犧牲與家人短短一個星期的假期？。

我們依照計畫去華盛頓度假，等我回劇組時，發現赫伯特原本打算叫混音師在我度假期間開工，可是混音師也要和家人出去度假。我認為赫伯特在這件事上始終沒原諒我，因此我們在不愉快的氣氛下完成這部電影。

✦

《鋼木蘭》於一九八八年秋天上映。雷以他最喜歡的慈善機構「青少年糖尿病研究基金會」（Juvenile Diabetes Research Foundation）之名，在世紀城（Century City）舉行一場盛大的首映會，地點在豪華氣派的普利特電影院（The Plitt）。他邀請好萊塢的知名人士參加，被我們戲稱為「各大派系長老」的電影公司總裁們全都出席，當然還有主演本片的六位女明星。赫伯特已經先服用鎮靜劑，因此放鬆地看完這場首映會，然而這是我職涯中最糟糕的一場首映會。

當第一捲底片開始放映時，我便發現聲音與畫面嚴重不同步。這捲底片裡充滿笑料，可是每個笑話都沒有對上畫面，因此現場也沒有出現我們在試映會中聽見的笑聲。我無助地看著銀幕，開始胃痛。電影已經開始放映，除了坐著看完，什麼事情都不能做，讓我感到非常痛苦。

到了第一捲底片尾聲，不同步的情況稍微好轉一些，可是聲音與畫面還是沒有完全對上。我發現一旦同步出問題，電影的一切看起來都會不對。我就像在萬里迷霧中看完當晚的首映。幸運的是，觀眾似乎還能接受，服用過鎮靜劑的赫伯特也顯得平心靜氣。相形之下，只有我一個人快要崩潰。

隔天一大早，我打電話給我們的負片剪接師唐娜·巴賽特（Donna Bassett），把前一晚的情況告訴她。我想知道光學底片與影像底片有沒有對齊，所以去她的辦公室親自檢查一遍。結果沒有問題，我也不認為唐娜會犯這種錯誤。由於我必須趕去福斯電影公司工作，所以請唐娜利用上午稍晚的時間檢查前晚播映的拷貝，然後打電話給我。

那份拷貝是少數的「展示用」拷貝之一，直接由原版底片製作而成，以確保畫面品質的最佳狀態。分送到各電影院播放的數千份拷貝，是從副本底片製作而成，品質方面明顯較差。由於製作電影院播放版拷貝時，我已經離開劇組，所以是一位後製主管負責檢查及批准。

唐娜打電話告訴我，前一晚放映的拷貝，影音不同步的情況差了四個影格。這實在太誇張了，那位主管竟然沒有發現。我曾因為某捲底片的一個影格有問題就兩度退回。

當天晚上我們在美國影藝學院㉘安排了一場對所有媒體放映的試映會，唐娜緊急重訂第一捲底片的拷貝，並且叫實驗室派人送去放映會現場。然後，我犯了一個錯誤，這個錯誤後來影響我許多年。我打電話給雷·史塔克，告訴他我發現什麼問題，以及我們如何解決這個問題。「不過，我不知道其他的拷貝有沒有問題。」我對他說。那就是我所犯的錯誤。

幾分鐘之後，我接到索尼與三星影業後期製作主管吉米·霍諾（Jimmy Honoré）打來的電話。我以前沒見過他，也沒和他說過話，可是他很生氣，怒氣沖沖地對著我劈頭大罵：「喂！如果你對我有什麼意見，就直接打電話給我，不要跑去向雷·史塔克打小報告！聽懂了嗎？」

「他是這部電影的製片。」我回答：「所以我必須告訴他這個問題，不是嗎？」

霍諾又罵了幾句，然後用力掛掉電話。自從那個時候開始，我再也沒有接過索尼影業的案子，當然也沒有機會見到霍諾。

諷刺的是，實驗室那天重印第一捲底片時，忘了將更換膠卷時的過渡畫面置入底片尾端，因此對媒體試映時，銀幕在底片結尾突然變黑，接著變白，然後投影機就停了。短暫停頓之後，銀幕上的影像才又再次出現，而且是第二捲底片開頭的倒數計時畫面，七、六、五……。唯一可能比這個更悲慘的情況，大概就是如果我人在現場目睹一切吧！但幸好我正在準備下一個案子，所以逃過一劫。

永遠懷念的人物

雖然經歷了這些風波，《鋼木蘭》依然成為熱門電影，並且深受觀眾最愛，後來還兩度翻拍為電視劇，在二〇一二年第二次翻拍時，全部的角色都改為黑人。

在這部片之後，我再也沒有與赫伯特共事過，可是我們偶爾會見面。某次我們在比佛利山莊共進午餐時，他介紹我認識他的第二任妻子。每次我說話時，她總會專注地聆聽，讓我覺得自己所說的一切都讓她心醉神迷，我猜在瑞士念過書的人都是這樣。後來他們搬到紐約定居，我見到赫伯特的機會也愈來愈少。

我在赫伯特身上學到很多東西，不光是電影製作方面，還包括如何處理電影圈裡常見的棘手政治問題。每當我想要迴避讓我覺得不舒服的問題時，就會使用從赫伯特那裡學來的有用的技巧。在類似情況下，赫伯特總會說：「這個問題你應該去問……」

赫伯特拍攝《貴客光臨》㉙時，我特別去探班，順便到史帝夫．馬丁的專屬拖車裡寒暄。史帝夫正在和瑞克．莫拉尼斯㉚打牌，邀請我加入他們。我玩了兩輪，每輪各輸二十美元，因此趕緊告退，因為賭注實在太大了。赫伯特找鮑勃．雷塔諾（Bob Reitano）和史帝夫．羅特（Steve Rotter）這兩位紐約的剪接師合作，他們都是我的朋友，兩人後來又剪接了赫伯特的下一部電影《豪門恩怨》㉛。赫伯特經常意有所指地告訴我，羅特在時間方面非常配合他。赫伯特後來還執導了兩部電影，都有邀請我參加試映會，並且詢問我的看法。在我的推薦下，他聘請了我早期的助理麥可．米勒（Michael

Miller）剪接他最後一部電影《瀟灑有情天》[32]。

赫伯特與我分享他在紐約的精采人生，例如到賈桂琳．歐納西斯家參加晚宴，現場有大都會歌劇院的明星現場獻唱，或者有知名音樂家演奏室內樂。後來他與李．拉齊威爾公主以不堪的方式離婚，鬧得人盡皆知，還被八卦作家莉茲．史密斯（Liz Smith）寫進八卦專欄中，我很替他難過。我最後一次見到他，是在電視新聞報導中，他出席小甘迺迪[33]的葬禮。

赫伯特在紐約時生病了，最後於二〇〇一年病逝。他的離世讓我意外，因為他不想讓別人知道他病重，與他親近的密友尊重他的意願，沒有告訴任何人，可是他又經常抱怨沒有人到醫院探望他。我真希望自己早一點得知他生病的消息，可以去見他最後一面，他是影響我事業的重要人物，而且非常尊重我。我為他工作時，他都讓我搭頭等艙；無論我需要什麼，他都會給我。他總是試圖將自己的每一部電影提升至藝術品等級，即使是喜劇片。他很慷慨，讓我擁有充分的自主權，並願意與我分享電影的利潤。《渾身是勁》與《成功的祕密》這兩部電影都有獲利。他安葬於西塢區的墓園，歌蒂．韓、史帝夫．馬丁、尼可拉斯．梅爾等許多人都出席了他的告別式。他的骨灰埋在他此生深愛的諾拉旁。

注釋

①《鋼木蘭》（*Steel Magnolias*），一九八九年美國溫馨喜劇電影，改編自羅伯特．哈林（Robert Harling）一九八七年的同名舞台劇劇本。電影版由赫伯特．羅斯執導。

②三星影業（TriStar Pictures, Inc.，一九九一年以前拼寫為 Tri-Star），美國哥倫比亞影業（Columbia Pictures）旗下的電影製片公司。

③羅伯特．哈林（Robert Harling, 1951-），美國劇作家、製片人和電影導演。

④雷．史塔克（Raymond Stark, 1915-2004），戰後好萊塢最成功且最多產的獨立電影製片人之一。

⑤莎莉・菲爾德（Sally Field, 1946-），美國女演員，曾兩度奪得奧斯卡最佳女主角獎。

⑥莎莉・麥克琳（Shirley MacLaine, 1934-），美國女演員，曾獲得奧斯卡最佳女主角獎。

⑦奧林匹亞・杜卡基斯（Olympia Dukakis, 1931-），美國女演員。

⑧桃莉・巴頓（Dolly Parton, 1946-），美國歌手、詞曲創作者及作家。

⑨戴瑞・漢娜（Daryl Hannah, 1960-），美國女演員及環保運動人士。

⑩《天才家庭》（*Family Ties*），美國NBC電視台的情景喜劇，男主角為米高・福克斯。

⑪賈斯婷・貝特曼（Justine Bateman, 1966-），美國女演員、作家及導演。

⑫蘿拉・鄧恩（Laura Dern, 1967-），美國女演員，曾入圍奧斯卡最佳女主角獎。

⑬《現代灰姑娘》（*Mystic Pizza*），一九八八年的美國文藝愛情電影。

⑭《俏冤家》（*The Owl and the Pussycat*），一九七〇年的美國浪漫喜劇電影，改編自比爾・曼霍夫（Bill Manhoff）創作的舞台劇劇本。該電影由赫伯特・羅斯執導，芭芭拉・史翠珊主演。

⑮理查・羅曼努斯（Richard Romanus, 1943-），美國演員和劇作家。

⑯勞勃・瑞福（Charles Robert Redford, Jr., 1936-），美國演員、導演及製片人，曾獲奧斯卡最佳導演獎及終身成就獎。他是日舞影展的創辦人。

⑰《少壯屠龍陣》（*Young Guns*），一九八八年的美國西部電影。

⑱克里斯・凱恩（Chris Cain, 1943），美國導演、演員及劇作家。

⑲賈桂琳・甘迺迪・歐納西斯（Jacqueline Kennedy Onassis, 1929-1994），與約翰・甘迺迪（John Fitzgerald Kennedy）結婚，成為美國第三十五任總統夫人。後改嫁曾為世界首富的希臘船王亞里士多德・歐納西斯（Aristotle Onassis）。

⑳卡洛琳・李・拉齊維爾（Caroline Lee Radziwill, 1933-2019），美國社交名媛、公關及室內設計師。其第二任丈夫為波蘭暨立陶宛王儲拉茲維茨瓦王子（Prince Stanis aw Albrecht Radziwi ），離婚後仍享有公主頭銜。赫伯特・羅斯是她的第三任丈夫。

㉑吉姆・葛倫儂（Jim Glennon, 1942-2006），美國電影攝影師。

㉒約翰・阿隆佐（John Alonzo, 1934-2001），美國電影攝影師、電視節目導演和演員。

㉓《媽，晚安》（*Night, Mother*），美國劇作家瑪莎・諾曼（Marsha Norman）創作的舞台劇，該劇曾獲得一九八三年普立茲戲劇獎（Pulitzer Prize for Drama），並獲得東尼獎最佳劇本的提名。

㉔《逃脫大師》（*Escape Artist*），一九八二年的美國電影。

㉕瑪格麗特・布斯（Margaret Booth, 1898-2002），美國電影剪接師。

㉖歐文・托爾伯格（Irving Thalberg, 1899-1936），好萊塢的電影製片人，雖然去世時年僅三十七歲，然而他製作的影片長久流傳。

㉗《一個國家的誕生》（*The Birth of a Nation*），1915年的美國電影，為美國電影史上最有影響力也最具爭議性的電影之一。

㉘ 美國影藝學院（The Academy of Motion Picture Arts and Sciences），美國由逾六千位電影專業人士組成的非營利組織，為奧斯卡金像獎的主辦單位。

㉙《貴客光臨》是一九九〇年的美國犯罪喜劇電影，由赫伯特・羅斯執導，史帝夫・馬丁主演。

㉚ 瑞克・莫拉尼斯（Rick Moranis, 1953-），加拿大演員、劇作家和詞曲作家。

㉛《豪門恩怨》（*True Colors*），一九九一年的美國劇情片，由赫伯特・羅斯執導，詹姆斯・史派德主演。

㉜《瀟灑有情天》是一九九五年由赫伯特・羅斯執導的美國喜劇電影。

㉝ 小約翰・費茲傑羅・甘迺迪（John Fitzgerald Kennedy Jr., 1960-1999）為美國前總統約翰・甘迺迪與賈桂琳・歐納西斯之子。

20 我變成電影公司的大人物

某天我獨自在《鋼木蘭》的剪接室裡，門口突然出現一位客人，那位客人是喬．羅斯，《少壯屠龍陣》的製片人。去年夏天我曾和他通過電話，可是從來沒見過面。喬以前是運動員，但身高一般，有淺棕色的頭髮，個性平易近人。他先自我介紹，並對我說：「謝謝你幫忙修改《少壯屠龍陣》。」

「是我的榮幸。」

「幾個月之後，我準備執導一部電影，希望請你剪接。」他說。

「謝謝你。」我回答：「可是我不想再當剪接師了，我想嘗試當導演。」

當導演的念頭在我心裡已經好一段時間，當時我已經四十多歲，心裡認為：**假如我還想轉換跑道，最好馬上去做**。我到好萊塢已經五年，參與不少成功的電影作品，而且在與赫伯特合作期間學到很多專業知識。

「不好意思，可是這部電影已經決定由我執導。」

然而，我看到一種可能性。「你是製片，如果我替你剪接這部電影，將來你願不願意製作一部新片，讓我擔任導演？」我問。

「當然，倘若我們找到雙方都有興趣的案子。」

我知道他只是隨口答應，但對我而言起碼是個承諾，所以我答應為他剪接。他準備拍攝的電影是《手足三人組》①，編劇是麥克．賓德②，由派屈克．丹普西③、阿里．格羅斯④和丹尼．史特恩⑤分飾三個感情不睦的兄弟。亞倫．阿金⑥飾演他們的父親，要求他們駕駛一輛凱迪拉克橫越美國，將那輛凱迪拉克送給他們的母親做為生日禮物。

喬說我不必前往拍攝現場，我覺得很好。我問他我應該在哪裡剪接，他說由我自己決定。我在洛杉磯的西區找了一個地方，因為我們兩人都住在那一區。我打電話給喬，問他想不想來看一下剪接室，他說他無所謂，讓我覺得有點奇怪，不過這麼一來我也省事，所以沒放在心上。

在這部電影的拍攝工作接近尾聲時，報紙上刊出一則電影圈人事異動的新聞：喬即將離開他的製片公司，轉任二十世紀福斯電影公司的製作部主管！他打電話到剪接室給我。「羅斯先生！」我故意奉承地稱呼他。

「少來這套。」他說：「等我們拍完之後，你就搬進福斯的剪接室。」

先前他不管我把剪接室設在哪裡，原來是這個理由。這時我才恍然大悟，他早就知道等我們開始剪接時，他已經到二十世紀福斯電影公司就職。我很興奮，不過我也很好奇：他離開製片公司，會不會影響他承諾讓我導演這件事。

當時是一九八九年的秋天，我將剪接室搬進福斯電影公司的一棟小建築裡，對面是錄製配樂的劇場。由於喬忙著管理二十世紀福斯電影公司製作部，因此他不得不把這部電影的收尾工作全交給我負責，我覺得很有趣。

《手足三人組》由環球影業發行，然而喬現在當上福斯電影公司的主管，變成環球影業的競爭對手，因此喬打電話給環球影業的製作部主管湯姆．波拉克，表示願意以福斯電影公司的名義買下這部電影的版權。一開始波拉克同意，然而過了一個週末，波拉克又改變主意。雖然有人認為，如果他堅持由環球影業發行這部由競爭對手主管執導的電影，而且電影又大賣的話，對環球影業並不是好事，不過我不確定這種想法是否正確。無論如何，波拉克拒絕了。當我播放第一段初剪畫面給喬看時，環球影業的商標出現在二十世紀福斯電影公司放映室的銀幕上，讓我忍不住大笑。

詹姆斯・紐頓・霍華[7]負責譜寫這部電影的配樂，他主動提供我準備錄製的配樂範本，這種工作方式很棒，因為不會有「意外驚喜」。其實這種工作方式已經很常見，但對我來說是頭一次。這部電影的原聲帶還有一些是故事發生年代的歌曲，那正好是我的成長年代，因此我找了許多自己喜愛的歌曲，玩得非常開心。

喬爾・西爾（Joel Sill）負責取得那些歌曲的版權及最佳音質拷貝。喬爾是一個臉上帶著微笑的親切好人，也是我們這一代的同輩，擅長為電影配上歌曲，曾擔任派拉蒙影業與華納兄弟娛樂公司的音樂部門主管。二〇一九年，喬爾獲得「音樂總監協會傳承獎」（Guild of Music Supervisors Legacy Award），是他們那個領域的最高榮譽。我把我挑選的曲目交給他，其中一首歌的歌名是〈Transfusion〉[8]，我記得那是我十一歲左右時聽的歌，那首歌裡有汽車的引擎聲、輪胎的刮地聲及可怕的車禍聲伴隨著音樂出現，由Nervous Norvus演唱。喬爾四處尋找這首歌曲的版權，可是怎麼也找不到。無論如何，我們還是使用了這首曲子，如果有人來找我們索取版權費用，我們已有付錢的準備。

剪接進行得很順利。在拍攝過程中，喬・羅斯在與其中一位演員喬・伯洛尼亞[9]相處得很不愉快，他希望我盡可能剪光伯洛尼亞的鏡頭，可是我認為伯洛尼亞的角色很重要，勸喬打消這個念頭。與此同時，我開始尋找劇本，準備初執導演筒。

鎖定最終版內容時，喬進來簽核。「我覺得這部電影我只導了一半。」他說。

這是事實，因為監督演員配音的人是我，但是我很喜歡做這些事。我因此得以聽亞倫・阿金分享一些關於導演約翰・卡薩維蒂的精采故事，並且與丹尼・史特恩打了幾場戰況激烈的乒乓球賽。

《手足三人組》上映後得到《紐約時報》的正面評價，在我參與過的作品當中，這是第一部獲得《紐約時報》好評的電影。然而環球影業不希望喬・羅斯的作品太成功，所以只製作五十份電影版拷貝。在這種情況下，這部電影當然無法賺錢。這件事教了我好萊塢的遊戲規則：電影票房不見得是最重要的事。

擔任「電影醫生」

在我與喬完成這部作品之前，我們兩人都沒有找到適合由我執導的劇本。因為我需要賺錢，所以喬建議我到二十世紀福斯電影公司上班，擔任電影公司內部的「電影醫生」，也可稱為「救火隊」或「救援投手」──端看你喜歡哪種稱謂。我負責拯救那些顯然陷入困境的電影，但是於此同時，我和喬也繼續尋覓適合讓我執導的案子。

喬的屬下羅傑．畢恩鮑姆⑩原本只是一名豪華轎車的司機，憑著本事與聰明往上爬。羅傑和我同一天生日，可是他比我小五歲。羅傑精力充沛、熱情洋溢，是天生的推銷員，前途不可限量。《蹺課天才》的製片湯姆．雅各森也是福斯電影公司經營團隊的一員。

那段時間對我而言非常有趣。我第一次覺得自己無比神氣，不再只是戰壕裡的小兵。我剪接《手足三人組》時待過的那棟建築，變成我辦公室的所在位置，而且我開始參加二十世紀福斯電影公司每一部電影的試片會，放映地點就在行政大樓地下室的「Z放映廳」。我猜這間放映廳是以二十世紀福斯影業前老闆達里爾．扎努克（Darryl Zanuck）來命名。

在某場試映會中，在放映第二捲底片時，喬突然問：「這捲底片裡還有什麼內容？」他的問題讓我驚訝。

「有一些備用鏡頭。」一位初階主管回答。

備用鏡頭？我心中暗忖。我們瀏覽毛片，不就是為了檢查還有哪些備用鏡頭可用嗎？然而他們並不關心這些，一下子就覺得無聊，只想快點切換到下一卷，以便了解這場戲是什麼內容。

當時製作中的影片，包括提姆．波頓的《剪刀手愛德華》⑪。那部電影的毛片是我見過最奇特的影片之一，我一度懷疑他們能否順利拍完整部電影。然而當我看過這部片的完成版之後，不禁訝異作曲家丹尼．艾爾夫曼⑫的音樂，竟然能夠讓那些奇怪的畫面變成有趣的童話，也讓呈現在銀幕上的故事變得更具有可信度。

福斯電影公司同時在拍攝由約翰．休斯擔任製片人、克里斯．哥倫布（Chris Columbus）⑬擔任導演的《小鬼當家》⑭。這部片原本在華納兄弟娛樂公司手上，但他們認為預算太高而放棄，由福斯電影公司接手。最後事實證明，華納兄弟影業犯了史上最大的錯誤。喬與約翰．休斯簽約之後，覺得這部電影就是解決我們進退兩難處境的答案。喬認為約翰．休斯認識我而且喜歡我，起碼他是這麼相信的。或許這是他從約翰那裡得到的資訊，我不確定，也不清楚真相，但是無論如何，約翰接下來打算為福斯電影公司撰寫劇本，並且擔任製片，由其他人執導，因此喬認為這對我而言是大好機會，我對此則沒有意見。

在這段期間，我協助了幾部平凡無奇的電影，儘管我已經盡了最大努力，那些電影依然相當糟糕。

後來喬想出一個比較令人愉悅的任務給我。他挑了一部由強納森．林恩執導的低成本英國喜劇。「他就是英國電視圈的詹姆斯．布魯克斯⑮。」喬以典型的好萊塢表達方式向我說明，這句話意味著強納森是英國非常成功且知名的劇作家，他的諷刺喜劇《部長大人》⑯深受歡迎。因為我從來沒有看過那齣劇集，因此強納森給了我那齣戲與其續集《首相大人》的劇本，該系列以日記形式呈現，透過極為幽默的方式拿英國政府官員開玩笑。

這部被福斯電影公司選中的英國電影是《向上帝調頭寸》⑰，講述由艾瑞克．愛都⑱和羅比．科爾瑞恩[19]飾演兩名小混混，為了躲避黑道大哥和警察，雙雙冒充為修女，躲進修女的教師培訓學校。這部電影的宣傳語是「聖潔無瑕的大騙局」。

喬覺得這部電影再緊湊一點會更好，因此找我看一看。我答應了喬，可是我心裡還有另外一種想法：對我而言，這部片子像是重新上映的老電影，內容沒有當代的氛圍。這部電影主要在英國拍攝，片中有充滿歷史感的建築物，讓人無法分辨其年代。我認為配樂也強化了這種印象，因此我提議改用比較新的音樂取代。

對於我想修改《向上帝調頭寸》一事，強納森・林恩感到非常緊張，因此我向他保證，我們會先拷貝一份他的版本，我所做的調整不會改變原版，他不但不會有任何損失，反而可能會有收獲。最後，他懷著警戒心同意了。協助我處理修改這部電影的助理剪接師是克里斯・佩普（Chris Peppe），克里斯是英國人，他知道我剪接過《蹺課天才》，我也向他提到我們要為《向上帝調頭寸》尋找新的配樂。克里斯知道我在《蹺課天才》和《成功的祕密》中都使用過Yello樂團[20]的〈噢耶〉，問我有沒有聽過他們最新專輯中的單曲〈全速前進〉（*The Race*）。我沒有聽過，但結果這是一個很棒的建議，因為這首曲子正是我認為《向上帝調頭寸》所需要的風格。我請一位音樂剪接師把這首曲子放進電影中，然後請強納森看一遍。

這首歌充滿爆炸性，裡面有賽車的引擎聲和強烈的節奏，以及令人眩目的鼓聲。其實我並不知道，強納森年輕時是個鼓手，家裡有一整套鼓。他非常喜歡這首曲子，也喜歡我縮短片長之後的版本。我所做的包括在台詞說完之後提早剪斷畫面，營造出比較簡潔有力的感覺。強納森也是一名演員，透過他在舞台上的經驗解讀我的做法：「這麼做很有道理的，會讓觀眾想知道演員如何接續對手演員的台詞。」

經過這些改變，我贏得強納森的一些信任，他和我也開始互相了解對方。我見了他的妻子麗塔

（Rita），一位備受尊敬的心理分析師，並且得知強納森擁有非常出色的家庭背景，他的表哥是神經學家暨暢銷作家奧利佛．薩克斯[21]，他的舅舅是學者暨外交官阿巴．埃班[22]，曾擔任以色列外交部長及駐美大使和駐聯合國大使，強納森都稱呼阿巴．埃班為「奧布里舅舅」[23]。強納森本人受過法律訓練，擅長辯論，與他聊天為我帶來許多樂趣。

強納森確實是喜劇大師，我的意思是，他很清楚如何博取觀眾的笑聲——他知道逗觀眾發笑的時機，例如讓劇中人摔一跤，是永遠不敗的笑點。不過，更高招的點子，是他可以讓觀眾笑到摔倒。他教我一種所謂的「第一次最好笑」原則，因為喜劇的笑點主要來自驚喜。在剪接電影的過程中，由於必須重複觀看畫面，一開始讓我們發出真摯笑聲的笑點，到後來就不會那麼好笑。因此我們必須不斷提醒自己，我們第一次的反應是什麼，不可以因為我們不再覺得有趣，就對素材失去信心。

喬派我們去倫敦監督混音，但我們還有另外一項任務：《西貢小姐》[24]剛剛在倫敦西區上演，引起各界注意，喬叫我們去看這齣戲，並提供我們的想法，以討論應不應該把這齣音樂劇翻拍成電影。我們看完之後，都覺得這齣戲並不是很好。強納森說，他一邊觀賞這齣音樂劇，一邊在腦子裡改寫劇中人演唱的歌詞，以此自娛。

我們的混音在倫敦西南方的特威克罕姆（Twickenham）錄音室進行。這裡是英國電影製作的傳奇性地標，但是我覺得此處非常破舊，要先走上一小段樓梯，而且旁邊還有一條高架鐵路，每當火車呼嘯而過，整棟樓就會劇烈搖晃，彷彿發生了地震。像我這種來自加州的客人，都以為是地震來了而驚慌失措，這種反應讓當地人覺得可笑。我們準備離開那裡時，我對配樂很不滿意，因此當我們一回到加州，我就帶著曲目去找戴夫．坎貝爾[25]。戴夫是《渾身是勁》的混音師，他只花了一天的時間，就把每一首曲子都調整得很棒。

《向上帝調頭寸》上映後獲得好評，可是一開始放映的電影院數目有限。福斯電影公司打算在第三個週末增加上映的戲院，沒想到碰到來勢洶洶的新片《忍者龜》[26]，導致《向上帝調頭寸》票房下滑，最後的收入不如我們預期中的那麼好。不過，至少這部電影造就了一樁美事，那就是讓我和強納森從此變成好朋友。

等待執導演筒

《小鬼當家》上映後票房驚人，遠遠超出任何人的預期，光在美國就高達兩億八千六百萬美元。這部電影的成功，我自己有個理論：當時是一九九〇年，美國正準備參加第一次波斯灣戰爭，每天晚上的全國新聞都是關於預備役女性被徵召入伍，在開戰時刻不得不拋下孩子的報導，《小鬼當家》以喜劇內容和令人安心的結局安撫了大眾的焦慮。

喬意識到這部電影多麼受到歡迎，決定立刻拍攝續集，除了看中其商業潛力，也考量這部電影的主角麥考利．克金[27]一天比一天明顯長大。約翰．休斯的任務是儘快寫出續集的劇本，約翰另一部劇本《保姆》[28]原本要由我執導，但因為還沒有籌備完成，暫時被擱置到一旁。約翰的另一部劇本《和達奇回家》[29]已經準備好了，於是成為下一部開拍的電影。湯姆．雅各森告訴我，該片的導演是一個名叫彼德．法曼[30]的澳洲人，法曼是福斯電影公司老闆魯伯．梅鐸[31]的學生，因此拿到導演棒。法曼執導過《鱷魚先生》[32]，該片在一九八六年的全球票房超過三億美元。

我接到約翰．休斯的電話，他問我願不願意剪接《和達奇回家》。

「我不太信任這個傢伙。」約翰在談到法曼時表示。「如果由你也加入劇組，我會比較安心。」

我很沮喪自己老是當「救火隊」，彷彿自己已經進入半退休狀態，可是我現在才四十出頭。除此之外，我想要剪接好電影，可是好電影不需要我幫忙。根據合約，我的工作職掌是負責把糟糕的電影變得沒那麼糟，實在很沒意思。我很樂意參與《和達奇回家》，因此接受了約翰的邀約。

我去見了彼德・法曼，他的外型有點像史提夫・卡爾[33]，是一個精力充沛的小男人。我們聊了四個小時，會議中彼德一直抽菸，而且大部分的時間都是他在說話、我當聽眾。我被錄取了，我很高興能夠與約翰再次合作，即使我仍舊沒有機會擔任導演。

✦

電影開始拍攝之後，毛片源源不絕的湧進。鏡頭很多，但是拍攝的角度和手法都很普通。在電視情景喜劇《奉子成婚》[34]中飾演艾爾・邦迪（Al Bundy）的風趣演員艾德・奧尼爾[35]，在《和達奇回家》中飾演主角達奇（Dutch）。法曼把達奇設定為一個身處於富裕階層人士中的勞工人士，因此對環境適應不良——與《鱷魚先生》裡那個初至紐約而顯得格格不入的澳洲人極為相似。法曼叫艾德不要以搞笑的方式詮釋這個角色，從毛片看來確實不太有趣，但毛片數量很多，因此我聘請紐約的剪接師友人瑞克・沙因（Rick Shaine）來幫我處理這些毛片。我的助理亞當・貝爾納迪也和我們一起剪接。

我很高興不必去拍攝現場，因為他們在雪地中拍攝，而且天氣極冷。劇組傳來一則八卦：即使每天拍攝好幾個小時，彼德也不覺得累，總是在收工之後找人聊天，可是兩位製片都已筋疲力盡，不想因為聽他說話而熬夜，於是他們聘請了一個名叫傑米（Jamie）的傢伙，負責整晚聆聽彼德說話。拍攝結束後，彼德開始到剪接室來，這位傑米也跟來了，而且他似乎主導著這部電影。每次我詢問彼德對某個鏡頭的意見，彼德就會轉頭看看傑米，問他有什麼想法。有一次，當我重新剪某場戲時，彼德一邊在搜尋機上瀏覽未被使用的畫面。「保羅！保羅！你看這個！」他突然大喊。我看了一眼，不明白他為什麼這麼興奮。「你要我看什麼？」我問他。「這個鏡頭啊！你覺得怎麼樣？」我又看了一遍，滿心狐疑。「這不是一個鏡頭！」我回答。「這是用來拼接的零碎底片！」

彼德會經常想出一些非常古怪的點子，所以我決定請瑞克．沙因當我的避雷針。每次彼德想嘗試一些毫無意義且注定失敗的事時，我就叫瑞克去應付他。我很感激瑞克，並告訴他我的想法。我稱呼瑞克為「敗局已定的剪接師」，但問題不在他身上，而是彼德那些點子太荒謬。每當我試圖縮短影片的長度時，彼德就會找我爭論，他認為不需要刪掉任何畫面，因為每一場戲、每一句台詞都有存在的理由。他準備捍衛他所做的每一個選擇。雖然這部電影變得十分冗長，我們還是舉行了試映會。觀眾的反應很糟，彼德似乎不懂為什麼會如此。

「我知道應該怎麼修改。」我對彼德說。

「那麼你就放手去做吧。」他說。

於是我照自己的意思剪接，然後給他看。他約我稍晚到剪接室與他碰面。到了約定時間，執行製片人帶著一個公事包出現，然後從公事包裡拿出一疊紙。

「彼德呢？」我問。

「他會晚一點到。叫我先把這些給你。」他遞給我那疊紙，上面寫滿彼德想叫我修改的剪接意見。我很討厭別人用書面方式交代工作，因此當彼德抵達時，他看得出來我很不高興。他問我為什麼生氣，我明白告訴他我對別人以書面方式吩咐我做事的感受。他聽完之後突然從我手中搶走那疊筆記，將它們全部扔進垃圾桶裡。剪接室裡的其他人看苗頭不對，紛紛退開，宛如西部片裡的路人，知道即將有槍戰發生。執行製片人將原本放在他腿上的公事包慢慢往上拉至胸前，直到他半張臉都藏到公事包後方。不過，我和彼德最後把話說清楚了，氣氛也緩和下來，大家又繼續工作。

機飛上的牌局

由於約翰・休斯人在芝加哥，所以我們決定在芝加哥舉行下一場試映會。我的助手亞當・貝爾納迪先帶著拷貝搭乘一般民航機飛往芝加哥，我則乘坐福斯電影公司的專機，與其他高階主管一同前往。試映會進行得還算順利，約翰和其他人在隨後的討論會議中提出許多想法。喬・羅斯興致勃勃地說：「如果亞當今晚帶拷貝和我們一起飛回去，你明天早上就可以開始動手修改了。」

亞當當然很想坐公司的噴射機，因此助理剪接師忙著分裝膠卷時，我就在電影院裡等他。過了好一會兒，亞當才帶著裝有底片的六角型金屬盒現身。我們跳上等候我們許久的豪華轎車，飛快前往向機場，因為福斯電影公司的噴射專機已經在等我們了。我們準備登機時，喬已經不太高興。「赫希，搞什麼鬼！為什麼花這麼長時間？我們沒有太多時間可以浪費。」

我們登機之後，才坐定身子，噴射機就起飛了。大夥兒聊了大概半個小時，每個人的心情似乎都還不錯，但隨後出現一段尷尬的沉默。

喬說：「現在要做什麼？」

「要不要玩撲克牌？」我說。當時我並不知道，我的人生即將遇上轉折。

一眨眼的工夫，空服員已經準備好一組籌碼和兩副撲克牌，並且擺好桌子。我們開始玩牌。賭注包括五分硬幣、十分硬幣、二十五分硬幣。最後一輪的最高賭注是一美元。我們玩了幾個小時，發牌的順序及遊戲規則由莊家自行決定。和往常一樣，我們的牌局愈玩愈激烈。輪到我當莊家時，我提出一個我最近才學會的遊戲。這種遊戲是比大小，必須投入很大的賭注。

大家紛紛下注，直到累積了十美元，是當天晚上的最高賭注總額。亮牌的時刻到了，喬翻開他的牌，但是我的手氣比較好，我亮牌之後贏過他，他氣瘋了。

起初我以為他只是開玩笑，但隨後就發現他是認真的，他真的非常生氣。他以前在大學時期曾是橄欖球明星球員，他有旺盛的好勝心並不令人意外。

「這是什麼爛遊戲？」他大罵：「我們原本玩得好好的，你為什麼要改玩這個遊戲？這到底是什麼玩意兒？我們在起飛前等你那麼久還不夠嗎？」他罵個不停。由於他的情緒突然爆發，沒有人敢說話，所以他又繼續痛罵。

當然，玩牌時間就到此結束，大夥兒陷入一片死寂。飛機大約還要一個小時才會降落，因此我們安靜地度過剩下的行程。我們下飛機時，我問湯姆．雅各森：「喬真的在生我的氣嗎？」

「噢，別擔心。」他說：「我相信他明天早上就會忘記這些不愉快了。」

然而緊繃的氣氛持續了好一段時間，喬整整一個星期沒有和我說話。又過了一個星期，大夥兒繼續工作，我和其他人討論許多修改影片的方式，喬始終沒有出聲。最後，我們又安排另一場試映會，地點在聖地牙哥。當我準備開車前往時，喬的祕書打電話給我，叫我搭喬和羅傑的豪華轎車，與他們一起去試映會現場。我認為喬又開始對我好了，讓我鬆了一口氣。我們三人在車上隨意閒聊，可是氣氛仍然尷尬。

我們很早就抵達那家電影院，因此喬和我先在外面聊天。這時我終於覺得喬的態度變輕鬆了，自從玩牌事件之後，那是我第一次和他自在地交談。

就在這個時候，國家研究小組的組長一派輕鬆地朝我們走來。「嗨，男士們，你們有帶撲克牌來玩嗎？」

我真想當場殺了他。

《和達奇回家》殺青時，我在福斯電影公司擔任救火隊的合約也到期了。這部電影非常失敗，影響了與它有關聯的每一個人。我發現自己沒錢了。湯姆・雅各森是好人（我對好人的定義是，在好萊塢直接從正面刺你一刀的人，而不是從背後偷襲），他坦白告訴我，我沒有機會在福斯電影公司執導約翰・休斯的劇本。於是我向喬・羅斯和羅傑・畢恩鮑姆求援，告訴他們我需要工作。

福斯電影公司製作了一部不太好的電影，並因此與導演的關係緊張，找我去幫他們修剪影片。我進入那個劇組之後，馬上就察覺到導演和剪接師根本不希望我插手。我理解他們的心情，可是我需要這份工作，所以我繼續待著，工作時的氣氛很差。

此時，我接到新經紀人馬帝・鮑爾（Marty Bauer）的電話，他也是布萊恩・狄帕瑪的經紀人。「布萊恩打電話給我，他想知道你能不能幫他剪接他正在拍攝的電影。」

布萊恩之前遭受嚴重的打擊，他前一部作品《走夜路的男人》㊱票房失利，並引來媒體的嚴厲抨擊，讓人以為他犯了殺嬰罪。他正在剪接的這部新電影，是他在經歷災難後重振旗鼓之作，而且預算相對較低，片名是《殺機邊緣人》㊲。

我很興奮，因為我已經十年沒有和布萊恩一起工作了，能再次與我的導師一同工作及剪接，不需要再玩那些政治遊戲，感覺就像漂流在汪洋大海時突然抓到救生圈。「請告訴他，我非常樂意。」我說。

我告訴福斯電影公司，我準備離職去幫布萊恩。喬・羅斯很體貼，他知道我和布萊恩有特殊情誼，而且布萊恩指名要我幫忙；可是羅傑・畢恩鮑姆十分生氣，甚至氣到不願支付我最後兩個星期的薪資。他這麼做實在心胸狹窄，因為他明知我需要錢，而且我已經完成我的工作。然而控告電影公司不會有什麼好結果，所以我放棄了。最後他們才把欠我的大部分薪資還給我，但不是全額。多年後，羅傑·畢恩鮑姆又聘請我剪接他拍攝的電影，對我的工作表現很滿意。「你就像是讓我展翅高飛的風。」他說，可是後來我們就斷了聯繫。無論如何，當時我很高興能離開福斯電影公司，雖然喬的承諾始終沒有兌現。我真的很想當導演，但如今已經沒有那麼渴望。我知道當導演沒那麼簡單，我也明白自己並不適合。

當導演就像一輩子都在參選公職，必須與許多難相處的人打交道，而且通常是在拜託別人，而不是被人拜託。拍片現場總是混亂不堪，你得一直和時間賽跑，感覺就像躺在火車持續靠近的鐵軌上，壓力很大。相較之下，剪接師比較受到保護，只需面對潛在的難搞人士。不過，也許事實的真相，是我並非那麼想當導演。

渴望與布萊恩團聚

布萊恩在帕羅奧圖㊳附近的伍德賽德準備了剪接室，他與當時的妻子蓋兒·安·赫德㊴一起擔任這部電影的製片人。在前往舊金山的飛機上，我終於拿起《殺機邊緣人》的劇本，準備第一次閱讀。你可能覺得，我應該早已學會在接下工作之前先閱讀劇本，但因為我非常渴望與布萊恩團聚，所以還沒閱讀劇本我就一口答應了。令我錯愕的是，我完全看不懂這個故事。我重讀了劇本幾次，還是一頭霧水。飛機降落時，我問自己：**我是不是有麻煩了？**

布萊恩決定辭掉原本的剪接師。那位剪接師雖然經驗豐富、才華橫溢，可是與布萊恩理念不合。布萊恩和我一起瀏覽這部電影，我卻愈來愈困惑。我們看完了一捲又一捲底片，我還是看不懂這個故事。即使布萊恩解釋給我聽，我始終無法理解其內容。

「如果連我的剪接師都看不懂這個故事，我的問題就大了！」布萊恩說。

這個故事以非線性的手法講述一個多重人格者的故事，裡面穿插回憶片段與夢境畫面，電影中會有人突然從夢中驚醒的畫面，但你隨後就會發現，那個角色醒來的鏡頭，其實仍是夢境的一部分，因此夢境還沒有結束！最後，當我們看到第十四捲底片尾聲時，有一個浩大的場面，裡面有多到數不清的鏡位和大量並行的動作，全都需要重新剪接。布萊恩看看我，說：「搞定它！」

於是我拿出記事本，寫下「搞定第十四捲底片。」

當時是一九九一年十二月，我們在一棟附泳池而且整修過的房子裡工作，熊熊爐火在壁爐裡燃燒，後來因為產生太多煙霧而被我們熄滅。我坐在Kem剪接機前重新修剪這部電影，盡我所能地釐清混亂的畫面。布萊恩坐在我身後閱讀，並不時抬頭針對我做的修改發表意見，告訴我他認不認同我的做法。我的助手梅麗莎．布雷瑟頓（Melissa Bretherton）站在我旁邊，陸續將電影底片遞給我。她很謙卑，可是眼力一流。

我剪接的時候，偶爾會聽到一聲輕輕的「呃」從我身旁傳來，然後我就轉頭看她，她會微微搖頭。等我再回頭看看我處理的畫面，就會意識到自己剛才剪的鏡頭有問題。「這樣不太對嗎？」我問。

她會再次搖搖頭。梅麗莎為我工作了十年，我認為她是最好的助理之一。她現在在賈德．阿帕托[40]那裡工作，是一位才華橫溢的剪接師。

我忙著剪接及拼接畫面時，布萊恩為了自娛，會大聲朗讀出《最後出口》（*Final Exit*）的內容。《最後出口》是一本剛出版的新書，教導別人如何自殺。布萊恩以開玩笑的方式假裝自己正在研究自殺方法，並討論開槍自盡的風險。他嘲笑這種方式會弄髒環境，還可能因為沒有命中要害而導致自己重傷。這類令人毛骨悚然的資訊，就在我剪接這部電影時陪伴我。

我們始終未能以令人滿意的方式解決《殺機邊緣人》的美學問題。我們試著藉由整理時間軸來讓這個故事變得好懂，我認為這麼做會有幫助，可是這部電影的基礎概念對許多人而言太過極端。他們認為把偷來的孩子當成心理實驗的對象，主題本身令人不舒服。不過，每一部電影都有人支持，無論它多麼不受大眾喜愛。昆汀．塔倫提諾[41]就很喜歡《殺機邊緣人》，並宣稱他撰寫《黑色追緝令》[42]的劇本時，受到《殺機邊緣人》很大的影響。

多年後，當我們在拍攝《不可能的任務》[43]時，布萊恩告訴我，他某天早上醒來，想到可以如何重新剪接《殺機邊緣人》的方法，讓這部電影表現出他想要的效果。

「可是我後來就忘了。」他說。

注釋

①《手足三人組》（*Coupe de Ville*），一九九〇年的美國喜劇電影。

②麥克．賓德（Mike Binder, 1958-），美國電影導演、劇作家、製片人和演員。

③派屈克．丹普西（Patrick Galen Dempsey, 1966-），美國影視演員，曾獲金球獎提名。他也是一名賽車手，曾多次參加美國及歐洲大型賽事，並多次獲獎。

④阿里．格羅斯（Arye Gross, 1960年-），美國演員。

⑤丹尼爾．史特恩（Daniel Jacob Stern, 1957-），美國演員，最著名的作品包括《小鬼當家》等。

⑥亞倫．阿金（Alan Wolf Arkin, 1934-），美國演員、導演、音樂家和歌手。

⑦詹姆斯．紐頓．霍華（James Newton Howard, 1951-），美國電影配樂作曲家，曾獲奧斯卡金像獎提名。

⑧〈Transfusion〉是美國歌手Nervous Norvus於1956年出版的歌曲。

⑨喬．伯洛尼亞（Joe Bologna, 1934-2017），美國演員和劇作家。

⑩羅傑．畢恩鮑姆（Roger Birnbaum, 1950-），美國電影製片人。

⑪《剪刀手愛德華》（*Edward Scissorhands*），一九九〇年由提姆．波頓執導的奇幻愛情電影。

⑫丹尼．艾爾夫曼（Danny Elfman, 1953-），美國音樂家、作曲家、電影配樂家。他和導演提姆．波頓是好朋友，也是合作多年的

好夥伴。

⑬ 克里斯・哥倫布（Chris Columbus, 1958-），美國電影導演、製片人、劇作家。

⑭《小鬼當家》（*Home Alone*），一九九〇年上映的美國喜劇電影。

⑮ 詹姆斯・布魯克斯（James Brooks, 1940-），美國製片人、劇作家與電影導演，曾三度獲得奧斯卡金像獎。

⑯《部長大人》（*Yes Minister*），一九八〇年代的英國電視情境喜劇。

⑰《向上帝調頭寸》是一九九〇年的英國喜劇電影。

⑱ 艾瑞克・愛都（Eric Idle, 1943-），英國喜劇演員及歌手。

⑲ 羅比・科特瑞恩（Robbie Coltrane, 1950-），蘇格蘭喜劇演員和作家。

⑳ Yello是瑞士的電音樂團，由迪特・麥特（Dieter Meier）和伯瑞斯・布朗克（Boris Blank）組成。他們最廣為人知的單曲，是一九八五年的〈噢耶〉。

㉑ 奧利佛・薩克斯（Oliver Sacks, 1933-2015），英國倫敦著名的醫生、生物學家、腦神經學家、作家及業餘化學家。

㉒ 阿巴・埃班（Abba Eban, 1915-2002），以色列外交官及政治家，也是阿拉伯語和希伯來語的學者。

㉓ 阿巴・埃班出生時名為奧布里・埃班（Aubrey Eban），後來才改名為阿巴・埃班（Abba Eban）。

㉔《西貢小姐》（*Miss Saigon*），克勞德-米歇爾・勛伯格（Claude-Michel Schönberg）和亞倫・鮑勃利（Alain Boublil）共同創作的音樂劇。

㉕ 戴夫・坎貝爾（Dave Campbell），美國音效工程師，曾獲奧斯卡最佳音效獎。

㉖《忍者龜》（*Teenage Mutant Ninja Turtles*），一九九〇年由漫畫改編的美國動作片。

㉗ 麥考利・克金（Macaulay Culkin, 1980-），美國演員，最知名的作品為電影《小鬼當家》系列。

㉘《保姆》（*The Nanny*）這個劇本後來沒有被拍成電影。

㉙《和達奇回家》（*Dutch*），一九九一年的美國公路喜劇電影。

㉚ 彼德・法曼（Peter Faiman），澳洲電視製作人及電影導演。

㉛ 魯柏・梅鐸（Rupert Murdoch, 1931-）生於澳洲墨爾本，現居美國，是全球首屈一指的新聞媒體大亨。

㉜《鱷魚先生》（*Crocodile Dundee*），一九八六年動作喜劇電影。

㉝ 史提夫・卡爾（Steve Carell, 1962-），美國演員，作品多為喜劇片。

㉞《奉子成婚》（*Married...with Children*）。

㉟ 艾德・奧尼爾（Ed O'Neill, 1946-），美國演員，因在電視情景喜劇《奉子成婚》中飾演艾爾・邦迪一角而成名。

㊱《走夜路的男人》（*The Bonfire of the Vanities*），一九九〇年的美國諷刺黑色喜劇電影，改編自湯姆・沃爾夫（Tom Wolfe）的同名暢銷小說。

㊲《殺機邊緣人》（*Raising Cain*），一九九二年由布萊恩・狄帕瑪執導的驚悚電影。

㊳帕羅奧圖（Palo Alto），美國加州的城市，位於舊金山灣區西南部。

㊴蓋兒・安・赫德（Gale Anne Hurd, 1955-），電影製片人和電視製作人。

㊵賈德・阿帕托（Judd Apatow, 1967-），美國電影製片人、導演、演員與劇作家。

㊶昆汀・塔倫提諾（Quentin Tarantino, 1963-），美國導演、劇作家、製片人和演員。他的作品多為諷刺題材，充滿暴力美學，以非線性方式敘事。

㊷《黑色追緝令》（*Pulp Fiction*），一九九四年的美國黑色幽默犯罪電影，由昆汀・塔倫提諾執導及編劇，片中充斥髒話、幽默與暴力。

㊸《不可能的任務》（*Mission: Impossible*），一九九六年上映的美國動作間諜電影，根據同名電視劇（譯名《虎膽妙算》）改編而成。

21 《城市英雄》①

喬伊．舒馬克幾年前曾來找我，要剪接他的電影《粗野少年族》②。我讀了劇本，發現那是一部吸血鬼電影，因此不想參與。我一向認為吸血鬼電影是所有電影類型中最愚蠢的一種，希望自己永遠不必被迫剪接那種電影。幸運的是，還有其他導演邀請我剪接別的電影，所以我想等合約談妥後再回電話給喬伊。然而喬伊再次打電話給我，逼我給他答案。我結結巴巴地不知道如何回答，喬伊向來喜歡把別人逼到說不出話。他很氣我，可是沒有多說什麼，總之我沒有參與他那部作品。

我與布萊恩合作《殺機邊緣人》時，喬伊正在籌備一部新電影，片名是《城市英雄》。經紀人拿劇本給我，我讀完之後真的很想剪這部片。我請經紀人告訴喬伊我有興趣，於是喬伊打電話給我。一想到我之前回應《粗野少年族》邀約時不夠得體，這次我立刻明白告訴喬伊我非常喜歡《城市英雄》，並希望成為這部電影的剪接師。他說：「好。」就這樣。我被錄取了。

《城市英雄》的主角是一個以前曾在國防部機房工作的失業航空工程師。他的車牌是「D-FENS」③，這個縮寫字同時也是這位主角在劇本上的名字。電影一開始就是他人生經歷巨變的時刻。在炎熱的天氣下，他被困在高速公路的車陣中動彈不得，一隻蒼蠅停在他的脖子上，讓他情緒爆發。他企圖打死那隻蒼蠅，可是徒勞無功。車外的噪音、停滯的交通、四周圍的車主都讓他愈來愈沮喪，最後理智斷線。於是他下車走人，無視自己的車子阻擋後方交通。這種瘋狂的違法行徑，我們可能都幻想過，但是不可能真的去做。然後，他以步行的方式穿過洛杉磯市，從市中心走到他前妻居住的海邊，並且在途中與洛杉磯居民發生一連串激烈的衝突。

就某方面而言，這部電影算是關於警察的故事，具有娛樂性；但在另一方面，它也描繪出洛杉磯的社會現象，以及大都會地區的緊張氛圍。D-FENS打公用電話時需要換零錢，可是韓國雜貨鋪老闆拒絕，還多收他汽水的費用。D-FENS因此搶了雜貨鋪老闆的球棒，將整家店鋪砸毀。在砸店過程中，D-FENS滔滔不絕地發表膚淺無知的種族主義言論。「你知道我的國家給你們國家多少錢嗎？」他質問雜貨鋪老闆。

「多少錢？」雜貨鋪老闆問。

D-FENS被問住了，有點困窘。「我不知道，但是……但是一定很多。」他結巴了。「我敢跟你打賭。」

惹惱D-FENS的那些瑣事，我們都很熟悉，可是他對於各種刺激的反應，遠遠超越正常人。這部電影想表達的立場是：在回應日常生活中的挫折時，我們的社會不容許使用任何暴力手段。

電影公司將這個劇本寄給麥克．道格拉斯④，邀請他飾演一名追逐D-FENS的退休警察，但麥克說他對D-FENS這個角色比較感興趣，喬伊答應讓他演，並改邀演技卓越但情緒多變的勞勃．杜瓦⑤飾演退休警察一角。大家都知道杜瓦的脾氣極為暴躁，喬伊告訴我他在電影開拍前如何與杜瓦溝通：「只要你是基於為了演好這個角色的立場，你所做的任何事我都能接受。」喬伊對杜瓦說。

喬伊的理論是，他認為杜瓦在劇組工作人員面前發脾氣之後會尷尬，為了不讓杜瓦在演戲時分心，所以喬伊允許杜瓦盡情發脾氣。結果，杜瓦反而自始至終沒有情緒失控。喬伊這招非常聰明。

與喬伊共事的獨特經驗

喬伊一開始告訴我的兩件事情，結果都與事實相反。他對我說的第一件事是：「我旅行時從來不帶跟班，因為我討厭有人一直跟在我身旁。」第二件事則是：「你什麼話都可以對我說。」

事實上，我從來沒有看過他獨處。他有一個叫做蓋．費蘭德⑥的助理，無論喬伊走到哪裡，費蘭德都跟著他。喬伊的身高超過一百九十公分，他有一半北歐血統，他的母親是模特兒，長得非常漂亮。蓋．費蘭德只有一百六十八公分，但他們總是穿著一模一樣的服裝：卡其色的短褲、白色的圓領衫，以及黑色的皮夾克，而且兩人脖子上都戴著串珠項鍊、腳上穿著高筒靴。他們站在一起的畫面看起來十分逗趣，有如《王牌大賤諜》⑦裡的邪惡博士（Dr.Evil）和迷你我（Mini Me）。

✦

那時是一九九二年，在我們開始拍攝後大約過了三個星期，法院對毆打羅德尼．金⑧的那些警察提出了判決書。那些警察全部獲判無罪，這種可恥的判決結果引起洛杉磯暴動。由於我們幾乎都在洛杉磯街頭進行拍攝，因此不得不暫時休息一、兩天，直到可以安全無虞地繼續工作。有人建議喬伊把一些商店被燒毀的畫面放進電影中，但喬伊拒絕了，我覺得他的態度很棒。「我不想要利用別人的不幸。」他說。

✦

就每天拍攝的底片量而言，《城市英雄》是我非常難得的經驗。喬伊拍攝的底片量非常少。一般的電影長片，導演通常每天會拍四千到五千英尺長的底片（大約四十五分鐘到一小時）。約翰．休斯拍攝《一路順瘋》時，有時候會拍攝長達三小時的毛片！然而當我們拍《城市英雄》的時候，每天拍攝的底片長度幾乎都不超過三十分鐘。

這部電影製作過程中另一件不尋常的事情是，工作人員總在天色變暗之前就收工。電影劇組每天工作十四到十六個小時是家常便飯，但由於《城市英雄》是講述一天之內發生的事，所以不需要拍夜景場面。我們經常接到要求我們提早篩選毛片的電話，而且每天晚上六點前就能完成工作，幾乎是電影圈裡前所未聞的情況。喬伊就像懷著禪心而蒙住眼睛的弓箭手，日復一日地射中靶心。為喬伊剪接電影實在充滿了樂趣，正如為每一位知道自己在做什麼的導演工作一樣。

✦

喬伊是男同性戀，他從不隱匿自己的身分，而且他很淘氣，經常說一些會嚇壞異性戀者的話，讓我和其他劇組工作人員不知道如何回應。

某次在篩選毛片時，他當著大約二十位劇組工作人員面前對我說：「保羅，我昨晚夢見你，醒來時發現自己勃起著。」我不知道該怎麼回答，只好說：「謝謝你。」

有天我們在進行混音時，喬伊接了一通電話。音效剪接師是一位好萊塢的老派人士，一頭白髮的他蓄著短髭鬚，脖子上戴著金項鍊，舉止很紳士。他打斷喬伊，請他先聽一下後製的音效是否太大聲。喬伊回答他（當時錄音室裡有十幾位混音師、音效剪接師和助理）：「聽著，我進娛樂圈不是為了聽什麼腳步聲，我是為了享受人生和替男人口交。」

當我告訴喬伊我即將慶祝自己入行滿十八年時，他說：「老天，這實在非常了不起，我這輩子最長的一段戀情也只維持兩年。當然，兩年的同性戀伴侶關係，相當於二十年的異性戀伴侶關係。」

喬伊有一次與我分享他選角的方式。「我只選擇我有『性趣』的演員。」他說。當然，他的說法誇張了，因為他的電影中有各種年齡層的演員，我也不認為他會想與女性發生肉體關係。

《城市英雄》裡有一場戲在洛杉磯西區的威尼斯海灘（Venice Beach）拍攝，喬伊邀請我客串一個角色，飾演一名在威尼斯海灘拍攝汽車廣告的廣告公司主管。劇組用起重機將一輛車高高吊起，一個來自肌肉海灘⑨的健美先生在鏡頭前擺姿勢，彷彿那輛車是被他舉起。在拍攝第一個鏡頭前，化妝師先在健美先生身上抹油。喬伊對我說：「噢，老天，你有沒有看見那個傢伙？我真想用各種姿勢與他交歡。」喬伊說這句話時，看起來就像午餐休息時間以色瞇瞇眼光偷瞄街上女性的建築工人。

現在每家電影公司的人力資源部都會對劇組人員宣導如何拒絕性騷擾，因此喬伊恐怕不能再開這種玩笑了。不過在以前那個年代，大家都逆來順受，而且我們知道，喬伊就是愛開黃腔。

提出建議需要技巧

後來我也學到，喬伊告訴我的第二件事並非事實——關於我什麼話都可以對他說的那件事。每次我提醒他注意某些小問題時，他都會懷疑我的動機。「保羅，你現在又有什麼意見？今天我哪裡又沒拍好了？」

我的工作職掌本來就包括找出各種錯誤，以確保其他工作人員的表現盡善盡美，無論是負責對焦的工作人員、髮型設計師，或者導演。如果我發現某個錯誤，而且無法透過剪接加以修正，我就會告知導演，請導演決定如何處理。比方說，我與布萊恩合作《不可能的任務》時，有次我在毛片中發現一扇門上寫著「僅供特殊權限人士進出」（Authorised Personnel Only）。那個佈景是模擬位於美國維吉尼亞州蘭利市（Langley）的中央情報局（CIA）總部，英國籍的工作人員將美式拼法的「Authorized」寫成英式拼法的「Authorised」。經過我的提醒，布萊恩隔天就重拍了那個鏡頭。

喬伊不喜歡聽見別人指出他的任何錯誤。他不認為我的提醒是為了讓電影更完美，反而把每一項評論都視為攻擊與批判。「你為什麼要把所有的事都搞得這麼沉重？」他總是這樣問我。

有一天，我發現勞勃．杜瓦的特寫鏡頭失焦，於是我提醒喬伊。他說：「好，保羅，吃午餐的時候你再檢查一次毛片，我會請攝影組的人和你一起看，到時候你再告訴他們你看到的錯誤。」

到了中午，攝影師安德瑞．巴寇亞克⑩和攝影組的工作人員都被迫到放映室，在這個黑暗的小房間吃他們的午餐，因為剪接師發現某個失焦的畫面。那個鏡頭出現時，安德瑞很不高興地質疑我：「哪裡？這有什麼問題？」

「畫面有點模糊，你確認一下。」我對他說。

他轉頭看我，用他的波蘭口音輕蔑地說：「這不是失焦，這只是畫面有一點點雜訊！一點點雜訊！」

喬伊的腦筋轉得很快，有時候他問我問題，我需要思考一會兒才能回答，但如果我花太長的時間思考，喬伊的偏執性格就會出現。「保羅，你又是怎麼了？現在又有什麼問題？」「我只是還在思考，喬伊。」我總是這樣回答。

偶爾我會有一些想法，並且向喬伊提出建議。我可能有兩、三種修改提議，但往往在我把話說完之前，喬伊就會先一口同意。倘若我還繼續接著說：「不僅如此，這麼做還有助於——」喬伊就會嚴厲地打斷我的話，不高興地表示：「我已經同意了！」

因此我學會了不要得意忘形。

開拍一陣子之後，倘若拍攝過程出了問題，必須讓喬伊知悉時，大家就會討論由誰去告訴他。沒有人想做這件事，理由不是害怕被喬伊解僱，而是因為喬伊會一直喋喋不休，讓人感到很不舒服。喬伊口若懸河、辯才無礙，大家都不想成為他鋒利腦袋和刻薄話語的箭靶。

在拍攝的最後一天，喬伊拍了一場關鍵戲。（小心劇透！）麥克·道格拉斯殺害了一個軍用品店的老闆。這是D-FENS在電影中第一次殺人，他顯然已經精神錯亂，還打了一通怪誕且具威脅意味的電話給他的前妻。喬伊用單一鏡頭緩緩將攝影機移向麥克，在煙霧瀰漫的光線中，鏡頭穿越軍用品店後方擺滿小飾品的陰暗房間，慢慢往麥克接近，最後停留在麥克的近距離特寫畫面，這個鏡頭持續了幾分鐘之久。這場戲喬伊拍攝了四次，對他而言算是次數非常多，可是每一次焦都沒有對準。

那天篩選毛片時，喬伊沒有出席，因為艾倫·斯班林[11]找喬伊執導六集名為《馬里布路2000號》[12]的新電視劇，喬伊去海灘勘景。

「呃。」我對來看毛片的安德瑞說：「你覺得如何？我覺得焦好像沒有對準。」

「對。」他說：「我們搞砸了。」

我打電話給執行製片，告訴他這個問題。因為喬伊稍後就會進來觀看毛片了，當時我沒有想太多。

下次我見到喬伊時，是我向他展示剪接成果。電燈亮起後，我等著聽他的意見。他什麼話都沒說，假如他能隨口說聲「做得好！」我會非常感激他。

他沉默了很久，最後才說：「麥克那個鏡頭是不是失焦了？」

我當然知道他指的是哪個鏡頭。「對，喬伊，那個鏡頭失焦了。」我回答。接著又是一片靜默。

「你為什麼沒告訴我那個鏡頭失焦？」

我有點疑惑。「我還以為你看毛片時就已經發現了。」

「我沒有看毛片。」他說。

「我不知道你沒看。」

他依然沒有表示我剪接得如何。

「我只有從錄影帶看過這些畫面。」他說。

這是我的錯嗎？我心想。他自己要忙著拍攝被他稱為「華麗垃圾」的電視肥皂劇，沒時間透過放映室的大銀幕瀏覽前一天拍攝的畫面。

「你應該告訴我這個問題。」他又繼續說。

「我告訴執行製片了，安德瑞也知道。」我回答。對於他死咬著這個問題，我覺得很累。

「你的意思是，剪接師、攝影師和執行製片都知道這個鏡頭失焦，可是沒有人告訴我？」他故意以誇張的語調問。

我受夠了這個遊戲。「好，喬伊，你要因此怪我，是嗎？好吧，我願意為此負責。這個鏡頭失焦了，全都是我的錯。」當然，我覺得他很荒謬，因為鏡頭失焦是攝影組的責任。「這就是你想要的答案嗎？」我問。

喬伊很喜歡玩這種「抓到了！」的遊戲。他還不打算就此罷休。「為什麼沒有人告訴我？」他繼續窮追猛打。

「呃，喬伊，我想你不會喜歡聽到我接下來要說的話，事實是，每當人們告訴你哪裡出問題時，你總是給對方難堪，因此沒有人願意當壞消息的傳聲筒。」

他又沉默了很長一段時間。「我不接受這個答案。」他說：「我不相信我是一個這麼可怕的人，讓身旁的人因為害怕我而無法履行自己的專業責任。」

「喬伊，大家不是害怕。應該說，呃，人生很短，不應該這樣浪費時間。」

接著是一段真的非常漫長的靜默。「好吧，如果是這樣的話，我得想辦法解決。」

那個鏡頭到最後還是失焦的狀態。

映後各種反應

我們在第一場試映會中意外發現劇情將麥克．道格拉斯打造成D-FENS的後果。

在電影中稍早的一場戲中，一群拉丁裔年輕人意圖打劫麥克，被他用他從韓國雜貨鋪裡拿來的球棒趕跑。那些年輕人為了報復，打算在開車經過他身邊的時候射殺他，沒想到車子失控撞毀。D-FENS平靜地走到一名在這場車禍中受傷的年輕人面前，拿起他們的槍，近距離射擊年輕人的腿，然後帶著他們裝滿武器的健身袋離開。這顯然是因憤怒失去理智、無法控制自己行為的人才會有的舉動。

電影公司的高層主管對這場戲很不滿意，因為他們的大明星麥克．道格拉斯做出太具爭議性的舉動，即便他只是扮演電影裡的角色。於是他們安排第二場試映會，並且要求我們剪掉那段無緣無故開槍的畫面，讓麥克拿走槍枝就離開。

剪掉這段畫面讓我感到心煩意亂。雖然觀眾有時可以認同D-FENS 對現代都會生活的惱怒，但是這個角色還支持種族主義及狹隘的愛國主義。我認為如果讓這個角色及其行為更接近正常人，會導致他的越軌行徑易於被人接受。我覺得應該讓觀眾明白，製作這部電影的團隊並不認同他的立場，尤其是他對待少數民族的態度，這一點極為重要，因此我們必須將他描繪成隨意冷血射殺無助者的惡徒。

電影進行試映之後，我們從許多面向分析及量化觀眾的意見，例如多少人認為步調太慢、多少人不喜歡結局，諸如此類。進行數據分析時，我們發現整體觀眾對兩種試映版本的反應幾乎沒有差異，無論哪個版本，男性和女性、二十五歲以下和超過二十五歲的觀眾，喜歡這部電影的百分比都差不多。

我仔細研究了分析報告，發現一個有趣的統計數值。在問卷的諸多項目中，唯一有重大變化的項目是：第二場試映會的觀眾覺得結局有可預測性。（再次小心劇透！）這部電影的尾聲是D-FENS和勞勃．杜瓦飾演的警察正面對決，就像經典西部片一樣，他們兩人擺出姿勢、同時亮出武器。D-FENS拔槍的速度較快，但他拿的是小孩子玩的水槍，因此被杜瓦射殺。由於我們修改了前面的場次，剪掉他瘋狂的暴力行徑，以致觀眾比較容易相信D-FENS在電影結尾時不會殺死杜瓦。當他伸手拔槍時，沒有人擔心他會掏出真槍並開槍射擊。在第一個版本中，由於D-FENS先前已經開過槍，我們為D-FENS的兇殘行徑奠定了基礎，因此觀眾相信他可能會殺死杜瓦。

我請喬伊注意這項統計數據，他隨即告知電影公司，並不忘告訴他們這是我發現的。既然整體喜好度不受影響，電影公司高階主管同意再將那段畫面剪回來。我認為把那段畫面剪回來的版本不僅「比較難預測結局」，總體來說也更好。

這個例子說明了如果想要解決電影結局的問題，可以不改結局，但修改稍早的片段，讓前面的戲變成結局成功的基礎。畢竟**內容就是一切**。

我非常以《城市英雄》為榮。我認為心懷不滿的D-FENS就像以預知能力描繪出的現代美國中產階級。在經過多年之後，中產階級以投票給川普的行為改變了我們國家的政治路線。

我認為這部電影是喬伊最有趣的作品。

注釋

① 《城市英雄》（*Falling Down*），一九九三年的美國犯罪片，由喬伊・舒馬克執導。這部電影的英文片名意指主角瀕臨精神崩潰。

② 《粗野少年族》是喬伊・舒馬克一九八七年執導的美國青少年黑色喜劇恐怖片。

③ 國防部的英文名稱是「Department of Defense」，D-FENS取自Defense一字。

④ 麥克・道格拉斯（Michael Kirk Douglas, 1944-），美國演員和製片人，奧斯卡金像獎最佳男主角獎得主。

⑤ 勞勃・杜瓦（Robert Duvall, 1931-），美國演員，曾獲奧斯卡金像獎最佳男主角獎。

⑥ 蓋・費蘭德（Guy Ferland, 1966-），美國電影和電視導演。

⑦ 《王牌大賤諜》（*Austin Powers*），一九九七年的美國喜劇電影。

⑧ 羅德尼・金（Rodney King, 1965-2012），非裔美國人，一九九一年三月三日因超速遭洛杉磯警方追逐，被攔截後襲警拒捕，最後遭警方以警棍制服。一九九二年，法院判決逮捕羅德尼・金的四名白人警察無罪，引發一九九二年的洛杉磯暴動。

⑨ 肌肉海灘（Muscle Beach）位於威尼斯海灘，該區有許多健身房。

⑩ 安德瑞・巴寇亞克（Andrzej Bartkowiak, 1950-），波蘭攝影師和導演，曾在許多知名電影中擔任攝影師。

⑪ 艾倫・斯班林（Aaron Spelling, 1923-2006），美國電影製片人和電視劇集製作人。

⑫ 《馬里布路2000號》（*2000 Malibu Road*），一九九二年的美國黃金時段肥皂劇。

22 麻煩中的麻煩

我的經紀人馬帝・鮑爾打電話給我，表示迪士尼影業正在策劃一部由茱莉亞・羅勃茲主演的秋季強片。茱莉亞休息了幾年，觀眾非常期待她重返大銀幕。當時喬・羅斯已經離開二十世紀福斯電影公司，與羅傑・畢恩鮑姆一起創辦名為「大篷車」（Caravan Pictures）的電影製作公司，這部電影將是他們透過迪士尼發行的作品，他們希望能在隔年的七月四日週末①上映。這部電影由查爾斯・夏爾②執導，他的伴侶南西・梅爾斯③擔任製片人。我的好友理查・馬克斯之前曾剪接過他們的作品《新岳父大人》④，這次因為手上有工作，所以把我推薦給他們。理查經常向別人推薦我，真的是一位非常棒的朋友。

《我愛麻煩》⑤是一部浪漫喜劇，講述兩名敵對的報業記者在追查一件大新聞的競爭過程中墜入情網。雖然我不是特別喜歡這個劇本，但還是同意與「夏梅爾斯」（Shmeyers）碰面。（查爾斯姓夏爾，南西姓梅爾斯，因此大家都稱他們為「夏梅爾斯」，但不會當著他們的面前叫。）他們兩位都很討人喜歡。查爾斯和南西一起寫出《小迷糊當大兵》⑥的劇本，可是不喜歡那部電影的導演手法（為什麼呢？那部電影明明相當賣座！）。他們的劇本獲得成功之後，查爾斯開始當導演，由南西擔任他的製片，兩人擅長重拍好萊塢經典喜劇。

南西非常聰明，查爾斯則很在意別人喜不喜歡他。他有濃密的頭髮，經常不自覺地伸手撥弄髮絲。南西告訴我，那頭濃密的秀髮正是查爾斯吸引她的原因之一。大家都以為查爾斯和南西已婚，因為他們生了兩個孩子，但其實他們沒有正式登記。不過，他們在同居多年之後真的結婚了，可是結婚不久後又離婚。

我們聊了很多，他們告訴我：「關於我們，有件事情一定要讓你知道：與我們合作起來非常輕鬆。」

聽起來真不錯，可惜事實並非如此。他們的意思是，他們彼此合作非常輕鬆。不過，他們欣賞我，我也與他們互動良好，所以他們僱用了我。一九九三年十月，我前往威斯康辛州的麥迪遜（Madison），正式加入《我愛麻煩》劇組。我自從一九九一年離開福斯電影公司之後，除了週末之外都沒有休過假。

不是太好相處的「夏梅爾斯」

某天查爾斯問我毛片看起來如何。

「很好！」我說。

「很好而已嗎？很好表示還不夠棒。」

「毛片棒極了！」我說。

這類對話每天都要進行一次，持續了好一陣子，讓我開始詞窮，找不到可用的最高級形容詞。到最後我決定開個玩笑，回答他：「查爾斯，這是我擔任剪接師以來見過最了不起的毛片！」

他聽了之後似乎非常開心，問我：「真的嗎？」

查爾斯和南西擔心稍早拍攝的某場戲，於是他們從拍片現場返回迪士尼影業之後，叫我把那場戲的畫面剪一下，然後帶去放映室播映給他們看。

那場戲大約只有三分鐘，可是他們甚至連一次都不想看完，就要求放映師將機器關掉。我頭一次遇上這種事，因為大部分的導演都喜歡我的初剪版，而且就算他們不喜歡，至少也會從頭到尾看完一遍。赫伯特．羅斯在導戲時從來不會打斷演員的表演，但是「夏梅爾斯」和他不同，他們可以無動於衷地打斷別人。當電燈亮起時，南西說：「查爾斯，也許你可以利用週末和保羅一起剪這場戲。」然後她轉頭對我說：「我沒有辦法忍受在大銀幕上看些東西，但是等你和查爾斯合力修剪之後就會好多了。」

這只是個開端。

從那時候開始，他們就要求我提供剪接成果的錄影帶，而且還會準備好幾頁的筆記，並注記編號，在我每天剪接毛片時寄來給我，要求我照著筆記上的指示去做。我漸漸覺得無法接受。「我想我可以在拍攝結束後一星期把初剪版交給你們，但我不確定自己能否每場戲都二剪甚至三剪，同時還得跟上工作進度。」

他們認為我需要再找人幫忙。一九九三年十二月，我請之前和我一起剪接《和達奇回家》的助理亞當．貝爾納迪來幫我，兩人一同剪接這部電影。

到了二月中旬，查爾斯認為我們需要更多人手。「聽著，夥計。」──我這輩子只從他們口中聽過這種話──「我喜歡亞當，可是我們需要頂尖的剪接師。」事實上，查爾斯早就擬好一份名單。我看了那份名單，上面確實有許多足以擔任團隊領袖的優秀剪接師，但我才是這個團隊的領袖，我需要的是隊員。我看見上面有比利·韋伯⑦的名字，比利是《比佛利山超級警探》⑧及不少電影的剪接師，他動作快速是出了名的。我知道他會是很棒的人選，而且我也知道他一心想當導演，因此我認為他會願意接這份工作，以累積將來執導電影的資金。

比利答應先過來談一談，於是我在樓下的剪接室與他見面，然後再帶他到「夏梅爾斯」位於樓上的辦公室面試。比利的態度悠閒輕鬆，讓人覺得很舒服。當年他蓄著馬尾長髮，臉上掛著笑容，我非常期待他能加入劇組。結果面試只進行不到五分鐘，比利就皺著眉頭回到我的剪接室。

「沒辦法，不好意思，我不想接這份工作。我以前也遇過他們這種人，人生很短，我不想浪費在這裡。對不起。」他說完之後就走了，我不知道發生了什麼事。

查爾斯下樓來。「我想這場面試進行得不太順利。」他輕描淡寫地表示。後來我才得知，他們問比利覺得自己能否剪接喜劇電影——《比佛利山超級警探》難道不是喜劇嗎？

我又回頭去看查爾斯所列的名單，看見沃爾特·默奇的名字，於是我打電話給沃爾特。

「沃爾特，你願意接手嗎？」我先解釋了情況，然後這樣問他。

「沒問題！」他一口答應。真是典型的沃爾特。

他在英國有一個案子，即將於七月開拍，因此《我愛麻煩》正好可以填補他的空檔時間。我真的很慶幸。

我到拍攝現場去找查爾斯，他們的拍攝進度已經落後，而且預算超支，然而喬·羅斯已經鐵了心，要這部電影在七月四日週末的檔期上映。每拍一個鏡頭，查爾斯和南西就擠在他們的小螢幕前檢視拍攝畫面，那個小螢幕與實際場景隔著一小段距離，是現今拍電影的標準模式。可是老一輩的導演，尤其像赫伯特·羅斯，總是堅持站在近距離看演員，以便清楚看見演員的眼睛。不過，英格瑪·柏格曼⑨在導戲時習慣閉著眼睛，只用耳朵聆聽表演。他說：「如果聽起來沒問題，看起來也不會有問題。」

南西和查爾斯盯著他們的黑白小螢幕大聲交談。「你覺得怎麼樣？」

「我覺得很棒。」

「我也是這麼認為。」

「我想不出還能有更好的。」

「我也不能！」

「好，太棒了！」他大喊：「照著剛才的演法再來一遍！」

查爾斯喜歡重拍相同的動作，一遍又一遍，重來二十次對他而言也不足為奇，他顯然是「比較型購物者」風格的導演。

最後，我終於在查爾斯的拖車裡等到與他說話的機會。「有什麼事情嗎，夥計？」

「你覺得……沃爾特．默奇如何？」我興奮地問他，然後等他回答。

「他是誰？他有哪些作品？」

「呃，我想想看……《茱莉亞》[10]和《現代啟示錄》，他負責影像和音效剪接。還有《對話》。」

查爾斯沉默了一會兒。

「他最近有哪些作品？那些都不是熱門片啊。他有票房比較好的作品嗎？」

「我想一下。《第六感生死戀》[11]還不錯吧？票房高達三億美元！」

查爾斯又思考了一會兒。「為什麼他的作品這麼少？」

我失去了耐性。「查爾斯，如果你覺得沃爾特．默奇不夠資格剪接你的電影，我想大概沒有人有資格！」

查爾斯答應與默奇見面，結果他們都很喜歡他，這點我完全不意外。不過，可怕的事情才正要開始。

災難正要開始

現在有三個剪接師了。我請沃爾特負責一場高潮戲，那場戲有上百個鏡位，花了很多時間拍攝，畫面還在持續累積之中。我則埋首於永無止境的重新剪接。

「沒有問題！」沃爾特說。他的態度總是非常積極，讓我卸下心中重擔。

✦

茱莉亞．羅勃茲很不開心，因為她和南西不對盤，和男主角尼克．諾特⑫也相處不來，在這樣的情況之下，她和查爾斯當然也不可能互動良好。這部電影中最浪漫的一幕，場景設定在一間豪華飯店的套房內。那場戲是茱莉亞要親吻尼克，可是她根本無法忍受他。尼克老是說一些討人厭的玩笑話，惹得茱莉亞怒火中燒，在拍攝這場戲之前，他們兩人早已水火不容，休息時間經常互嗆。我聽說尼克還故意不洗澡，故意激怒茱莉亞。

茱莉亞向查爾斯提出最後通牒，表示這場吻戲她只拍一次，讓查爾斯心煩意亂，因為他從來沒有一次到位的拍攝經驗。在拍這場戲之前，茱莉亞喝了一整瓶酒，她必須先把自己灌醉，才能勉強親吻尼克！「我只拍一次！」她鄭重宣布。「你們最好把攝影機的焦距調準。」

男女主角缺少火花，可能就是這部電影票房失利的原因。

而且不管怎麼說，茱莉亞也已經對查爾斯每一場戲都必須反覆拍攝的手法失去耐性。當時已經是一九九四年三月，我們的進度嚴重落後，時間所剩不多，殺青遙遙無期。茱莉亞去找喬．羅斯，逼他訂下一個日期，只要過了那天，她的合約就算履行完畢，屆時她便拍拍屁股走人。這讓查爾斯陷入困境，茱莉亞還沒拍完的戲，查爾斯被迫只能先將鏡頭對準茱莉亞拍攝，這表示他日後還得回頭拍攝這幾場戲，並且找個茱莉亞的替身，從她的背後或者以遠鏡頭捕拍畫面。如此一來，控制鏡位會變得更複雜。無論如何，這是查爾斯必須面對的局面，因此他唉聲嘆氣、抱怨連連，絕望地搔著頭說：「這樣我要如何思考？」

✦

拍攝工作持續進行。某天，亞當生病了，因此只剩下兩名剪接師。查爾斯嚇壞了。「我們必須馬上找人進來補位！」

「找誰？」我問。

查爾斯提議找理查．馬克斯，我對此沒有意見，畢竟當初就是理查介紹我進到這個亂七八糟的劇組，而且「夏梅爾斯」對他非常信任。

「好極了！」我說。

可是理查沒辦法（或者不願意）來幫忙。「我最快也要等到五月才有空，更早的話沒有辦法。」他說。當時是三月底。

「琳西．克萊曼如何？」查爾斯建議。

琳西是我的好朋友，曾幫我剪接《小迷糊平步青雲》。除此之外，她以前也曾與查爾斯和南西共事，剪接他們的《嬰兒炸彈》⑬。我打電話給琳西並說明了情況。「妳願不願意來幫忙一個月，直到理查加入劇組？」我問。

她同意了，而且隔天就開始工作。與此同時，亞當康復了（他其實只請了一天假），現在變成四個人剪接這部電影，剪接助理的人數也因而增加。

這表示南西和查爾斯如今必須檢視及批評四套錄影帶。第二攝影組仍在拍攝一些動作畫面及許多插入的特寫鏡頭——例如翻找檔案櫃與名片盒的雙手，以及插入門鎖的鑰匙。

劇組在剪接室對面的攝影棚拍戲，連接著攝影機螢幕的電纜線一路拉進我們的剪接室，當第二攝影組的導演在拍片現場設置鏡位時，會透過對講機呼叫人坐在剪接室裡的查爾斯，與他討論動作和拍攝角度，因此實際拍攝時查爾斯就不必到現場監督，讓他得以繼續和我們一起剪接畫面。一切變得愈來愈混亂了。

時間來到五月一日，理查·馬克斯進入劇組，氣勢宛如麥克阿瑟將軍登陸菲律賓。他上班第一天就先召開會議，邀請參與這部電影後製的全體工作人員參加。他手裡拿著寫字夾板主持會議，仔細詢問每位音效剪接師、配音剪接師和配樂剪接師的時程與計畫，同時比對放在他腿上的日程表，以確定各項工作是否能夠準時完成。我通常不喜歡別人一進入劇組就以這種方式主導一切，但我那時早已累得沒有力氣多說什麼。每次南西問我讓我答不出來的問題時，我只能回答她：「資訊超載。」

我已經連續工作三十個月，除了週末之外都沒有休息，而且那一陣子我們連週末都無法喘口氣。因此當理查·馬克斯加入劇組時，我非常感激他出面接手。我喜歡放手讓下面的人自己做事，但是理查什麼芝麻小事都要管，他堅持掌握每位助理的工作細節，並且把所有大小事都安排妥當，以確保工作如期完成。這種態度正是我們當時需要的，他非常擅長安排時程。不過，「夏梅爾斯」的做事方法最後還是讓理查無法順利執行自己的任務。

更多麻煩……超不值得

劇本中有一場戲是在飛機上，茱莉亞想躲開尼克，獨自去挖掘新聞真相。她的座位旁坐著一個「蓄著山羊鬍」的男人，那個男人正在讀報，因為報紙遮住男人的臉，茱莉亞起初擔心那人是尼克。那個男人放下報紙，結果不是尼克，讓她鬆了一口氣。「夏梅爾斯」習慣從工作團隊中找人飾演電影裡的小角色，我心想：**我有山羊鬍啊，何不找我演那名旅客呢？**

他們同意了。我以為演戲很好玩，其實不然。當我看到毛片時，當下真的很想去死，我沒本事吃演員這行飯。我拜託理查剪接那場戲，這樣我就不必看著畫面中的自己。他剪接得非常棒，讓我不致太受羞辱。

我們為電影公司試映了這部電影。喬．羅斯和我的老友羅傑．畢恩鮑姆以製片人的身分代表大篷車電影製作公司出席。已經變成迪士尼影業高層主管的麥可．艾斯納和傑弗瑞．卡森伯格也出席了這場試映會。我們在迪士尼大樓頂樓卡森伯格的私人放映室裡進行試片，這間放映室有紅色的天鵝絨座椅，十分氣派豪華。

在場的每個人都知道茱莉亞不滿意這部電影，也清楚她與諾特交惡，以及預算超出多少，還有工作人員為了及時完成這部電影拚命加班，然而放映結束後，每個人都向查爾斯和南西道賀。「太棒了，真的棒極了！」那些人說。「你們應該開始準備拍續集了。」甚至有人這樣提議。

於是我說：「如果你們要拍續集，我建議片名可以取為：《更多麻煩……超不值得》（More Trouble ... Than It's Worth）。」

隨著理查的加入與琳西的離開，我們重新分配亞當、沃爾特、理查和我的工作量。第二攝影組還在拍攝插入畫面，演員們忙著配音，奧斯卡金像獎得主埃爾默．伯恩斯坦⑭則開始對街的哥倫比亞錄音室錄製配樂。這些工作同時進行，查爾斯和南西簡直乘風破浪。

埃爾默錄製配樂的第一天早上，查爾斯找我和理查一起去聽錄音成果。查爾斯質疑某段配樂使用的樂器，他習慣懷疑別人，連偉大的埃爾默也不放過。我和理查無法久留，因為還有很多工作等著我們，所以我們與埃爾默簡短寒暄後就離開，沒有留下來聽埃爾默如何回答查爾斯的質疑。

後來迪士尼的音樂總監告訴我們：埃爾默覺得大家去聽他工作會打擾他，因此不希望我們再去，甚至語帶威脅地表示，如果查爾斯和南西再去煩他，他就退出劇組！埃爾默也不准理查和我再去，我對此完全沒有意見，因為我們早就忙到沒時間。當時已經接近五月底，我們需要儘快拿到配樂，才能進行最後的混音。

由於工作繁多、時程短促，音效的預先配音已經先在多個地方同時進行。為了配合上映日期，我們必須在六月中旬完成這部電影，因為生產三千份左右的影片拷貝，然後裝箱及運送到全美各大電影院，至少還需要十天的時間。最後的混合通常必須花二到三個星期，因此我們計畫在每年五月的陣亡將士紀念日（Memorial Day）假期之後立即進行。

那個週末，我們聚集在「夏梅爾斯」的辦公室瀏覽這部電影初步加上埃爾默配樂的版本，結果是一場大災難，因為埃爾默譜寫的音樂太沉重，不適合喜劇，如果我們希望這部電影被觀眾接受，就必須重新配樂，而且不能再找埃爾默負責。隔天，劇組找了作曲家大衛．紐曼⑮過來，請大衛在八天內創作出五十六分鐘的原創音樂，這簡直是不可能的任務，因此大衛只好將一部分的配樂交給其他作曲家以及曾與他合作過的編曲家。由於錄音室都被預約了，第一次錄音時間只能安排在下星期四晚上，我們在隔週的星期五就必須交出最終版的電影原聲帶，包括配樂、對話和音效。

第一次錄音原本進行得很順利，直到查爾斯和南西開始要求大衛東修西改。我個人認為，大衛願意到場錄音，而且有作品可以供我們錄製，已經就是奇蹟了。可是查爾斯和南西就是不肯放過別人。「夥計，這段配樂不夠輕柔，你有沒有辦法寫出其他的東西？」他們不斷提出諸如此類的要求。那天晚上我們錄了三個小時，隔晚又錄了三個小時，星期六和星期日都各錄了六個小時——另外再加上一點加班時間。星期日錄音結束後，我們完成了五十六分鐘裡面的三十分鐘。

通常的步驟，是先錄製配樂，然後混音，再把曲子放到影片中與其他元素結合。可是在當時我們已經沒有時間，因此把配樂直接錄在硬碟上，然後把硬碟送到為電影進行混音的配音錄音室。華納兄弟娛樂公司在好萊塢有四間配音錄音室，已經全部被我們包下來。

沃爾特曾獲得電影音響協會（Cinema Audio Society）頒發的職業成就獎（Career Achievement Award），是完成這項任務的關鍵人物。混音師不眠不休地工作雖然很可憐，但這種情況對他們是常態。伯納德．赫爾曼曾對我說：「這輩子當混音師的人，上輩子一定都犯了可怕的罪。」

星期一的早晨，我們還有二十六分鐘的配樂尚未錄製好，雖然這在上星期五之前就必須完成。錄音預訂在星期一晚上進行，一群抄譜員聚集在錄音室旁的小隔音室裡，這二十來個可憐的傢伙瘋狂地從作曲家的樂譜上謄抄不同樂器的樂譜，但是查爾斯和南西還在要求修改配樂，我不知道大家什麼時候會被他們逼瘋。大衛的本領令人驚嘆，他可以在講台上直接修改配樂並指揮樂團演奏。「單簧管在第三十六小節將降E大調改為F大調。第一小提琴等到第三十八小節再出來。」諸如此類。

星期二晚上我們繼續錄音。這表示我們只剩兩天時間完成剩餘的配樂混音工作，因為星期五就必須正式錄製，才能及時完成電影原聲帶。實驗室將利用週末進行拷貝，我們包下的專機團隊也已經在一旁待命，下星期一就會把電影拷貝送往全國各地。然而當星期二晚上的錄音結束時，我們仍未完工。

下個場次的錄音時段訂在星期三早上。大衛．紐曼再度徹夜未眠，為「夏梅爾斯」修改他與其他作曲家的作品。最後，配樂完成了，我們終於可以集中精力把配樂放入電影中。我們一天工作十八個小時，理查．馬克斯親自監督進度，因為他已經快要被逼瘋了。每當查爾斯必須針對某件事做出決策卻又猶豫不決時，理查就會大崩潰，偏偏「夏梅爾斯」完全無視他們親手製造出來的亂象，讓理查氣得只能扯自己的頭髮。

到了混音的最後一天，查爾斯和南西決定向工作人員表示一點謝意。曾經在好萊塢黃金年代提供電影工作者餐飲服務的雀森餐廳⑯，當時正準備歇業，因此劇組從那裡訂購了外賣晚餐。我們把供餐檯放在配音室外面，雀森餐廳以其辣椒料理和香蕉奶油派聞名，那晚的菜單當然也包括這兩道佳餚。劇組工作人員在晚上七、八點左右用餐，吃完飯後又繼續加班。大夥兒忙到凌晨一、兩點，混音終於大功告成，我們可以回家了。我們走出配音室時，看見一些身負重任的混音師和機房操作員，才正準備享用美味的香蕉奶油派。

不幸的是，在室溫下放置數小時的奶油已經變質，六、七個混音師和機房操作員在夜裡肚子疼痛難耐。隔天我們準備錄製拷貝時，好幾個人請了病假，我們只好臨時找不熟悉這部電影的混音師來代班。有一位非常敬業的混音師拖著病體來上班，可惜他的腸胃不肯乖乖配合，讓他一直狂跑廁所嘔吐。據目擊者表示，他還來不及跑進廁所裡就已經吐出來了。

從「麻煩」中學到的教訓

《我愛麻煩》實在很不順利。最初的預算為四千五百萬美元，最後花了大約六千五百萬美元。南西要我預測這部電影最後的票房，我在一張紙條寫下一億五千萬美元，然後放進信封裡彌封。電影上映後的第一個週末，票房幾乎不到四萬美元。二十五年後我遇到南西，她開玩笑地提醒我那年預測錯誤，彷彿這部電影票房慘澹是因為我預測太高才導致的結果，但我相信她只是開玩笑。我回答她，我預測的票房是她後來拍的電影。南西在幾年後以導演身分拍攝的第二部電影《男人百分百》⑰，在美國和加拿大的總票房為一億八千三百萬美元。

喬·羅斯原本希望在七月四日週末推出茱莉亞·羅勃茲主演的新片可以大受歡迎，結果票房十分淒慘。但由於查爾斯和南西在電影圈的運氣一向不錯，所以他們這部作品失利並沒有引來特別的批評。這是我參與過最瘋狂的案子之一，也是我最後一次剪底片，因為在這部電影之後，我就開始使用Lightworks和Avid這兩種新型的電腦剪接系統了。新的電腦剪接系統讓我們的工作輕鬆許多，但是為查爾斯剪接電影還是令人感到厭煩。

許多電影在片名裡都有「麻煩」（Trouble）這個字眼，這些電影都沒能賺錢。

注釋

①七月四日為美國國慶日，是電影上映的熱門檔期。
②查爾斯·夏爾（Charles Shyer, 1951-），美國電影導演、劇作家和製片人。
③南西·梅爾斯（Nancy Meyers, 1949-），美國導演、劇作家和製片人。
④《新岳父大人》（*Father of the Bride*），一九九一年的美國喜劇電影，由史帝夫·馬丁主演。

⑤《我愛麻煩》（*I Love Trouble*），一九九四年的美國浪漫喜劇。

⑥《小迷糊當大兵》（*Private Benjamin*），一九八〇年的美國喜劇電影，由歌蒂‧韓主演，講述一名猶太裔女子在新婚丈夫逝世後加入軍隊，惹出許多笑料。

⑦ 比利‧韋伯（Billy Weber），美國電影剪接師，曾兩度獲得奧斯卡最佳剪接獎提名。

⑧《比佛利山超級警探》（*Beverly Hills Cop*），一九八四年的美國警匪動作片，由馬丁‧布萊斯特（Martin Brest）執導，艾迪‧墨菲主演。

⑨ 安斯特‧英格瑪‧柏格曼（Ernst Ingmar Bergman, 1918-2007），瑞典電影、戲劇及歌劇導演。

⑩《茱莉亞》（*Julia*），一九七七年的美國電影，改編自作家莉莉安‧赫爾曼（Lillian Hellman）的著作。

⑪《第六感生死戀》（*Ghost*），一九九〇年的美國愛情文藝片。

⑫ 尼克‧諾特（Nick Nolte, 1941-），美國演員及製片人。

⑬《嬰兒炸彈》（*Baby Boom*），一九八七年由查爾斯‧夏爾執導的浪漫喜劇片，由查爾斯‧夏爾和南西‧梅爾斯共同編劇。

⑭ 埃爾默‧伯恩斯坦（Elmer Bernstein, 1922-2004），美國好萊塢知名電影配樂大師及作曲家。

⑮ 大衛‧紐曼（David Newman, 1954-），美國作曲家和指揮家。

⑯ 雀森餐廳（Chasen's），位於西好萊塢的知名餐廳，曾吸引許多電影明星前往用餐。

⑰《男人百分百》（*What Women Want*），二〇〇〇年上映的美國浪漫喜劇片。

23 《不可能的任務》

一九九四年中，我終於得到應得的假期，去南太平洋的波拉波拉島（Bora Bora）進行了一趟非常棒的旅行。等我回到美國之後，我打電話給馬帝・鮑爾，卻發現他已經不再是我的經紀人！他把我丟給一個名叫約翰・萊瑟①的資淺經紀人負責。雖然萊瑟後來以製片身分拿到奧斯卡金像獎，不過他當時只是馬帝旗下的年輕經紀人。馬帝是聯合經紀公司（United Talent Agency）的負責人之一，我當然無法冀望他繼續負責剪接師這種小角色的經紀事務。有人說好萊塢真正的藝術不是拍電影，而是達成交易。我則認為好萊塢真正的藝術形式是羞辱別人。

我嚥下我的不滿，打電話給萊瑟。布萊恩替萊瑟取了一個綽號：「喪葬業者」。因為他陰鬱的氣質以及對深色西裝的喜愛。「約翰，我需要工作。」我對萊瑟說。

「可是替剪接師找工作不是我擅長的領域。」他冷冷地表示。

搞什麼鬼？「那你為什麼當我的經紀人？」

「我也不知道。」他回答。至少他說的是實話。

使用Lightworks

在短暫協助剪接其他電影之後，我接到布萊恩・狄帕瑪的電話。當時是一九九五年初，布萊恩對於他的職涯愈來愈不滿意，因此離開了馬帝・鮑爾，改與「創意藝術家經紀公司」（CAA）簽約。那時超級經紀人麥克．奧維茨②還是CAA的董事長，奧維茨替狄帕瑪接到一份工作，執導派拉蒙影業翻拍電視劇《不可能的任務》的電影版，這部新片將由湯姆．克魯斯擔任製片及男主角。布萊恩立即找了傑瑞．格林伯格負責剪接。由於《不可能的任務》原本預訂在一九九五年十二月上映，但因為工作進度緩慢，布萊恩覺得會來不及，便找我擔任第二剪接師，我答應了。不過，後來上映日期延至一九九六年春天，所以其實不需要兩位剪接師，可是那時我們都不知道檔期會往後延。

我和傑瑞飛往位於倫敦的拍片現場，與負責供應和維修該劇組剪接機的廠商碰面。這間廠商供應的剪接機是Lightworks，這種電腦剪接系統以操縱桿控制，曾使用平板剪接機的人應該都很習慣。然而傑瑞只會操作Moviola剪接機，因此我們在當地聘請了一位剪接助理，這個助理看起來很聰明，以前使用過Lightworks。剪接室位於歷史悠久的松林製片廠③，距離倫敦市中心大約一個小時車程。許多知名的電影都在那裡拍攝完成，包括詹姆士．龐德系列。

布萊恩向來禁止演員和製片進入剪接室，可是他現在的男主角還身兼製片。「如果湯姆．克魯斯想進剪接室，你會怎麼做？」我問。

「我不會讓他進去。」布萊恩回答：「他可以篩選他想要的任何畫面，然後寫成筆記給我，但他不可以進剪接室，永遠不行。」

✦

這部電影在布拉格開拍。第一天我去拍攝現場看他們工作，可是一如往常，我待了半個小時之後就開始覺得無聊。回到松林製片廠之後，我和傑瑞被安排在當地工作人員稱為「傳奇區」的剪接室工作。十年前，雷利．史考特曾經使用過那間剪接室。

《不可能的任務》有三個大場面：第一個大場面在布拉格大使館拍攝，第二個大場面是潛入中央情報局，第三個大場面是直升機追逐高速列車「歐洲之星」（Eurostar）。由於傑瑞在我之前先被錄取，所以由他剪接第一場戲：男主角的團隊在執行任務時出錯。我負責剪接的一些小場，也都在布拉格拍攝完成。

由於當時電腦硬碟容量有限，沒有一個硬碟能容納所有的素材，因此我的助理必須不停更換我使用的剪接系統硬碟（大約手提箱大小），從一個硬碟換成另一個硬碟。除了這件事之外，我很快就適應了電腦剪接的作業方式。我常問我的助理：「我想從這個鏡頭選一個畫面來剪接，應該怎麼做呢？」然後他就會示範給我看。大約一個星期之後，我已經很熟悉這套系統。

這種剪接系統連接兩個螢幕，一個顯示毛片素材，另一個顯示我剪接出來的成果，下方有時間軸，代替假想的底片。我在系統上執行想像的拼接動作，一切都是以圖像表示。一條時間軸代表畫面，另一條時間軸代表音軌——在英國，他們稱之為動作與聲音（action and sound）。這些設計對我而言都很符合邏輯，因此我可以憑靠直覺學會操作。剪接一個畫面時，只需要重複幾個指令，所以過了不久，我就學會了我需要操作的幾個動作。就本質而言，剪接技巧與科技發展並沒有太大關連，就好比劇作家使用鋼筆或打字機創作劇本都無所謂，剪接師使用哪種機器剪接影片也沒有差別。

傑瑞告訴我，他工作時習慣只看畫面、不看整部電影，所以他不太注意時間軸。我不理解他是怎麼辦到的，但他是一位很了不起的剪接師，我相信他有自己的剪接方式。當時傑瑞正與一位他在紐約認識的女性約會，所以每個週末都飛回美國看她——星期五下午提早離開，星期一接近中午時回來上班。布萊恩聽說這件事情之後不太高興。傑瑞曾經為布萊恩剪接五部電影，上一部是八年前的《鐵面無私》，兩人認識很久了。但或許他們以前有過什麼心結，某天早上傑瑞進剪接室時，告訴我他被布萊恩解僱了，讓我非常驚訝。

布萊恩來找我。「你必須接手剪接布拉格大使館那場戲。」他對我說：「你看看傑瑞剪出來的東西。」布萊恩搖搖頭，彷彿無法相信傑瑞交給他的作品竟然那麼糟糕。

我去傑瑞的剪接室觀看那段畫面。一開始非常棒，但是一連串的鏡頭突然重複出現，然後又出現一次，重複出現的畫面中只有些微變化。因為傑瑞只看畫面，沒看時間軸，所以在剪接時有點錯亂，重複剪接了好幾段鏡頭。畫面雖然很棒，可是一直重複出現，導致整場戲看起來亂七八糟，需要重新整理並刪減畫面。說實話，布萊恩解僱傑瑞讓我百感交集，畢竟沒人希望自己的朋友失業，可是我比較喜歡自己一個人剪接電影，做起事來會比較容易些，無關頭銜。劇組原本還是要將傑瑞列名為剪接師，但是他拒絕了。

我和從前一樣繼續工作，可是現在不必等待素材了。之前兩人一起剪接時，我必須先在一旁等候。我已經剪接好另外的兩個大場面，就是主角闖入中央情報局和直升機追逐高速列車的瘋狂畫面。中央情報局的那場戲變成一個具標誌性的電影畫面：湯姆．克魯斯像蜘蛛一樣吊在中央情報局的安全室上方，偷偷下載機密檔案。光影魔幻工業公司的總監約翰．諾爾來監督高速列車戲藍幕鏡頭的拍攝過程，那是我們第一次見面。他和他哥哥都才華橫溢，兩人共同發明Photoshop影像處理軟體，足以撼動文化。事實上，這種應用程式已經改變了人們的感知，讓人就算看了照片和影像也不敢確信真假。「沒圖沒真相」這句話已經失去其意義。

Photoshop如今也可套用在可動的影像上，因而改變了電影製作的方式。現在即使是不屬於強調視覺特效的電影，也會拍攝上百個數位鏡頭，這已經是不可缺少的例行公事。從前，如果背景中有雜物影響畫面美觀，就必須捨棄這個背景，但現在只要將畫面裡多餘的東西「塗掉」即可使用，甚至傾向直接藉由藍幕特效來製作背景。以往必須利用化妝技術達到的效果，如今可以拍完之後再進行後製。電腦應用程式可以消除演員臉上的皺紋和斑疤、拉提他們下垂的臉頰，以及增壯或減瘦他們的身材，觀眾不能光從看見的表象就信以為真。

在直升機追逐快速列車的那場戲中，直升機是以數位電腦化的方式創造出來的，隧道的內部和列車的大部分畫面也是，只有演員是真的。為了拍攝湯姆．克魯斯趴在列車外的鏡頭，劇組打造出一個火車車廂大小的箱子，將它披上藍布，以便讓湯姆．克魯斯與背景分離，進而擷取他的影像。一個大型風扇對著他吹，營造出他在快速列車外的假象。為了表現風力的強大，劇組還在湯姆臉上做出被風吹出的波紋。

畫面中的每個鏡位都先以模擬用影像製成分鏡表，這些模擬影像是為了初步呈現拍攝後預定加上的特效成果。以前這些分鏡表上的圖像都很簡單，但是近年來開始變成愈來愈複雜且能表現細微動作的動畫。當拍好的鏡頭送到我手中時，我就用實際拍攝的畫面取代分鏡表上的影像。然後，我只會把預訂套用視覺特效的影格交給光影魔幻工業公司，讓視覺特效人員施展他們的魔法。那些鏡頭的鏡位極其複雜，因為其中有許多涉及特技演出。

為了節省時間，我開始使用攝影機的黑白錄影帶剪接。每天到了午餐時間，我會收到當天早上拍攝的鏡頭。那些素材會被數位化，傳入Lightworks剪接機，然後我就把那些鏡頭剪接成一段一段的畫面，再送至實驗室。布萊恩在一天結束時會到剪接室來，我們再一起把下午拍攝的鏡頭剪接成一段一段的畫面。有時候我們會發現比分鏡表上的動畫更有效率的方法來剪接，藉著這些做法，我們就可以刪掉布萊恩原本打算拍攝的某些鏡位，縮短拍片時程，進而替電影公司節省很多錢。

拍攝結束後，劇組搬到馬林郡的天行者牧場，距離光影魔幻工業公司比較近，可以快速回應他們提出的問題，並且密切關注特效的設計。布萊恩和我搬進天行者牧場附近的公寓，我們會一同觀賞星期一晚上轉播的足球賽。每逢週末我就回洛杉磯陪伴珍和我們的兒子艾瑞克，艾瑞克還在讀高中，我們的女兒吉娜九月去讀布朗大學了，我在倫敦工作期間，還特別從倫敦飛回洛杉磯參加她的高中畢業典禮。

在我的強力推薦下，湯姆．貝爾福特被聘為這部電影的音效總監。自從《鋼木蘭》之後，我們已經七年不曾一起工作了，能夠再次與兒時玩伴合作，感覺真的很棒。他來倫敦待一段時間，然後前往歐洲大陸錄製火車的聲音。討論配樂作曲家的時候，布萊恩不確定自己想找誰。我曾與亞倫．席維斯崔④合作《和達奇回家》，知道他才華橫溢而且熱情包容，我認為他可以與布萊恩相處融洽。亞倫從加州卡梅爾（Carmel）駕駛自己的飛機來到天行者牧場，與布萊恩聊了一會兒，一切都很順利。布萊恩同意聘請亞倫，於是亞倫又飛回家，開始譜寫配樂，一轉眼就過了八個星期。

✦

布萊恩言出必行，始終沒有讓湯姆．克魯斯走進剪接室。湯姆．克魯斯在放映室看初剪版，並即席發表評論，認為還需要置入許多「入口」和「出口」。湯姆沒有不高興，也沒有表現苛刻，只是提供他的觀察。他的意見對我的剪接生涯產生深遠的影響：進入一個鏡頭，最好是有些動作正在進行，而不是等待角色進入畫面，這麼做可以讓畫面更生動。在剪接時，我們必須非常謹慎，不能讓觀眾分心。每場戲的開端，如果攝影機依照導演設定的方式移動或取景，可以引起觀眾的注意力，然而場景一個接一個，觀眾的注意力一直被拉抬，最後會產生疲乏。如湯姆．克魯斯所建議的，一場戲最好要有「入口」和「出口」。你可能認為我應該早就知道這個道理，因為談到剪接，大家最常提到的陳腔濫調就是「切入正題」。然而聽到「入口」和「出口」這種表達方式時，還是讓我茅塞頓開，並從此影響我的剪接手法。

錄製配樂的第一天，我一如往常感到興奮，但這一天更為特別，因為我們要錄製的內容是《不可能的任務》電視劇版的知名主題曲，這首曲子由拉洛．希夫林⑤創作。我們還將管弦樂團演奏這首主題曲的畫面錄下來，準備提供給媒體做為廣宣資料。錄完主題曲之後，亞倫開始為布拉格大使館那場戲錄製第一段配樂。樂團才開始演奏幾個音符，布萊恩以嘲弄的口吻對坐在他身旁的湯姆．克魯斯說：「聽起來像是傳統俄羅斯歌曲〈伏爾加河船民之歌〉（*Song of the Volga Boatmen*）。」

當下我就知道我們有麻煩了。湯姆看出布萊恩不太高興，而且似乎也認同布萊恩的意見。一旦這種負面評論出現，後果就會難以收拾。

雖然難以置信，但布萊恩和亞倫從第一次見面之後就不曾再見面。布萊恩從來沒有打電話給亞倫說：「嘿，亞倫，你可不可以彈點你正在創作的曲子給我聽，以確保我們想要的東西是一樣的。」亞倫也沒有打電話給布萊恩說：「嘿，布萊恩，我想讓你聽聽看我對這部電影的想法，以免你希望做任何調整。」

結果，那天我們坐在錄音室裡，布萊恩很不高興，與湯姆．克魯斯及電影公司音樂主管竊竊私語。我只知道接下來的錄音時段都取消了，亞倫也被換掉。我們用《絕命戰場》⑥的曲目做為中央情報局橋段的參考音樂，我們選用的參考音樂也讓這首曲子的作曲家獲得聘用，這種情況在《姐妹情仇》和《鋼木蘭》都發生過，現在又再次重現。譜寫該曲的作曲家丹尼．艾爾夫曼正好有空，所以接下這部電影的配樂工作。

關鍵台詞

布萊恩與丹尼．艾爾夫曼談妥之後，布萊恩要我陪他去艾爾夫曼位於托潘加峽谷（Topanga Canyon）的家拜訪。艾爾夫曼正在屋子另一頭講電話，所以我們等他。他家裡擺了許多令人毛骨悚然的怪東西，至今我還記得其中兩項：一個是放在罐子裡的人類骨骸，大約有一英尺高；另一個是躺在沙發上的貓，看起來像是睡著了，然而當我伸手撫摸它時，才發現那是標本貓。

艾爾夫曼工作室裡的鍵盤前有一個大銀幕，方便他和布萊恩一起瀏覽電影畫面。那天我們並沒有待太久，但隔天布萊恩對我說，艾爾夫曼希望他不要再找我一起去。後來，布萊恩每天去艾爾夫曼家，兩人一起工作幾個星期。布萊恩向我坦承，他這輩子從來沒有與配樂作曲家如此努力合作。

我忍不住說：「如果你和亞倫也以這種方式共事，他一定會為你寫出非常棒的配樂。」

✦

我們回到天行者牧場完成最後的混音。我們原本決定暫時先把參考音樂當成提示，分開錄製音效和對話，然而這麼做毫無意義，因為等我們拿到艾爾夫曼的配樂時，所有的工作都必須重來一遍。當時天行者牧場的錄音室已經被別人借走了，因此我們回到洛杉磯，在Todd-AO後製公司進行混音。工作人員來到我為《手足三人組》進行混音的大房間，當年我們為那部電影的電視版進行混音時，發生一件奇怪的事：許多音效沒有同步。

同樣的問題也發生在《不可能的任務》上。當我發現這個問題時，電影院放映版都已經寄出。我拿到一份音效軌（sound effects stem）的拷貝，也就是混音版將音效分離的部分，將它放到Ken剪接機仔細記下每個不同步的音效，以及為了同步需要移動多少影格。在經歷過《渾身是勁》的教訓之後，我知道一部電影的電影院放映版並不是永遠留存的版本。在未來的日子裡，想要觀賞老電影的人只會看到錄影帶版或DVD版，而不是膠卷版的拷貝。如果要多花心思修正，應該針對家庭放映版本。我修正了我標注的每個地方，至少這部電影將來會是影音同步的狀態。

派拉蒙影業為這部電影舉行了試映會。當電視影集經典的配樂聲一響起，觀眾立刻報以熱烈的掌聲。他們的反應非常熱烈，電影公司甚至想將他們的意見卡裱框做為留念。然而沒有人提出關鍵的問題：「這部電影有沒有什麼地方讓你感到困惑？」

✦

「好吧，克魯斯。」布萊恩開玩笑地說。「我們知道你在第一個週末可以吸引觀眾進電影院，可是第二個週末怎麼辦？」

雖然布萊恩和湯姆都笑了，但這個笑話後來變得不是那麼好笑，因為《不可能的任務》上映第一週打破票房紀錄之後[7]，第二個週末的票房下跌百分之六十一，令人震驚。影評家對這部片子十分嚴苛，不喜歡它的故事情節。我的理論是，《龍捲風》[8]這部史上最爛的片子之一，比《不可能的任務》早三個星期上映，因為兩部電影都是由派拉蒙影業發行，《龍捲風》讓影評們變得自大。他們在觀賞《不可能的任務》時，心裡可能想著：**噢，又是一部愚蠢的好萊塢大片**。等到他們發現應該用心看這部電影時，已經來不及了。

湯姆．克魯斯低聲說出關鍵台詞時，有些影評家聽不清楚，因此無法為這部片加分。「這整個行動只是為了揪出內賊？」這句話就是看懂故事情節的關鍵。早知道有些影評家會聽不清楚，我們應該讓湯姆重新配音，或許會有所幫助。但是很多人都看懂這個故事的情節，而且這部電影在全球票房高達四億美元，後來還拍了許多續集，至今仍未結束，因此我認為其實我們表現得還算不差。

✦

我在電影圈的那些年，美國電影的海外市場大幅增長。以前海外票房大約是北美票房的一半，現在比例顛倒過來了，電影收入大部分來自國外。這也是好萊塢不斷製作大型動作片的原因之一，因為動作片在海外市場反應良好。

《不可能的任務》上映後不久，我接到保羅．哈格的電話。「你能不能去巴塞隆納監督西班牙文版的配音？」他問我：「湯姆．克魯斯先生想請你去監督外語版本的配音。」

「什麼時候？」

「後天。」

「什麼！我甚至不認為自己後天到得了巴塞隆納。我應該什麼時候出發？」我問。

「今天下午會有車子載你去機場。」

我想了兩秒鐘。「好，我去！」

那天珍和朋友出去逛街，我試圖聯繫她，可是聯絡不上。我收拾好行李，正準備出門時，珍終於回來了，就站在來接我的豪華轎車前面。「如果我剛才能聯繫上妳，妳就可以陪我去巴塞隆納了。」我說，並且與她吻別。

十五個小時之後，我抵達巴塞隆納，但如果就時鐘的時間來看，是二十四個小時之後。我一整晚都沒睡覺，到了上午九點鐘，我去工作地點報到，那時我的生理時鐘是午夜十二點。我對工作人員說，我希望吃完午餐之後可以好好休息一下。

「休息？午餐之後沒有休息時間。午餐就是休息時間。」

這個消息讓我很失望。

西班牙演員已經錄好他們的台詞，我唯一的任務就是監督將混音師把西班牙文的對白與我們提供的配樂和音效混合在一起。世界各國都有致力於為美國電影錄製外語版本的產業，從事這個產業的人日復一日地工作，都是這方面的專家。將劇本翻譯為當地語言的譯者，都會選用最適合銀幕上演員嘴型的詞句，非常厲害。

然而在進行配音時，我們錄到一場戲，畫面上的強．沃特（Jon Voight）[9]抱怨道：「該死的基甸會（Gideons）[10]！」我以為自己聽見了cretinos[11]這個詞。

「等一下，請倒帶。剛剛那個字是什麼意思？」我問。

「cretinos。」我聽得沒錯。

「為什麼用cretinos這個字？」

「劇本上寫著：『該死的白癡。』」

「不，不是白癡，是基甸會。」我糾正對方。

在場每個人都露出茫然的表情。「什麼是基甸會？」

我向他們解釋，基甸會就是在飯店房間裡放置聖經的人。

「呃，西班牙沒有人知道這件事，觀眾不會明白的。」

我想了想，覺得在這句話裡改用『白癡』一詞也很合理，所以我們就這樣配音了。後來派拉蒙電影公司負責轉錄最終版影片的人誤會了這句台詞，因此每一個外語版本都出現同樣的錯誤。

擔綱外語配音總監的「福利」

保羅．哈格打電話來，問我一切是否順利。他說，他希望也讓我負責德文版、義大利文版和法文版，但是過幾個星期之後才需要。我問他，我能否因此掛名配音剪接師。

「沒辦法，保羅，因為這份工作是『外語配音總監』，只能領錢（半薪），無法掛名。」

我很生氣，堅持要掛名配音剪接師，直到我與珍討論這件事。「你瘋了嗎？」珍說：「他們要付錢請你去歐洲，結果你拒絕？」

我懂她的意思。最後，我要求他們也支付珍的機票，讓我帶珍同行。於是我們搭乘頭等艙飛往柏林、羅馬和巴黎，並且在頂級飯店住宿一個月。他們除了付我薪水之外，還提供我們每天的交通費和餐費。我與安排混音行程的女士溝通時，問她能不能讓我在羅馬和巴黎這兩地的行程中間安插一個星期的休假。她同意了。那個星期，我們前往佛羅倫斯、威尼斯和科莫湖（Lake Como）旅遊，雖然必須自付費用。由於這次到歐洲的其他費用我們一毛錢都不用出，所以我們在這趟小旅行中對自己好一點，入住最高級的飯店，包括威尼斯的格里提宮飯店（Gritti Palace），以及位於貝拉吉歐（Bellagio）的塞爾貝洛尼大酒店（Grand Hotel Villa Serbelloni），旁邊就是科莫湖，那種體驗真是無與倫比。

那次旅行是我們最棒的有薪假期，感謝湯姆．克魯斯先生。

注釋

① 約翰．萊瑟（John Lesher, 1966-），美國電影製片，二〇一四年以電影《鳥人》（Birdman）獲得奧斯卡最佳影片獎。

② 麥克．奧維茲（Mike Ovitz, 1946-），美國娛樂圈經紀人，於一九七五年與友人共同創立「創意藝術家經紀公司」（Creative Artists Agency，CAA）並擔任董事長，一九九五年卸任。後曾任華特迪士尼公司總裁。

③松林製片廠（Pinewood Studios），英國電影和電視工作室。

④亞倫·席維斯崔（Alan Silvestri, 1950-），美國電影配樂作曲家及指揮家。

⑤拉洛·希夫林（Lalo Schifrin, 1932-），阿根廷裔的美國鋼琴家、作曲家、編曲家和指揮家，最知名的作品是《不可能的任務》電視劇主題曲。

⑥《絕命戰場》（*Dead Presidents*），一九九五年美國犯罪驚悚電影。

⑦《不可能的任務》於一九九六年五月在美國三千零一十二家影院同步上映，成為美國第一部在超過三千家電影院上映的電影，當天以一千一百八十萬美元打破電影首映票房紀錄。

⑧《龍捲風》（*Twister*），一九九六年上映的美國災難片。

⑨強·沃特（Jon Voight, 1938-），美國演員，曾獲奧斯卡最佳男主角獎。

⑩國際基甸會（Gideons International），福音派的基督教組織。

⑪cretino是義大利文，意思為「白癡」。

24 《巨猩喬揚》①

我不再是個嶄露頭角的年輕剪接師。我已經五十多歲，兩個孩子也陸續上大學了，剪接是我賴以維生的工作，我只期望工作可以自動上門，我沒有辦法追著工作跑。我必須耐心等候，並希望能有最好的結果。然而正如赫伯特．羅斯常說的：「票房決定一切。」

剪接完《不可能的任務》之後，我接到馬克．戈登②的電話。戈登曾是布萊恩．狄帕瑪製作《家庭電影》時的班底，他正在製作一部名為《驚濤毀滅者—大洪水》③的電影。這部片後來票房很差，但是在我們合作這部電影的過程中，兩人變成了好朋友。他迄今仍是我最大的精神支柱之一。

✦

一九九七年，我接到英國導演強納森．林恩的電話，但他不是要找我合作，而是要邀請我參加他的新電影《冒牌代言人》④的試映會。在《向上帝調頭寸》之後，強納森在爆笑喜劇《智勇急轉彎》⑤中發揮了他的法律專業知識，並且大獲成功。然而他接下來的三部電影票房都不好，包括我認為最棒的美國政治電影《滑頭紳士闖通關》⑥。於是強納森又回頭拍攝法律電影。在《冒牌代言人》的演員陣容中，有個年輕女孩的美貌與儀態讓我驚豔不已，她就是莎莉．賽隆⑦。在這部電影之前，她只拍過兩部電影，可是都沒有上映。強納森賭了一把，找她演戲，但我一眼就看出她注定成為大明星。

大約同一時間，我接到老朋友湯姆．雅各森的電話。在倒楣的《我愛麻煩》之後，喬．羅斯離開大篷車電影製作公司，轉任迪士尼公司的董事長。湯姆．雅各森準備為迪士尼影業製作重拍版的《巨猩喬揚》，並且考慮找莎莉．賽隆擔任女主角。湯姆聽說我看過強納森的電影，想知道我對莎莉的想法。

「快去找她。」我說：「馬上和她簽約。」

我並不想誇口說自己是他們錄取她的原因，但是我確實看出她的美貌和實力。接著湯姆又問我是否有空，我有。他請我去找導演羅恩．安德伍德，羅恩當時有幾部票房不錯的作品，包括以地底怪蟲為題材的恐怖片《從地心竄出》⑧，以及由比利．克里斯托⑨監製並主演的《城市鄉巴佬》⑩，這些電影的市場反應都很好。羅恩與我相談甚歡，我也因此得到了這份工作。

女兒進劇組實習

《巨猩喬揚》基本上是一部類似《靈犬萊西》⑪的電影，只不過改用一隻大猩猩取代蘇格蘭牧羊犬，主要鎖定年輕一代的觀眾群。我們在霍華．休斯⑫以前的飛機廠拍攝，地點位於加州瑪瑞娜黛爾瑞（Marina del Rey）南邊的巴洛納濕地（Ballona Wetlands）。我們所處的建築物，是休斯打造知名水上運輸機「雲杉之鵝」⑬的飛機棚。「雲杉之鵝」是有史以來最大的飛機，有五層樓高，翼展比足球場還要長。由於大戰期間金屬受到管制，「雲杉之鵝」完全以木頭打造而成。這架龐大的水上飛機只飛過一次。飛機棚樓上還有好幾百間辦公室，戰爭期間被用來放置物資，但如今都已經被清空。我有時候會沿著灑滿陽光的長走廊，慢慢走過那些空蕩蕩的辦公室，想像這地方以前的模樣。可想而知，這些辦公室曾經人來人往，數以千計的工作人員在這裡二十四小時準備應戰。

我女兒吉娜在布朗大學剛讀完二年級，利用暑假期間到我們劇組來實習。當時電影製作正邁向數位化時代，原本的攝影機和投影機逐漸落伍。剪接機雖然已經全面數位化，但攝影機仍裝有膠卷，最後完成的電影也需要投影成工作拷貝。也就是說，中間的剪接過程已經數位化，只剩下頭尾還沒。為了將剪接成果投影成影片，我的助理們必須將剪接成果製作成實體的工作拷貝，如果我進行任何修剪，助理們也必須比照調整工作拷貝。藉由這樣的工作，吉娜學到了一些剪接影片和拼裝Kem剪接機專用底片的經驗，而且幫了我不少忙。我很高興她一直在我身邊協助我，直到秋天開學之後，她才又返回大學繼續上課。

✦

羅恩．安德伍德是一位技巧純熟的導演，他擁有豐富的經驗，可是不太擅長靠想像力拍攝電影。他很好相處，臉上總是帶著友善的笑容，而且經常哈哈大笑。他有一個習慣，後來讓我覺得很不舒服：每當他想說些他認為可能會被解讀為批評的話語時，就會假裝說話結巴。然而他似乎很喜歡我的作品，這一點大大有助於我欣賞他。不過，在與人交談時，他只會使用兩種最高等級的形容詞：**難以置信**（incredible）和**無法相信**（unbelievable）。我不禁想到：當我們談論演技或視覺特效時，**演技很好不是應該令人完全信服**（credible）**嗎？視覺特效很棒不是應該讓人信以為真**（believable）**嗎？**

與莎莉．賽隆演對手戲的演員是比爾．派斯頓[14]，這位友善的男星後來在HBO的《三棲大丈夫》[15]劇集中飾演一個有三個老婆的男人，但不幸於二〇一七年年初去世，享壽六十一歲。但《巨猩喬揚》真正的男主角是喬揚（Joe Young），一隻十五英尺高的大猩猩。我們以三種方法表現喬揚：第一種方法是使用實際大小的道具猩猩，一隻呈俯臥姿、一隻四肢著地，還有一隻呈坐姿；第二種方法是利用藍幕拍攝與強迫透視，我們先拍攝一個穿上猩猩服裝的演員，將他放在設定的背景中，然後將

強迫透視（forced perspective）：利用視覺的錯覺使物體看起來比實際更大、更遠或者更近、更小的技術。

他的影像放大，使他看起來比實際尺寸巨大；第三種方法是，當前面兩種技術都無法做到我們想呈現的畫面時，就製作一個完全數位化的喬揚。這種方法要使用最新的動畫技術，在電腦中完成。

採用第三種方法時，我們遭遇了一些問題。這部電影的視覺特效總監霍伊特．葉特曼⑯是一個孩子氣又愛說話的人，他在自己的專業領域有豐富的知識和無限的熱情，只不過他有時不知道自己何時該閉上嘴巴。儘管如此，電影公司的高層主管對他很有信心，並資助他在公司內部成立一間有如光影魔幻工業的視覺特效中心，名為祕密實驗室（Secret Lab），負責製作數位特效鏡頭。

幾個月後，霍伊特向我們展示了他製作的電腦動畫，結果那些畫面看起來很糟，大猩猩的皮毛一點也不真實，動作也不自然。

「呃，我們只能做到這種程度。」霍伊特說。

我們無法接受，因為這攸關這部電影的成敗。如果喬揚的四十幾個數位鏡頭看起來都很假，整部電影就毀了。最後我們找了光影魔幻工業幫忙，在這方面技術最卓越的光影魔幻工業，也認為製作喬揚的電腦動畫是嶄新的局面。相形之下，《侏羅紀公園》⑰裡的恐龍簡直太簡單了，因為恐龍光滑的皮膚在可信度上幾乎沒有挑戰性。因此，我們後來都把一個乍聽之下相當矛盾的口頭禪掛在嘴邊：「皮毛很難（Fur is hard）⑱。」

上映強碰《鐵達尼號》

電影公司決定舉行這部電影的試映會，那時大部分的數位鏡頭還沒完成，在喬揚的四十幾個鏡頭中，有許多是由一隻閃亮的淺藍色動畫猩猩代替，看起來很可笑，像是聚酯汽球，因此電影公司特別將這些鏡頭拍成劇照並且放大，在試映會開始之前先展示給觀眾看。可想而知，每個人看見後都笑翻了。

「這是喬揚在某些鏡頭中的樣子。」工作人員告訴觀眾。「至於這個——」他們拿出另外一幅大型劇照，照片中是完成特效後製的喬揚。「這是電影完成之後喬揚的模樣。」觀眾發出驚呼。我們希望這麼做可以為觀眾打預防針，影片播映後果然沒有人發出我們不想聽見的笑聲。事實上，還有觀眾在意見卡上寫道：「特效很驚人！」

鮑勃．巴達米⑲是好萊塢頂尖的音效剪接師之一，他來幫忙準備臨時音樂。他選了一首讓我驚嘆的曲子，那是我絕對想不到的選擇。畫面是一個小男孩被困在起火燃燒的摩天輪頂端，喬揚準備前往營救他。鮑勃在喬揚爬上摩天輪時沒有選用緊張的配樂，而是選擇充滿勝利感與成功氛圍的音樂，讓喬揚顯得英勇無比。

電影公司找了詹姆斯．霍納⑳來譜寫這部電影的配樂，可惜運氣不好，霍納才剛剛因為詹姆斯．卡麥隆㉑的《鐵達尼號》㉒贏得兩座奧斯卡金像獎，包括最佳原創歌曲獎，因此霍納開出許多條件，電影公司只能乖乖同意。霍納花了一個星期的時間，在一個大到足以容納整個管弦樂團的舞台上錄製打擊樂的部分。他請劇組工作人員打造一個木頭平台，要走上一小段台階才能步上那個平台，然後找了一根粗如電線杆的木杆，大約八英尺長，由工作人員站在兩側扛著粗杆，依照指示將粗杆丟到木頭平台上，以製造巨大的碰撞聲，但我覺得打擊大鼓也可以做出相同的效果。第二個星期，他與一個大型管弦樂團錄製各場戲的配樂，包括片尾的音樂。片尾的音樂通常是由音效剪接師將電影中的配樂拿出來重新組合而成，但光是片尾的音樂，霍納就花了半天的時間錄製。這部電影的配樂最後花了迪士尼影業三百萬美元。

音樂剪接師喬伊．蘭德（Joey Rand）有獨特的幽默感，他穿著大猩猩的道具服來參加錄音，還在自己的辦公桌旁擺放充氣式的玩具棕櫚樹。當我聽見霍納譜寫的一段配樂時，我對喬伊說：「霍納把他以前的作品拿來套用，起碼也應該先修改幾個音符吧？」可是霍納不管那麼多，他喜歡一種氣音式的長笛，因此在他譜寫的每一部電影配樂中都會使用——無論是愛爾蘭電影或非洲電影，任何電影都能搭配。但是毫無疑問，他是一位非常有天分的作曲家，他曾經獲得八十三個獎項提名，並贏得其中五十二項。

✦

我認為《巨猩喬揚》拍得很好，可是票房不如電影公司的預期。《鐵達尼號》搶走了所有的觀眾，一個星期接著一個星期，其他電影就像被它尾浪打翻的小船。有一次，我在美國影視剪接師協會艾迪獎的晚宴上見到詹姆斯．卡麥隆。某位曾與我在二十世紀福斯電影公司短暫共事的朋友將我介紹給卡麥隆，當時這位大導演身旁圍繞著一群跟班。

「對不起。」聽到我的名字之後，他對我這麼說。

「什麼？」

「對不起。」他重複道。

「我不懂你的意思。」我回答。

「《鐵達尼號》今天超越了《星際大戰》，成為史上票房最高的電影，所以我想向你說聲『對不起』。」

真是個混蛋，他一點也不覺得抱歉，只是故意挑釁我。「呃，換個角度想。」我反譏他。「《鐵達尼號》沒辦法拍續集吧？」

他身旁那些跟班發出驚呼，沒想到我竟然敢挑戰世界之王！

他不高興地回答：「我不必拍續集！」

然而必須承認的是，他拍出一些我們這個年代最具新意的電影，他顯然是頂尖的天才，光是《魔鬼終結者》[23]系列就足以讓他留名青史，《阿凡達》[24]更是無比壯觀。卡麥隆現在正在籌拍《阿凡達》續集，不知道是不是我給了他這個點子。

也許不是吧。

注釋

①《巨猩喬揚》（*Mighty Joe Young*），一九九八年的美國冒險動作片，改編自一九四九年的同名電影。

②馬克．戈登（Mark Gordon, 1956-），美國電視和電影製片人。

③《驚濤毀滅者-大洪水》（*Hard Rain*），一九九八年的美國動作驚悚災難片，由馬克．戈登製作，葛拉姆．約斯特（Graham Yost）編劇，攝影師米凱爾．所羅門（Mikael Salomon）擔任導演。

④《冒牌代言人》（*Trial and Error*），一九九七年的美國喜劇電影。

⑤《智勇急轉彎》（*My Cousin Vinny*），一九九二年的美國喜劇電影，被譽為「法律人必看的二十五部電影之一」。

⑥《滑頭紳士闖通關》（*The Distinguished Gentleman*），一九九二年的美國政治喜劇電影，由艾迪．墨菲（Eddie Murphy）主演，強納森．林恩執導。

⑦莎莉．賽隆（Charlize Theron, 1975-），生於南非的女演員，曾任聯合國親善大使，為南非第一位奧斯卡金像獎得主。

⑧《從地心竄出》（*Tremors*），一九九〇年的美國災難電影。

⑨比利．克里斯托（Billy Crystal, 1948-），美國演員、劇作家、電影製片人和導演。曾九度擔任奧斯卡金像獎頒獎典禮主持人。

⑩《城市鄉巴佬》（*City Slickers*），一九九一年的美國西部喜劇電影。

⑪《靈犬萊西》（*Lassie*）原為小說，講述一隻名叫萊西（Lassie）的蘇格蘭牧羊犬長途跋涉，只為返回牠喜愛的小男孩身邊，曾經五度被翻拍成電影。

⑫霍華．休斯（Howard Hughes, 1905-1976），美國著名的商業大亨、飛行員、航空工程師、電影製片人、慈善家。

⑬「雲杉之鵝」（Spruce Goose），「休斯H-4大力神」（Hughes H-4 Hercules）的別稱，為美國休斯飛機公司（Hughes Aircraft）於1940年代末期生產的巨型水上運輸機。

⑭比爾・派斯頓（Bill Paxton, 1955-2017），美國演員和電影導演。

⑮《三棲大丈夫》（*Big Love*），HBO製作的電視劇。

⑯霍伊特・葉特曼（Hoyt Yeatman, 1955-），美國的視覺特效藝術家。

⑰《侏羅紀公園》（*Jurassic Park*），一九九三年的科幻電影，由史蒂芬・史匹柏執導，改編自麥可・克萊頓（John Michael Crichton）於一九九〇年發表的同名小說。

⑱「皮毛很難」的原文是「Fur is hard」，hard這個字有兩種意思，一種是「堅硬」，一種是「困難」，因此這句話也具有「皮毛很硬」這種聽起來充滿矛盾的涵義。

⑲鮑勃・巴達米（Bob Badami, 1951-），美國電影剪接師。

⑳詹姆斯・霍納（James Horner, 1953 -2015），美國電影配樂作曲家，一九九七年以《鐵達尼號》獲得奧斯卡最佳原創音樂獎和奧斯卡最佳原創歌曲獎。

㉑詹姆斯・卡麥隆（James Cameron, 1954-），加拿大電影導演，擅長以極高的預算拍攝動作電影及科幻電影。

㉒《鐵達尼號》是一九九七年的美國史詩浪漫災難電影，由詹姆斯・卡麥隆編劇、導演及監製。

㉓《魔鬼終結者》（*The Terminator*），一九八四年上映的美國科幻動作片，由於相當賣座，後來又拍了五部續集。

㉔《阿凡達》（*Avatar*），二〇〇九年上映的美國科幻史詩電影，《阿凡達2》預計於二〇二三年上映，與《阿凡達2》同時拍攝的《阿凡達3》預計於二〇二四年上映。

25 《火星任務》①

一九九九年初，我很高興接到布萊恩．狄帕瑪的電話。完成《巨猩喬揚》之後，我又接了一些電影剪接工作，但沒有具代表性的作品。布萊恩當時在洛杉磯，表示他需要我幫忙。他在助理剪接師的協助下，正在為《火星任務》剪接準備套用視覺特效的無聲畫面。我加入了他們，將那些片段調整得更緊湊，並且增添一些臨時音效與配樂，好讓畫面變得生動活潑。

「你是個天才！」

於是我被僱用了。再次與布萊恩一起工作的感覺很好，就像回家一樣。

必須趕進度

這部電影由迪士尼影業製作，製片人是湯姆．雅各森，由蓋瑞．辛尼茲②、提姆．羅賓斯③、唐．奇鏍④、康妮．尼爾森⑤和傑瑞．歐康納⑥等人領銜主演。電影於六月正式開拍，我到溫哥華與布萊恩會合，好奇著劇組如何在那個潮濕的地方拍出火星的感覺。然而我多慮了，溫哥華那年夏季天氣非常晴朗。

溫哥華風景秀麗，我和珍就利用週末開車到馬蹄灣（Horseshoe Bay），租一艘汽艇在海上度過一整天。我們帶著野餐餐盒，駕駛汽艇繞過豪灣（Howe Sound），除了觀賞趴在帕姆岩（Pam Rocks）上曬太陽的海豹，還可到附近的小島玩。

雖然天氣很好，但拍片主要在室內進行。我們在一間改建的鋼鐵工廠裡拍攝，這間工廠名為「大橋」（The Bridge），因為這座城市四周圍的鐵橋都是這裡打造出來的。隨著北美製造業逐漸衰退，加拿大在電影製作領域找到了新的收入來源，並透過減稅的方式吸引想節省成本的好萊塢製片人。打造片場並不需要花太多錢，因此電影劇組紛紛從南加州出走，前往更符合經濟效益的拍片地點。

另一家電影公司也在籌拍以火星為主題的電影，因此迪士尼很擔心。不同電影製片人同時被相同題材吸引，這種情況已經發生過很多次，而且上映較晚的那部電影一定無法超越前一部的票房，因此迪士尼影業認為我們必須搶先上映。事實上，某次我在拍片現場提到，倘若我們有更多時間製作，這部電影可以拍得更好，然而某位創意總監對我說：把電影拍好不重要，讓電影準時完成才重要！

在時間壓力下，布萊恩想起傳奇導演約翰．福特⑦的做法：當電影公司高階主管告知福特拍攝時間必須縮短時，福特直接當著那個人面前撕掉劇本最後二十頁，把對方嚇傻了。可是布萊恩沒有這麼做，他只是開始把多個鏡頭放在一起拍攝，一口氣拍完劇本上好幾頁的對白。

喬．羅斯曾經自嘲地說：「如果不必拍攝備用鏡頭，我也可以很快就拍完電影。」他說。

✦

這部電影的演員在許多場戲都必須穿太空裝，那些太空裝具有特殊設計，玻璃罩覆蓋他們的臉，衣服裡可以打入空氣並且控制溫度。但由於小型麥克風不僅會錄下演員的對白，還會錄下他們在太空裝裡發出的喘氣聲，加上麥克風能錄到的音量因人而異，因此每位演員都必須重新配音。因為時間緊迫，演員們只能利用休假日進行配音，由我負責監督。

我們在北溫哥華的混音錄音室進行，那些演員不像平常那樣在錄音間裡，反而和我及錄音工程師一起坐在同一個房間裡。提姆．羅賓斯很不高興，因為配音是一種不同於演戲的技能，有些非常出色的演員不擅長配音，提姆便是其中之一。我忍不住引用喬伊．舒馬克電影裡的台詞：「『不能』多半來自『不願』。」⑧。提姆說他擔心自己表現不好，然而我經常發現：只要專注用心，就會有優異的成果。有時候你必須一個字一個字分開錄音，甚至一個音節一個音節慢慢地錄，但是觀眾並不會察覺。和提姆一起配音時，我只能搬出我的標準說詞來鼓勵他：「你是唯一能做到這件事的人。」

在鼓勵對方的同時，你不能降低應有的標準。然而每個演員都不同，有些方法對某位演員管用，對另一位演員卻有完全不同的效果，康妮．尼爾森在配音時徹底崩潰了，她在休息時間結束後消失了一會兒，回來時顯然剛剛哭過。提姆最後終於完成配音，可是從頭到尾都在抱怨。

另一方面，唐．奇鐸非常擅長配音，一點問題都沒有。他說自己不是完美主義者，只想儘快完成。錄音室有一張撞球桌，唐．奇鐸在配音時玩了一會兒。他配音的過程很順利，我們甚至抽空打了幾局撞球，他打進一球之後就馬上跑回麥克風前。

不過他也不忘測試我。「你覺得剛才那段錄得如何？」他問我。

「很好啊。」我說，試著鼓舞他。

「一點也不好。明明就爛透了。」

他似乎很在意配音的結果，態度遠比他一開始所表現得還要認真。你告訴演員他們表現得很好，好讓他們不會老是覺得自己失敗，但如果你真的叫他們重來一次，他們又會不高興，實在非常微妙。莎莉．麥克琳在為《鋼木蘭》配音時就曾質疑我：「剛才那段有什麼不好？」

最後的結果很棒，我們重錄了演員穿著太空裝時的每一句台詞，解決了喘息聲，確保每個音節的清晰度。在混音時，布萊恩問我他聽見的是現場收音版還是重新配音版，可見那些演員在配音時表現了滿滿的戲劇張力。

重返《迷情記》時期大樓

在拍攝的最後一天，布萊恩和我在一起篩選毛片。他預訂隔天一早就要搭飛機離開。那個鏡位是尚未經過視覺特效處理的某場戲，提姆．羅賓斯的特寫鏡頭。在那場戲中，提姆為了拯救其他人，決定犧牲自己的性命。他穿著太空裝，氧氣已經耗盡，繫繩也斷了。在大部分的畫面裡，提姆都是以慌亂又害怕的方式演出，我覺得這樣演不太對。我找出他用比較沉著的方式詮釋這段戲的鏡頭，請布萊恩看一看。

「我覺得我們應該使用這些鏡頭，你不覺得嗎？他在這些鏡頭中看起來比較不那麼驚慌失措，讓他比較像個英雄。」我說。

布萊恩同意我的看法。

隔天我走進剪接室，才獲悉布萊恩將他的班機延期，臨時找提姆重拍這場戲。等我拿到重拍的毛片，發現提姆改用全然不同的方式詮釋這場戲：冷靜、自信，而且很酷，儼然是真正的電影英雄。

✦

我們回到紐約進行後製，並且搬進布里爾大廈。二十五年前，我們就是在這棟大樓裡剪接《迷情記》。我們再次被安排在位於大樓東南角的剪接室，可以俯瞰時代廣場。當時是一九九九年年末，即將到來的千禧新年讓耶誕假期前夕的歡樂氣氛更加熱鬧，街上的人行道擠滿人群，廣告看板的燈光與往來交通的噪音如此喧嘩，讓我不得不拉下窗簾，以免受到影響。有些時候，我下班時會故意走位於四十九街的側門，以躲開正門周邊的人潮。那裡人山人海，我甚至沒有辦法轉彎走向百老匯大道。

我女兒吉娜從布朗大學畢業了，此刻住在紐約。她想當演員，但需要賺錢養活自己，於是我們又找她來實習。紐約的劇組工作人員很喜歡她，邀她加入他們準備籌拍的下一部電影，可是吉娜當時選擇了另外一條路：她決定專心演戲，因為那才是她真正熱愛的事業。

✦

我在現場剪接初剪版時，順便把參考音樂也放進去了。如今我們回到紐約，真正的音效剪接師也進入了劇組。他的名字叫尼克．梅爾斯（Nick Meyers），我們從小就認識，他的父親是西德尼．梅爾斯（Sidney Meyers），是我認識的第一位電影剪接師。尼克是我在普羅威斯鎮（Provincetown）認識的朋友，我從八歲到十二歲的那五年，夏天都會到普羅威斯鎮度假。尼克的年紀比我稍大一些，他是一位才華橫溢的鋼琴家，曾創作過一部歌劇並擔任指揮，但是以音效剪接師為業。

我很喜歡尼克。他長得像伊卡柏德．克蘭[9]，有一頭鬈髮和大大的鷹勾鼻，抱持著陰暗的人生觀，儘管他與另一位音樂剪接師擁有美滿的婚姻，並且生下三個孩子，他仍不時深深歎息。他的愁容讓我總想為他打氣加油，還好這麼做並不難，而且他的笑聲很有傳染力。尼克喜歡我選擇的參考音樂，不過他把那些音樂變得更棒。

每次我打電話到他位於樓上的剪接室時，他接電話時總會先說：「音效剪接室，你好。」於是我開始以這種方式回應他：「音效剪接室你好，這裡是電影剪接室。」

「哈囉，電影剪接室。」然後他就會這樣接話。

令人難過的是，幾年之後尼克感染了一種迅速惡化的「肌萎縮性脊髓側索硬化症」[10]，在相對年輕的年紀就離開人世，至今我還思念著他。

我們努力修剪影片時，視覺特效方面也不斷精進。無重力的太空場面在這方面相對簡單，比較困難的是為片尾設計的一位火星女性。這位火星女性將以全像攝影的方式現身，因此布萊恩必須與人在加州的視覺特效團隊密切合作。他們透過視訊會議進行溝通，但當時的視訊會議還在初始階段，視訊影像無法同時傳遞聲音，因此我們必須藉由電話，以免持聽筒的方式討論如何拍攝。

我與霍伊特・葉特曼在《巨猩喬揚》合作過，他也是這個劇組的成員，因為這部電影由迪士尼影業製作，他們對葉特曼仍有很高的評價。布萊恩對這個阿宅沒有什麼耐性，因此他與霍伊特的關係不太好。當他們以免持聽筒通電話時，又是另外一個問題：其中一方說話的時候，另一方的麥克風就會自動轉為靜音，所以沒有辦法打斷對方說話，因為對方根本聽不到。

霍伊特在電話那頭總是不停說著布萊恩完全不在乎的專業術語，由於霍伊特說起話來滔滔不絕，不必停下來喘口氣（起碼看起來是如此），因此布萊恩無法阻止他說下去。有一次，布萊恩想打斷霍伊特卻無能為力，最後氣到拿電話筒猛敲猛打。

這部電影的視覺特效需求量很大，但由於時間有限，因此工作被分包給不同的公司，霍伊特只需處理比較不困難的鏡頭，光影魔幻工業公司負責處理最艱鉅的挑戰，必須創造出令人難忘且眼花繚亂的畫面，表現火星上的進化如何發生。他們經常找布萊恩諮詢，並請他核准火星女性的各項細節，沒想到呈現的結果卻變得更假。其實這部電影最後一場戲是在製作過程中匆忙編寫出來的，對整部片而言並無助益，也不算特別成功。

這部電影的配樂，布萊恩決定請流芳百世的顏尼歐・莫利克奈[11]撰寫，因為他們之前合作得相當愉快。在布萊恩的要求下，我們的參考音樂選用了莫利克奈一首氣氛緊張的作品，但我覺得這個選擇是錯誤的。那首曲子選自《鐵面無私》，即便如此，卻有一種恐怖電影的感覺，不適合搭配主角陷入危險的橋段。雖然莫利克奈寫過許多令人難忘的電影配樂，令我十分欽佩，可是他的作品似乎不適合科幻電影，而且就個性而言，我也覺得他有點冷漠。

大約在這段時間，我們舉行了這部電影的試映會，結果不太順利，於是湯姆．雅各森到剪接室來，與布萊恩和我一起坐下，把他的筆記交給我們。當然，布萊恩不理會那些修改意見，直接轉頭走人。湯姆了解布萊恩的個性，因此放棄修剪，在布萊恩之後也走出剪接室。他知道自己贏不了這場戰爭。

我們繼續完成這部電影。我們聘請隆恩．班德擔任音效總監。隆恩是威利．史特曼的合夥人，在我找他們負責《渾身是勁》之後，他們一起成立了Soundelux公司，他們是音效領域最傑出的專家之一，而且隆恩除了會音效剪接之外，也會剪接影像畫面。

某天，布萊恩和我在棕櫚酒店吃午飯時，他突然問我：「你現在不是應該在混音錄音室工作嗎？」

「沒關係，隆恩在那裡，他會照料一切，不必擔心。」

「噢，我明白了。隆恩就是你的保羅．赫希。」

與布萊恩爭執

當我們錄製電影配樂時，布萊恩某天突然決定我們必須修改其中一段音樂。那段音樂是搭配我們重新拍攝的那場戲，也就是提姆．羅賓斯犧牲自己以拯救整個團隊的那場戲。我們使用的參考音樂，表現的是緊張的氛圍，在提姆注定死去的那一刻，我們置入悲傷的旋律。過去幾個月來，布萊恩原本都贊同這樣的選擇，然而他突然推翻自己的意見，要求莫利克奈重新撰寫配樂，改成在提姆決定用自己的性命去冒險時，就表現出悲傷的氣氛。「不能再配上緊張的音樂了。」布萊恩說：「緊張的氛圍已經延續太久了。再說，他很顯然會死。」

「但這麼一來，不就等於在這場戲一開始就預告了結局嗎？」我問。

我知道這是戲劇系學生經常發生的錯誤，他們常常因為已經知道接下來的劇情發展，所以在戲一開始就以錯誤的情緒表演。我在福斯電影公司為喬．羅斯工作的那段日子，認為如果我要當導演，就應該更加了解表演這門藝術，於是我去上了一位知名老師開設的表演課。有一次，老師問全班同學：「有沒有人知道製作水果沙拉的捷徑？沒有人知道嗎？因為根本沒有捷徑。你必須把水果一塊一塊切好，然後放進沙拉裡。」換句話說，你必須一步一步來，最後才能抵達終點；你不可以急著跳到結尾。

布萊恩不同意我的看法。「觀眾都看得出來他馬上就會死。」他說。

我仍堅持己見，因為我認為這是嚴重的錯誤，結果布萊恩對我非常生氣。我以前總能坦率地與他溝通，他通常會接受我的意見，但這次他卻完全不想理我。很顯然的，是我超越了界線，布萊恩把我打入冷宮，不再理會我，我們也不再一起吃午飯。混音的最後一天，我們將電影重播一次，確認所有的音效、曲目、配音，視覺特效都已經盡善盡美。在我們合作多年、一同在東西兩岸奔波、一起吃過那麼多頓午餐之後，布萊恩只冷冷地丟下一句話：「把影片寄出去。」他最後連看都沒看我一眼。

他說完之後就轉頭離開了。

✦

那是我多年來最後一次在紐約工作，也是我最後一次與布萊恩共事。三十年來我們合作了十一部電影，一起吃過無數次午餐，也分享無數的歡笑。當我還是一個年輕剪接師時，他就一直是我在電影領域的導師，如今他已經沒有東西可以教我。我經常對別人說，布萊恩和我的關係就像一部倒著播映的電影：一開始我們親密得像兄弟，後來變成朋友，然後是同事，接著變成只是認識的人，到最後幾乎形同陌路，前後長達十八年之久。令人高興的是，現在我們又彼此聯繫了，也許我們將來還會再次合作，我樂觀其成。

注釋

① 《火星任務》（*Mission to Mars*），二〇〇〇年的美國科幻電影，由布萊恩・狄帕瑪執導。

② 蓋瑞・辛尼茲（Gary Sinise, 1955-），美國演員和導演，曾獲奧斯卡最佳男配角獎提名。

③ 提姆・羅賓斯（Tim Robbins, 1958-），美國電影演員、導演、編劇及製片人，曾獲奧斯卡最佳男配角獎。

④ 唐・奇鐸（Don Cheadle, 1964-），美國演員和製片人。

⑤ 康妮・尼爾森（Connie Nielsen, 1965-），丹麥女演員。

⑥ 傑瑞・歐康納（Jerry O'Connell, 1974-），美國演員。

⑦ 約翰・福特（John Ford, 1894-1973），美國知名導演及海軍退役將領，曾四次獲得奧斯卡最佳導演獎。

⑧ 該句原文為「**Can't** lives on **won't** street.」（「不能」住在「不願」那條街上。）出自喬伊・舒馬克於一九九九年執導的電影《老大慢半拍》（*Flawless*）。

⑨ 伊卡柏德・克蘭（Ichabod Crane），小說家華盛頓・歐文（Washington Irving）恐怖短篇小說《沉睡谷傳奇》（*The Legend of Sleepy Hollow*）裡的男主角。

⑩ 肌萎縮性脊髓側索硬化症（Amyotrophic lateral sclerosis，ALS），也稱為盧・賈里格症（Lou Gehrig's disease）、漸凍人症、運動神經元病，是一種漸進且致命的神經退行性疾病。

⑪ 顏尼歐・莫利克奈（Ennio Morricone, 1928-2020），義大利作曲家，曾為超過五百部電影電視撰寫配樂，曾獲奧斯卡終身成就獎，成為史上第二位獲得此項殊榮的作曲家。

26 《星際冒險王》①

《巨猩喬揚》親切和藹的導演羅恩．安德伍德，即將執導艾迪．墨菲的喜劇電影，片名是《星際冒險王》。我還在剪接布萊恩的《火星任務》時，羅恩就已經把劇本寄來給我。在《星際冒險王》中，艾迪飾演月球上一家夜總會的老闆，與一群歹徒發生衝突。我心想：**好吧，艾迪．墨菲在月球上，我懂了，應該會很有趣。**

結果劇本真的很有意思。因為時間正好可以配合，我答應接下這份工作，而且能夠被之前合作過的導演再次聘僱，真的很令人開心，尤其這是一部高預算的強檔電影。我很期待能夠再次參與喜劇片的製作。

讓演員決定劇本就像……

這部電影在加拿大的蒙特婁拍攝。蒙特婁是一座很棒的城市，值得待上一段時間。我在那裡從初春待到初夏，非常喜歡那座城市裡的公園與餐館。我在麥吉爾．蓋托社區（McGill Ghetto）租了一間公寓，那間公寓以前曾是天主教教堂，附近有大學，而且離皇家山（Mount Royal）不遠，客廳裡有彩繪玻璃窗，體現它以前的身分。

我抵達蒙特婁的時候，劇組給了我一份修改過的新劇本。我愈讀愈不開心，因為它的內容並不有趣。我找羅恩談了這件事。「你先前寄給我的那個有趣的劇本，後來發生了什麼事？」

「艾迪・墨菲不希望劇本寫得太好笑。」羅恩說：「他希望劇本的內容直白就好，他會負責演得好笑。」

我抱持懷疑的態度，而且我的懷疑十分合理。如果你讓演員決定劇本該怎麼寫，套用一句布萊恩・狄帕瑪說過的話——就等於「讓病患管理精神病院」。

第一天的拍攝情況，證實了我心中的擔憂。男主角布魯托（Pluto）的出場地點，是他在月球上的夜總會。那個宏偉的場景耗費數百萬美元打造，呈現出月球殖民地的氛圍——街道和建築物亮著霓虹燈，宛如耀眼奪目的拉斯維加斯出現在宇宙中；夜總會裡熱鬧非凡，酒吧區有許多舞者和酒客。突然間，夜總會辦公室的玻璃窗碎了，布魯托被一個像大猩猩的歹徒從窗戶丟出來。劇本原本是這麼寫的。

可是艾迪・墨菲要求劇本做一個小小的修改，他希望改成布魯托把歹徒丟出窗外，完全扭轉這場戲所欲表達的意向。當布魯托被暴徒欺負時，觀眾自然會將同情心放在他身上，因為每個人都喜歡弱者，所以世界上有許多人叫大衛，沒有人把他們的孩子取名為歌利亞②。我認為艾迪・墨菲這樣修改劇本是一個大錯誤，也是接下來出現更多問題的前兆。

當毛片陸續送來剪接室之後，我也開始愈來愈擔心，因為拍出來的內容一點都不好笑。我問羅恩：「我還以為你說艾迪會負責把劇本演得好笑。」

「是啊，可是他不肯。如果我告訴他某個鏡頭不好笑，他就問我希望他怎麼演，但是等我提出建議之後，他就說他不想那樣演，因為他在別部電影中已經那樣演過了，他不想以同樣的方式表演。」

「呃，那我們就有問題了，因為拍出來的東西既不好笑也不好看。」

大家都很清楚這一點，於是在篩選毛片時，我們與製片人討論了這件事。每個人都知道問題出在艾迪身上，可是沒有人敢去告訴他。電影公司的高層主管應該對他說：「如果你不肯搞笑，或者使用搞笑版的劇本，我們就不拍了。」

然而沒有人這麼做。我們只是不停地拍攝，期望最後會出現奇蹟。我覺得羅恩在面對問題時太過柔順，誤以為自己的順服是一種力量，宛如被風吹拂的蘆葦只彎曲但不會斷。事實上，他的表現就是軟弱，軟弱和堅強有時候並不容易區分。

我們舉行試映會時，問題就浮現在檯面上了，因為觀眾的反應很差。電影開頭有一段冗長的追逐戲，那場戲裡有個小角色，我認為不需要那場戲，剪掉的話可以省下五分鐘。羅恩同意這樣試試看，可是製片人馬帝．布雷格曼③反對——我不知道為什麼。隔週他們又安排了兩場試映會，這兩場試映會彼此相隔兩天，我認為這種安排是一次完美的機會，因為場次接近，我們沒有時間針對第一場觀眾的意見進行大幅修改，但如果兩場試映會都播放相同的版本，根本沒有必要，所以我說服羅恩，依照我的建議剪掉那場追逐戲，並且安排在星期六放映。

在星期四的試映會中，電影播映大約一個小時之後，我發現觀眾開始陸續起身，有人走到大廳閒晃，有人去買爆米花。最後，觀眾給的分數很低。在星期六的試映會中，觀眾沒有起身四處走動，雖然分數還是很差，但是已明顯提升。我覺得自己的看法是正確的，不過由於我們在這兩場試映會中試圖比較有無追逐戲的差異，並未事先告知布雷格曼，讓他非常生氣。星期一，羅恩去城堡石娛樂公司④與製片人及負責這個案子的執行製片人討論這兩場試映會的結果，我沒有受邀參加，因此早上就待在剪接室裡，等羅恩打電話給我。

會議的結論

大約中午的時候，羅恩從車上打電話來。「五分鐘後在樓下的停車場和我碰面。」他說：「我們去吃午飯。」

我走下樓時，羅恩正好開車進來。他坐在駕駛座上，看起來悶悶不樂。他沒有關掉引擎，只是默默搖下車窗。「會議進行得順利嗎？」我問。

他低著頭，緩緩搖頭。

「怎麼了，他們打你嗎？」我開玩笑地說。他依舊沒有回答，又緩緩搖頭。

「他們解僱你了？」

他搖搖頭，視線始終看著地上。

「到底發生了什麼事？他們解僱我了嗎？」

他難過地抬起頭看我，然後點點頭。這是我第一次被人解僱，而且沒有人敢開口告訴我，最後是由我自動請辭。我學到了一個非常重要的教訓：絕對不能比導演更關心他的電影。

✦

他們找了一位新的剪接師。他花了大約一個月的時間剪接，把我剪掉的許多畫面又放回去。當他們檢視他剪接的版本時，並沒有提出特別的想法。當時這部電影已經耗資一億美元，可是一點也不好笑，光靠剪接也救不回來。最後劇組終於願意面對現實：如果你手上的牌是「兩對」⑤，無論洗牌多少次都不會變成「葫蘆」⑥，除非你再抽一張牌。

他們聘請了一位劇作家，重新撰寫電影的開頭與結尾，然後又花了一百萬美元重新打造夜總會的場景，結果艾迪．墨菲在接下來的六個月都沒空，所以劇組只好等他。自從我離開劇組之後，他們又因為這部電影忙了整整一年。

《星際冒險王》後來成為當時有史以來最失敗的電影，第一個週末的票房是兩百萬美元，但是最後的總票房只有四百萬美元。我總是開玩笑地說，他們應該硬著頭皮用我剪接的版本上映。

如果他們這麼做，票房可能多兩倍。

注釋

① 《星際冒險王》（The Adventures of Pluto Nash），羅恩·安德伍德於二〇〇二年執導的美國科幻動作喜劇電影。

② 歌利亞（Goliath），聖經故事中的巨人，後來被弱小的大衛（David）打敗。

③ 馬帝·布雷格曼（Marty Bregman, 1926-2018），美國電影製片人。

④ 城堡石娛樂公司（Castle Rock Entertainment），美國的電影製作公司，成立於一九八七年，最初是獨立的電影公司，目前隸屬華納兄弟集團。

⑤ 兩對（Two Pairs）指有兩張點數相同的牌以及另外兩張點數相同的牌。

⑥ 葫蘆（Full House）指有三張點數相同的牌以及兩張點數相同的牌。

27 艱苦的歲月

被開除對我產生實質的影響。在《星際冒險王》之後的五年，我的收入是之前五年的一半。那次可恥的挫敗也影響了我的思維方式：我開始擔心挑到劇本不佳的電影。既然電影公司會把電影難看歸咎於我的剪接，我在挑選案子時就必須格外謹慎。

派拉蒙影業的保羅．哈格寄了史蒂芬．加漢①的劇本給我。史蒂芬剛因《天人交戰》②獲得奧斯卡金像獎，即將首次執導電影。那時有人說大罷工即將發生，因此我知道如果我不把握這個機會，接下來可能會失業很長一段時間。然而我讀完那個劇本之後覺得不太好，所以推辭了邀約。一位在二十世紀福斯電影公司後製部門擔任主管的朋友打電話給我，希望我幫他們修剪接一部拍得不好的電影，《怪醫杜立德2》③。那部電影的男主角是……艾迪．墨菲，因此我也回絕了。

哈格又打電話來給我。「你想接工作嗎？」

「哪一部片？」我問。

「你想不想要工作？」

「哪一部電影？」我又問了一次。

他直接掛斷電話，這就是保羅典型的作風。

過了一天，我打電話給他。「我們已經找別人了。」他說。

後來我發現那部電影的主角是安潔莉娜．裘莉④，因此或許是不錯的片子。裘莉是大明星，明星愈大牌，電影的聲望就愈高。

不久之後，福斯電影公司寄給我一個劇本，是改編自漫威漫畫（Marvel Comics）的《夜魔俠》⑤，故事是關於一位盲眼的超級英雄。那個劇本我讀到第四頁就放棄了，因為內容愚蠢又無聊。我曾試著再讀一次，可是始終無法讀超過四頁，於是我拒絕了那個案子。

優質電影難找

那年在製片人馬克．戈登舉辦的耶誕晚會上，我遇到《天堂幻象》的潔西卡．哈珀⑥。我們聊起布萊恩和種種往事，她介紹我認識她的丈夫湯姆．羅斯曼⑦，福斯電影公司的董事長。我不知道他們結婚了。羅斯曼知道我推掉《夜魔俠》，好奇地問我原因。我告訴他：「我決定只剪接我自己想看的優質電影。」

「朋友，優質電影很難找。」他說：「我們也很難只製作優質電影。」

我很驚訝。大型電影公司的主管竟然這麼坦白，實在很難得。

✦

我需要工作，而這時有位朋友出現了：強納森．林恩準備執導一部名為《億萬唱詩班》⑧的電影，找我擔任剪接師。《億萬唱詩班》是一部充滿福音歌曲的喜劇電影，女主角是一位名叫碧昂絲⑨的年輕女歌手，與她演對手戲的是小古巴．古丁⑩。小古巴．古丁曾因演出《征服情海》⑪而獲得奧斯卡金像獎。

我的經紀人打電話告訴我，電影公司不接受我開出的價碼，而且態度十分強硬，要我打七五折。

後來我聽說，強納森去詢問電影公司為什麼不同意我的價碼時，對方回答：「呃，因為《星際冒險王》。」彷彿這個答案說明了一切。

我接受了電影公司的殺價，因為我知道如果我還想工作，就得乖乖讓步。我很感激強納森，如果沒有他，我不知道自己當時還能去哪裡找工作。

我開始剪接這部電影的歌唱戲，但發現畫面和聲音都不同步，於是我開始調整，挪動每一個鏡頭，好讓一切同步。過了兩、三個星期，我才突然發現問題並非我所認定的影音不同步，而是因為全新的平板螢幕。經過一番調查，我查出新型顯示器載入畫面資料的速度較慢，所以我必須順延聲音從喇叭出現的時機，大約會晚一格半，沒想到新科技竟然會造成我以前沒遇過的問題。

在好萊塢交到的朋友

這部電影的音樂非常棒，我在剪接歌曲的過程中十分享受。小古巴．古丁的爆發力相當驚人，碧昂絲在銀幕上開口唱歌時也很迷人。許多配角演唱了很棒的福音歌曲，並且有幽默逗趣的表現。歌手出身的梅爾巴．摩爾⑫也參與了這部電影的演出，她已經很多年沒有出現在觀眾面前。有一場戲的場景設定為廣告公司，強納森將那家公司命名為「費爾柴爾德與赫希廣告公司」（Fairchild & Hirsch），會議室的佈景有一面大型看板，上面寫著我的姓氏，讓我十分驚喜。

這部電影上映後票房不佳，令我非常意外。小古巴．古丁似乎變成了票房毒藥，碧昂絲當時也還不是超級巨星。有些人認為，由於黑人社區中有許多單親媽媽，因此這部電影的主要情節——碧昂絲飾演的角色因為未婚生子而被教會排斥——並不具說服力。另一些人認為，對於一般黑人觀眾而言，這部電影太過「教會化」，但是對於喜愛基督教福音的黑人觀眾而言，這部電影又不夠「教會化」。

還有一些人認為，如果找黑人導演來執導這部電影，結果會更好。強納森覺得電影公司沒有好好行銷這部電影，他們把這部電影當成非洲裔美國人的喜劇片，而不是音樂片，然而音樂片比較吸引觀眾。但無論如何，我剪接這部電影時非常開心，而且我永遠感激強納森在我最需要工作的時候伸出援手。

保羅．許瑞德曾對我說：「人們到好萊塢，不是為了交朋友。」這句話大致上說得沒錯，但我認為強納森就是我在好萊塢交到的朋友。

注釋

① 史蒂芬．加漢（Stephen Gaghan, 1965-），美國劇作家和導演，二〇〇〇年以改編自英國電視劇的電影《天人交戰》（*Traffic*）贏得奧斯卡最佳改編劇本獎。

②《天人交戰》（*Traffic*），二〇〇〇年的美國電影，從多個角度探討毒品交易的問題。

③《怪醫杜立德 2》（*Dolittle 2*），二〇〇一年的美國喜劇電影，為一九九八年電影《怪醫杜立德》的續集。

④ 安潔莉娜．裘莉（Angelina Jolie, 1975-），美國女演員，曾獲奧斯卡最佳女配角獎。

⑤《夜魔俠》（*Daredevil*），二〇〇三年上映的美國超級英雄電影。

⑥ 潔西卡．哈珀（Jessica Harper, 1949-），美國女演員、製片人及歌手。

⑦ 湯姆．羅斯曼（Tom Rothman, 1954-）曾任福斯電影公司董事長，現任索尼影業電影集團董事長。

⑧《億萬唱詩班》（*The Fighting Temptations*），二〇〇三年由強納森．林恩執導的美國音樂浪漫喜劇電影。

⑨ 碧昂絲（Beyoncé Knowles, 1981-），美國歌手、詞曲創作人、音樂製作人、舞者及演員。

⑩ 小古巴．古丁（Cuba Gooding, Jr., 1968-），美國演員，曾獲奧斯卡最佳男配角獎。

⑪《征服情海》（*Jerry Maguire*），一九九六年上映的美國浪漫喜劇電影。

⑫ 梅爾巴．摩爾（Melba Moore, 1940-），美國女歌手、演員及配音員。

28 《雷之心靈傳奇》①

我又要找工作了。我的一個朋友常說：「你唯一可以休息的時候就是工作的時候，因為工作可以讓你暫時不找工作，得以喘息一下。」幸運的是，我接到了一通電話。曾擔任約翰．休斯副製片人的比爾．布朗，現在已是電影公司的製作主管，他正在籌拍一部以雷．查爾斯②生平改編的作品。這部電影由泰勒．哈克佛執導，片名取自雷．查爾斯的一首知名歌曲：〈解開我的心〉（*Unchain My Heart*）③。比爾問我是否「有空」（free）。

「我不是免費的（free）④，但我有時間（available）。」我開玩笑地回答。

我喜歡雷．查爾斯，也喜歡剪接音樂片，因此我很期待參與這部電影。

加速拚出初剪版

星期五晚上我飛往紐奧良去見導演泰勒．哈克佛，入住亭閣酒店，一棟建於一九〇七年的華麗歷史建築。亭閣酒店以夜晚在大廳提供花生果凍三明治而聞名。第二天我去找泰勒，因為是週末，劇組的拍攝工作暫停，所以我們在泰勒的公寓見面，那間公寓是泰勒向法蘭西斯．柯波拉承租的，位於紐奧良最有名的法語區（French Quarter）附近的一棟十八世紀建築裡，氛圍很棒，天花板很高，可是沒有空調。泰勒和他的音樂剪接師柯特．索貝爾⑤正挑選傳統的讚美詩歌，打算放在電影裡的葬禮場面。因為天氣很熱，柯特打著赤膊。

等他們討論完之後，泰勒才過來和我打招呼，我們到可以俯瞰大街的陽台上聊天，泰勒向我解釋了當時的情況：他們已經拍攝七個星期，但是他僱用的剪接師因為父親驟逝而必須離開劇組。我們走到剪接室，在Avid剪接機上瀏覽一些毛片。根據我在《億萬唱詩班》學到的經驗，我馬上注意到這裡的顯示器也造成影音不同步的現象。我向泰勒指出這一點，他很驚訝，也因此替我加了一點分數。後來我得知柯特向泰勒大力推薦我，我相信這肯定有助於我被錄取，因此我十分感激柯特。

泰勒和我去法語區吃午餐，並且分享了炸雞肝佐洋蔥，那道前菜非常美味。我們聊了接下來應該怎麼合作，我問他是否要保留已經剪接好的片段，他表示之前那位剪接師因為擔憂父親病情，影響了工作表現，因此叫我不必理會那些畫面。「我希望你從頭開始。」泰勒說。

拍攝時程只剩下六個星期。「我通常可以在拍攝結束後一個星期交出剪接成果。」我告訴泰勒。「但因為已經開拍七個星期，我可能要等拍攝結束後八個星期才能完成。」

「我沒有辦法等你兩個月。」他驚呼：「我只能給你四個星期，你可以找人幫忙。」

我答應了，因為別無選擇。我安排的剪接室位於西洛杉磯的蘭塔納（Lantana）。

編劇吉米．懷特[6]以前曾經吸毒，因此他撰寫這個劇本時能以過來人的身分指出對海洛因成癮的可怕，以及在美國身為黑人的困境。來自科羅拉多州的億萬富翁菲力普．安舒茲[7]投資了這部電影，他是許多宗教活動及保守事業的贊助者，一心製作能夠傳遞道德訊息的電影。身為虔誠的基督徒，他堅持這部電影不可以有淫穢的情節，這對於一部記述爵士音樂家生活與感情的電影來說似乎要求太高。泰勒把合約中的這項條款稱為「狗屎條款」，因為這項規定，電影中連一句「狗屎」之類的髒話都沒有。比較有趣的是，根本沒有觀眾注意到這一點。

比爾．布朗和我討論應該找誰來幫忙完成初剪，我們想到的人選是同一位：佩克．普瑞爾。佩克在二十年前是我的助理，我給他機會參與剪接《一路順瘋》，從那個時候開始，他就一直從事這一行，作品大多是喜劇電影，但是我知道他也能剪接嚴肅的片子，而且不會有自尊方面的問題。另外，我很喜歡他，很高興能夠與他合作。

我們開始剪接。首先令我驚嘆的，是雷・查爾斯非凡的嗓音。我們使用的是他原本的歌聲，這也讓我想起他的聲音多麼具有靈性。傑米・福克斯[8]飾演成年後的雷，他演得很棒。飾演公眾人物是一種挑戰，傑米・福克斯的模仿十分精確，不僅模仿雷獨特的手勢和內八字的走路方式，他的聲音聽起來也很像雷・查爾斯本人，實在不可思議。

傑米・福克斯的表演完全無法運用演員的主要工具：眼睛。他刻意以化妝道具遮住眼球，好讓自己什麼都看不見，而且在許多場戲中，他也戴著墨鏡，只能透過聲音和肢體語言來表達各種情感。傑米・福克斯令人讚嘆的演出，讓他贏得一座奧斯卡金像獎。

我只與泰勒通過一、兩次電話，我告訴他我很喜歡他拍攝的畫面，而且從他所做的選擇，我可以理解各場戲會如何結合在一起。泰勒和赫伯特・羅斯一樣，給予我挑選素材的自主權。

嘗試Avid各種按鈕

我和佩克培養出一種工作上的默契：一開始，我先給他一些我覺得比較不重要的場次，結果他剪接得很好，所以後來任何場次我幾乎都讓佩克先剪。等他剪接完成之後，他就把作品傳給我，我再進行修改，以便更完整呈現我的感受。透過這種合作方式，佩克給了我很大的幫助，讓我能夠在半小時之內完成我以前可能得花上一整天才能做完的工作。

泰勒花了很多心思來挑選雷的歌曲與置入時機。他透過音樂所闡述的情感來提升這部電影的戲劇性，並藉以闡述這個故事。他以創新的手法讓音樂展現魅力。〈每一天〉（*Every Day*）[9]這首歌串起好幾個場景——場景不停變換，但是劇本上注明「音樂繼續」。這首歌的第一部分從雷．查爾斯的鋼琴獨奏開始，場景是雷某天在樂團團員離開後獨自在酒吧彈琴，然後接入多段蒙太奇畫面，包括樂團在夜總會表演，以及樂團團員搭乘巴士前往「奇特林巡迴演出」[10]的下一站。電影中有好幾段的畫面都類似這種表現方式，將音樂與發生於長時間的多個場景連結在一起，畫面比歌曲長度稍長一些。我發現音樂有助於切斷現實之間的連結，讓整場戲能夠以更自在的方式呈現。

我一向不喜歡多重曝光（multiple exposures）的手法，亦即在後製過程中將影像彼此疊加，因為我覺得畫面會有點亂。然而我正在使用新版的Avid剪接機有一種視覺特效功能，是我之前沒有使用過的。我開始嘗試一些新玩意兒。**這個按鈕有什麼作用？**我心想，然後就試著按下。我發現了「亮度」（luma）按鍵，這個按鍵可以依照影像的曝光強度加以組合，該功能對於第二攝影組導演雷．普拉多（Ray Prado）拍攝的一系列霓虹燈畫面很有幫助，可以讓我將這些畫面疊加在其他鏡頭上，而且不會讓影像變得模糊。

我以「推送」（pushes）的方式轉換畫面，也就是將第一個鏡頭推出畫面，讓第二個鏡頭滑進來。我以前偶爾也會使用這種方式，但這次我以非常緩慢的速度推送，效果非常好。我發現自己可以精準地控制虹膜，如此一來我就可以確定影像最後消失的會是哪一個部分，或者，相反的，哪一個部分會最先出現。我還發現「浸色」（dip to color）的功能，提供我導入回憶片段的方式。

我在虛擬沙箱[11]玩得很開心，盡情試玩Avid剪接機提供的各種新功能。在此之前，每當我剪接影片時，如果想要表現特效，總是必須先猜想其可能呈現的效果，然後等光學實驗室在幾天後把特效成果交給我。除此之外，添加光學特效的鏡頭會降低畫質，因此在這部電影中，我們將製作一份數位中間負片，簡稱DI，好讓所有的鏡頭都能呈現出相同的畫質。現在這麼做已經是常態，但當時是二

數位中間負片（digital internegative）：電影膠卷的數位化複製品。

〇〇四年初期，技術還不夠進步。舉例來說，我們使用大量的電影檔案資料來呈現一九四〇年代的哈林區（Harlem）[12]風貌，數位中間負片可幫助融合新舊素材。

不斷修改長度與結尾

佩克和我一起工作了四個星期，因為我只被賦予這麼短的時間。我遵照三個月前的承諾，準時向泰勒展示我的剪接成果，片長大約三個小時。他和他的妻子海倫．米蘭[13]及兩位製片人一同前來觀賞。他們給了我最棒的回應，而且泰勒很喜歡我剪接的版本，雖然片長很長。

這部電影的故事有兩條時間軸，一條是順著雷．查爾斯小時候開始說起，從他小時候的家徒四壁，到後來飛黃騰達。另一條故事線是雷飽受創傷的童年，他在那段期間接連遭遇弟弟過世、意外失明、與親愛的母親分離等多重打擊。電影一開始，我剪接了一段蒙太奇畫面，並且以〈艱苦的時刻〉（*Hard Times*）[14]這首曲子做為配樂。畫面內容包括雷童年時期在鄉下的貧困生活，尤其是令人印象深刻的「空瓶樹」（the bottle tree）：小村莊外的樹上掛滿空瓶，是那個社區居民傳承自非洲的古老迷信。

這場戲是拍攝農場的奴隸宿舍，因此搭配〈艱苦的時刻〉這首歌似乎相當完美，可是泰勒告訴我，他希望片頭配樂是雷．查爾斯的代表作〈我說了什麼？〉（*What'd I Say?*）[15]，以便一開始就吸引觀眾的注意。由於片頭的畫面尚未拍攝，所以我剪接的鏡頭只是暫代畫面。泰勒對我的剪接很滿意，而且因為我準時交出成品，他讓我提早休息，當天下午才又找我繼續篩選鏡頭。在交出初剪版之後，佩克就離開劇組了。他表現得很棒，如果沒有他，我不可能在期限內完成初剪。

隔天，泰勒和我開始修剪這部電影。泰勒是一個很棒的人，他是天生的領導者——他曾在南加州大學擔任學生會主席——非常善於社交。他有一支手機，鈴聲會愈響愈大聲，而且三不五時就會響起，但是他會接聽每一通來電。泰勒每天早上都會帶著一包乾麥片出現在剪接室，我們工作時他就一邊吃麥片。他也是一個和藹可親、彬彬有禮的合作夥伴。每當他希望我修剪時，總不忘先說聲「請」，並且在我修改完成後表示感謝。泰勒會清楚表達自己的觀點，但也樂於傾聽我的看法。他常主動問我認為還需要修改哪些部分。

「呃，除了必須縮短長度之外，我覺得回憶的片段雖然很有震撼力，可惜只出現在電影的前三分之一。」我告訴他。

他同意我的看法。「我們看看能不能把回憶片段挪一些到電影後半段。」

我們查看了每一場的連貫性，並且在故事後半段找到幾個可以插入回憶畫面的地方。我們開始挪移場次時，這時我突然有另一個想法。「如果我們把雷的弟弟過世的畫面放到後面，你覺得如何？我們可以利用葬禮來營造緊繃的氛圍，讓觀眾知道他弟弟死了，但不清楚為什麼死掉。」

那場戲是雷和他弟弟在屋外玩耍，他弟弟不慎跌入放置在屋外的浴盆，因為無法自己爬出來而慘遭溺斃。目睹一切的雷嚇壞了，一句話都說不出來，從此怪罪自己。當時他母親悲痛地哭喊：「你看見弟弟溺水，為什麼不叫我出來救他？」雷無法回答。不久之後，還是個小孩子的雷開始失去視力。我想，如果我們晚一點才透露他弟弟的死訊，就能夠在整部電影中營造出一種謎團。瑞．普拉多拍了不少浴盆的畫面，可以用來暗示這場不幸的意外。泰勒很喜歡這個想法，於是我們以這個概念重新剪接回憶畫面。剪接完之後，我們找兩、三位同事來看，結果這個想法行不通，因為觀眾會無法理解，並可能因此對這部片子失去興趣，這麼做顯然弊多於利。

但我們沒有退回原點，仍保留將回憶片段往後挪移的想法。我很感謝泰勒給我們失敗的空間，因為只要不怕失敗，嘗試各種剪接方式能為電影帶來很大的好處。

當我們把電影長度修剪到兩小時三十五分時，泰勒決定可以找觀眾進行試映了。放映給不在乎電影會成功或失敗的人觀賞，是測試成敗的最好方式。我認為片長依舊太長，觀眾可能會抱怨這一點。製作人覺得在洛杉磯舉行試映會不太安全，因為整部電影隔天就會被放到網路上，於是我們飛往堪薩斯城（Kansas City）。這場試映會很成功，但沒想到的是，第二天一個名為「Ain't It Cool News」的網站就發表了對這部電影的評論，那個網站專門針對即將上映的電影發表評論。我們專程飛去堪薩斯城舉行試映會，結果根本是白費力氣。

幸運的是，觀眾對這部電影的回應非常正面，儘管許多人認為它太長，一如我的預期。泰勒和我只好繼續修剪，我個人認為，一餐飯無論多麼好吃，吃久了終究會吃飽。在我的嘮叨之下，這部電影終於修剪為兩小時二十五分鐘，對泰勒來說非常煎熬，但是很值得。製作人找環球電影公司發行這部電影，環球電影公司剛剛經歷過管理階層的人事異動，決定自己再辦一場試映會。很顯然的，環球電影公司新上任的高層主管並不相信我們在堪薩斯城得到的評價，他們認為這部電影還是太長，打算拿觀眾的意見卡逼我們再次修剪長度。

結果，在他們自己舉行的試映會中，觀眾給的分數更高。當焦點小組的成員被問及是否覺得電影過於冗長時，他們給了相反的答案：觀眾唯一的不滿，是電影刪減了許多橋段，他們想在這部電影中看見雷·查爾斯更完整的人生故事，因此不希望片長縮短。

於是電影公司的高階主管不再要求我們縮短片長，他們只想知道如果不做任何改變，我們何時可以交出最終版的影片。我們在試映會中得到環球電影公司史上第二高的觀眾評分，九十七分，只有《辛德勒的名單》⑯超過我們。環球電影公司唯一想改變的是這部電影的片名。我認為《解開我的心》很完美，但這部電影後來改名為《雷之心靈傳奇》。

當然，電影公司還是忍不住想讓這部電影變得更好，因此我們還是調整了結尾。我們放進雷·查爾斯本人的照片，做成一段蒙太奇。而且，既然觀眾希望看見更多雷．查爾斯，有人想出一個點子：放入雷．查爾斯演唱〈美哉美國〉[17]的蒙太奇畫面。雷曾經在超級盃（Super Bowl）、華盛頓特區的國家國家廣場（National Mall）、耶誕特別節目、全明星賽（All-Star Game）及許多場合中演唱過這首歌曲。

我向泰勒表示反對，因為我認為這是很糟的主意。〈美哉美國〉並不是這部電影所要闡述的精神。如果真要說，這部電影應該是關於數百萬美國同胞依然飽受貧困與種族歧視之苦。雖然雷．查爾斯後來翻轉了人生，賺了非常多錢，但是依我的觀點，如果放入〈美哉美國〉的畫面，就像在宣傳狹隘的愛國主義，對這部電影來說是很差的結尾。然而我依然像個好士兵，盡力將這段蒙太奇剪接到最好。我們再次以完全相同的版本進行試映，但在結尾處加上〈美哉美國〉的蒙太奇。結果出現了壓倒性的回應——之前幾乎沒有觀眾批評結尾，這次有許多觀眾表示他們討厭這樣的結局。對某些觀眾而言，他們不喜歡這種具有政治意味的表現，和我一樣；對另外一些觀眾而言，他們覺得這種安排「俗不可耐」，非常掃興。因此，我們在片尾改用了充滿感情的《喬治亞》[18]這首歌。

這部電影的內容終於鎖定了，最後的工作就是產出數位中間負片。完成之後，環球電影公司開始在選擇性的地區放映這部影片。我接到大衛．布倫納的電話，布倫納是奧斯卡最佳剪接獎得主，多年前曾經擔任我的學徒。他打電話告訴我，他看了這部電影之後非常喜歡，可是他覺得第一捲底片影音沒有同步。我檢查之後發現他說得沒錯，但距離製作拷貝只剩一、兩天的時間，我們只好請負片剪接師將沖印出來的負片剪掉一格。我想起《鋼木蘭》的丟臉經驗，因此格外警覺。我退掉實驗室提供的電影院放映版拷貝，因為這個版本的影音有一格的落差。

在首映典禮上，不知道為什麼，我開始覺得第五捲底片影音沒有同步，雖然沒有人發現，但是看著這種情況讓我痛苦萬分。我坐在導演麥可．艾普特[19]後面，在電影開始之前，他和我打過招呼，等到電影播映完畢，我迫不及待離開會場，後來艾普特告訴我，當他轉身想向我道賀時，發現我已經不見蹤影。幾年前，編劇工會曾發起一次罷工，那些劇作家的訴求之一，是希望合約上能載明讓他們受邀參加電影的首映典禮。我倒是希望我的合約上能載明我不必參加。

拿下艾迪獎

《雷之心靈傳奇》對我而言是具有里程碑意義的作品，我因為這部電影獲得之前無緣以《星際大戰》得獎的美國影視剪接師協會艾迪獎提名，並且二度入圍奧斯卡金像獎。泰勒也二度入圍奧斯卡，他多年前曾以一部短片得獎。他和海倫在艾迪獎的晚宴上為我打氣，最後我在喜劇或音樂劇類電影項目中奪得最佳剪接獎（Best Edited Feature Film, Comedy or Musical）。

贏得艾迪獎對我而言意義非凡，因為這個獎項是由我的剪接師同儕頒發的。在奧斯卡頒獎典禮上，我想盡辦法多買兩張票，好讓我的兩個孩子出席。他們坐在最後一個包廂的最後排座位。遺憾的是，泰勒和我最後都沒能得獎。克林．伊斯威特⑳以《登峰造極》㉑贏得最佳導演獎，最佳剪接獎則由賽爾瑪．修恩梅克再次奪下，作品為史柯西斯執導的《神鬼玩家》㉒。更悲慘的事情是，在我們回家的路上，負責載我們的豪華轎車因為引擎過熱，中途不得不暫時停車。當時已是午夜時分，我們疲憊又失望地坐在車子裡，等司機把礦泉水倒進散熱器裡。

儘管如此，《雷之心靈傳奇》仍是我非常獨特的回憶。泰勒和我因合作這部電影而一同被提名奧斯卡，形成我們之間的連結。這種特殊的緣分維持至今，不曾改變。

注釋

①《雷之心靈傳奇》（*Ray*），二〇〇四年的傳記電影，記述節奏藍調音樂家雷・查爾斯（Ray Charles）的故事。

②雷・查爾斯（Ray Charles, 1930-2004），美國靈魂音樂家、鋼琴演奏家，為節奏藍調音樂的先驅。

③〈解開我的心〉（*Unchain My Heart*）由鮑比・夏普（Bobby Sharp）創作，一九六一年由雷・查爾斯首次錄製，隨後又被許多人錄製演唱。

④英語的「free」有兩個意思，一個是「有空」，一個是「免費」。

⑤柯特・索貝爾（Curt Sobel, 1953-），美國作曲家和音樂剪接師。

⑥吉米・懷特（Jimmy White, 1947-2015），美國劇作家。

⑦菲力普・安舒茲（Philip Anschutz, 1939-），美國商人及億萬富翁，擁有的企業遍及能源、鐵路、房地產、報紙、電影、劇院 體育及音樂領域。

⑧傑米・福克斯（Jamie Foxx, 1967-），美國演員及歌手，因演出《雷之心靈傳奇》而獲得奧斯卡最佳男主角獎。

⑨這首藍調歌曲的完整曲名為〈Every Day I Have the Blues〉，最初於1935年出版，曾被許多歌手翻唱過。

⑩奇特林巡迴演出（Chitlin' Circuit），美國東部、南部和上中西部等地區表演場所的總稱。在美國的種族隔離時代，這些場地提供非洲裔美國音樂家、喜劇演員和其他藝人進行商業演出的機會。

⑪虛擬沙箱（virtual sandbox），指與外界環境隔絕的測試環境。

⑫哈林區（Harlem），位於美國紐約曼哈頓的社區，曾長期為美國黑人的文化與商業中心。

⑬海倫・米蘭（Helen Mirren, 1945-），英國女演員，導演泰勒・哈克佛的第三任妻子，曾獲奧斯卡最佳女主角獎。

⑭這首歌曲的完整曲名為〈Hard Times (No One Knows Better Than I)〉（艱苦的時刻（沒有人比我更能體會））。

⑮〈我說了什麼〉（*What'd I Say*），一九五九年發行的美國節奏藍調歌曲，由雷・查爾斯創作。一九五八年的某一晚，當查爾斯與他的樂團表演完節目表上的所有曲目後，因為還有時間，他們即興地演唱了這首歌。由於現場觀眾反應熱烈，查爾斯便告知製作人他要錄製這首歌曲。

⑯《辛德勒的名單》（*Schindler's List*），一部一九九三年上映的美國黑白電影，由史蒂芬・史匹柏執導，講述德國商人奧斯卡・辛德勒（Oskar Schindler, 1908-1974）拯救猶太人的故事。本片獲得七座奧斯卡金像獎。

⑰〈美哉美國〉（*America the Beautiful*），美國很受歡迎的愛國歌曲，幾乎與其國歌一樣膾炙人口。

⑱這首歌的全名為《我心中的喬治亞州》（*Georgia on My Mind*），是一九三〇年出版的歌曲。雷・查爾斯在一九六〇年的專輯《天才上路》（The Genius Hits the Road）中收錄了這首歌。一九七九年，美國喬治亞州指定雷・查爾斯演唱的版本為其州歌。

⑲麥可・艾普特（Michael Apted, 1941-），英國導演、製片人、編劇家和演員。

⑳克林・伊斯威特（Clint Eastwood, 1930 -），美國演員、導演、製片人、作曲家，並且曾於一九八六年至一九八八年間擔任加州

卡梅爾鎮的鎮長。

㉑《登峰造擊》（*Million Dollar Baby*），克林．伊斯威特於二〇〇四年自製、自導、自演的電影，該片獲奧斯卡金像獎最佳影片、最佳導演、最佳女主角、最佳男配角等獎項。

㉒《神鬼玩家》（*The Aviator*），二〇〇四年的美國傳記電影，由馬丁．史柯西斯執導，講述美國富豪霍華．休斯的生平。

29 休息，伸個懶腰

你可能會以為獲得奧斯卡提名將為我帶來許多工作機會，可惜你錯了。在《雷之心靈傳奇》之後，我的經紀人一直無法再替我接到新工作。當時是二〇〇五年，我已經快六十歲了，未來的發展令我擔憂。我不知道自己還能不能像從前那樣持續剪接熱門強片，還是會因為找不到工作而「被迫退休」。那個時候我什麼工作都願意接，幸運的是，從前與我共事過的夥伴又現身營救。保羅・哈格打電話來，要我幫忙修剪一部陷入困境的電影。那是一部翻拍經典情景喜劇《新婚夢想家》①的改良版電影，而且所有角色都由非裔美國人飾演。

倘若不是製片人試圖讓電影中的角色「討人喜歡」，這個點子可能還不錯。雖然「愛麗絲，滾開！」這一類對妻子口出惡言的對白早已不合時宜，但刪除之後電影就變得不好笑了。劇中的愛麗絲也不再說些尖酸刻薄的俏皮話，只會故作甜美溫柔。我認為電影版的嚴重錯誤，就是讓主角拋棄使這齣戲成為經典的特色，因此我拒絕了哈格的邀約。

與此同時，泰勒・哈克佛正籌備一齣場景設定在五角大廈的連續劇《五角大廈精英》②。其實我不想剪接電視劇，可是沒有其他工作來找我，而且既然由泰勒擔任導演，所以我就答應了。比起電影，電視劇的製作作業非常匆促——而且薪水很少、主管太多、時間太短。我發誓以後再也不參與電視劇的剪接工作，而且說到做到。

求職真困難

奧斯卡頒獎典禮已經結束好幾個月，我過著漫無目標的失業生活。某天早上我到住家附近的超級市場買東西時，在停車場看見一張熟悉的臉孔從我面前經過。我馬上關掉車子的引擎並且下車，那人是保羅．希夫（Paul Schiff），《手足三人組》的製片人之一，他和我曾在紐約同一所公立學校上學。

「老朋友！」我叫住他。「最近好嗎？」

「我正在製作一部新片。」

「噢，是嗎？那你們要找剪接師嗎？」我半開玩笑地說。

「事實上，我們確實要找剪接師。」他回答。

聽到他的回答讓我既驚訝又開心。年輕的時候，我總是不好意思向別人承認我正在找工作，但現在我對失業這件事已經不覺得羞恥，所以我找工作時會大方說出口，反正問一問也沒有什麼損失。

「那麼，是什麼樣的電影呢？」

那是一部惡搞電影，片名為《浪漫喜劇》（*Romcom*），是亞倫．賽特澤③和傑森．佛里德伯格④兩位劇作家的第一部電影長片，劇本尺度很大，內容十分爆笑，笑料一個緊接著一個。我以前從來沒有剪接過惡搞電影，雖然這不是我在《雷之心靈傳奇》之後期望接到的案子，但它是我當時唯一的工作機會，而且真的很有意思。

試映會時觀眾哄堂大笑，讓坐在觀眾席的我們興奮不已。這部電影後來改名為《正宗約會電影》⑤，成本不到兩千萬美元，上映第一個週末幾乎就回本了，最後的票房為五千萬美元。電影公司很開心，馬上請亞倫和傑森再拍下一部電影。他們邀我繼續合作，可是我不想再剪接惡搞電影了。雖然這部電影很有趣，我和亞倫與傑森也相處得很愉快，可是我想要剪接不一樣的東西。我向他們推薦佩克．普瑞爾，事實證明佩克與他們非常契合，後來為他們剪接了五部電影，全部都是惡搞電影。後來攝政影業⑥來找我，那些人是製作《正宗約會電影》的團隊。他們籌備的電影叫做《閃亮聖誕節》⑦，是一部耶誕喜劇，內容類似電視情景喜劇，片中有三大笑點。剪接這部片子的過程相當順利，我們從頭到尾只花了五個月就完工，然後我又再次開始找工作。

我與一家名為「創新藝術家」（Innovative Artists）的新經紀公司簽約。他們為我找到工作，是勞勃．瑞福為米高梅電影公司執導的新片，片名為《權力風暴》⑧。主剪接師是喬．哈特辛，二十年前喬曾經在《藍色彼方》中擔任我的助理。當時湯姆．克魯斯透過他的長期事業夥伴寶拉．瓦格納⑨主導米高梅電影公司，寶拉．瓦格納是《不可能的任務》的製片人，她熱情地與我打招呼，並安排我搭機去與勞勃．瑞福見面，以獲得他的批准。勞勃．瑞福住在納帕谷（Napa Valley），劇組在當地租了一間房子充當後期製作辦公室。

我搭機飛至聖羅莎（Santa Rosa），與勞勃．瑞福短暫會面之後，我就被錄取了。剛見到他的時候，很難不被他的明星氣質震懾，但開工不久後，一切就變正常了，他就只是勞勃而已。「嗨，勞勃。」「勞勃，早安。」不過，偶爾我上樓去找東西時，會看見他站在露台上一邊講電話一邊撥頭髮，那時我心裡就會想著：**哇！那是勞勃．瑞福耶！**

那部電影後來票房不佳。我在那個劇組待了七個星期，但我無法說自己的剪接對那部電影有任何助益。

在那份工作接近尾聲時，我的新經紀人告訴我一部名為《世紀交鋒》⑩的電影，由勞勃．狄尼洛和艾爾．帕西諾⑪主演，喬．艾佛納⑫執導。多麼棒的陣容！我知道勞勃．瑞福曾與艾佛納共事過，於是問他能不能替我美言幾句。

勞勃．瑞福親切地答應了。

我在艾佛納位於卡爾弗城[13]的辦公室和他碰面。我的經紀人告訴我他們給的薪資不高，而且沒有討論空間，但如果我願意接受，這份工作就是我的。大約在同一時間，我接到另一部電影的邀約。由於我之前連**一部**片子都接不到，因此很驚訝同時有兩份工作找上門，可惜我只能選擇其中一部。第二部電影由凱薩琳・畢格羅[14]執導，名為《危機倒數》[15]。這部片的預算也很低，而且主演者並不有名，可是我非常喜歡凱薩琳執導的《驚爆點》[16]。我去見她和編劇馬克・鮑爾[17]，地點在她位於穆荷蘭大道（Mulholland）附近可俯瞰聖費爾南多谷的豪宅。我們愉快地聊了一會兒，然後凱薩琳問我：「所以，你願意去約旦嗎？」

我像個白癡，竟然問她：「在七月的時候嗎？」我違反了自己找工作面試時的基本守則：**永遠不要給別人不僱用你的藉口**。

我告訴她我想考慮一下。我思考了一晚，雖然我放不下珍，但這會是一場難忘的冒險，於是我告訴我的經紀人，請轉告凱薩琳我很樂意去約旦。沒想到，經紀人回電給我時，告訴我凱薩琳已經聘僱其他人了。在短短一天之內！我很失望，不過，可以剪由艾爾・帕西諾和勞勃・狄尼洛聯合主演的電影，對我而言仍充滿吸引力。於是我請經紀人回覆《世紀交鋒》劇組，並且與對方簽約。

不久之後，凱薩琳・畢格羅又請人打電話來。「保羅還有空嗎？」他們問。

倘若我早知道我現在知道的結果，我一定會抓緊那個機會。《危機倒數》是一部非常棒的電影，最後贏得奧斯卡最佳剪接獎，而《世紀交鋒》結果並不如預期的好。然而當時我並不知道會有這種結局，因此我告訴對方已經來不及了。

我讀完《世紀交鋒》的劇本之後相當興奮，我認為它深具潛力，而且我期待第一次剪艾爾・帕西諾演出的電影。在康乃狄克州的拍片現場，我與勞勃・狄尼洛歡喜重逢。我在他的拖車裡待了大約半個小時，兩人開心地聊著從前。距離我們上次合作已經過了三十七年，他不停說著自己多麼幸運，我告訴他我也覺得自己十分幸運。

「你記得你曾對我說過什麼話嗎？」勞勃·狄尼洛問：「當時我們站在百老匯大道，靠近河濱劇院（Riverside Theatre）和里維埃拉劇院（Riviera Theatre）。」那兩間劇院位於百老匯大道西側，在九十六街和第九十七街之間，通常放映二輪電影，每次上映兩部片。「你指著霓虹燈看板對我說：『勞勃，有一天你的名字會在上面發亮！』」

我當然記得這件往事，因為我經常告訴別人這個故事，但是我很驚訝勞勃也記得。

我不想多談我在這部電影的經歷，只能說艾佛納和我步調不相同。幸運的是，在經過二十六個星期之後，我終於透過協調離開了這個劇組，一位名叫彼德·伯格⑱的剪接師接手我的工作。彼德經驗豐富、彬彬有禮，而且非常體貼，他經常打電話給我，告訴我他們只做了小幅度的修改，他很敬重我的作品。可是當我最後終於去看了那部電影時，我幾乎不認得裡面的內容。

在那段時間，泰勒·哈克佛正在籌備一部名為《愛情牧場》⑲的電影，由他的妻子海倫·米蘭以及很久沒拍電影的喬·派西⑳主演。我很期待再與泰勒共事，泰勒自從拍完《五角大廈精英》之後，就一直忙著擔任導演協會主席的事務。我也很期盼看見海倫的演出，她當然沒有讓我失望。我剪接《世紀交鋒》時，我女兒吉娜來幫我忙；在《愛情牧場》中，她再次擔任我的剪接助理。我指派她整理泰勒拍攝多日的拳擊比賽場面，那些畫面非常複雜，如果沒有她的協助，我不可能有效率地完成工作。

《愛情牧場》初剪版的長度大約三個小時，於是泰勒和我開始修剪影片，但因為發生了一件大事，完成這部電影突然變成不重要的小事。當時正值二〇〇八年九月，全球經濟崩盤，我們馬上沒有薪水可領。我問電影公司後期製作主管，我們是不是被解僱了。「不，他們想留你。」

「可是他們不付薪水給我們。」我說。

我還是繼續進剪接室，可是似乎毫無意義，因為我們什麼工作都沒做。工會要求電影公司在解僱我們之前必須提早一個星期告知，但我們始終沒有接到裁員通知。過了一陣子，我不再進剪接室了。幾個月過去了，經濟不斷下滑，可是我們基本上還是屬於這個劇組的員工，只不過沒有領薪水。電影公司欠我們的薪資每個星期不斷堆積。

二〇〇九年春天，我接到吉爾．阿德勒[21]的電話。我在一九七〇年拍攝《家庭電影》時認識了吉爾，吉爾是一部低成本恐怖片《狄倫犬：惡夜偵探》[22]的製片人，那部電影當時正在紐奧良進行拍攝。該片改編自義大利恐怖漫畫《狄倫犬》[23]，吉爾邀請我擔任剪接。那部電影完全不是我喜愛的類型，可是我需要收入。我的處境讓我想起了我朋友尼可拉斯．梅爾曾描述自己的事業困境：他覺得自己像一隻北極熊，只能從一塊融化的浮冰跳到另外一塊。

基於一種奇怪但偶然的巧合，吉爾．阿德勒找了與《愛情牧場》相同的剪接設備出租商，這是我第一次碰到這麼不尋常的情況。於是我被安排在一間剪接室裡，房間的一側有一台Avid剪接機負責剪接《愛情牧場》，另一側有另一台剪接機負責剪接《狄倫犬：惡夜偵探》。而且，當我在剪接《狄倫犬．惡夜偵探》時，《愛情牧場》劇組又復工了。

我不知道要如何同時剪接兩部電影，可是經過協調之後，兩部電影的導演決定讓我輪流工作，於是我每隔幾天就換到另一個劇組，覺得自己就像是由離婚的父母共同監護的小孩。以這種方式剪接兩部電影，雖然兩個劇組給我的薪水都很差，可是兩筆收入加起來就等於我平時的薪水。這兩部電影後來在票房上的表現都不太好。

遇見《啟動原始碼》

這段時間是我職涯中的黑暗歲月。我曾剪接過預算驚人的大型電影，並且與大明星一起合作，但是自從《星際冒險王》之後，我只能接到低預算的案子，而低預算的專案自然只能支付我比較低的薪資。除此之外，那種低預算的電影票房大多表現平庸——除了《雷之心靈傳奇》。這段經歷讓我想起聖經故事裡的約瑟與七年饑荒㉔。

但後來我接到了製片人馬克．戈登的電話，他正在製作一部名為《啟動原始碼》的電影。我讀完班．雷普利㉕所寫的劇本之後非常喜歡，我已經很久沒有讀過那麼好的劇本，深深覺得自己開始轉運了。

談到劇本，我在前面並沒有提到太多電影編劇，但不是因為我不欣賞他們所做的貢獻。我非常欽佩劇作家，如果沒有他們，劇組的工作人員就不會有工作。我加入劇組的時間通常很晚，劇作家、導演、演員、電影公司和製片人在劇本方面的各種爭執早已得到解決，因此當我進入劇組工作時，即使我提出任何建議，也不可能大幅修改劇本。所以，我剪接電影時，總是盡量不要太熟悉劇本內容，這樣我才能出於本能地對毛片做出回應。我閱讀劇本的媒介不是書面文字，而是拍攝出來的影像和聲音。當然，剪接形同劇本的最終改寫，剪接師會在可能的範圍內對劇本進行修改。

剪接師和劇作家向來被電影界和新聞界忽視與低估。我個人認為，如果依照貢獻來比較，劇作家實在更為委屈——但坦白地說，比較哪種工作被人低估得更為嚴重，其實毫無意義。

他們花了一點時間才開始拍攝《啟動原始碼》，導演也換人了。劇組叫我去見見接手的新導演。我就是這樣認識鄧肯．瓊斯的。

注釋

①《新婚夢想家》（*The Honeymooners*），二〇〇五年由約翰・舒茨（John Schultz）執導的美國家庭喜劇電影，改編自一九五〇年代的同名電視連續劇。

②《五角大廈精英》（*E-Ring*），二〇〇五年在NBC電視台首播的軍事電視連續劇。

③亞倫・賽特澤（Aaron Seltzer, 1974-），加拿大導演和劇作家，以製作惡搞電影而聞名。

④傑森・佛里德伯格（Jason Friedberg, 1971-），美國導演和劇作家，以製作惡搞電影而聞名。

⑤《正宗約會電影》（*Date Movie*），二〇〇六年惡搞浪漫愛情電影的喜劇作品，

⑥攝政影業（Regency Enterprises），美國的娛樂公司，成立於一九八二年。

⑦《閃亮聖誕節》（*Deck the Halls*），二〇〇六年的美國耶誕節喜劇電影。

⑧《權力風暴》（*Lions for Lambs*），二〇〇七年由勞勃・瑞福執導的美國劇情片。

⑨寶拉・瓦格納（Paula Wagner, 1946-），美國電影製片人，被譽為「好萊塢最具影響力的女性」。

⑩《世紀交鋒》（*Righteous Kill*），二〇〇八年的美國犯罪驚悚電影。

⑪艾爾・帕西諾（Al Pacino, 1940-），美國演員、製片人和劇作家，曾獲奧斯卡最佳男主角獎。

⑫喬・艾佛納（Jon Avnet, 1949-），美國導演、劇作家和製片人。

⑬卡爾弗城（Culver City），美國加州洛杉磯下屬的城市。

⑭凱薩琳・畢格羅（Kathryn Bigelow, 1951-），美國電影導演，為首位奧斯卡最佳導演獎的女性得主。

⑮《危機倒數》（*The Hurt Locker*），二〇〇九年上映的美國戰爭電影，由凱薩琳・畢格羅執導，劇本是馬克・鮑爾（Mark Boal）根據自己二〇〇四年以戰地記者身分在伊拉克戰場上所見所聞而寫出的作品。這部電影在二〇一〇年的第82屆奧斯卡金像獎中獲得六項大獎，包括最佳影片、最佳導演、最佳原創劇本、最佳剪接、最佳音效剪接與最佳混音。

⑯《驚爆點》（*Point Break*），一九九一年的美國動作犯罪電影，由凱瑟琳・畢格羅執導。

⑰馬克・鮑爾（Mark Boal, 1973-），美國記者、劇作家和電影製片人，憑二〇〇九年的電影《危機倒數》獲得奧斯卡最佳影片與最佳原創劇本獎。

⑱彼德・伯格（Peter Berger, 1944-2011），美國電影剪接師，大約有五十部電影和電視剪接作品。

⑲《愛情牧場》（*Love Ranch*），二〇一〇年的美國劇情片，由泰勒・哈克佛執導，根據喬・康佛特（Joe Conforte）和莎莉・康佛特（Sally Conforte）的故事改編。這對夫婦經營了美國第一家合法妓院，位於內華達州的野馬牧場（Mustang Ranch）。

⑳喬・派西（Joe Pesci, 1943-)是美國演員和音樂家。

㉑吉爾・阿德勒（Gil Adler, 1946-），美國電影製片人，曾與許多知名電影工作者合作。

㉒《狄倫犬：惡夜偵探》（*Dead of Night*），二〇一一年的美國恐怖喜劇電影，改編自第奇亞諾・斯克拉維（Tiziano Sclavi）的義大

利漫畫書《狄倫犬》（*Dylan Dog*），該片得到負面評價。

㉓《狄倫犬》（*Dylan Dog*），義大利漫畫家第奇亞諾・斯克拉維自一九八六年開始創作的恐怖漫畫系列。

㉔在舊約聖經的創世紀中，埃及法老王在夢中預見了七年豐收、七年饑荒，為法老王解夢的約瑟（Joseph）建議將七年豐收的部分收穫儲存起來，以供七年饑荒時食用。

㉕班・雷普利（Ben Ripley, 1967-），美國編劇，因撰寫由鄧肯・瓊斯執導的科幻驚悚片《啟動原始碼》而聞名。

30 重返大時代

我分享了自己從「老化」晉升至「令人尊敬」，最後再變成「電影醫生」的過程。其實當電影醫生能夠延長你的職涯——身為老手，你可以與經驗不足但被製片人看好的年輕導演合作。這可能就是馬克．戈登聘請我與鄧肯．瓊斯合作《啟動原始碼》的原因。

鄧肯的父親是知名歌手大衛．鮑伊①，我不知道與他共事會發生什麼事，因為我原本以為，他在充滿特權與不平凡的環境下成長，可能會很難相處。但事實正好相反，鄧肯是一個腳踏實地、親切有禮、謙虛討喜的人，而且很好聊天。他的事業夥伴是一個名叫史都華．費尼根（Stuart Fenegan）的年輕人，史都華是鄧肯迄今唯一一部電影《二〇〇九月球漫遊》②的製片之一。史都華和鄧肯一起來找我開會，我們什麼都聊，他們還讚美了我在《星際大戰》中的剪接表現。然後，他們問我使用數位化剪接機的經驗。

「呃，我用Lightworks剪的第一部片是《不可能的任務》，但我真希望自己前一部作品也是用電腦剪接，因為那個案子很誇張，拍出來的膠卷大概有好幾英里長。如果我們當時以數位方式進行剪接，事情會容易得多。」我說。

「那是哪一部電影？」鄧肯問。

當時無論我怎麼回想，也想不起那部電影的片名。是《我愛麻煩》。（或許片名說明了一切。）我結結巴巴地說：「等等，我一定會想起來的。」但我腦子裡就是一片空白。

史都華用笑話化解了我的尷尬。「我希望自己也拍過那麼多電影，多到讓我想不起其中一部作品的片名。」他說。我們都笑了。

✦

這部電影在蒙特婁拍攝，我請我女兒吉娜擔任我的第二助理，打算帶她一起前往加拿大。然而因為預算有限，我只能帶一名助理，所以我只好在當地聘請一位第一助理，直到我們返回美國。執行製片人霍克．科赫③安排演員和劇組工作人員住進蒙特婁老城區（Old Montreal）的一棟大樓，吉娜和我同住一間公寓。霍克是傳奇製片人霍華．科赫④的兒子，認識他的人都很喜歡他。他原本叫做小霍華．科赫（Howard Koch Jr.），後來才改名為霍克。霍克曾擔任第一助理導演多年，知道好萊塢許多精采的故事。

我們位於市區外的拍攝地點，碰巧與《星際冒險王》相同，而且我們的剪接室就在臨時休息區和供餐區旁邊。樓下的攝影棚已經佈置成火車的內部，大部分的戲都在那裡拍攝。火車車窗外設置了藍幕，隨後會以沿途的風景取代。

挑戰取捨重複劇情

《啟動原始碼》可簡單地描述為《今天暫時停止》⑤的驚悚版，傑克．葛倫霍⑥飾演的英雄是一名士兵，他在開往芝加哥的通勤火車上醒來，不知道自己身在何方，也不知道自己為什麼在火車上。蜜雪兒．莫納漢⑦飾演的年輕美女坐在他面前，正在和他說話，彷彿與他熟識，但她卻以一個他沒聽過的名字稱呼他。不久後他就發現，自己其實在另一個男人的身體內。八分鐘後，火車被一枚炸彈炸毀，傑克昏迷後又在一個新的地方醒來——某個神祕且奇怪的駕駛艙。薇拉．法蜜嘉⑧飾演的女軍官正透過閉路電視對著他說話。她告訴他，他正在執行一項任務，必須在火車上找到炸彈客並且阻止爆炸事件發生。她把他送回火車，他再次度過剛才那八分鐘，火車也再次爆炸。火車上所有的事件都重複發生，除了他不同的反應會稍微影響事件的後續。他一再被送回火車，直到找出並且阻止炸彈客。

為了讓觀眾看出男主角是重新度過火車上那八分鐘，有些事件會重複發生：手機響起的鈴聲、打翻的咖啡、火車乘客的玩笑話……諸如此類。蜜雪兒對傑克說出相同的台詞，但傑克在開始釐清狀況時會改變他的回答。等觀眾明白這個概念之後，我們就必須避免重複太多相同畫面，以免觀眾生厭。然而某些重複的劇情是必要的，因此如何在太多與太少之間取捨，對我們而言是一項挑戰。

解決的方法就是讓每次事件發展的速度加快。在每一次重複的過程中，相同的事件必須縮短時間。到了某種程度，畫面就變成蒙太奇。

由於這部電影在蒙特婁拍攝，第二攝影組負責到芝加哥拍攝一些外景，以做為視覺效果之用，其中包括租用一架直升機從空中拍攝火車外觀。拍攝火車的畫面只花了第二攝影組半天的時間，因此他們接著去拍攝市中心，雖然劇本上並沒有這樣要求。那天的天氣十分晴朗，芝加哥在這部電影中看起來非常宏偉。

大約在這段時間，我觀賞了羅曼．波蘭斯基⑨的《獵殺幽靈寫手》⑩。這部電影的配樂由亞歷山大．戴斯培⑪創作，當時亞歷山大還沒有成名，他的作品風格讓我想起伯納德．赫爾曼的大膽創新和緊繃能量。巧合的是，我聘請的當地助理曾經參與過波蘭斯基的電影。我告訴他我很喜歡《獵殺幽靈寫手》中的配樂，當時那部電影的配樂還沒有發行。

「或許我可以拷貝一份給你。」他告訴我。

「拜託你了。」我說。

當我再次聽見那部電影的主題配樂時，覺得它似乎更適合我們的電影，因為它富有緊張感和戲劇性，而且會讓人聯想到火車。我將這段音樂剪接到片頭裡，搭配從空中拍攝的火車及芝加哥鏡頭。自從與伯納德．赫爾曼合作以來，我一直很愛電影的片頭畫面。

每個人都覺得片頭很成功，因此就定案了。我請音樂剪接師麥克．鮑爾（Mike Bauer）負責其餘部分的參考音樂，他做得很好，不過鄧肯一開始並不確定調性是否適合。這部電影的剪接工作進行得還算順利，但因為鄧肯在拍攝他的第一部電影《二〇〇九月球漫遊》時非常自由，因此覺得時間有點受局限。他不習慣和強勢的製片合作，而且他與攝影指導相處不來。他一度想退出劇組，並說：「這不是我的電影。我知道，我只是好萊塢的小咖，但我真心不覺得這是我的作品。」（我不記得確切的字句，但大概是這個意思。）

我告訴他，無論電影受到讚美或批評，一定都會先提到導演，因此不管他喜不喜歡，這就是他的電影。強納森．林恩曾經這樣描述導演的責任：「導演就像船長，電影必須讓他優先過目。但如果拍得不好，他就是罪魁禍首。」

✦

片尾是決定電影樣貌的最後元素之一。這部電影有一段收場的口白，讓這類時空旅行電影的矛盾本質更戲劇化。它以文字的形式呈現，再搭配口說旁白。我覺得這種方式很聰明，因此非常喜歡，可是那段旁白有一種討人厭的語調，會讓觀眾感到不舒服。那段資訊具有反戰意味，令人聯想起《強尼上戰場》⑫的結尾。在《強尼上戰場》那部電影中，畫面刻意呈現在戰場上失去四肢的英雄，目的是嚇阻年輕人去打仗。結果觀眾並不欣賞《啟動原始碼》片尾的表現方式，在某次試映會結束後，有人建議將那段口白全部剪掉。因此，鄧肯修改了口白，讓傑克的角色接受未來繼續執行任務的想法。修改後，這個角色變得更英勇，觀眾也更為滿意。有些人可能會認為我們破壞了班．雷普利原本在劇本中提出的觀點，但電影是一筆大投資，攸關數百萬美元的利益。正如人們所說的：電影是「娛樂事業」，不是「表演藝術」。

作曲家對參考音樂的看法

大約在這個時候，有人來找我剪接下一部《不可能的任務》系列電影。這個系列的第一集由布萊恩．狄帕瑪執導，如今已經拍到第四集了。第四集片名的副標題是《鬼影行動》，由J．J．亞伯拉罕監製，布萊德．柏德執導。布萊德．柏德是一位動畫電影天才，曾擔任《超人特攻隊》⑬和《料理鼠王》⑭的導演，《辛普森家庭》⑮則是他早期的作品。《不可能的任務：鬼影行動》是他執導的第一部真人電影。

我必須去J．J．亞伯拉罕開設的「壞機器人製片公司」⑯閱讀劇本。由於這個案子十分保密，他們不肯提供劇本給我，我不得不在那裡讀劇本。更不方便的是，劇本內容印在閱讀不易的深紅色紙張上，這麼做的用意當然是防止翻印，可是根本毫無意義，因為想要複製劇本的人可以直接彩色掃描。

我先到派拉蒙影業與導演布萊德．柏德碰面，由班．羅森布拉特（Ben Rosenblatt）陪我一同前往。班在「壞機器人」負責外務事宜，是一個很討人喜歡的年輕人，而且熟悉自己的工作職掌。

布萊德．柏德的年紀大約五十出頭，可是他有一種孩子氣，看起來比實際年輕。他有一頭略帶金黃色的紅髮，藍眼睛旁有魚尾紋，看起來像成人版的哈克．芬恩或淘氣阿丹⑰。我和他聊了半個小時，大部分都是他在告訴我他自己的事。我沒有意見，可是當我離開那裡時，不禁好奇他對我這個來面試的人到底了解多少。

接著我去了「壞機器人」，在那裡見到J．J．亞伯拉罕與他的老友兼製片人布萊恩．柏克[18]，大家都叫柏克為柏基（Burky）。柏基拿《星際冒險王》開了幾個玩笑，J．J．亞伯拉罕則說了許多讚美我的話，然後我就被錄取了。在經過十一年之後，我又重返大製作電影聯盟，參與了這部擁有充足預算的影壇巨片。

唯一的問題是，這部電影的開工時間與《啟動原始碼》短暫衝突，於是我向鄧肯和馬克．戈登說明，我必須在《不可能的任務：鬼影行動》開拍時前往布拉格一個星期，但是從布拉格回來之後，我的工作地點只與《啟動原始碼》的剪接室距離五分鐘車程。我向他們承諾，只要《啟動原始碼》有任何問題需要我幫忙，我一定協助諮詢。他們慷慨地同意了，因為當時《啟動原始碼》整部影片都已經鎖定，所以兩部電影的工作時間重疊是可行的。

某天傍晚，我接到鄧肯的電話。他告訴我，他收到作曲家交來的作品樣本，問我願不願意過去聽聽看。於是當天晚上，我在回家之前先去找鄧肯。

當時電影音樂作曲家提供的配樂樣本，已經變得愈來愈精緻複雜，就像由管弦樂團演奏出來的，然而鄧肯收到的這些樣本，聽起來像一般電子琴彈奏的，而且其中一首主旋律只有兩個音符交替，宛如法國救護車的警笛聲。我告訴鄧肯，我覺得這些配樂沒辦法使用。那時距離最後混音的日期只剩下四個星期。

「我該怎麼辦？」鄧肯問我。

「你有兩種選擇。」我說：「你可以每天盯著他，逼他寫出更好的配樂。」（就像布萊恩．狄帕瑪對艾爾夫曼做的事一樣。）

「我沒辦法。」

「或者，你可以叫他改寫參考音樂。」——我的意思是，就本質而言就是複製參考音樂，但多少做些改變，才不至於被人說是抄襲。

「我也不能這麼做。」

「或者你可以換人，請新的作曲家來改寫參考音樂。」

「我想我們可能必須這麼做。」

「馬克．戈登知道這個情況嗎？」我問。

「他還不知道。」

於是我們打電話給馬克。他的辦公室就在附近，所以人馬上就過來了。他聽完之後同意我們的決策。

「誰會願意改寫參考音樂而不覺得被羞辱呢？」

我心裡已經有人選了。泰勒．哈克佛當初在拍攝《愛情牧場》時想找作曲家詹姆斯．紐頓．霍華配樂，可是他當時沒空，因此推薦我們一位名叫克里斯．貝肯⑲的年輕作曲家。克里斯被迫在預算極低的情況下工作，只使用幾種簡單的樂器，然而他創作出來的配樂令我印象深刻，他寫的主旋律因應電影劇情發展而不斷變化。他還很年輕，而且知名度相對較低，應該不會因為被要求模仿參考音樂而感覺自己被羞辱。

大部分的作曲家都很討厭參考音樂，因為在完美的情況下，作曲家應該要拿到空白的畫布，讓他們根據自己的感受恣意發揮創意。問題是，在配樂作曲家參與之前，電影需要有點音樂，因此導演、剪接師和配樂剪接師會先放入參考音樂。事後才加入劇組的作曲家，在觀賞電影內容之前，必須先聆聽那些被選中的參考音樂，然後套用其風格或者加以改編。我偶爾會到丹尼爾．卡林⑳在南加州大學為年輕作曲家開設的課堂分享實務經驗。我先播放《星際大戰》使用的參考音樂給學生聽，然後再播放約翰．威廉斯為同一場戲譜寫的配樂。約翰．威廉斯有時候會受到參考音樂的影響，有時候不會。那一門課讓年輕作曲家們大開眼界。

✦

第二天，克里斯．貝肯戴著醫院的手環出現在剪接室。我們問他怎麼回事，他告訴我們他太太剛生下第二個孩子，不過他同意馬上開工，因此我們都讚美他太太是了不起的女性。更幸運的是，音樂剪接師麥克．鮑爾已經準備了非常棒的參考音樂，可提供克里斯明確的譜曲方向。克里斯捕捉到參考音樂所欲表達的精神，寫出極為出色的作品，同時賦予全片在音樂方面的統一性，這一點只有在正式配樂譜寫完成之後才能辦到。

完成救火任務之後，我的重心又轉回《不可能的任務：鬼影行動》。《啟動原始碼》上映時，我人在溫哥華，就像三十五年前《魔女嘉莉》上映時，我人在馬林郡，我錯過了這兩部電影首映會的熱鬧與欣喜。

《啟動原始碼》在票房上表現得不錯，雖然不如我預期的那麼好。它在全球賺進超過一億五千萬美元，並且獲得正面評價。

鄧肯也開始認同這部電影，並接受來自各界的讚譽。

《鬼影行動》開工

我在《不可能的任務：鬼影行動》工作期間，才獲悉自己為什麼會被找來這個劇組。班・羅森布拉特曾向導演布萊德建議許多動作片剪接師，可是都被布萊德拒絕。「我討厭他們剪接動作片的方式。」布萊德抱怨：「你在他們的作品中永遠看不到劇情。我希望這部電影可以剪得像《不可能的任務》第一集那麼出色。」

我很幸運，當時班回答：「我想之前那個剪接師還沒退休。」

我很認同布萊德對於動作場面剪接方式的看法。一般動作片的剪接，看起來像蒙太奇，宛如電影情節的預告片段，而非電影本身。我喜歡電影的原因，是它們具有把我帶進不同時空的能力，倘若動作場面剪接得像預告片一樣，你就沒辦法產生進入另一個世界的感覺。那種畫面只會讓人覺得精采壯觀，可是不會讓人心生參與感。

我重看了布萊德執導的《超人特攻隊》，發現這部動畫片的動作場面剪接得非常棒，看來我必須全力以赴才行。我再次僱用我女兒吉娜擔任我的其中一位助理。

✦

拍攝的第一個星期，我飛往布拉格，劇組在那裡架設出電影中的莫斯科場景，第二攝影組則早已前往俄羅斯拍攝紅場（Red Square）實景。開工第一天，我被帶到放映室，準備在那裡觀賞前一天拍攝的測試畫面。許多劇組工作人員都在場，等待著湯姆・克魯斯出席。湯姆被他的保全人員層層包圍著，一走進來就先向我打招呼。我非常驚訝，因為我沒想到湯姆還記得我。在拍攝《不可能的任務》

第一集時，我們根本沒有交談過幾次。「很高興見到你，朋友！」他熱情地說。湯姆是一個很緊綳的人，如果你問他近來如何，他會笑著回答你：「我忙著拍電影！」彷彿這個答案就能說明一切。

「我也很高興見到你。可惜我和你不一樣，過去十五年來我老了很多。」我回答他。

我說的是實話。當年他三十出頭，現在已經快要五十歲了，可是看起來完全沒有變老。當年我五十歲，現在六十五歲。我記得在拍攝《不可能的任務》第一集時，布萊恩．狄帕瑪解僱了三名資深員工，然後對我說：「在電影圈這種環境，能做到六十歲就差不多了，因為你會變得力不從心，很難繼續待下去。」

我決心證明狄帕瑪是錯的。從事剪接這一行，我們總是在接受考驗。當你還是菜鳥時，你必須證明自己能夠掌控局面；等你變老之後，你必須證明自己依然能夠掌控一切。

✦

通常我很討厭去拍攝現場，在剛開工前幾天到處閒晃，然而我們是在布拉格城堡（Prague Castle）裡拍攝，城堡大門兩側各有一座大型戰士雕像，一名戰士手持棍棒捶打敵人，另一名戰士用尖刀刺殺敵人。我把握這個機會在布拉格城堡裡探索並拍攝令人讚嘆的空間，包括擁有洛可可式黃銅壁燈及水晶吊燈的宴會廳。我想像一百五十年前奧匈帝國（Austro-Hungarian Empire）的全盛時期，這個宴會廳裡擠滿身穿晚禮服的女性，以及穿著正式禮服與閃亮軍服的男性，每個人都興高采烈地隨著管弦樂團現場演奏的旋律跳華爾滋並飲用香檳。如今這裡什麼人都沒有，任憑電影劇組人員侵擾其幽魂般的風華。

湯姆．克魯斯在拍攝現場附近準備了一間健身房，他總是規律地鍛鍊身體，因為他靠外表謀生，所以對自己的體態要求非常嚴格。他只吃特別準備的飲食，那些裝在塑膠容器裡的餐點會在固定時間送來給他。矛盾的是，他很喜歡招待別人吃蛋糕、餅乾、漢堡及各種令人難以抗拒但是會害人發胖的食物。他自己永遠不碰那些東西。

✦

拍完布拉格的場景之後，劇組前往杜拜一個月，繼續進行拍攝。我則返回洛杉磯，在「壞機器人」進行剪接。J．J．亞伯拉罕聘請了一位廚師，每天為大家準備午餐。廚房位於一樓正中央，任何人都可自由進出。為了避免不必要的注意，「壞機器人」公司在大樓外的門牌上標示為「國家打字機公司」（national typewriter co.），而且要進入這棟大樓必須經過許多道門，每一道門都得輸入安全密碼才能打開。

「壞機器人」和我在應該找誰擔任第一剪接助理方面有不同意見。我想聘請馬克．圖米奈洛（Mark Tuminello），我前兩部電影都是由他擔任助理，可是「壞機器人」的團隊反對。我不知道他們為什麼不想找他，但是我妥協了。他們同意把馬克找進團隊，但由艾文．希夫（Evan Schiff）擔任我的第一助理。艾文年紀很輕，精通電腦，而且動作非常快。他表現得非常好，然而我始終對馬克有信心。

在杜拜的拍攝工作結束後，劇組又轉往溫哥華，這時我也得過去與他們會合。製作這類充滿視覺特效的高成本電影，必須儘快確定哪些畫面需要套用特效，好讓動畫設計師有充分時間執行他們的作業。因此我飛往溫哥華，只有艾文．希夫陪我一同前往加拿大英屬哥倫比亞（British Columbia），大部分的同仁仍留在洛杉磯。珍答應陪我一起去，這對她來說並不容易。這麼多年來，她總是陪著我到各地工作，被迫自己一個人在陌生的城市裡生活，因為我有工作，可是她沒有；我有同事相伴，還有與工作相關的社交生活，她卻只能獨自一人。基於這個理由，後來她就不再跟著我到處跑了，這表示我在外地工作時，我們就必須分離幾個星期甚至幾個月，每逢週末我就會變得非常孤單。我不想再經歷這種生活，因此當初我對珍說，除非她願意陪我，否則我就拒絕《不可能的任務：鬼影行動》劇組的邀約。珍是一位非常貼心的妻子，她同意在拍攝後期與進入導演剪接階段時陪我到外地工作。

「我是個動畫師！」

我們以一種新方式篩選這部電影的毛片。從前每天拍攝工作結束後，大家會一起到放映室瀏覽毛片，那種日子已經過去了。現在工作人員會先把毛片上傳到 iPad，再由我們的後製助理把 iPad 發給每位相關人員。後製助理必須保管一大堆平板電腦，每天先從相關人員那邊收回前一天發出去的，然後再交給對方儲存了當天毛片的新平板電腦。

身為導演的布萊德其實與大家有一點疏離，所以第二攝影組的導演和藝術部門的人如果有問題都會來找我，我也盡量答覆我能回答的問題。他們偶爾會要求觀看某場戲的剪接成果，但如果導演不同意，我就不能讓任何人看。不過，每次我詢問布萊德能不能讓別人觀看剪接結果時，他從來不介意。後來開始有人要求我把剪接完成的畫面放到 ipad 上，我覺得這麼做有點超過。

在我的剪接生涯中，從來沒有人在導演之前就先看到我剪接好的成果，可是布萊德一點也不在乎。每次我看見第一助理導演在他的 iPad 上瀏覽剪接好的畫面時，心裡總是很尷尬——我不是害羞，只是還不習慣，因為這是我的第一部 ipad 電影。當時我心想：**從今以後，就是這樣的作業模式了。**然而事實證明，這是我最後一部 ipad 電影，因為當我剪接下一部電影時，科技又進步了，劇組人員可以直接在加密的網站上觀看毛片。

✦

製片人請布萊德來找我，我們一同鎖定某些更複雜的特效畫面。我和布萊德必須專注在那些鏡頭與影格上，因為如果日後再行修改，製作成本將大幅增加。修修改改一定會造成浪費，但除非看見完整版的影片，藉由前後場讓你發現問題所在，不然真的很難做出最後的決定。總有一些鏡頭被拉長甚至被丟棄，結果還是幫不上忙。儘管如此，光影魔幻工業已經訂定工作時程表，我們必須配合。

拍攝工作全部結束後，我們轉往天行者牧場，準備剪接導演版的畫面。我之前剪接《火星任務》時，曾經入住那裡附設的公寓。天行者牧場的位置很偏僻，開車下高速公路之後還要再開七英里的路，而且沿途盡是蜿蜒的雙線車道，我不希望每天早上都得開這段路，更別說晚上下班之後，因此珍和我決定再次入住天行者牧場的公寓。

我後來很後悔這個決定，因為天行者牧場周圍實在太荒涼了。我總喜歡開玩笑地說：只在天行者牧場住一個星期是頭等獎，如果要住上兩個星期，那就是次等獎了。

我們在洛杉磯的家可以欣賞海景，我一直沒有意識到自己已經習慣每天看見海平線。天行者牧場雖然風景秀麗，可是位於小山谷中，四周都是山，感覺就像在碗底生活十一個星期，幾乎讓我罹患幽閉恐懼症。因此每逢週末，我和珍就會到馬林郡附近散步，以緩解我的幽閉恐懼。

天行者牧場的剪接室很棒，完全是喬治．盧卡斯喜愛的北加州奢華鄉村風格：鋪著厚地毯的剪接室空間寬敞，大型窗戶面對著綠油油的草地。樓下的放映室可以與位於舊金山的光影魔幻工業連線，以便他們從遠端播映視覺特效畫面給我們觀賞；剪接室的天花板正中央掛著一盞以鹿角裝飾的吊燈，房間裡的一切都是最先進的設備。最令我們驚訝的是，這裡從來沒有人使用過。

當我開始和布萊德共事時，我被他嚇到了。首先，他不想看初剪版，我們直接看拍好的底片，一捲接著一捲，他經常突然喊停，然後要求倒帶。如果他發現任何小問題，一定堅持當場解決。最誇張的部分，是他檢視動作戲的方式。「幫我一個忙，一次只播放一格給我看。」他說。

「你說什麼？」

「一次一格就好，像這樣。」他的手指以充滿節奏感的方式輕輕點擊：**點擊、點擊、點擊、點擊**。

「你在開玩笑，對不對？」

「不，我是一個動畫師，除非一格一格地看畫面，否則我無法確知自己在看什麼。」

「呃，可是除非正常播放，否則我無法確知自己在看什麼。」

我當然只是故意學他說話。總之，我們就照著他要求的方式檢視影片，並且做了許多剪接師口中「惡整影格」的事：一會兒修剪這一格，一會兒修剪那一格。一格畫面在許多情況下確實可以產生明顯的差異，但在許多時候，一格畫面根本完全無關緊要。然而剪接師的工作職責之一，是提供導演他想要的東西，因此我們就一格接著一格剪接。

結果比我想像的還要有趣。布萊德有時候會從某個動作中抽掉一格，他會讓人看不出少了那一格，但是產生出極其明顯的差異。如果一個出拳或一個飛踢看起來力道不足，或者過於緩慢，在動作結束時或動作過程中刪剪掉一格，就能讓動作看起來更加俐落也更為果斷。我記得李小龍在《龍爭虎鬥》㉑中出拳速度非常快，但其實是剪接師助他一臂之力，哈。我自此學會了這個小訣竅，讓我後來的剪接作品更為成功。

布萊德有另一項堅持：他的剪接點總是落在動作中，而不是動作結束後。我向來習慣把剪接點放在動作結束後，在影像暫時靜止的那一刻。舉例來說，如果有人揮舞鐵鎚並往下砸擊，我可能剪在鐵鎚完全停止的那一刻，即便鐵鎚只靜止一格。

剪接點落在最後一格的靜止影像上，視覺暫留的生理現象會強化那種靜止感，尤其是當你從視覺強烈的影像剪接到張力較弱的畫面時——比方說，從特寫鏡頭剪接到寬鏡頭。這麼做可以讓觀眾短暫看見那個影像，甚至在它消失之後。

因此，在我剪接的版本中，動作偶爾會被簡短的靜止畫面打斷，這是我在職涯中常用的小技倆。可是布萊德希望我讓鏡頭再延續一、兩格，等到鐵鎚開始往上移動時才剪。

我把這件事告訴住在附近的沃爾特．默奇。「他說他希望畫面平順，可是我喜歡偶爾有稜有角。」我說。

「沒錯，應該要保持有稜有角。」沃爾特回答。

但有稜有角不是布萊德想要的感覺。我剛才說過，剪接師的工作之一，是提供導演他想要的一切；但剪接師的另一項使命，是做出對電影最好的決定。可惜這兩項使命不見得能彼此契合，而根據合約規定，第一項任務比第二項重要。總之，剪接點落在哪裡只是芝麻小事，觀眾可能根本不會在乎我們如何取捨，可是我很在乎，而且沒有人喜歡被別人命令該怎麼做。我曾經與非常信任我的導演合作，他們明白我的想法和建議都是為了讓電影變得更好。有些導演基於某些理由不相信我的點子——但至少他們會表現出他們是信任我的。

關於剪接，我想引述大衛．馬密㉒在二〇〇二年奧斯卡頒獎典禮上大聲宣讀的一份聲明。雖然我並不完全贊同他的意見，但基本上他說得沒錯：剪接師最關心的就是電影：

一個低調的事實是：電影其實是在剪接室裡完成的。最棒的表演與最好的想法，如果不經過剪接，就無法呈現在觀眾眼前。一部電影以每秒二十四格的速度播放，無論它多麼可愛動人、多麼引人深思、多麼打動人心，觀眾都只關心接下來的劇情。導演、演員、設計師、劇作家可能會因為同時關切電影和自己本身而分心、困惑，或得到更多靈感，而且他們確實如此，但剪接師只會專注在電影上。因此，剪接師是觀眾最好的朋友，他們一次又一次拯救了電影製作人。

希望每一位導演都能記得這些話。

開頭出了問題

我們繼續剪接。為了感受劇情的節奏與步調，有時候我們必須完整看完一場戲，有時候必須觀看整捲底片。就像繪製壁畫一樣，有時你必須往退後一步，才能看清楚整個構圖，可是布萊德永遠做不到這一點。每次我們瀏覽整場戲時，如果他對某個小細節有疑問，就必須馬上停下來解決，這實在令人沮喪，但每個人都有自己的做事風格。最後一捲的內容有大量的穿插畫面，因此必須從完整的場景來評估好壞，以便了解那些穿插鏡頭的步調是否順暢。可是每次我們試著瀏覽整場戲時，布萊德就會忍不住一直喊停。動畫師出身的經歷，完全體現在他的工作方式上。

更大的麻煩是，這部電影的開頭出了問題。我們試著呈現劇本所寫的內容，但發現行不通。在劇本中，一開始是雪地摩托車在一座冰湖上的爭鬥，中間穿插火車車廂內與火車站裡的場景，可是電影公司為了節省經費，決定刪掉雪地摩托車的部分，所以我們拍攝了火車內與火車站的畫面，但非原本用來穿插的鏡頭。在嘗試許多方法都失敗之後，我們想出的解決之道，是把火車站這場戲放在電影中間，而非開頭。

電影一開始，在沒有任何說明的情況下，觀眾會看見一名男子從建築物頂樓出口衝向屋頂平台，另外兩名男子緊追在他身後，並且朝著他開槍。第一名男子從屋頂邊緣往下跳時，先朝下方扔出一個小東西，然後在半空中轉身，對著追殺他的人射擊，子彈命中他們。他跌落在一個安全氣囊上，原來他剛才扔出的小東西是壓縮式的安全氣囊，在落地後隨即膨脹展開。接著又有另一名殺手從轉角處出現，男子警覺地射殺對方，再從安全氣囊上起身，拍去身上的灰塵，檢查他側背包裡的一疊文件是否安好，然後離開現場。這時有一名美麗的金髮女子靜靜朝他走來，他的智慧型手機突然響起，他低頭查看訊息，發現臉部識別系統提醒他那名女子是殺手，但在他還來不及做出反應之前，她已經向他開槍，拿走他的側背包，並且離開現場。

這是驚悚片最棒的開場方式。《神隱任務》[23]系列原著小說的暢銷作家李．查德[24]曾說：「很簡單，你只要先讓讀者心生疑惑，然後他們就會為了找出答案而一直閱讀下去。」

你可能認為電影圈的每個人都知道這一點。不管怎麼說，要讓電影的開頭吸引觀眾注意，第二個關鍵要素就是在影片中找到適當時機為所有的問題提供解答。《鬼影行動》第二場戲是湯姆．克魯斯在「不可能的任務」小組協助下逃出東歐的一所監獄，然後聽他們說明他在監獄期間外面發生什麼事。我們找出在火車站拍攝但尚未使用的素材，剪接成這場戲的回憶畫面。在這段回憶畫面中，我們解釋了電影開場的神祕事件。這段畫面原本打算放在片頭。

哪種剪接方式「行得通」，其實很難說明白。和大多數人一樣，我都是憑靠直覺。如果我覺得行得通，我想大部分的觀眾也能接受。這種決策方法對我來說一直很值得信賴，但有時候製作團隊會有不同的意見，因此電影公司喜歡舉行試映會來探知觀眾的反應。這就好比人們對於「什麼才叫做好笑」的爭論，我聽過的最棒的定義來自卡爾．萊納[25]。萊納說：「如果很多人都覺得好笑，那就是好笑。」

關於「能否達到預期效果」這件事情，如果大家想得到共識，最好的方法就是看觀眾是否表現出你們期望的反應。

✦

這部電影的開頭必須補拍一些續接鏡頭，而其中最後一個畫面在溫哥華火車站拍攝。製作人安排了一場殺青派對，打算在我們完成時舉行，並要求我們剪接一捲劇組在拍攝過程的搞笑影片，吉娜為了這捲搞笑影片已經忙了好幾個月。搞笑影片通常是演員說錯台詞的畫面，演員當下的反應就是最有趣的笑點。在《不可能的任務：鬼影行動》中，傑瑞米．雷納[26]和賽門．佩格[27]說錯台詞時會飆髒話，他們都習慣罵「C**t！」[28]這句字。這句髒話在英國很常見，可是由各國工作人員組成的美國劇組幾乎沒有人會這樣罵。吉娜把他們每次飆罵這句髒字的畫面剪成一段蒙太奇，讓人笑到昏倒。

可是這段影片把我們的執行製片嚇壞了。「你們絕對不可以播放這些畫面！」他驚呼。「英屬哥倫比亞的政府官員也會出席殺青派對！」

因此很遺憾的，我們只能播放比較不那麼粗俗的搞笑影片。

✦

雖然必須剪接新素材，但我們依然努力趕工，好讓J．J．亞伯拉罕與其他製片驗收成果。對我來說，重看整部電影是必要的，因為這樣才能看出剪接結果是否有任何問題。可是布萊德不願這麼做。

最後我說：「呃，我會把這部片子從頭到尾再看一遍，你可以和我一起看，但不看也沒關係，你自己決定。」

他不情不願地同意了，我以為兩人終於有了共識，因此充滿希望。然而當我們坐下來看片時，他卻忙著寫筆記，一半的時間都低著頭寫字。我想起赫伯特．羅斯的訓示：「你只有一次機會第一次看一部電影。」赫伯特鼓勵人們不要第一次就做筆記，因為如此一來你的目光不得不離開畫面。喬治．盧卡斯喜歡看初剪版兩次，一次先獲得整體印象，第二次再做筆記。呃，你可以請導演觀賞他拍攝的電影，可是無法強迫他看。布萊德錯過了大半部的電影。

我們回到「壞機器人」繼續工作，我很開心可以回家睡自己的床。由於布萊德決定和家人去度暑假，在他休假期間，製片人布萊恩．柏克就到剪接室來與我一同剪接。我們向布萊德保證，我們會保留他的版本，而且在他缺席的這段時間，我與柏克所做的任何修改都會先經過他的批准。

我很喜歡與柏克一起工作，因為他總是非常樂觀，而且他的建議都是以最可行的方式提出。他時常逗我發笑，點子也都很棒。布萊德忘記為傑瑞米．雷納的角色設計一種戲劇性的登場方式㉙，因此柏克和我只好努力從毛片中翻找素材，最後就是大家在電影中看到的結果。那也許並不是最棒的，但是起碼比較好。

欣賞角色被介紹出場的方式，是我看電影的樂趣之一。我喜歡導演為角色設計出令人難忘的登場橋段，例如亨利．方達㉚、查理士．布朗遜㉛和賈森．羅巴茲在《狂沙十萬里》㉜中的亮相方式。出場方式有助於提供角色的相關資訊，並且讓觀眾為角色做出定義。在《紅樓金粉》㉝中，威廉．荷頓㉞的旁白搭配他臉部朝下溺死在游泳池中的畫面，不僅揭示該片的基調，也帶出這個角色設定的形象。在其他電影中，有些角色的登場令人永遠難忘，例如在《黑獄亡魂》㉟中，我們先看見一隻貓，然後飾演哈利．萊姆（Harry Lime）的奧森．威爾斯才從黑暗中露臉。

我們開始剪接最終版之前，湯姆．克魯斯和J．J．亞伯拉罕一起來找我進行最後的小修改。有時，當我與導演討論畫面時，某些選擇似乎無關緊要，例如喬治．盧卡斯就常說：「無論選這個或選那個，看起來都沒差。」然而說這麼一長串的句子實在太囉嗦，所以如果我對某些畫面沒有強烈好惡，我就套用我繼父的一句口頭禪。

於是，當布萊德問我：「你覺得這樣修改如何？」我只簡單地回答：「都好。」㊱並且伸出我的手微微擺動。

我也曾經這樣對J．J．亞伯拉罕說過，他聞言後笑了出來。過了一會兒，一名製作助理拿著一頂棒球帽走進房間，那頂帽子上繡著「都好」二字。原來J．J．亞伯拉罕買了一台刺繡機，當他聽見我又說了「都好」時，馬上傳簡訊給在隔壁辦公室的助理，請他把那頂帽子拿進來給我看。

✦

我們在鳳凰城舉行試映會。試映會無論在哪裡舉行，似乎總是選在購物中心裡的多廳院影城。我們飛行數個小時，抵達一間看起來與南加州幾乎相同的電影院，然而電影公司堅信他們在這裡可以取得更有代表性的「真實觀眾」樣本。試映會結束後，觀眾交出他們的意見卡，然後電影公司的高階主管就到放映室旁的小房間集合。

研究人員迅速統計完那些意見卡，進來向我們報告觀眾對這部電影的評價。報告結束後，電影公司的高層主管們開心地熱烈鼓掌，甚至發出歡呼，那是我從來沒有見過的場面。

「告訴你，這種情況從來沒有發生過。」我對布萊德說。我必須貼在他耳邊說話，才不會被那些歡呼聲和掌聲干擾。「你真的要記住這一刻。」

令人驚喜的生日賀禮

我們回到馬林郡，在天行者牧場進行最後的混音。蓋瑞．萊德史特倫[37]和安迪．尼爾森[38]是負責重新錄音的混音師。蓋瑞也是這部電影的音效設計師，並與理查．海姆斯[39]共同擔任音效剪接總監。蓋瑞的表現極為出色，他曾與我們合作《不可能的任務》第一集，並得過七座奧斯卡金像獎。理查．海姆斯有三座奧斯卡，安迪．尼爾森則有兩座。他們的工作效率很高，蓋瑞為這部電影錄製了全新的音效，完全沒有使用舊的檔案音效。

班．羅森布拉特打電話給我時，我們剛剛完成配樂的錄製。「湯姆．克魯斯在匹茲堡，他在那裡拍攝《神隱任務》。」班對我說：「他想看一下片子，而且希望你能陪他一起看。」

「你在開玩笑嗎？」

「沒有。湯姆希望你在現場，以免他臨時想要修剪。他還需要重錄幾段對白，配音時他也希望有你在。」

於是我在六十六歲生日當天飛往匹茲堡，一下飛機就直接前往某間複合式電影院。那天深夜，我們在空蕩蕩的劇院觀賞了《不可能的任務：鬼影行動》。當時湯姆．克魯斯正在拍攝《神隱任務》，那天他已經連續工作將近二十個小時，我不確定他的情緒如何，但令人開心的是，他看完試片後非常滿意。接著我們前往當地的一間錄音室，把他最後幾段台詞錄完，他彷彿不知疲倦。在配音時，負責錄音的剪接師不小心說溜嘴，告訴大家那天是我的生日。隔天當我返回混音的錄音室時，湯姆．克魯斯派人送來一個大大的巧克力蛋糕與兩瓶非常昂貴的紅酒。除此之外，布萊德．柏德送我一支很炫的絕地光劍。最棒的禮物，是一件以前從來沒有人為我做過的事：班．羅森布拉特在紐約為我辦了一場私人試映會，我可以邀請任何人來觀賞這部電影。通常我只能安排住在東岸的朋友和家人參加電影公司舉辦的宣傳試映會，這是我的第一場私人試映會。

在湯姆．克魯斯的演藝生涯中，迄今最賣座的作品就是《不可能的任務：鬼影行動》，全球票房累積將近七億美元。

✦

在耶誕節的前幾天，一位快遞帶著一個包裝精美的紙盒來到我們家門前。「湯姆．克魯斯先生送的。」那個年輕人說。

我想馬上打開，可是珍阻住我。「不行，我們必須把這個禮物放在耶誕樹下，等耶誕節早上再和其他禮物一起打開。」她說。

所以這個紙盒就被放在耶誕樹下。耶誕節的早晨，我們拆禮物時才發現紙盒裡是一個已經爬滿螞蟻的白色椰子蛋糕。「快遞好像有提到，這份禮物需要冰起來。」我小聲地說。

珍很愛吃椰子蛋糕，所以她完全沒有被嚇倒。她把螞蟻刷掉，替自己切了一塊蛋糕然後吃掉。後來我們才知道，湯姆．克魯斯經常送朋友蛋糕，而且他把我們加到受贈名單上。現在我們收到蛋糕時都會記得先冰起來。

注釋

①大衛・鮑伊（David Bowie, 1947-2016），英國搖滾歌手、詞曲創作人、唱片製作人和演員。

②《二〇〇九月球漫遊》（*Moon*），二〇〇九年的科幻電影，由鄧肯・瓊斯執導。

③霍克・科赫（Hawk Koch, 1945-），美國電影製片人，曾任製片人協會（Producers Guild of America）主席。

④霍華・科赫（Howard Koch, 1916-2001），美國電影製片人和電視製作人。

⑤《今天暫時停止》（*Groundhog Day*），一九九三年上映的美國浪漫喜劇電影。

⑥傑克・葛倫霍（Jake Gyllenhaal, 1980-），美國電影演員，為瑞典貴族葛倫霍家族的成員。他的父親是導演史蒂芬・葛倫霍（Stephen Gyllenhaal），母親是猶太家庭出身的劇作家娜歐蜜・芳納（Naomi Foner），姊姊瑪姬・葛倫霍（Maggie Gyllenhaal）也是演員。傑克・葛倫霍從七歲開始演戲，曾獲得奧斯卡金像獎提名。

⑦蜜雪兒・摩納漢（Michelle Monaghan, 1976-），美國女演員，曾主演《不可能的任務3》（*Mission Impossible III*）。

⑧薇拉・法蜜嘉（Vera Farmiga, 1973-），美國女演員、電影導演和製片人。

⑨羅曼・波蘭斯基（Roman Polanski, 1933-），猶太裔導演、劇作家和演員，曾獲得奧斯卡最佳導演獎及柏林影展最佳導演銀熊獎。

⑩《獵殺幽靈寫手》（*The Ghost Writer*），二〇一〇年上映的驚悚片，改編自英國作家勞勃・哈里斯（Robert Harris）的小說《獵殺幽靈寫手》（*The Ghost*）。

⑪亞歷山大・戴斯培（Alexandre Desplat, 1961-），出生於法國巴黎的現代音樂家。

⑫《強尼上戰場》（*Johnny Got His Gun*），一九七一年的美國反戰電影。

⑬《超人特攻隊》（*The Incredibles*），二〇〇四年的動畫電影，由皮克斯動畫工作室製作，華特迪士尼影業發行，曾獲奧斯卡最佳動畫長片獎。

⑭《料理鼠王》（*Ratatouille*），二〇〇七年由皮克斯動畫工作室製作、華特迪士尼影業發行的動畫電影，曾獲奧斯卡最佳動畫長片獎。

⑮《辛普森家庭》（*The Simpsons*），美國福斯廣播公司播映的成人動畫情景喜劇。

⑯壞機器人製片公司（Bad Robot Productions），J・J・亞伯拉罕於二〇〇一年成立的美國製片公司。

⑰淘氣阿丹（Dennis the Menace），英國的漫畫人物。

⑱布萊恩・柏克（Bryan Burk, 1968-），美國電影及電視製作人。

⑲克里斯・貝肯（Chris Bacon, 1977-），美國作曲家。

⑳丹尼爾・卡林（Daniel Carlin），電影音樂剪接師、指揮家和配樂總監，並且在南加州大學的桑頓音樂學院（Thornton School of Music）任教。

㉑《龍爭虎鬥》（*Enter the Dragon*），一九七三年上映的功夫電影，由李小龍主演。全片在香港拍攝，由美國華納兄弟電影公司和香

港嘉禾電影公司出品。這是李小龍生前最後一部完整演出的電影。

㉒大衛・馬密（David Mamet, 1947-），美國劇作家、電影導演及作家。

㉓《神隱任務》（*Jack Reacher*），二〇一二年的美國動作驚悚片，改編自英國小說家李・查德（Lee Child）於二〇〇五年發表的小說《完美嫌犯》（*One Shot*）。

㉔李・查德（Lee Child, 1954-），英國驚悚小說作家吉姆・葛蘭特（Jim Grant）的筆名。

㉕卡爾・萊納（Carl Reiner, 1922-2020），美國喜劇演員、導演與作家。

㉖傑瑞米・雷納（Jeremy Renner, 1971-），美國演員，因演出《危機倒數》曾獲奧斯卡金像獎最佳男主角提名。

㉗賽門・佩格（Simon Pegg, 1970-），英國演員、劇作家、製片人和導演。

㉘Cunt，指女性的陰部。

㉙《不可能的任務：鬼影行動》原始設定的結局，是讓湯姆・克魯斯飾演的伊森・韓特成為「不可能的任務」團隊首長，將系列主角的位子交棒給新的角色，也就是當年在片中首次露臉的傑瑞米・雷納。

㉚亨利・方達（Henry Fonda, 1905-1982），美國電影、電視及舞台劇演員，曾獲奧斯卡最佳男主角獎與終身成就獎。

㉛查理士・布朗遜（Charles Bronson, 1921-2003），美國著名動作片演員。

㉜《狂沙十萬里》（*Once Upon a Time in the West*），義大利導演塞吉歐・李昂尼（Sergio Leone）執導的義大利式西部電影。

㉝《紅樓金粉》（*Sunset Boulevard*），一九五〇年的美國黑色電影，由比利・懷德（Billy Wilder）執導和編劇。

㉞威廉・荷頓（William Holden, 1918-1981），美國演員，曾獲得奧斯卡最佳男主角獎，一九九九年被美國電影學會選為百年來最偉大的男演員第二十五名。

㉟《黑獄亡魂》（*The Third Man*），一九四九年上映的英國黑色電影，由卡洛・李（Carol Reed）執導。

㊱原文為Ipsy-pipsy，口頭用語，表示「隨便，都差不多」之意。

㊲蓋瑞・萊德史特倫（Gary Rydstrom, 1959-），美國音效設計師和電影導演，曾獲得十八項奧斯卡金像獎提名，得獎七次。

㊳安迪・尼爾森（Andy Nelson），英國混音師與音訊工程師，曾十九次獲得奧斯卡最佳音響效果獎提名，贏得兩座。

㊴理查・海姆斯（Richard Hymns, 1947-），英國音效剪接師，曾獲得三座奧斯卡金像獎。

31 老行家

到了二〇一一年，我發現自己的職業生涯已經進入另一個新階段。我現在算是老行家，工作性質比較像是「電影醫生」，要不然就是「電影老手」。在《啟動原始碼》和《不可能的任務：鬼影行動》中，我受僱協助相對缺乏經驗的導演。在《啟動原始碼》之前，鄧肯在他唯一一部電影長片作品中展現潛力；布拉德早已證明自己才華洋溢，然而在《不可能的任務：鬼影行動》之前，他從未執導過任何高預算的真人動作片。

如今出面找我剪接的人，多半是電影公司和製片，較少導演會指名要我。導演們當然也不得不答應聘用我，但我覺得這是一種微妙的轉變。我對於導演的忠誠度已經不再像我為狄帕瑪或盧卡斯工作時那麼堅定明確。在《不可能的任務：鬼影行動》獲得成功之後，派拉蒙影業來找我剪接一部遇上麻煩的電影，那部電影的片名是《末日之戰》①，故事與活屍有關，可是我不喜歡活屍、狼人和吸血鬼之類的題材。不僅如此，那部電影長達兩小時又二十三分鐘，內容一團混亂，而且第三場戲完全令人費解，我實在不想接手。

但我還是與電影公司製片部門主管及該片的某些製片見了面，告訴他們我對那部電影的想法。我告訴他們第三場戲已經無法挽救，但其實他們早就心裡有數，畢竟他們不是笨蛋，只不過經常被群體思維左右，讓他們做出錯誤的判斷。

電影醫生的任務可能十分棘手，因為我不是導演找來的，出面聘僱我的人也許是製片人或電影公司的高層主管，這種情況往往導致雙方對立。但無論誰僱用我，我都會努力運用手中的素材，設法把電影變得更好。我當然也會盡量顧及導演的感受，只不過那部電影的製片是身兼男主角的布萊德·彼特②，因此導演必須讓步。

我依然懷抱著希望，期待有新電影來找我剪接，讓我得以在第一時間擺脫《末日之戰》，於是我去找電影公司的高階主管，詢問他們能否考慮聘用兩名電影醫生，而不光只找我一個。

「你心裡的人選有誰？」他們問我。

「比利·韋伯。」我回答。

比利是我這一代最了不起的剪接師之一，他的職業生涯與我的相似，他也曾與不同的導演合作。儘管電影圈裡的每個人都知道他，可是主流媒體在提到常與頂尖導演合作的剪接師時，很少提及他的名字。他確實不常與大導演合作，可是他有許多永垂不朽的經典作品，包括《比佛利山超級警探》、《48小時》③、《捍衛戰士》④、《午夜狂奔》⑤、《天堂之日》⑥等無數佳作。我認識他很久了，可是不太熟。之前我們還差點在《我愛麻煩》劇組裡合作。

派拉蒙影業的高階主管都認識而且喜歡比利，所以他們聘請他來和我一起搶救病入膏肓的《末日之戰》。他們還同意讓我們在必要時自行重剪這部電影，無須聽從導演或其他人的意見。我們兩人都不希望自己的名字出現在電影的演職員名單中，因為如果我們不掛名，就更可以自由發揮影響力。除此之外，我覺得這部電影實在太爛了，完全不想與它有任何瓜葛。我告訴比利，我找他進來劇組的原因之一，是希望在機會上門時擺脫這部片。他對此沒有意見，並表示如果我離開，他願意接手剩餘的工作。

幾個星期之後，電影公司的高階主管們迫不及待想驗收我們的成果，所以我們播放了重剪版的第一捲畫面給他們看。他們覺得很棒，因此放心讓我們全權處理。我們繼續剪掉我們認為沒用或者糟糕的戲，然而等我們終於完成任務時，這部電影的長度只剩下七十二分鐘！而且據說製作成本高達一億七千萬美元！

這部片子無法就這樣上映，電影公司必須硬著頭皮承認第三場戲必須重新構思、撰寫及拍攝，這部電影才有機會重生。他們決定找戴蒙．林道夫⑦修改劇本，我在「壞機器人」時就已經與戴蒙熟識，戴蒙後來怪我沒有警告他這部電影有多糟，然而他一定做對了什麼，因為這部電影又加拍了四十分鐘的畫面，並且在一年後上映時獲得好評，甚至成為派拉蒙影業當年最成功的作品。我非常驚訝，可是那時我已經離開該劇組了。

經手修改《少年Pi的奇幻漂流》

我離開那個劇組，繼續前進。我的經紀人打電話來，要我接手另一份電影醫生的工作，邀約者是二十世紀福斯電影公司，工作內容是李安執導的《少年Pi的奇幻漂流》⑧。這讓我非常興奮，因為比起愚蠢、幼稚、低劣的活屍電影，《少年Pi的奇幻漂流》有一流的大導演，而且我已讀過原著小說，很喜歡那個故事，我相信將那本小說翻拍成電影肯定懷有雄心壯志。看完影片之後，我覺得這部電影是傑作，只不過步調有點慢，所以我剪掉大約十分鐘的畫面。李安非常紳士，而且十分敬重我，可是他拒絕了我剪接的版本。最後，我在這個劇組只待了幾個星期，而且我剪接的版本也沒有出現在大銀幕上。不過，我對這部片還是有點貢獻，因為李安最後接受了我的兩項建議：剪掉一場戲，並且將某段被他剪掉的畫面接回來（「老虎視角」的鏡頭）。我很高興能參與這部電影，而且我覺得最後的結果很棒。

為《大亨小傳》擔任電影醫生

我又接到另一份電影醫生的工作邀約。華納兄弟娛樂公司正在找人協助澳洲導演巴茲．魯曼拍攝的新版《大亨小傳》⑨。我看了巴茲剪接的版本，製片人與電影公司都不滿意那個版本。巴茲剪接的版本非常混亂，讓人眼花撩亂，但那正是他的注冊商標。那個版本還有另外一個問題：太過冗長。不過，整體的戲劇性十分扎實，因此問題只在於畫面的清晰度與片長長度。全片的節奏充滿活力，所以也不是問題。

緩慢和**冗長**兩者截然不同：一部電影可能緩慢但不冗長，也可能冗長但不緩慢，或者可能既緩慢又冗長。理想的狀況，是既不緩慢也不冗長。在某些情況下，事件發展的速度可能會拖緩電影的步調，觀眾被迫等候下一個節奏出現，但整部電影的片長沒問題，不會太過冗長；有些電影則可能步調快速且引人入勝，可是故事一直持續發展，似乎沒有結束的時候。巴茲從來沒有步調方面的問題，他的作品總是進展得非常快速，令人炫目，但我認為片長太長了，而且需要釐清一些畫面。

與巴茲見面前，我問華納兄弟娛樂公司的後製主管最後剪接權在誰手上。基於電影醫生的立場，最好先了解劇組裡的政治格局。

「最後的剪接權在電影公司。」他回答：「但如果巴茲堅持某些東西，我們不會強迫他接受他不喜歡的改變。」

就我聽來，這句話表示巴茲才是擁有最後剪接權的人。

某天早上，我到日落大道上著名的馬蒙特城堡飯店與巴茲見面。大約四十年前，喬治．盧卡斯聘僱我剪接《星際大戰》時，我曾經在那裡住過。我和巴茲在飯店的大廳喝茶，巴茲非常迷人，魅力四射。他受過良好的教育，對電影製作的裝飾具有獨到眼光，而且非常熱愛攝影運鏡與動態剪接。他顯然十分沉浸在這部電影裡，我不知道電影公司是怎麼向他介紹我的，但他似乎樂於接受我的協助。「我很高興你來幫忙麥特剪接——」他的剪接師是同樣來自澳洲的麥特．維拉⑩。

「呃，這不是我心裡想像的情況。」我打斷他的話。

巴茲看起來有點吃驚。「什麼意思？你心裡想像的是什麼情況？」

「我希望在不受任何指揮的狀況下剪接這部電影，只憑靠自己的直覺，然後再把剪接成果交給你。」

他思考了一會兒。「誰能看到你的剪接成果？」

「只有你。我為你工作。」我回答。

「好！」他說：「我要打電話給他們，告訴他們你說除了我之外，沒有人可以看你的剪接成果。」

他真的這麼做了，電影公司表示沒問題，一如我的預期。

我把剪接成果交給巴茲時，他表現得彬彬有禮，神色也很鎮定。我剪掉大約十二分鐘的長度，讓這部電影的片長變成兩小時又五分鐘。「我認為你對每場戲的長度想法很正確。」巴茲說：「但是你拿掉了一些應該保留的細節。」

然後他和麥特一同與我談論我所做的各種改變，以及我為什麼這樣修改。我們的對話來到一個停頓點，我不清楚接下來會發生什麼事，我猜他可能會像李安一樣，對我說：「非常感謝你的貢獻。再見，祝你好運。」

「你們希望我繼續幫忙嗎？」我問。

他們兩人聞言後似乎都很驚訝。「當然啊！為什麼不？」巴茲驚呼。我真的很意外，但也很高興。

於是，我成為這個劇組團隊的一員。麥特是這部電影的首席剪接師，所以我們同意每當我剪接完成的段落經過巴茲的認可，我就把畫面交給麥特，由麥特將它剪進電影裡。麥特是一個很可愛的傢伙，每天早上總會愉悅地向我打招呼：「你好，親愛的保羅！」麥特的太太帶著他們的孩子陪他來到洛杉磯，可是巴茲讓麥特一天工作二十四小時，於是珍主動聯絡麥特的太太，並且陪伴她一段時間。因為珍非常明白，在人生地不熟的異鄉獨自照顧孩子，丈夫又每天工作到深夜，日子會是多麼難熬。

與《大亨小傳》劇組共事就像經歷一次瘋狂的旅行。我與來自澳洲的麥特、巴茲，以及巴茲的妻子凱薩琳．馬丁⑪都相處愉快，凱薩琳是這部電影的製片人。他們都非常友善及熱情，與他們合作十分開心。後來我發現巴茲是有點瘋狂的人，可是無害，起碼他對我還不錯。他總是讓他的團隊按部就班完成工作，可是也會要求他們工作到深夜。他是一個藝術家，因此會永不滿足地追尋一種他自己也難以定義的東西，不肯停歇。他只想以各種可能的方式改善這部電影。在大約八到十個星期的合作過程中，巴茲一直要我重新剪接每場戲，而當他檢視我的剪接成果時，從來不會表達任何不滿。相反的，他欣賞我交給他的作品，可是他會說：「真的太棒了！這給了我新的想法。你可不可以再剪接一個版本？讓我們一起試著把……」或者「太棒了！現在我們再嘗試一種不同的結局。」

巴茲從來不會不高興，可是他也從來不接受任何修改意見。然而不知道為什麼，他表達的方式不會讓我覺得自己被他拒絕。可是你永遠別想局限他的選擇，因為他總想要有另一種不同的版本。這讓我聯想到飼主與小狗玩的一種遊戲：飼主扔出棍子，小狗就會開心地把棍子叼回來，好讓飼主再次扔出棍子。在這個專案中，我就是不停搖尾巴的小狗，與巴茲玩著這種永無止境的遊戲。

我正式加入這個劇組後的幾個星期，我們舉辦了一場試映會，結果讓製片人和電影公司都很滿意。試映會的版本中有我做的一些改變，劇組人員普遍認為我們已經有所進展。接著，巴茲的團隊返回澳洲進行配樂的混音，我們就此分道揚鑣。當我看見這部電影的最終版本時，我才發現巴茲其實一直持續修改，修改到最後一秒鐘。最終版本雖然還有幾場戲是我的剪接成果，但大部分的內容都已經再次修剪過。我對這部電影依然非常滿意，因為整體而言它是有趣的電影，而且忠實呈現出原著小說的精神。

然而電影評論家的反應並不友善。時至今日，我依然不理解那些影評家為什麼對這部改編自名著的高尚電影充滿挑剔，認為它在某些方面無法臻至他們的要求，但是卻給予其他低水準卻符合他們喜好的電影不錯的評價。就像我始終不明白《末日之戰》為什麼能夠得到正面評價，那只是一部活屍電影！

鄧肯．瓊斯再度聯絡

過了幾個月，我與一位冰島導演及他的製片人見面。那位製片人簡直像我的影迷，知道我剪過哪些電影，還問我許多關於《星際大戰》和《蹺課天才》的問題，可是那份工作最後找了別人。這讓我想起我剛搬到洛杉磯時，曾經與傳奇大師拉爾夫．溫特斯[12]聊天。拉爾夫．溫特斯因剪接《所羅門王寶藏》[13]和《賓漢》二度獲得奧斯卡金像獎，可是他告訴我，他再也找不到工作了。

「可是你有那麼多優秀的作品，為什麼找不到工作？」我說。

「是的，我有很多作品。他們打電話給我，只是想聽我分享我的故事，最後卻把工作給了別人。」

我真不敢相信，他可是剪接《賓漢》電影中戰船奴隸划槳和戰馬車比賽場面的大師啊！但現在的情況看來，這種命運可能也降臨在我身上了。慶幸的是，鄧肯．瓊斯來找我剪接他下一部電影《魔獸：崛起》[14]。

這個時候已經進入特許經銷權的年代，電影公司都渴望製作出可以發展為一系列的電影作品。大明星在票房上似乎已經不再像過去那麼具有吸引力，因此行銷電影的最佳方式是進行預售，把一部電影當成未來一系列作品的一部分，如此一來，觀眾就會對接下來的系列電影充滿期待。《魔獸：崛起》和《神鬼傳奇》[15]這兩部由我剪接的高預算電影，採行的就是這種思維模式，它們打算藉此經營一系列電影的特許經銷權。在這兩部電影中，我都以電影老手的身分協助並支援年輕的導演。《魔獸》的導演鄧肯．瓊斯，之前只執導過兩部預算較低的電影；《神鬼傳奇》的導演在電視圈具有豐富的編劇及製作經驗，可是只導演過一部低成本電影。《魔獸》和《神鬼傳奇》的成本都很高，而且都是充滿視覺特效的奇幻電影，結果兩部電影的票房都不算理想，但也不至於成為大災難。

有趣的是，這兩部由不同電影公司製作的電影，都遭遇到相同的問題。它們的製片人及相關部門主管都忘了經營特許經銷權的第一守則：系列電影中的第一部片必須拍得非常有趣，觀眾才會期待下一部。這方面有兩個極成功的先例：《星際大戰》系列與《印第安納瓊斯》系列。不過，《魔獸》和《神鬼傳奇》的電影公司都刻意在劇本中加入各種與系列電影相關的闡述，可是觀眾根本不在乎那些資訊。《魔獸》的製片人甚至在片名加上「崛起」（The Beginning）二字，我不禁暗忖：**什麼鬼東西的崛起？**

兩部電影的試映結果都很糟。觀眾看不懂《魔獸：崛起》，製片人認為解決方法就是在電影一開始放入更多說明，於是我們加了一大段字幕來解釋，結果觀眾來不及閱讀，反而更為困惑，於是製作人又置入更多資訊，例如旁白與字幕，把述說電影情節變成宛如在擬訂合約條文。「觀眾怎麼可能看不懂呢？我們特別解釋了這個部分。」**對，我們在第三條第二項裡說得很清楚。**

這麼做並不保證觀眾就能接收到我們所欲傳達的訊息。你希望在電影一開始就拿出吸引觀眾的誘因，但是不能拚命解釋遊戲規則。在《神鬼傳奇》中，劇組也做了同樣的嘗試，在片中放入愈來愈多資訊。這兩部電影都大幅重拍，可是無濟於事。雖然兩部電影在結尾都有令觀眾「耳目一新」的設計，但是於事無補，觀眾還是無法給予它們更好的評價。這兩部片都曾以多種版本進行試映，試圖在失敗邊緣求得成功，可惜最後只是徒勞。

這兩部電影對我而言都是不太愉快的經歷，但在某方面而言還算有點收獲：在《魔獸：崛起》中，我女兒吉娜終於有機會可以實際參與剪接，並被賦予「剪接協力」的頭銜。在《神鬼傳奇》中，她從一開始就被聘任為正式剪接師，列名於演職員名單上。在吉娜的極力主張下，我聘請的工作人員中有一半是女性，她們不僅工作勤奮，而且非常專業，還大大改善了剪接室的氛圍，我認為這是正確的決定。

吉娜在洛杉磯致力發展電影剪接事業的那幾年，我兒子艾瑞克選擇了一條不同的道路，在紐約從事混音工作。二〇〇三年，他從Sound One公司⑯的基層員工做起，一步一步往上爬，如今已是紐約市頂尖的混音師之一，經常負責電影和電視劇的混音工作。

注釋

①《末日之戰》（World War Z），二〇一三年上映的美國動作恐怖片，由布萊德・彼特主演。

②布萊德・彼特（Brad Pitt, 1963-），美國演員及電影製片人，曾兩度獲得奧斯卡最佳男主角提名，並獲奧斯卡最佳男配角獎。他開設的製片公司B計畫娛樂（Plan B Entertainment Inc.）曾以二〇〇六年的《神鬼無間》（*The Departed*）、二〇一三年的《自由之心》（*12 Years a Slave*）及二〇一七年的《月光下的藍色男孩》（*Moonlight*）三度獲得奧斯卡金像獎最佳影片。

③《48小時》（*48 Hrs.*），一九八二年的美國動作喜劇電影，由沃爾特・希爾（Walter Hill）執導，尼克・諾特和艾迪・墨菲主演。

④《捍衛戰士》（*Top Gun*），一九八六年的美國勵志電影，由英國導演東尼・史考特（Tony Scott）執導，湯姆・克魯斯主演。

⑤《午夜狂奔》（*Midnight Run*），一九八八年的美國動作喜劇電影，由馬丁・布萊斯特執導，勞勃・狄尼洛主演。

⑥《天堂之日》（*Days of Heaven*），一九七八年的美國電影，由泰倫斯・馬利克（Terrence Malick）執導兼編劇，李察・吉爾

（Richard Gere）主演。

⑦戴蒙．林道夫（Damon Lindelof, 1973-），美國電影與電視劇作家。

⑧《少年Pi的奇幻漂流》（*Life of Pi*），二〇一二年由李安執導的美國3D電影，改編自加拿大作家楊．馬泰爾（Yann Martel）於二〇〇一年發表的同名小說。本片獲得奧斯卡金像獎最佳導演、最佳攝影、最佳配樂和最佳視覺效果四個獎項，讓李安繼《斷背山》（*Brokeback Mountain*）之後贏得第二座奧斯卡最佳導演獎。

⑨《大亨小傳》（*The Great Gatsby*），二〇一三年的美國文藝劇情片，改編自史考特．費茲傑羅（Francis Scott Key Fitzgerald）同名小說。

⑩麥特．維拉（Matt Villa），澳洲電影剪接師。

⑪凱薩琳．馬丁（Catherine Martin, 1965-），澳洲知名的服裝設計師、美術指導、舞台設計師和電影製片人。曾分別於二〇〇二年以《紅磨坊》及二〇一三年以《大亨小傳》獲得奧斯卡最佳服裝設計獎和最佳藝術指導獎，共四座獎，為目前獲得最多奧斯卡金像獎的澳洲人。

⑫拉爾夫．溫特斯（Ralph E. Winters, 1909-2004），加拿大出生的電影剪接師，後來成為美國電影圈剪接領域的佼佼者，曾兩度獲得奧斯卡最佳剪接獎。

⑬《所羅門王寶藏》（*King Solomon's Mines*），一九五〇年的美國冒險電影，改編自英國作家亨利．萊特．哈葛德（Henry Rider Haggard）同名小說。

⑭《魔獸：崛起》（*Warcraft: The Beginning*），二〇一七年由中美合資拍攝的奇幻史詩片，由鄧肯．瓊斯執導。

⑮《神鬼傳奇》（*The Mummy*），二〇一七年的美國動作冒險奇幻片，為一九九九年同名電影及系列作品的重啟版。

⑯Sound One是美國紐約知名的錄音室及後製公司，在經營四十年之後，已於二〇一二年歇業。

後記—

我擁有精采人生！

我們已經來到好萊塢電影史上的重要時刻。傳統的電影製片公司比以前少了很多，因為二十一世紀進電影院看電影的人數已經下降到一種具「毀滅性」的程度（請注意「毀滅性」這個形容詞），這些都是數位革命造成的結果。「哪部電影是本週票房冠軍」這種令人期待的新聞報導，已經被「爛番茄」①之類的影評網站取代。這些網站用數值來評價電影，甚至在某些電影上映前就先認定它們注定會失敗。這類倚靠串流技術的新式「內容供應商」，讓老式的電影製片公司生意愈來愈差，迫使它們重新制訂商業模式。現在有很多電影甚至不會在電影院裡上映，因此沒有票房數字可以評斷它們是否受到觀眾喜愛。今天有各種形式的媒體吸引年輕觀眾的注意，所以他們不像他們的父母親或祖父母一樣喜歡到電影院看電影。我還讀過一篇報導，上面說年輕人很喜歡在網路上看別人玩電腦遊戲。除此之外，倘若觀賞一些貓咪的影片就能夠滿足現今觀眾的娛樂需求，我會感到非常可惜。

數位革命也影響了電影製作的其他面向。劇組只打造部分佈景，已經是現在常見的做法，因為如此一來就能節省製片所需的金錢與時間，但是這也意味著必須依靠視覺特效技術來讓佈景變得完整。即使那些看起來似乎沒有使用視覺特效的電影，實際上也可能有超過一百個鏡頭經過視覺特效處理。這表示劇組要花費很多時間進行後製，設計並精煉出毛片原本必須拍攝出來的內容。拍攝現場變得比較不在意燈光照明，可以等毛片進入數位中間製作過程再來調整光影的微妙變化。在數位中間製作過程中，導演與攝影師可以添加他們在拍攝時沒有處理的陰影或光線，因為在拍片現場處理光影已經是老式的做法。如果導演有強迫症，嶄新的電腦科技可以讓導演開始以沒有效率的方式去關注不重要的細節。

因為數位革命而被迫轉型的不只是電影產業，報紙、電視、出版、音樂、交通、飯店和零售業的商業模式也都受到電腦科技發展的影響。我們正處於第四次工業革命，機器人與人工智慧都有驚人的進步。我們成長過程中的教化，正在以一種前所未見的速度崩壞，被我們未知的事物所取代，許多人對此感到不滿。現代生活中有許多部分是人類與電腦談判，而不是人類使用電腦，因為我們必須遵循軟體工程師設計的固定程式：先輸入你的使用者帳號，再輸入你的密碼，你的密碼中必須包含……，諸如此類。機器人還會要求你證明自己不是機器人，我們正漸漸變成史金納箱②裡的老鼠，為了活命而選擇應該按下哪個按鍵。

對於我這種生於二十世紀的人來說，這樣的轉折讓人感覺不太舒服。我認為變革速度的加快對全世界的政治都產生了漣漪效應。

電腦科技也讓一般大眾得以開始接觸影片的製作。現在的高中生都已經學會剪接影片，有時候還會在YouTube上發表自己的影音作品。二〇一六年十一月，我到法國巴黎參加「動作電影院」（Cinema Action in Paris）舉辦的活動，有一位觀眾問我是否聽說過網路上有人重新剪接了《殺機邊緣人》，而且據說布萊恩．狄帕瑪還表示自己喜歡網路版勝過原來的版本，我對此有什麼看法？

「那麼他應該找那個傢伙來剪接《殺機邊緣人》。」我回答。

在這些業餘人士之中，有些人的作品非常棒，這證明了天賦不需要被人指導的，而且天賦其實也教不來。電腦賦予了人們各種力量，可是這不見得是威脅，好比鉛筆已經存在很久的時間，但不代表每個會拿鉛筆的人都能寫出小說或劇本。不過，對於剪接師而言，電腦技術的進步似乎確實帶來了負面的影響。總括來說，人們變得比較不尊重剪接專業，也比較不重視剪接師為電影所做的貢獻。在電腦時代之前，剪接底片有賴技術與品味。剪接電影毛片就像繪製壁畫，動作必須快速且篤定。剪接師與實體素材有一種親密且直接的物理關係，動手剪接真實的底片有一種額外的補償——就算第一次剪接出來的畫面沒辦法盡善盡美，至少結果不會相差太遠。我們剪接時會隨著影片起舞，而我們操作的剪接機就是我們的舞伴。

✦

我的人生非常精采。一般人可能認為好萊塢盡是暗箭傷人的傢伙與卑鄙無恥的行徑。這些人事確實存在，可是我也因為許多人的良善溫暖而獲益匪淺。在撰寫這本書的過程中，我發現自己在人生各個階段不停地表達感激。在我五十年的電影剪接生涯中，我曾有幸與多位導演合作，其中有些導演比起其他人更有才華。在這些導演之中有不少人欣賞我的作品、喜歡我的想法、歡迎我提出建議，並且把我視為合作夥伴。他們對我的尊重，讓我覺得自己在電影中享有主控權。

要拍出一部好電影並不簡單。不會有人故意製作一部爛電影，可是拍片過程中經常會有許多意想不到的問題發生。我發現優秀的導演總是盡力激發演員與劇組工作人員的想像力，進而帶出他們最出色的表現，藉此提高整部電影的水準。這些優秀的導演非常尊重藝術家與專業人士的經驗和知識，透過這樣的理念，他們也拍出了最好的電影作品。

我工作時最快樂的時刻，是獲得主控權的時候。喬治．盧卡斯歡迎我提出任何想法，赫伯特．羅斯曾對我說：「你可以選擇你認為最好的畫面，如果你沒有剪到我想要的，我會再告訴你。」布萊恩．狄帕瑪則說：「你是剪接師，你自己想！」在剪接《雷之心靈傳奇》時，泰勒．哈克佛為了幫助我放輕鬆，故意離開四個星期，讓我獨自完成剪接。

他們都給予我失敗的自由，讓我嘗試各種剪接方式——無論是即興發揮或抓緊機會，因此得到甚至連我自己都感到驚訝的成果。我非常感謝所有相信我並賦予我自由的導演。

我最近讀到保羅．麥卡尼③的一句話，他說：「比起一輛勞斯萊斯，我寧可擁有一個樂團。」擔任一部電影的剪接師，就像加入一個樂團。剪接師當然不是主唱，甚至也不是孤僻又神祕的獨奏吉他手。我們比較像貝斯手或鼓手，雖然我們的貢獻被視為理所當然，可是我們能對電影產生巨大的影響。我這輩子參與過一些很棒的樂團，那種感覺真是很開心，對此我心懷感激。

注釋

①爛番茄（Rotten Tomatoes）。

②史金納箱（Skinner box），研究動物行為的實驗裝置，由行為學家伯爾豪斯．佛德列克．史金納（Burrhus Frederic Skinner）設計製作而成。

③保羅．麥卡尼（Paul McCartney, 1942-），英國搖滾音樂家及作曲家，前披頭四樂團團員。

謝詞

獻給珍，她是我的一切。

還有我心愛的吉娜和艾瑞克，以及凱薩琳（Katherine），喬（Joe）和艾薇（Ivy）。

特別感謝我的老友尼可拉斯・梅爾，他在我完成這本書之後率先閱讀，並且提供許多很棒的建議，還把我介紹給傳奇經紀人夏洛特・希迪（Charlotte Sheedy）。也謝謝夏洛特從我寄給她的超長手稿中看出這本書具有潛力，將我介紹給優秀的潔納佛・舒特（Jenefer Shute），我的責任編輯。潔納佛幫助我大幅潤飾並完成這本書的最終版，與她合作真的非常棒，她給予我的協助言語不足以形容，我很感激她喜歡這本書。謝謝超級厲害的文學經紀人凱文・歐康納（Kevin O'Connor），是他一路帶領我走到這裡，提供我卓越的建議。謝謝詹姆斯・休斯（James Hughes）與迪克・皮爾斯（Dick Pearce）幫助我在初稿中注記修改事項。謝謝戴文・弗里尼（Devon Freeny），他勤奮的態度、敏銳的眼睛以及對諸多小細節的關注，讓我留下深刻的印象。非常感謝我的哥哥查克，他在我展開職涯時提拔我，還有我的弟弟瑞克（Ric），他在通過律師考試之前曾經到剪接室來幫過我一小段時間。謝謝瑞克的母親娟（Gen），她曾為我烹煮過無數道美味的餐點。

我想與我孩童時期的友人羅恩・羅斯及湯姆・貝爾福特一同大聲呼喊，小時候誰能料到我們後來都進入電影圈工作？我要特別紀念馬克・庫斯奈茨（Marc Kusnetz）、艾倫・雅各斯（Alan Jacobs）、理查・馬克斯、藍尼・博庫爾（Lenny Bocour）、彼德・博庫爾（Peter Bocour）、我的父母親喬（Joe）和露絲（Ruth），以及每一位我深深愛著但是可惜已不在我們身邊的人。

我也要感謝我在影像部門的諸位合作夥伴：葛倫・艾倫（Glenn Allen）、戈登・安特爾（Gordon Antell）、C.J.阿佩爾、蓋伊・巴雷西（Guy Barresi）、艾倫・鮑姆蓋頓（Alan Baumgarten）、亞當・貝爾納迪、陶德・博克爾海德、黛博拉・博爾特（Deborah Boldt）、泰瑞莎・布克（Teresa Book）、艾帝昂・布薩克（Etienne Boussac）、蘇珊・布拉登（Susan Braddon）、大衛・布倫納、梅麗莎・布雷瑟頓、達克斯・布魯克斯（Dax Brooks）、崔佛・布魯姆菲爾德（Travon Brumfield）、陶德・布許（Todd Busch）、湯瑪斯・卡爾德龍（Thomas Calderon）、卡洛琳・卡爾弗特（Carolyn Calvert）、丹・坎迪布（Dan Candib）、凱薩琳・卻斯（Catherine Chase）、東尼・西科納（Tony Ciccone）、提姆・科萊提（Tim Colletti）、西蒙・科森斯（Simon Cozens）、坎迪絲・克魯茲（Candace Cruzd）、湯姆・戴利（Tom Dailey）、佩特拉・戴瑪斯（Petra Demas）、麗莎・丹尼斯（Lisa Dennis）、派翠克・唐・維托（Patrick J. Don Vito）、大衛・德列雪（David Dresher）、杜韋恩・頓罕（Duwayne Dunham）、麥可・杜西（Michael Duthie）、芭芭拉・艾利斯（Barbara Ellis）、傑夫・埃瑟（Jeff Etcher）、吉姆・弗林（Jim Flynn）、傑瑞・福勒（Jerrie Fowler）、約翰・福克斯（John Fox）、亞當・法蘭克（Adam Frank）、羅伯特・葛拉罕瓊斯（Robert Grahamjones）、布魯斯・格林（Bruce Green）、尤利西斯・吉多蒂（Ulysses Guidotti）、約翰・哈格（John Haggar）、大衛・漢德曼（David Handman）、卡洛琳・哈頓（Caroline Hardon）、吉娜・赫希、瑞克・赫希、瑞克・豪伊（Rick Howe）、喬・哈特辛、瑪麗亞・伊亞諾（Maria Iano）、阿瑪爾・英格雷吉（Amar Ingreji）、麥克・傑克森（Mike Jackson）、麥可・克希伯格（Michael Kirchberger）、柯林・麥可・基奇斯（Colin Michael Kitchens）、貝蒂娜・庫格爾（Bettina Kugel）、麗莎・萊文（Lisa Levine）、安德魯・倫敦、帕姆・馬魯夫（Pam Malouf），克里斯多夫・馬里諾（Christopher Marino）、麥可・馬茨多夫（Michael Matzdorff）、喬治・麥卡錫（George McCarthy）、艾瑪・麥克萊夫（Emma McCleave）、尼克・摩爾（Nick Moore）、吉姆・普瑞

爾（Jim Prior）、蒂・夸琪（Thy Quach）、巴特・拉赫米爾（Bart Rachmil）、馬克・拉特豪斯（Mark Rathaus）、裘蒂・羅傑斯（Jody Rogers）、吉娜・羅斯（Gina Roose）、卡迪亞・薩拉赫丁（Khadijah Salahuddin）、謝・薩爾蒙（Shae Salmon）、菲力普・桑德森（Philip Sanderson）、馬塞洛・桑塞維埃里（Marcelo Sansevieri）、艾美・夏拉特（Emmy Scharlatt）、格雷格・薛里克（Greg Scherick）、強納森・舒瓦茨（Jonathan Schwartz）、賈斯汀・蕭（Justin Shaw）、喬・舒加特（Joe Shugart）、山迪・索洛維茨（Sandy Solowitz）、羅比・史坦布勒（Robbie Stambler）、史帝夫・史塔基（Steve Starkey）、提姆・史特恩伯格（Tim Sternberg）、黛博拉・泰南特（Debra Tennant）、喬納森・桑爾希爾（Jonathan Thornhill）、保羅・湯姆林森（Paul Tomlinson）、馬克・圖米奈洛、薩爾瓦特托・華隆（Salvatore Valone）、傑夫・瓦茨（Jeff Watts）和亞當・沃爾夫（Adam Wolfe）。

感謝讓我的作品變得更棒的音效剪接師、音樂剪接師和混音師：蓋瑞・亞歷山大（Gary Alexander）、克里斯多夫・阿塞爾斯（Christopher Assells）、麥可・巴布卡克（Michael Babcock）、鮑勃・巴達米、麥克・鮑爾、艾莉森・貝克特（Alison Beckett）、隆恩・班德、約翰・班森（John Benson）、蓋瑞・布爾喬斯（Gary C. Bourgeois）、班・伯特、戴夫・坎貝爾（Dave Campbell）、喬安娜・卡布奇利（Joanna Capuccilli）、丹・卡林、克里斯・卡本特（Chris Carpenter）、凱文・卡本特（Kevin E. Carpenter）、哈利・科恩（Harry Cohen）、小派翠克・西科納（Patrick Cyccone Jr.）、麗莎・丹尼斯（Lisa Dennis）、泰瑞莎・埃克頓（Teresa Eckton）、羅伯特・費爾南德斯（Robert Fernandez）、馬克・費希曼（Marc Fishman）、法蘭克・費茲派翠克（Frank Fitzpatrick）、湯姆・佛萊希曼（Tom Fleischman）、喬・吉伯特（Joe Gilbert）、史丹・吉伯特、哈利特・格利克史坦（Harriet Glickstein）、肯・霍爾（Ken Hall）、珀・霍爾伯格（Per Hallberg）、道格・亨普希爾（Doug Hemphill）、麥可・希爾肯（Michael Hilkene）、艾瑞克・霍恩（Eric Hoehn）、佩圖

爾・赫利達爾（Petur Hliddal）、理查・海姆斯、亞當・詹金斯（Adam Jenkins）、克里斯・詹金斯（Chris Jenkins）、達克特・凱恩（Doc Kane）、肯・卡曼（Ken Karman）、麥可・凱勒（Michael Keller）、賴瑞・坎普（Larry Kemp）、邦妮・科勒（Bonnie Koehler）、喬治・科恩戈爾德（George Korngold）、勞瑞・拉德維奇（Laurel Ladevich）、格雷格・蘭達克（Greg Landaker）、凱倫・貝克・蘭德斯（Karen Baker Landers）、丹・勞利（Dan Laurie）、鮑勃・利特（Bob Litt）、唐・麥克杜格爾（Don MacDougall）、安娜・麥肯錫（Anna MacKenzie）、史帝夫・馬斯洛（Steve Maslow）、保羅・梅西（Paul Massey）、尼克・梅爾斯、史考特・米蘭（Scott Millan）、法蘭克・蒙塔諾（Frank A. Montaño）、葛倫・摩根（Glenn T. Morgan）、蕭恩・墨菲（Shawn Murphy）、安迪・尼爾森、凱文・歐康納（Kevin O'Connell）、湯瑪斯・歐康納（Thomas J. O'Connell）、格雷格・歐洛夫（Greg Orloff）、大衛・帕克（David Parker）、克雷格・佩帝格魯（Craig Pettigrew）、麥可・普雷斯特伍德・史密斯（Mike Prestwood Smith）、喬伊・蘭德、約翰・雷茨、丹・瑞奇（Dan M. Rich）、蓋瑞・里佐（Gary Rizzo）、約翰・羅許（John Roesch）、格雷格・魯德洛夫、格雷格・羅素（Greg P. Russell）、麥可・萊恩（Michael Ryan）、蓋瑞・萊德史特倫、丹・薩布爾（Dan Sable）、克里斯・史卡拉博西奧（Chris Scarabosio）、柯特・舒爾基（Curt Schulkey）、萊斯利・沙茨（Leslie Shatz）、山姆・蕭（Sam Shaw）、柯特・索貝爾（Curt Sobel）、威利・史特曼、馬克・史托金格（Mark P. Stoeckinger）、瑞奇・史東、蓋瑞・桑默斯（Gary Summers）、奧雷斯特・蘇西科（Orest Sushko）、艾略特・泰森（Elliot Tyson）、羅伯特・烏爾里希（Robert Ulrich）、比爾・瓦尼（Bill Varney）、迪克・沃里克（Dick Vorisek）、肯尼斯・萬伯格、金姆・沃（Kim Waugh）、雨果・溫（Hugo Weng），以及關德琳・耶茨・惠特爾（Gwendolyn Yates Whittle）。

我還要感謝海瑟・格里菲斯（Heather Griffith）、黛比・海伊瑟勒（Debbie Haeusler）與克雷格・米茲拉希（Craig Mizrahi），我的三位經紀人，並且感謝佛雷德・錢德勒、史蒂芬妮・伊托（Stephanie Ito）、泰德・加利亞諾（Ted Gagliano）、馬克・所羅門（Marc Solomon）和霍華・法布里克（Howard Fabrik）。

最後，假如我不小心遺漏了任何人，謹在此表達歉意。電影剪接是一種團隊工作，我很幸運一直遇到非常棒的隊友。謝謝大家。

NEW不歸類 RG8049

剪接室裡的故事大師

縱橫好萊塢50年、操刀《星際大戰》、《不可能的任務》，奧斯卡金獎剪接師的傳奇人生、永不過時的奪金法則及大導演的幕後祕辛

• 原著書名：*A Long Time Ago in a Cutting Room Far, Far Away: My Fifty Years Editing Hollywood Hits–Star Wars, Carrie, Ferris Bueller's Day Off, Mission: Impossible, and More* • 作者：保羅・赫希（Paul Hirsch）• 翻譯：李斯毅 • 美術設計：馮譯徹 • 責任編輯：徐凡 • 國際版權：吳玲緯 • 行銷：闕志勳、吳宇軒、陳欣岑 • 業務：李再星、陳紫晴、陳美燕、葉晉源 • 總編輯：巫維珍 • 編輯總監：劉麗真 • 總經理：陳逸瑛 • 發行人：涂玉雲 • 出版社：麥田出版／城邦文化事業股份有限公司／104473台北市中山區民生東路二段141號5樓／電話：(02) 25007696／傳真：(02) 25001966、發行：英屬蓋曼群島商家庭傳媒股 份有限公司城邦分公司／台北市中山區民生東路二段141號11樓／書虫客戶服務專線：(02) 25007718；25007719 ／ 24小時傳真服務：(02) 25001990；25001991 ／讀者服務 信箱：service@readingclub.com.tw ／劃撥帳號：19863813 ／戶名：書虫股份有限公司 • 香港發行所：城邦（香港）出版集團有限公司／香港灣仔駱克道193號東超商業中心1樓／電話：(852) 25086231 ／傳真：(852) 25789337 • 馬新發行所／城邦（馬新）出版集團【Cite (M) Sdn. Bhd.】／ 41, Jalan Radin Anum, Bandar Baru Sri Petaling, 57000 Kuala Lumpur, Malaysia. ／電話：+603-9056-3833 ／傳真：+603-9057-6622 ／讀者服務信箱：services@cite.my • 印刷：前進彩藝股份有限公司 • 2023年3月初版一刷 • 定價650元

國家圖書館出版品預行編目資料

剪接室裡的故事大師：縱橫好萊塢50年、操刀《星際大戰》、《不可能的任務》，奧斯卡金獎剪接師的傳奇人生、永不過時的奪金法則及大導演的幕後祕辛／保羅・赫希（Paul Hirsch）著；李斯毅譯. -- 初版. -- 臺北市：麥田出版，城邦文化事業股份有限公司出版：英屬蓋曼群島商家庭傳媒股份有限公司城邦分公司發行, 2023.03

面； 公分. -- (NEW不歸類；RG8049)

譯自：A Long Time Ago in a Cutting Room Far, Far Away: My Fifty Years Editing Hollywood Hits–Star Wars, Carrie, Ferris Bueller's Day Off, Mission: Impossible, and More

ISBN 978-626-310-364-1（平裝）
EISBN 978-626-310-373-3（epub）

1. CST: 赫希（Hirsch, Paul, 1945-） 2. CST: 傳記
3. CST: 美國

785.28 111019190

城邦讀書花園
www.cite.com.tw

A LONG TIME AGO IN A CUTTING ROOM FAR, FAR AWAY
by PAUL HIRSCH
Copyright © 2020 by PAUL HIRSCH
This edition arranged with
Chicago Review Press c/o SUSAN SCHULMAN LITERARY AGENCY, LLC
through Big Apple Agency, Inc., Labuan, Malaysia.
Traditional Chinese edition copyright © 2023 Rye Field Publications, A Division of Cite Publishing Ltd.
All rights reserved.

版權所有 翻印必究

圖1｜本書作者以Moviola剪輯《天堂幻象》。一九七四年。

圖2｜本書作者在《天堂幻象》片場與劇中的「烏鴉女孩」合影。一九七四年。

圖3｜在聖吉爾斯教堂進行《迷情記》的配樂錄音。由左至右：本書作者、伯納德·赫爾曼（暱稱「班尼」）、布萊恩·狄帕瑪、喬治·利托。一九七五年。

圖5 | 後排由左至右：傑伊．考克斯、喬治．盧卡斯、布萊恩．狄帕瑪。前排由左至右：喬治．盧卡斯的狗印第安納、本書作者。一九七七年二月。

圖4 | 本書作者於剪接《星際大戰》期間與喬治．盧卡斯在公園路合影。一九七六年十一月。

圖6 | 由左至右：南希．艾倫、布萊恩．狄帕瑪、傑伊．考克斯、本書作者、珍．赫希、喬治．盧卡斯。《星際大戰》剪接期間，一九七七年二月。

圖7 ｜在《憤怒》拍攝現場。由左至右：寇克．道格拉斯、本書作者、布萊恩．狄帕瑪。一九七八年。the fury © 1978 twentieth century fox. all rights reserved

圖8 ｜以《星際大戰》榮獲奧斯卡獎。
由左至右：頒獎人馬賽洛．馬斯楚安尼、共同獲獎人理查．周、共同獲獎人瑪西亞．盧卡斯、本書作者。一九七八年。copyright © academy of motion picture arts and sciences

圖9 ｜本書作者與丘巴卡在千年鷹號上合影。《帝國大反擊》，一九七九年。
照片提供：盧卡斯影業。courtesy of lucasfilm ltd. llc; star wars: episode v–the empire strikes back © & ™ 1980 and 1997 lucasfilm ltd. llc

圖10 ｜本書作者與約翰．屈伏塔合影。

圖11 ｜本書作者使用Kem剪輯《凶線》。一九八〇年。

圖12 ｜剪輯《黑神駒2》期間參加機器人奧運會。最爛操控手大賽。本書作者坐在台階最右側。

圖13 ｜快速接片大賽。本書作者與裁判沃爾特．默奇（左）及C. J. 阿佩爾（C. J. Appel）合影。一九八二年。

圖14 ｜艾比路錄音室前的馬路。由左至右：本書作者、羅伯特．達爾瓦、理察．史東、丹．卡林。《黑神駒2》製作期間，一九八二年。

圖15 ｜本書作者在芝加哥參加馮 · 史圖班遊行，與肯尼 · 奧爾特嘉（躺臥者）及馬修 · 柏德瑞克合影。《翹課天才》製作期間，一九八五年。© paramount pictures corp. all rights reserved

圖16 ｜本書作者與約翰 · 休斯檢視《一路順瘋》的畫面。一九八七年。
© paramount pictures corp. all rights reserved

圖17 | 一生一次的經歷。（比佛利電影院：保羅・赫希親臨現場。二十世紀影業與《一路順瘋》。）

圖18 | 本書作者與莎莉・賽隆合影。《巨猩喬揚》，一九九七年。

圖19 | 本書作者以《雷之心靈傳奇》贏得艾迪獎。由左至右：珍・赫希、本書作者、泰勒・哈克佛、海倫・米蘭。二〇〇五年。

圖20 ｜本書作者與鄧肯．瓊斯在蒙特婁合影。《啟動原始碼》，二〇一〇年。

圖21 ｜奧斯卡之夜。一九七八年。